高等学校应用型特色规划教材·汽车工程系列

汽车运用技术
(第2版)

刁立福　主　编
李爱娟　张恒海　副主编

清华大学出版社
北京

内 容 简 介

汽车运用技术是在汽车运用的全过程中通过采用科学的方法与技术手段,保持汽车优良的性能,并使其性能得到充分发挥的技术。本书注重学科性与实用性的结合,在阐述汽车运用评价、汽车综合性能等理论的基础上,从汽车实际应用的角度全面分析了汽车运用的关键技术。本书内容分为8章,其中:第1章是汽车运用基础,第2章是汽车公害及其防治,第3章是汽车运行材料及其选用,第4章是汽车驾驶技术,第5章是汽车在特定条件下的使用,第6章是汽车技术状况变化与等级评定,第7章是汽车使用寿命与二手车价值评估,第8章是汽车技术管理。每章后均附有本章小结与习题,为实施教学提供了方便。本书参考学时为48学时,教师可根据具体情况酌情选取教学内容。

本书可作为高等学校应用型本科交通运输专业(汽车运用工程专业)、汽车服务工程专业的教材,亦可供相关人员学习和参考。

图书在版编目(CIP)数据

汽车运用技术/刁立福主编. —2版. —北京: 清华大学出版社,2019(2024.1重印)
(高等学校应用型特色规划教材·汽车工程系列)
ISBN 978-7-302-51877-8

Ⅰ. ①汽… Ⅱ. ①刁… Ⅲ. ①汽车—应用—高等学校—教材 Ⅳ. ①U471.2

中国版本图书馆 CIP 数据核字(2018)第 285103 号

责任编辑: 桑任松 李玉萍
封面设计: 杨玉兰
责任校对: 吴春华
责任印制: 刘海龙
出版发行: 清华大学出版社
　　　　网　　址: https://www.tup.com.cn,https://www.wqxuetang.com
　　　　地　　址: 北京清华大学学研大厦 A 座　　　邮　　编: 100084
　　　　社 总 机: 010-83470000　　　　　　　　邮　　购: 010-62786544
　　　　投稿与读者服务: 010-62776969,c-service@tup.tsinghua.edu.cn
　　　　质量反馈: 010-62772015,zhiliang@tup.tsinghua.edu.cn
　　　　课件下载: https://www.tup.com.cn,010-62791865
印 装 者: 天津鑫丰华印务有限公司
经　　销: 全国新华书店
开　　本: 185mm×260mm　　　　印　　张: 19.5　　　字　　数: 474 千字
版　　次: 2013 年 1 月第 1 版　2019 年 5 月第 2 版　　印　　次: 2024 年 1 月第 5 次印刷
定　　价: 58.00 元

产品编号: 077696-01

第 2 版前言

截至 2018 年年底，我国汽车保有量达 2.4 亿辆，汽车驾驶人达 3.69 亿人。汽车是一种应用范围很广的交通运输工具，正发挥着越来越重要的作用。汽车运用技术是在汽车运用的全过程中通过采用科学的方法与技术手段，保持汽车优良的性能，并使其性能得到充分发挥的技术。对于交通运输专业(汽车运用工程专业)、汽车服务工程专业的学生，"汽车运用技术"是一门专业核心课程。

本书自 2013 年 1 月出版以来，受到不少院校师生及读者的欢迎，同时读者也对本书提出了改进意见和建议。本书的再版，主要是在以下方面进行了修订。

(1) 结合本书出版以来新修订的汽车燃料、润滑剂、特种液、轮胎等标准以及相关汽车标准法规，对各章内容进行了更新，力争体现内容的新颖性、实用性。

(2) 依据各章内容的内在联系，对结构层次进行了重新调整，使逻辑性和系统性更好。

(3) 本书新增加了汽车运用评价、汽车电磁干扰、二手车价值评估等内容。

(4) 对原书中的烦琐陈述与不当之处进行了修改和删减。

(5) 针对一些与本书内容紧密相关的知识，增加了附录部分，便于读者更全面地学习。

本书在阐述汽车运用评价、汽车综合性能等理论的基础上，从汽车实际应用的角度全面分析了汽车运用的关键技术。本书内容分为 8 章，其中：第 1 章是汽车运用基础，第 2 章是汽车公害及其防治，第 3 章是汽车运行材料及其选用，第 4 章是汽车驾驶技术，第 5 章是汽车在特定条件下的使用，第 6 章是汽车技术状况变化与等级评定，第 7 章是汽车使用寿命与二手车价值评估，第 8 章是汽车技术管理。每章后均附有本章小结与习题，为实施教学提供了方便。

本书参考学时为 48 学时，教师可根据具体情况酌情选取教学内容。

本书由刁立福担任主编并负责统稿。参加编写的人员有李爱娟、张恒海、陈德阳、周长峰、衣丰艳、王传胜、李鹏、李清民、王林超、李厚玉、陈雯。在本书的编写过程中，参阅了许多作者的文献资料，在此对他们表示衷心感谢。

本书的出版得到了清华大学出版社的大力支持，在此表示感谢。

本书可作为高等学校应用型本科交通运输(汽车运用工程)专业、汽车服务工程专业和其他相关专业的教材，也可供汽车运输行业的技术人员和管理人员学习和参考。

由于编者的学识、水平所限，书中难免有错误或不足之处，恳请广大读者批评指正。

编　者

第1版前言

汽车运用技术是指运用科学的方法与手段，对汽车使用的全过程进行有效的、综合性的管理，使汽车保持优良的性能，并使其性能得到充分发挥。对于汽车运用工程专业、汽车服务工程专业的学生来说，"汽车运用技术"是其核心课程。

本书注重学科性与实用性的结合，分为8章，主要讲述汽车使用条件与性能指标、汽车公害及其防治、汽车运行材料及其使用、汽车驾驶技术、汽车在特定条件下的使用、汽车技术状况变化与等级评定、汽车使用寿命、汽车技术管理等内容。每章后均附有习题。

本书由刁立福负责统稿并任主编，李清民、王林超任副主编。本书是山东交通学院"汽车运用工程"精品课程建设的标志性成果。在本书的编写过程中，参阅了许多作者的文献资料，在此对他们表示衷心感谢。

本书可作为高等学校应用型本科汽车运用工程专业、汽车服务工程专业的教材，亦可供相关人员学习和参考。

由于作者的学识、水平所限，书中的错误和不足之处在所难免，敬请广大读者批评指正，以便再版时修正。

编　者

目　　录

第1章　汽车运用基础 ……………… 1

1.1　汽车运用条件 …………………………2
　　1.1.1　气候条件 ………………………2
　　1.1.2　道路条件 ………………………2
　　1.1.3　运输条件 ………………………3
1.2　汽车运行工况 …………………………8
　　1.2.1　汽车运行工况研究的准备工作…8
　　1.2.2　汽车运行工况研究的方法………8
　　1.2.3　汽车运行工况研究的数据处理
　　　　　 与分析 ………………………9
1.3　汽车使用性能指标体系………………10
　　1.3.1　容载量 ………………………11
　　1.3.2　使用方便性 …………………11
　　1.3.3　可靠性和耐久性 ……………13
1.4　汽车运用效果的评价指标……………13
　　1.4.1　汽车运用效果的单项评价
　　　　　 指标 ………………………13
　　1.4.2　汽车运用效果的综合评价
　　　　　 指标 ………………………19
1.5　道路运输车辆的性能要求与检验
　　　方法………………………………29
　　1.5.1　道路运输车辆的性能要求………29
　　1.5.2　道路运输车辆的性能检验
　　　　　 方法 ………………………34
本章小结 ………………………………38
习题 ……………………………………39

第2章　汽车公害及其防治 ………… 41

2.1　汽车排放污染物及其防治……………42
　　2.1.1　汽车排放污染物的形成与
　　　　　 危害 ………………………42
　　2.1.2　汽车排放污染物的影响因素…46
　　2.1.3　汽车排放污染物的防治措施…50
2.2　汽车噪声及其防治……………………58
　　2.2.1　噪声度量 ……………………58

2.2.2　汽车噪声源 ……………………62
2.2.3　发动机噪声及其防治 …………62
2.2.4　传动系噪声及其防治 …………64
2.2.5　轮胎噪声及其防治 ……………65
2.3　汽车电磁干扰及其防治………………67
　　2.3.1　汽车电磁干扰要素 …………67
　　2.3.2　汽车典型电磁干扰 …………68
　　2.3.3　汽车电磁干扰的防治措施……69
2.4　汽车车内空气污染及其防治…………70
　　2.4.1　汽车车内空气污染概述………70
　　2.4.2　汽车车内空气污染的防治方法
　　　　　 与设备 ……………………71
本章小结 ………………………………72
习题 ……………………………………73

第3章　汽车运行材料及其选用 ……… 75

3.1　汽车燃料及其选用……………………76
　　3.1.1　车用汽油及其选用 …………76
　　3.1.2　车用柴油及其选用 …………85
　　3.1.3　石油代用燃料 ………………92
3.2　汽车润滑剂及其选用…………………94
　　3.2.1　发动机油及其选用 …………94
　　3.2.2　车辆齿轮油及其选用 ………105
　　3.2.3　汽车自动变速器油及其
　　　　　 选用 ………………………111
　　3.2.4　汽车润滑脂及其选用 ………116
3.3　汽车特种液及其选用…………………122
　　3.3.1　汽车制动液及其选用 ………122
　　3.3.2　汽车冷却液及其选用 ………129
3.4　汽车轮胎及其选用……………………133
　　3.4.1　汽车轮胎的分类 ……………133
　　3.4.2　汽车轮胎的规格 ……………135
　　3.4.3　汽车轮胎的合理选用 ………138
本章小结 ………………………………141
习题 ……………………………………142

第4章　汽车驾驶技术..........................**145**

4.1　汽车驾驶操作规范........................146

　　4.1.1　汽车座椅调整........................146

　　4.1.2　汽车后视镜调整........................146

　　4.1.3　汽车操纵机构操作规范.........147

　　4.1.4　汽车驾驶基本规程.................149

4.2　汽车典型道路驾驶技术................150

　　4.2.1　汽车城市道路驾驶技术.........150

　　4.2.2　汽车高速公路驾驶技术.........153

4.3　汽车特殊条件下的驾驶技术........155

　　4.3.1　夜间驾驶................................155

　　4.3.2　恶劣气候条件下的驾驶.........156

　　4.3.3　特殊道路条件下的驾驶.........158

　　4.3.4　紧急状态下的驾驶.................161

4.4　汽车安全与节油驾驶技术............162

　　4.4.1　汽车安全驾驶技术.................162

　　4.4.2　汽车节油驾驶技术.................164

本章小结..166

习题..166

第5章　汽车在特定条件下的使用.......169

5.1　新车的使用....................................170

　　5.1.1　新车使用前的准备工作.........170

　　5.1.2　新车走合期内的使用技术.....171

5.2　汽车在低温条件下的使用............173

　　5.2.1　汽车在低温条件下的使用
　　　　　特点....................................173

　　5.2.2　改善低温条件下汽车性能的
　　　　　主要措施............................175

5.3　汽车在高温条件下的使用............177

　　5.3.1　汽车在高温条件下的使用
　　　　　特点....................................178

　　5.3.2　改善高温条件下汽车性能的
　　　　　主要措施............................179

5.4　汽车在高原和山区条件下的使用......181

　　5.4.1　汽车在高原山区条件下的使用
　　　　　特点....................................181

　　5.4.2　改善高原山区条件下汽车性能
　　　　　的主要措施........................184

5.5　汽车在坏路和无路条件下的使用.....186

　　5.5.1　汽车在坏路和无路条件下的
　　　　　使用特点............................186

　　5.5.2　改善坏路和无路条件下汽车
　　　　　性能的主要措施....................189

本章小结..190

习题..191

**第6章　汽车技术状况变化与等级
　　　　评定..193**

6.1　汽车技术状况变化的原因与影响
　　因素..194

　　6.1.1　汽车技术状况变化的原因.....194

　　6.1.2　汽车技术状况变化的影响
　　　　　因素....................................195

6.2　汽车技术状况的变化规律............198

　　6.2.1　汽车技术状况的函数变化
　　　　　规律....................................198

　　6.2.2　汽车技术状况的随机变化
　　　　　规律....................................199

6.3　汽车技术等级评定........................200

　　6.3.1　道路运输车辆评定项目和评定
　　　　　要求....................................200

　　6.3.2　道路运输车辆技术等级的划分
　　　　　和评定规则........................215

本章小结..215

习题..216

**第7章　汽车使用寿命与二手车价值
　　　　评估..217**

7.1　汽车使用寿命概述........................218

　　7.1.1　汽车使用寿命的含义.............218

　　7.1.2　汽车使用寿命的分类.............218

7.2　汽车的损耗与更新........................220

　　7.2.1　汽车有形损耗.......................220

　　7.2.2　汽车无形损耗.......................221

　　7.2.3　汽车综合损耗.......................221

　　7.2.4　汽车更新.............................221

7.3　汽车经济使用寿命的确定方法........223

7.3.1 低劣化数值计算法...................223

7.3.2 应用现值及投资回收系数
计算法...................225

7.3.3 面值计算法...................226

7.4 二手车价值评估...................227

7.4.1 现行市价法...................227

7.4.2 重置成本法...................228

本章小结...................236

习题...................237

第8章 汽车技术管理...................241

8.1 汽车技术档案管理...................242

8.1.1 汽车技术档案的内容...................242

8.1.2 汽车技术档案的管理要求...................246

8.2 汽车择优选购与使用管理...................246

8.2.1 汽车择优选购管理...................246

8.2.2 汽车使用管理...................247

8.3 汽车维修管理...................249

8.3.1 汽车维护管理...................249

8.3.2 汽车修理管理...................262

8.3.3 汽车维修企业配备的仪器
设备...................263

8.4 汽车检测评定管理...................267

8.4.1 汽车检测站的类型...................268

8.4.2 汽车检测站的工艺路线...................269

8.4.3 汽车检测评定管理要求...................269

8.5 汽车处置管理...................269

8.5.1 汽车更新管理...................269

8.5.2 汽车报废与淘汰管理...................270

8.5.3 汽车停驶、封存与转让
管理...................272

本章小结...................272

习题...................273

附录...................275

参考文献...................303

第1章

汽车运用基础

【学习目标】

通过本章的学习，掌握汽车运用条件的含义，掌握汽车运行工况研究的方法与意义，掌握汽车主要的使用性能，掌握汽车主要使用性能的评价指标，掌握汽车运用效果的评价指标，了解道路运输车辆主要性能要求与检验方法。

【关键词】

汽车运用条件　汽车运行工况　汽车使用性能　汽车运用效果
道路运输车辆性能要求　道路运输车辆性能检验方法

本章主要介绍汽车运用条件、汽车运行工况、汽车使用性能指标体系、汽车运用效果的评价指标、道路运输车辆性能要求以及检验方法。

1.1　汽车运用条件

汽车完成运输工作总是在一定的外界条件下进行的，如环境温度的高低、道路的好坏、运输对象的特征等。由于这些外界条件的不同，同一辆汽车会有不同的运用效果。例如，在恶劣的道路条件下，需要通过换用低挡位来降低汽车行驶速度。另外，汽车车速、燃料经济性、各总成和轮胎的可靠性与耐久性以及驾驶员的疲劳程度等，都与这些外界条件密切相关。

汽车运用条件，是指影响汽车完成运输工作的各类外界客观条件，主要包括气候条件、道路条件和运输条件。

1.1.1　气候条件

气候，主要用气温、湿度等表示。

环境温度(气温)对汽车，特别是对发动机的热工况影响很大。

寒冷地区，发动机起动困难，运行油耗增加，机件磨损量增大；风窗玻璃容易结霜、结冰；冰雪道路易发生交通事故。

炎热地区，发动机容易过热，燃料消耗增加。汽车电气系统、燃料供给系统元件易过热，导致故障，如蓄电池电解液蒸发过快所引起的故障。环境温度过高时，若散热不良，容易在燃料供给系统形成气阻，影响发动机正常工作。高温可能造成润滑脂熔化而流失，增加机件磨损，导致故障。高温还会导致制动液黏度下降，在制动系中形成气阻，导致制动故障。高温会加速非金属零件的老化及变形。另外，高温还会影响驾驶员的工作条件，影响行车安全。

气候干燥、风沙大的地区，汽车及其各总成的运动副易因风沙侵入而加剧磨损。

气候潮湿和雨季较长的地区及沿海地区，如果发动机、驾驶室、车厢的防水和排水不良，将引起零件锈蚀以及因潮湿使电气系统工作不可靠。

高原地区，空气稀薄，大气压力低，昼夜温差大，因此发动机冷却液易沸腾，可能出现气压制动系统气压不足以及驾驶员体力下降等问题。

不同的气候条件对汽车结构和运用提出了不同的要求，应针对具体的气候条件，合理选用汽车，并制定相应的技术措施，努力改善气候条件造成的各种影响，做到合理运用，取得较佳的运用效果。

1.1.2　道路条件

道路条件是指由道路状况决定的并影响汽车运用的因素。

汽车运输对道路的要求是：在充分发挥汽车速度特性的情况下，保证车辆安全行驶；满足该地区对此道路所要求的最大通行能力；车辆通过方便，乘客有舒适感；车辆通过该道路的运行材料消耗量最低，零件损坏最小。

车辆运行速度和道路通行能力是道路条件的主要特征指标，是确定道路技术等级、车道宽度、车道数、路面强度以及道路纵断面和横断面的依据。

交通运输部《公路工程技术标准》(JTG B01—2014)将公路分为高速公路、一级公路、二级公路、三级公路和四级公路五个技术等级,划分依据如下。

高速公路为专供汽车分方向、分车道行驶,全部控制出入的多车道公路。高速公路的年平均日设计交通量宜在15000辆小客车以上。

一级公路为供汽车分方向、分车道行驶,可根据需要控制出入的多车道公路。一级公路的年平均日设计交通量宜在15000辆小客车以上。

二级公路为供汽车行驶的双车道公路。二级公路的年平均日设计交通量宜为 5000～15000 辆小客车。

三级公路为供汽车、非汽车交通混合行驶的双车道公路。三级公路的年平均日设计交通量宜为2000～6000辆小客车。

四级公路为供汽车、非汽车交通混合行驶的双车道或单车道公路。双车道四级公路的年平均日设计交通量宜在 2000 辆小客车以下,单车道四级公路的年平均日设计交通量宜在 400 辆小客车以下。

车辆折算系数见表 1-1。

表 1-1 车辆折算系数

代表车型	车辆折算系数	说　明
小客车	1.0	座位数≤19 座的客车和载质量≤2t 的货车
中型车	1.5	座位数>19 座的客车和 2t<载质量≤7t 的货车
大型车	2.5	7t<载质量≤20t 的货车
汽车列车	4.0	载质量>20t 的货车
拖拉机	4.0	公路上行驶

各级公路车道数见表 1-2。

表 1-2 各级公路车道数

公路等级	高速、一级公路	二级公路	三级公路	四级公路
车道数	≥4	2	2	2(1)

注:四级公路应采用双车道,交通量小或困难路段可采用单车道。

道路条件对汽车行驶速度、平顺性及装载质量利用程度的主要影响,来自道路技术等级和道路养护水平。例如,汽车在良好的路面上行驶,可获得较高车速和良好的燃料经济性;汽车在崎岖不平的道路上行驶,平均技术速度低,需要频繁地进行换挡和制动操作,会加剧零件的磨损,增加油耗和驾驶员的工作强度;路面不平也使零部件冲击载荷增加,加剧汽车行驶系统损伤和轮胎磨损,影响汽车的运行油耗、维修费用与大修间隔里程。

1.1.3　运输条件

运输条件,是指由运输对象的特点和要求所决定的影响汽车运用的各种因素,分为货运条件和客运条件，是择优选配汽车的重要依据。

1. 货运条件

货运条件主要包括货物类别、货运量和货物周转量、货物运距、货物装卸条件、货物运输类型与行驶线路。

1) 货物类别

货物，是指从接受承运起到送交收货人止的所有商品或物资。

通常，根据汽车运输过程中的货物装卸方法、运输保管条件以及批量对货物进行分类。货物按装卸方法可分为堆积、计件和灌装三类。按运输保管条件，货物可分为普通货物(如一等货物、二等货物、三等货物)和特殊货物(如长大笨重货物、危险货物、贵重货物、鲜活货物)。按一次托运货物的数量，货物可分为小批货物和大批货物。小批货物又称为零担货物，如食品、邮件和行李等个别少量运输的货物。大批货物指大批量运输的货物，又称为大宗货物。

2) 货运量和货物周转量

在汽车运输中，完成或需要完成的货物运输数量称为货运量，通常以 t 为计量单位。完成或需要完成的货物数量和运输距离的乘积，称为货物周转量，它以复合指标 t·km 为计量单位。货运量和货物周转量统称为货物运输量。

按托运货物的批量，货运量可分为零担和整车两类。在我国，凡是一次托运货物在 3t 以上的为整车货物，货物不足 3t 的为零担货物。需要较长时间和较多车辆才能运完的整车货物为大宗货物，而短时间内或少数车辆即能全部运完的货物为小宗货物。

小宗货物宜采用轻型汽车运输，而大宗货物采用大型汽车运输时技术经济效益高，所以汽车运输行业应配备不同吨位的汽车，合理地组织运输，以提高运输经济效益。

3) 货物运距

货物运距是指货物由装货点至卸货点间的运输距离，一般用 km 作为计量单位。

货物运距在很大程度上影响运输汽车的利用效率指标，并对汽车的结构和性能提出不同的要求。当运距较短时，要求汽车结构能很好地适应货物装卸的要求，以缩短货物的装卸作业时间，提高汽车短运距的生产率。长途运输汽车，其运输生产率随汽车速度性能的提高和载质量的增大而显著增加。

4) 货物装卸条件

货物装卸条件决定了汽车装卸作业的停歇时间、装卸货物的劳动量和费用，从而影响汽车的运输生产率及运输成本。运距越短，装卸条件对运输效率的影响越明显。

装卸条件受货物类别、运量，装卸点的稳定性、机械化程度以及装卸机械等诸多因素的影响。

一定类别和运量的货物要求相应的装卸机械，也决定了汽车的结构特点。例如，运输土、砂石、煤炭等堆积货物的汽车，需要考虑铲斗装卸货物时，货物对汽车系统与机构的冲击载荷，以及汽车的装载质量和车厢容积与铲斗容积的一致，才能保证获得最高的装运生产率。

带自装卸机构的汽车可缩短汽车装卸作业时间，但是自装卸机构使汽车的成本增加，载质量较相同吨位的汽车小。实践表明，只有在短运距运输时，自装卸汽车才能发挥其优越性。

5) 货物运输类型与行驶线路

(1) 货物运输类型。

货物运输可分为多种类型，如短途货运、长途货运、城市货运、城间货运、营运货运、自用货运、分散货运和集中货运等。

自用货运是指利用本单位的汽车完成货运任务。

分散货运是指在同一运输服务区内，若干汽车货运企业或有车单位各自独立地调度汽车，分散地从事货运工作。显然，对于分散货运的汽车，其里程、载质量利用率都较低，从而降低了汽车运输生产率，增加了汽车运输成本。

集中货运是指在同一运输服务区内的汽车和完成某项货运任务的有关单位汽车，集中由一个机构统一调度，组织货物运输工作。这种运输类型可提高汽车的载质量利用率和时间利用率，从而有利于提高汽车运输生产率，降低运输成本。

(2) 货物运输行驶线路。

货运汽车的结构应与选择的线路相适应。

往复式行驶线路是指在货物运送过程中，汽车在两个物流节点之间往返运行的线路形式。根据汽车在行驶时的载运情况，往复式行驶线路又可分为单程有载往复式行驶线路、回程部分有载往复式行驶线路和双程有载往复式行驶线路。

单程有载往复式行驶线路：这种汽车行驶线路也就是汽车在运送货物过程中回程不载货，如图 1-1(a)所示。由于回程不载货，汽车的利用情况相对较差，里程利用率不到 50%，即 $\beta \leqslant 50\%$。在这种情况下，只有利用装卸作业点之间的最短路线，才能缓解汽车被利用的情况。

回程部分有载往复式行驶线路：汽车在回程部分有载往复式行驶线路上行驶时，有回程货物运送，但回程货物不是运到线路的端点，而只是运到线路中间的某个节点，汽车在每一周转中须完成两个运次，如图 1-1(b)所示。这种行驶线路，由于它回程部分有载，汽车的里程利用率有了一定的提高，即 $50\% \leqslant \beta < 100\%$，汽车的利用效果有所改善。

双程有载往复式行驶线路：汽车在双程有载往复式行驶线路行驶时，回程(从卸货点到装货点)全部载有货物，如图 1-1(c)所示。汽车在每一周转中同样完成了两个运次，空载行程为 0。这种行驶线路，由于回程全部有载，因此，它的里程利用率得到了最大的提高，即 $\beta = 100\%$，汽车的利用效果也得到充分改善。

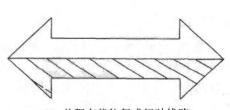
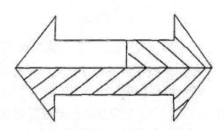

(a) 单程有载往复式行驶线路　　　　　　(b) 回程部分有载往复式行驶线路

图 1-1　往复式行驶线路示意图

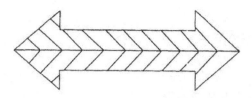

(c) 双程有载往复式行驶线路

图 1-1　往复式行驶线路示意图(续)

由此可见，汽车在双程有载往复式行驶线路上运送货物时效果最好，在回程部分有载往复式行驶线路上次之，在单程有载往复式行驶线路上最差。

长运距的往复式行驶线路，宜使用速度性能优良、载质量大的汽车列车。为了提高汽车运输的时间利用率，牵引车驾驶室设有卧铺，便于两个驾驶人轮班驾驶，减少因停车休息而延长运行时间，也可在中途设站更换驾驶人驾驶。

环形式行驶线路是指汽车运输过程中，在由若干装卸作业点组成的封闭行驶线路上，做连续单向运行的一种行驶线路。它可分为简单环式、交叉环式、三角环式和复合环式四种形式，如图 1-2 所示。

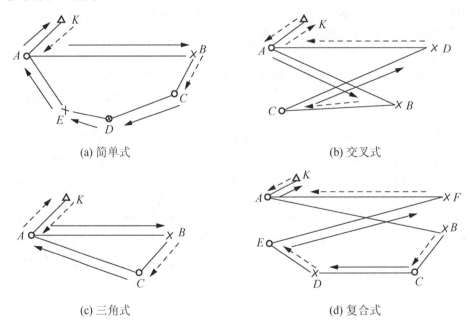

(a) 简单式　　　　　　　　　　　　　　　(b) 交叉式

(c) 三角式　　　　　　　　　　　　　　　(d) 复合式

图 1-2　环形式行驶线路示意图

当无法组织双程有载往复式行驶线路时，为了提高里程利用率和经济效果，可组织环形式行驶线路。但要注意应使空车里程之和不大于重车里程之和，即 $\beta \geqslant 0.5$。否则，环形式行驶线路的经济效果还不如单程有载往复式行驶线路。

汇集式行驶线路，是指汽车沿分布于运行线路上各物流节点依次完成相应的装卸作业，且每次的货物装卸量均小于该车额定载货量，直到整个汽车装满(卸空)后返回出发点的行驶线路。

汇集式行驶线路有环形的，也有直线形的，一般情况下为封闭路线。这种线路主要有以下三种形式。

分送汇集式行驶线路：汽车沿行驶线路上各物流节点依次卸货，直到卸完所有待卸货物返回出发点，如图1-3(a)所示。

收集汇集式行驶线路：汽车沿行驶线路上各物流节点依次装货，直到装完所有待装货物返回出发点，如图1-3(b)所示。

分送—收集汇集式运行路线：汽车沿运行线路上各物流节点分别或同时装、卸货物，直到完成对所有待运货物的装卸作业返回出发点，如图1-3(c)所示。

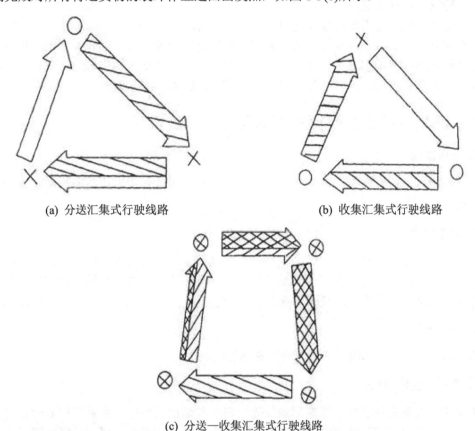

(a) 分送汇集式行驶线路　　　　　　　　　(b) 收集汇集式行驶线路

(c) 分送—收集汇集式行驶线路

图1-3　汇集式行驶线路示意图

对于环形式(见图1-2)或汇集式(见图1-3)行驶线路，汽车载质量应与每运次的运量相适应，其结构还应便于途中装卸货物。

2. 客运条件

客运分为市内客运和公路客运，各种客运应配备不同结构形式的客车。

市区公共客车采用车厢式多站位车身，通道很宽，车门数目多，车厢地板较低。有的客车为方便残疾人的轮椅上下，车门踏板采用可自动升降结构。市区公共汽车为了适应乘客高峰满载的需要，要求有较高的动力性。为了适应城市道路的特点，还要求汽车操纵方便。

城间客车要求有较高的行驶速度和乘坐舒适性，通常座位宽大舒适，椅背倾斜可调，车门数少，其他辅助设施较齐全。为了适应旅游的需要，高级旅游客车还配备有卫生间、微型酒吧等，且汽车两侧下部均设有较大空间的行李舱。

1.2　汽车运行工况

汽车的运输任务是在一定的道路和交通条件下进行的。要想提高汽车运输生产率，降低汽车运输成本，改善汽车运行品质，就必须研究汽车在所运行的道路和交通条件下的运行工况，即汽车运行工况。

汽车运行工况是指用多参数描述的汽车运行状况。

汽车运行工况参数包括车速、变速器挡位、发动机转速、节气门开度、制动频度等。在特定的汽车运行工况研究中，还包括发动机输出功率、发动机输出转矩、汽车油耗、冷却液温度、各总成润滑油温度、各挡的运用频度、离合器接合频度等。

1.2.1　汽车运行工况研究的准备工作

1. 选择路线

选择反映汽车运行状况、具有代表性的典型试验路线，并取得道路资料和交通状况的调查数据。

2. 选择参数

参数包括车速、发动机转速、汽车油耗、节气门开度、变速器挡位、累积停车次数和累积制动次数等。必要时还要记录交通流情况，如交通量、交通构成等。汽车运行工况调查的内容应根据研究任务的需要而增减。

3. 选择汽车

汽车运行试验所用的汽车必须符合国家标准的规定。

4. 选择试验仪器设备

试验仪器设备有传感器、工况记录仪等。在汽车运行试验中，主要运用非电量的电测法，即在测量部位安装将非电量状态参数转换为电信号的传感器，将信号直接或经放大后传送至测量仪表和记录器(如磁带机、示波器、X-Y 记录仪或计算机硬盘)，供统计分析运用。

5. 选择驾驶员和试验人员

要求驾驶员驾驶技术熟练，试验人员能够熟练运用仪器设备。

1.2.2　汽车运行工况研究的方法

汽车运行工况是一个随机过程，受到许多因素的影响，汽车运行工况的研究常采用测试统计方法和计算机数字仿真方法。

汽车运行工况的计算机模拟方法采用数学模型方法，将汽车运行工况视为由汽车动力传动系模型、道路模型、驾驶员模型及交通流干扰模型组成的系统的输出，输入有关道路及交通设施数据、发动机数据、汽车传动系数据、轮胎数据、气温、风速、驾驶员习惯、换挡过程时间分布、自由行驶-跟驰行驶-超车行驶的概率，通过计算机仿真，统计出反映汽车运行状态的各个参数。

在测试汽车运行工况时，风速、气温、海拔高度等试验条件应符合试验规范或对测试参数进行修正。

运行试验中所做的记录称为汽车运行工况记录。

某城市公交客车运行工况记录中的车速曲线如图1-4所示。

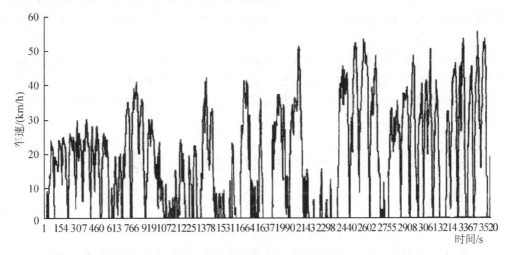

图1-4 某城市公交客车车速曲线

1.2.3 汽车运行工况研究的数据处理与分析

对汽车运行试验的试验数据进行处理，才能得出汽车运行工况的统计特征和分布。在汽车运行工况记录中，需要对速度、转速、节气门开度、曲轴转矩等模拟量曲线进行数字化处理，然后才能进行分布及统计特征分析。

速度模拟量数字化处理的基本步骤为：模拟量速度曲线的离散化，即根据香农(Shannon)采样定理确定取样间隔；判别并剔除异常数据；求均值；求频率分布(定组间距、确定边界值/取整/两边的数据应列入)，并绘制频率分布图。

某城市公交客车运行工况的速度统计分布如图1-5所示。

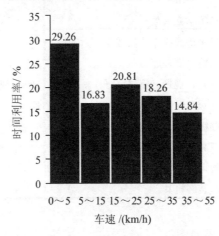

图1-5 某城市公交客车运行工况的速度统计分布

通过频率分布图可以了解汽车运行工况样本的一些分布特征。例如，数据的密集位置、离散程度以及分布的大体情况等。

同样，还可以对汽车运行工况记录中的挡位使用情况、发动机转速变化情况及节气门开度变化情况等进行数据处理。

在汽车运行工况研究中，当有特殊要求时，除了要按需要增加测量参数之外，在数据处理过程中还可进行数学特征计算、区间估计和分布检验，以便对汽车运行工况进行深度分析。

为了获得良好的运用效果，必须在汽车运行工况试验的基础上，结合汽车的结构特点与具体的运用条件，确定汽车的常用工况及其特征，对其所处的常用工况是否合理进行认真分析，评价汽车常用工况的运用合理性及其影响因素，并且寻求改善汽车运用合理程度的措施。

1.3 汽车使用性能指标体系

汽车使用性能是指汽车在一定的运用条件下，以最高效率、最低消耗、安全可靠地完成运输工作的能力。它是对汽车结构特性的表征或描述。

汽车运用条件复杂，运输任务各异，要求选用的汽车要满足使用要求。择优是汽车选用的标准。为了评价汽车结构的完善程度，即在给定的运用条件下评价汽车有效利用的可能性，必须编制汽车使用性能指标体系。

汽车使用性能指标体系，见表 1-3。

表 1-3 汽车使用性能指标体系

使用性能		指标和评价参数	使用性能	指标和评价参数
容载量		额定装载质量(t)	速度性能 (动力性)	平均技术速度(km/h)
		单位装载质量(t/m³)	越野性、机动性(通过性)	汽车最低离地间隙
		货厢单位有效容积(m³/t)		接近角
		货厢单位面积(m²/t)		离去角
		座位数和可站立人数		纵向通过半径
使用方便性	操纵轻便性	每百公里平均操纵作业次数操作力(N)		前后轴荷分配
		驾驶员座椅可调程度		轮胎花纹及尺寸
		照明、灯光、视野、信号完好		轮胎对地面的单位压力
	出车迅速性	汽车起动暖车时间		前后轮辙重合度
	乘客上下车方便性和货物装卸方便性	车门和踏板尺寸及位置		低速挡的动力性
		货厢地板高度		驱动轴数
		货厢栏板可倾翻数		最小转弯直径
		有无随车装卸机具		

续表

使用性能		指标和评价参数	使用性能		指标和评价参数
使用 方便性	维修方便性	维护和修理工时	安 全 性	稳定性	纵向倾翻条件
		每千公里维修费用			横向倾翻条件
		对维修设备的要求		制动性	制动效能
可靠性和耐久性		大修间隔里程(km)			制动效能恒定性
		主要总成的更换里程(km)			制动时方向稳定性
		可靠度、故障率	乘 座 舒 适 性	平顺性	振动频率
		故障停车时间(h)			振动加速度及变化率
环保性(汽车公害)		CO、HC、NO$_x$排放量			振幅
		噪声级		设备完 备性	车身类型
		电波干扰			空气调节指标
燃料经济性		燃料消耗量(L/100 t·km、L/100 km)			车内噪声指标(dB)
					座椅结构

下面对汽车使用性能中的容载量、使用方便性、可靠性和耐久性逐一进行讲解，环保性(汽车公害)见本书第 2 章，其他性能见《汽车理论》课程。

1.3.1　容载量

汽车容载量，是指汽车能够装载货物的数量或乘坐旅客的人数。

容载量常用比装载质量和装载质量利用系数(容载量利用率)评价，其定义为

$$比装载质量 = \frac{汽车额定装载质量}{汽车车厢容积}，t/m^3 \tag{1-1}$$

$$装载质量利用系数(容载量利用率) = \frac{实际装载质量}{额定装载质量} \tag{1-2}$$

比装载质量、装载质量利用系数反映了汽车结构对各种货物的适应能力，决定了某车型装载何种货物能够装满车厢或充分地利用汽车的全部装载能力。

普通货车装载密度小的货物时，不能充分利用汽车的装载质量。但为了避免汽车超载，不宜增加栏板高度。汽车栏板的标准设计高度一般不大于 600 mm。

汽车比装载质量越大，就越不适合装载密度小的货物。为了充分利用货车的装载质量，装运密度小的货物时，在保证货物完整的条件下，可采用适当措施增加装货高度，否则汽车只能缺载。

1.3.2　使用方便性

使用方便性是汽车的一项综合使用性能，它是指汽车在结构上为使用者提供各种条件的方便程度。

1. 操纵轻便性

操纵轻便性决定了驾驶员的工作条件，对减轻驾驶员的疲劳、保证行车安全具有重要

作用。它的主要评价指标为操纵力、操作次数、驾驶员座位参数与可调参数、驾驶员的视野参数等。

驾驶员控制操纵装置的力(即操纵力)一般用测力计测定。为降低驾驶员的操纵力，常增加转向助力器、制动助力器等助力装置。

驾驶员的操作次数通常用换挡、踏离合器和制动的次数来表征。驾驶员的操作次数是通过在该类车常见路况下，在典型道路上的运用试验确定，并将试验路段上各类操作次数换算为 100km 行程的操作次数。一般选用多辆同型号汽车进行试验，以排除驾驶员技术水平和操作习惯差异的影响。

驾驶员座椅的结构和操纵杆件的配置是否舒适方便，也会影响汽车的使用方便性。适当增加驾驶员座椅的高度，减小坐垫与靠背的倾角，可显著改善驾驶员的劳动条件。为了保证不同身高的驾驶员都能有合适的驾驶操作姿势，可将驾驶座椅设计成可沿着水平和垂直方向调节式，并且座椅和靠背的倾角也可调节，即驾驶座椅应具有多维调节的功能；同时，转向盘的位置还应按照驾驶员的需要调节。

为了提高汽车的操纵轻便性，各种操纵机构应有良好的接近性。显示仪表应具有必需的显示亮度，以利于驾驶员观察。控制参数进入临界值时，汽车应发出声、光信号，以便驾驶员能及时掌握汽车状况。

驾驶员的视野性能主要取决于座椅的布置、高度以及坐垫和靠背的倾角，车窗尺寸、形状、布置和支柱的结构等。

为了改善驾驶员的工作环境，提高劳动效率，在驾驶室内应设空调及采暖通风装置。

2. 出车迅速性

出车迅速性取决于汽车的起动性能与预热时间。

3. 乘客上下车方便性、货物装卸方便性

(1) 乘客上下车方便性作为运用方便要素之一，影响客车，特别是城市公共汽车站点的停车时间，从而影响客车的线路运行时间。

乘客上下车的方便性主要取决于车门的布置(轿车)和踏板的结构参数(客车)。

对于轿车，乘客上下车的方便性主要取决于车门支柱的布置。特别是两门轿车，须保证后座出入的方便性。车门支柱适当倾斜，可改善乘客出入的方便性。

对于客车，乘客上下车的方便性主要取决于踏板的高度、深度、级数以及车门的宽度。踏板的高度和深度应与日常生活中习惯的楼梯台阶相一致。为了方便残障人士的轮椅和童车的上下，有的公共汽车踏板设计成高度可调或自动升降式。

(2) 货物装卸方便性，是指汽车对装卸货物的适应性。它用汽车装卸所耗费的时间和劳动力来评价。

货物装卸方便性的结构参数主要包括：货厢底板的高度；从一面、两面、三面或上面装卸货物的可能性；厢式汽车车门的结构、布置和尺寸；有无随车装卸装置及其效率。

在载货汽车的技术规格中，一般不给出货厢底板的高度。但此参数在汽车运用中很重要，尤其在人工装卸时，货厢底板的高度越大，装卸货时间和劳动力消耗就越大。目前，对汽车货厢底板高度尚无统一的标准和要求。在机械化装卸的场合，货厢底板高度对装卸效率无明显影响。通用栏板汽车可在三面进行装卸货，与单门厢式汽车比较，其栏板货厢易于适应装卸货点的需要，可减少在装卸点的掉头时间。

4. 维修方便性

维修方便性，是指汽车适应维修要求的程度，如维修部位是否容易接近、是否便于拆装调整、所需工具是否通用、配件是否齐全等。

维修方便性的评价指标有劳动工时、维修停车场日、1000km 维修费用等。

5. 最大续驶里程

最大续驶里程，是指汽车燃料箱加满燃料后所能连续行驶的最大里程。

合适的汽车最大续驶里程可减少中途停车，提高汽车运输效率。电动汽车(EV)、压缩天然气(CNG)汽车和液化石油气(LPG)汽车的最大续驶里程短，一般用于市区客运、厂区运输或出租车。

1.3.3　可靠性和耐久性

可靠性和耐久性表示汽车能够长期正常工作的能力，但二者用不同的指标，从不同的角度进行评价。

可靠性是指汽车在规定的运用条件下和规定的行程内完成规定功能的能力，常用可靠度或故障率评价，其公式为

$$可靠度 R(t) = \frac{残存数}{试样数} \tag{1-3}$$

$$累积故障率或不可靠度 F(t) = 1 - R(t) \tag{1-4}$$

耐久性是指汽车在规定的运用和维修条件下，达到某种技术或经济指标极限时完成功能的能力；或者说汽车进入极限技术状态之前，经预防维修(不更换主要总成和大修)维持工作能力的性能。耐久性常用大修间隔里程评价。

1.4　汽车运用效果的评价指标

汽车的结构和性能，对汽车的运用效果影响很大。汽车运用效果的评价指标，按其评价范围可以分为单项评价指标和综合评价指标。

汽车运用效果的单项评价指标主要包括汽车的时间利用指标、行程利用指标、速度利用指标、载质(客)量利用指标与动力利用指标；汽车运用效果的综合评价指标主要是指汽车运输生产率和汽车运输成本。

1.4.1　汽车运用效果的单项评价指标

1. 汽车的时间利用指标

汽车运输企业评价汽车运用程度及统计汽车工作状况时，常采用"车日"和"车时"这两个指标作为统计汽车工作状况和确定汽车时间利用程度指标的基本计量单位。

车日，是指汽车运输企业的在册营运汽车在企业内的保有天数。

企业的营运汽车，按其技术状况可以分为完好(即技术状况完好，具备参加道路运输的条件)和非完好(即技术状况不好，不具备参加道路运输的条件)两种类型。而车况完好的营运车辆又可能处于正在进行运输作业或在车场(库)内等待运输工作两种状态；非完好的营

运车辆也可能处于维修(维护或修理)或等待报废(车辆已被封存待从企业资产账目中清除)两种状态。

因而,根据营运汽车可能所处的各种状态,总车日可以分为完好车日(U_a)和非完好车日(U_n)。其中,完好车日(U_a)包括工作车日(U_d)和待运车日(U_w);非完好车日(U_n)包括维修车日(U_{mr})和待废车日(U_b)。待运车日、维修车日和待废车日,汽车均处于非运输作业或停驶状态,这三种车日统称为停驶车日(U_p)。总车日由工作车日和停驶车日组成,如图 1-6 所示。

$$营运总车日(U) \begin{cases} 完好车日(U_a) \begin{cases} 工作车日(U_d) \\ 待运车日(U_w) \end{cases} \\ 非完好车日(U_n) \begin{cases} 维修车日(U_{mr}) \\ 待废车日(U_b) \end{cases} \left.\begin{matrix} \\ \\ \end{matrix}\right\} 停驶车日(U_p) \end{cases}$$

图 1-6 营运总车日的组成

车时(汽车小时),是指营运汽车在企业内保有的小时数。企业所有营运汽车的车时总数,等于营运汽车数与其在企业内保有日历小时数的乘积的累计数,也称为营运总车时。

营运车时的构成,可以按汽车所处的状态进行划分。汽车或者在道路上工作,或者在库(场)内停驶,相应的车时可以分为工作车时(H_d)和停驶车时(H_p)。其中汽车在道路上的工作状态,包括行驶状态和停歇状态,相应的车时分为行驶车时(H_l)和停歇车时(H_s)。行驶的汽车可能重车行驶,也可能空车行驶,相应的车时分为重车行驶车时(H_{tl})和空车行驶车时(H_{tv})。停歇的汽车,可能是因汽车装卸货物、汽车技术故障、汽车组织原因而停歇,停歇车时可以分为装载车时(H_l)、卸载车时(H_u)、技术故障车时(H_{st})及组织故障车时(H_{so})。依据前面对汽车停驶原因的分析,库内停驶车时分为维修车时(H_{mr})[维护车时(H_m)和修理车时(H_r)]、待运车时(H_w)和待废车时(H_b)。

营运总车时的组成如图 1-7 所示。

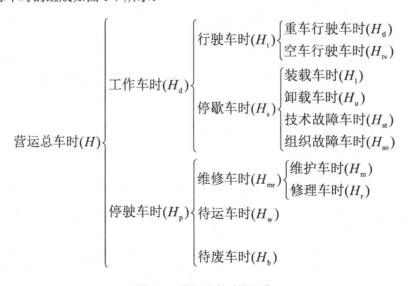

图 1-7 营运总车时的组成

以车日和车时为基础，主要采用完好率、工作率、总车时利用率和工作车时利用率等四项指标评价汽车的时间利用程度。

1) 完好率

完好率(α_a)是指统计期内企业营运汽车的完好车日与总车日的百分比。完好率表明了总车日可以用于运输工作的最大可能性，也称完好车率。

完好率与非完好率(α_n)是互补指标，即两者的和是 100%。

$$\alpha_a = \frac{U_a}{U} \times 100\% = \frac{U - U_n}{U} \times 100\% \tag{1-5}$$

$$\alpha_n = \frac{U_n}{U} \times 100\% = 1 - \alpha_a \tag{1-6}$$

完好率是一种汽车技术管理指标，用以表示企业营运汽车的技术完好状况和维修工作水平。完好率指标的高低虽不直接影响汽车生产率，但它能说明企业进行运输生产活动时，汽车在时间利用方面可能达到的程度。只有提高了完好率，才有可能提高汽车工作率。

2) 工作率

工作率(α_d)是指统计期内工作车日与总车日的百分比，反映企业总车日的实际利用程度，又称工作车率或出车率。工作率与停驶率(α_p)是互补指标，两者的和是 100%。

$$\alpha_d = \frac{U_d}{U} \times 100\% = \frac{U - U_n - U_w}{U} \times 100\% \tag{1-7}$$

$$\alpha_p = \frac{U_p}{U} \times 100\% = 1 - \alpha_d \tag{1-8}$$

工作率反映了企业营运汽车的技术状况及运输组织工作水平，它对汽车生产率有直接的影响。要提高工作率，就必须努力消除导致汽车停驶的各种原因，才有可能使工作率维持在较高的水平。

3) 总车时利用率

总车时利用率(ρ)是指统计期工作车日内汽车在道路上工作车时与总车时的百分比，用以表示平均一个工作车日的 24h 中，有多长时间用于出车工作，也称为昼夜时间利用系数。

$$\rho = \frac{H_d}{24 U_d} \times 100\% \tag{1-9}$$

单辆汽车在一个工作车日内的总车时利用率为

$$\rho = \frac{T_d}{24} \times 100\% \tag{1-10}$$

式中：T_d——汽车一个工作车日内在道路上的工作时间，h。

提高总车时利用率，就是要延长汽车在工作车日内的出车时间。所谓出车时间，是指汽车由车场驶出，直到返回车场时的时间(扣除计划规定的驾驶员进餐、休息等时间)。要延长出车时间，除了提高完好率外，还应努力开拓运输市场，提高企业的运输组织工作水平。实践证明，采用适宜的运输组织形式(如实行多班制或双班制工作制度)，是提高总车时利用率，提高车辆运用效率的有效措施。

4) 工作车时利用率

工作车时利用率(δ)是指统计期内汽车在道路上行驶车时与在道路上工作车时的百分比，即统计期内汽车的纯运行时间在出车时间中所占的百分比，又称为出车时间利用系数。

$$\delta = \frac{H_t}{H_d} \times 100\% = \frac{H_d - H_s}{H_d} \times 100\% \qquad (1\text{-}11)$$

提高工作车时利用率的主要途径是最大限度地减少汽车在道路上的停歇时间，即减少装卸停歇时间、技术故障停歇时间、组织工作不善而造成的停歇时间等。要减少上述停歇时间，所采取的措施主要是提高企业的装卸机械化水平及运输组织工作水平。

完好率、工作率、总车时利用率以及工作车时利用率四个指标，从不同角度综合反映了汽车的时间利用程度。其中，某一项指标的提高，不一定能保证汽车全部时间的利用程度必然提高。但是每一项指标均降低，则表现为汽车时间利用程度的降低，会影响汽车生产率的提高。

2. 汽车的行程利用指标

营运汽车在一定统计期内，出车工作行驶里程称为总行程，由重车行程和空车行程两部分组成。

汽车载有旅客或货物行驶的里程，称为重车行程。重车行程是实现运输生产的有效行程，是总行程的有效利用，属于生产行程，汽车只有在有载运行下才会进行有效生产。

汽车完全无载行驶的里程，称为空车行程。空车行程有空载行程和调空行程。空载行程是指汽车由卸载地点空驶到下一个装载地点的行程，调空行程是指空车由车场(库)开往装载地点或由最后一个卸载地点空驶回车场(库)的行程。

汽车的行程利用指标，即里程利用率(β)，是指统计期内汽车的重车行程与总行程的百分比。它是评价汽车总行程的有效利用程度的指标，其计算公式为

$$\beta = \frac{L_1}{L} \times 100\% = \frac{L_1}{L_1 + L_v} \times 100\% \qquad (1\text{-}12)$$

式中：L——统计期内汽车总行程，km；

L_1——统计期内汽车的重车行程，km；

L_v——统计期内汽车的空车行程，km。

3. 汽车的速度利用指标

汽车速度是指汽车单位时间内的平均行驶里程。通常采用技术速度、运送速度、营运速度及平均车日行程等指标来评价汽车速度利用程度。

1) 技术速度

技术速度是指汽车在行驶车时内实际达到的平均行驶速度，即在纯运行时间内平均每小时的行驶里程，计算公式为

$$\upsilon_t = \frac{L}{T_t} \qquad (1\text{-}13)$$

式中：υ_t——汽车的技术速度，km/h；

L——汽车行驶距离，km；

T_t——汽车行驶时间，h，包括与交通管理、会车等因素有关的短暂停歇时间。

汽车的技术速度一般低于设计速度，它们之间差距的大小，反映了汽车速度利用程度。技术速度越高，汽车速度利用就越充分。在保证汽车行车安全的前提下，尽量提高技术速度，意味着在相同的运行时间内，可以行驶更多的里程，使旅客或货物移动更远的距

离。但盲目地追求高技术速度，有可能造成行车事故次数的增加，使运输安全性下降，还可能造成燃料消耗的不合理增加，使运输成本提高。

2) 运送速度

运送速度是指汽车在运送时间内运送货物或旅客的平均速度，计算公式如下：

$$\upsilon_c = \frac{L}{T_c} \tag{1-14}$$

式中：υ_c——汽车的运送速度，km/h；

L——汽车行驶距离，km；

T_c——汽车自起点至终点到达时刻所经历的时间，h，不包括始点、终点的装卸作业（上、下旅客）时间，但包括途中的各类停歇时间。

运送速度的主要影响因素有技术速度、驾驶员的驾驶水平、途中乘客的乘车秩序以及货物装卸技术水平等。

3) 营运速度

营运速度是指汽车在道路上工作时间内的平均速度，即汽车出车时间内实际达到的平均速度，计算公式如下：

$$\upsilon_d = \frac{L}{T_d} = \frac{L}{T_t + T_s} \tag{1-15}$$

式中：υ_d——汽车的营运速度，km/h；

L——汽车行驶距离，km；

T_d——汽车在道路上的工作车时，h；

T_s——汽车各类停歇时间，h，包括始点、终点的装卸作业时间或旅客上下车时间。

营运速度既受技术速度的限制，又受工作车时利用率的影响，三者之间的关系为

$$\upsilon_d = \upsilon_t \delta \tag{1-16}$$

凡是影响技术速度和工作车时利用率的因素，同时也是影响营运速度的因素。营运速度的主要影响因素有技术速度的大小、运输组织工作水平、装卸机械化水平、汽车技术状况及运输距离等。营运速度一般比技术速度小 10%～20%。当运输距离很长时，装卸停歇时间所占比重较小，则 υ_d 趋近于 υ_t。

4) 平均车日行程

平均车日行程($\overline{L}_d$)是指统计期内全部营运汽车平均每个工作车日内行驶的里程，是以车日为时间单位计算的综合性速度指标，计量单位为 km。其计算公式为

$$\overline{L}_d = \frac{L}{U_d} \tag{1-17}$$

式中：L——汽车在统计期工作车日内的总行程，km。

平均车日行程的主要影响因素有汽车的营运速度、汽车的工作制度及调度形式等。

4. 汽车的载质(客)量利用指标

汽车的载重能力是指汽车的额定载货质量或额定载客量。汽车载重能力利用程度的指标是吨(客)位利用率和实载率。

1) 吨(客)位利用率

吨(客)位利用率(γ)是指汽车在重车行程中实际完成的周转量与重车行程额定周转量的

百分比。

吨(客)位利用率的计算方法有以下两种。

(1) 静态的吨(客)位利用率。

按一辆营运汽车的一个运次(班次)评价其载重能力的利用程度，计算公式为

$$\gamma = \frac{P}{P_0} \times 100\% = \frac{qL_1}{q_0 L_1} \times 100\% = \frac{q}{q_0} \times 100\% \tag{1-18}$$

式中：P——某运次(班次)汽车实际完成的周转量，t·km 或人·km；

$\quad\quad P_0$——某运次(班次)汽车的重车行程额定周转量，t·km 或人·km；

$\quad\quad q$——汽车实际完成的载质(客)量，t 或人；

$\quad\quad q_0$——汽车额定载质(客)量，t 或人。

静态的吨(客)位利用率表示汽车额定载质(客)量的利用程度，与重车行程无关。

(2) 动态的吨(客)位利用率。

按全部营运汽车一定时期内的全部运次，综合评价其载重能力的利用程度，计算公式为

$$\gamma = \frac{\sum P}{\sum P_0} \times 100\% = \frac{\sum (qL_1)}{\sum (q_0 L_1)} \times 100\% \tag{1-19}$$

式中：$\sum P$——所有营运汽车实际完成周转量之和，t·km 或人·km；

$\quad\quad \sum P_0$——重车行程额定周转量，t·km 或人·km。

吨(客)位利用程度的影响因素主要有客货源条件、汽车调度水平、客运线网密度和发车频率、客运服务质量和服务水平、货物特性及货运种类、汽车类型及车厢几何尺寸、装车方式及装载技术、有关的装载规定和车货适应程度等。

2) 实载率

实载率(ε)，是按全部营运汽车一定时期内的总行程计算的载重能力利用指标，是指汽车实际完成的周转量占其总行程额定周转量的百分比，用以评价总行程载质(客)量的利用程度。实载率的计算公式如下：

$$\varepsilon = \frac{\sum P}{\sum P_0'} \times 100\% = \frac{\sum (qL_1)}{\sum (q_0 L)} \times 100\% \tag{1-20}$$

式中：$\sum P_0'$——总行程额定周转量，t·km 或人·km。

对于单辆车或一组吨(客)位相同的汽车，实载率的计算公式为

$$\varepsilon = \frac{\sum (qL_1)}{q_0 \sum L} \times 100\% = \frac{\sum (qL_1)}{q_0 \dfrac{\sum L_1}{\beta}} \times 100\% = \gamma\beta \tag{1-21}$$

提高实载率，一方面可提高重车载质(客)量利用率，另一方面可减少空车行程以提高里程利用率。

5. 汽车的动力利用指标

汽车的动力利用指标，即拖挂率(θ)，是指挂车完成的周转量与主、挂车总共完成的总周转量的百分比。拖挂率反映了拖挂运输的开展情况以及挂车的载质量利用程度，其计算公式为

$$\theta = \frac{\sum P_{\mathrm{t}}}{\sum P_{\mathrm{m}} + \sum P_{\mathrm{t}}} \times 100\% \qquad (1\text{-}22)$$

式中：$\sum P_{\mathrm{t}}$——统计期内挂车完成的周转量，t·km；

　　　　$\sum P_{\mathrm{m}}$——统计期内主车完成的周转量，t·km。

拖挂率的主要影响因素有汽车与挂车性能、驾驶技术水平、道路条件以及运输组织工作水平等。

综上所述，评价汽车运用效果的单项评价指标共有 5 类 12 项指标，如图 1-8 所示。

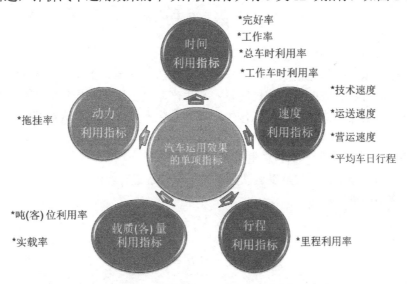

图 1-8　汽车运用效果的单项指标体系

1.4.2　汽车运用效果的综合评价指标

评价汽车运用效果的综合评价指标包括汽车运输生产率与汽车运输成本。

1. 汽车运输生产率

汽车运输生产率常用单车期产量、车吨(客)位期产量和车公里产量来衡量。

1) 单车期产量

按照计算时间单位的不同，单车期产量包括单车年产量、单车季产量、单车月产量、单车日产量和单车车时产量等多个指标。由于一年中有 7 个月的日历天数是 31 天，有 4 个月的日历天数为 30 天，2 月的日历天数平年为 28 天(闰年为 29 天)，在比较不同年度、季度、月度的汽车生产率时，即比较单车年产量、单车季产量、单车月产量时，就会受到日历日数不同的干扰。因此，一般使用单车日产量较好些，可以更好地综合评价汽车的运用效果，排除日历天数不同的影响。

(1) 单车年(季、月、日)产量。

单车年(季、月、日)产量按周转量和平均营运汽车数计算：

$$W_{\mathrm{Pt}} = \frac{\sum P}{A} \qquad (1\text{-}23)$$

式中：W_{Pt}——统计期(年、季、月、日)内单车完成货物/旅客周转量，t·km 或人·km；

$\sum P$——统计期内全部营运汽车完成货物(旅客)周转量之和，t·km 或人·km；

A——平均营运汽车数(辆)，是指统计期内平均每天拥有的营运汽车数，可按下式计算：

$$A = \frac{统计期总车日数U}{统计期日历天数D} \qquad (1\text{-}24)$$

按汽车运用效果的相关单项指标计算：

$$W_{Pt} = \frac{\alpha_d \overline{L_d} \beta q_0 \gamma}{1 - \theta} \qquad (1\text{-}25)$$

(2) 单车车时产量。

单车车时产量，是指运输汽车的工作生产率和总生产率。工作生产率是汽车在道路上平均每一工作车时所完成的运量或周转量；总生产率是指汽车平均每一总车时所完成的运量或周转量。按运输形式的不同，工作生产率和总生产率又可以分为载货汽车、公共汽车和出租汽车的工作生产率和总生产率。

① 载货汽车的工作生产率和总生产率。

载货汽车的运输工作通常是以运次为基本运输过程进行组织。

一个运次中的货运量为

$$Q_c = q_0 \gamma \qquad (1\text{-}26)$$

一个运次完成的货物周转量为

$$P_c = Q_c L_1 = q_0 \gamma L_1 \qquad (1\text{-}27)$$

完成一个运次的工作车时为

$$t_c = t_t + t_{lu} = \frac{L_1}{\beta v_t} + t_{lu} \qquad (1\text{-}28)$$

式中：t_c——车辆完成一个运次的工作车时，h；

t_t——车辆在一个运次中的行驶时间，h；

t_{lu}——车辆在一个运次中的停歇时间，h，主要用于装卸货物而停歇的时间。

工作生产率是单位工作车时所完成的货运量 W_q(t/h) 及货物周转量 W_p[(t·km)/h]，即

$$W_q = \frac{Q_c}{t_c} = \frac{q_0 \gamma}{\frac{L_1}{\beta v_t} + t_{lu}} \qquad (1\text{-}29)$$

$$W_p = \frac{P_c}{t_c} = \frac{q_0 \gamma L_1}{\frac{L_1}{\beta v_t} + t_{lu}} \qquad (1\text{-}30)$$

在统计期平均每一总车时内，汽车在道路上的工作车时 T_d' 为

$$T_d' = \frac{U_d T_d}{24U} = \left(\frac{U_d}{U}\right) \times \left(\frac{T_d}{24}\right) = \alpha_d \rho \qquad (1\text{-}31)$$

总生产率是平均每一总车时汽车所完成的货运量 W_q' (t/h) 和货物周转量 W_p' [(t·km) /h]，即

$$W_q' = W_q T_d' = \frac{q_0 \gamma \alpha_d \rho}{\dfrac{L_1}{\beta \upsilon_t} + t_{1u}} \tag{1-32}$$

$$W_p' = W_p T_d' = \frac{q_0 \gamma \alpha_d \rho L_1}{\dfrac{L_1}{\beta \upsilon_t} + t_{1u}} \tag{1-33}$$

根据上述计算公式可知，载货汽车工作生产率的影响因素有额定载质量、载质量利用率、重车行程、里程利用率、技术速度以及装卸停歇时间共六项。载货汽车总生产率的影响因素还包括工作率与总车时利用率。

② 公共汽车的工作生产率和总生产率。

公共汽车(含公路客运)一般以单程(车次)为基本运输过程进行组织。公共汽车工作生产率，是指平均每工作车时汽车所完成的客运量或乘客周转量。

公共汽车在道路上工作时，由于在一个车次内汽车所载运乘客在沿线各停车站不断交替变化(乘客上下车)，客流沿各路段的分布具有不均匀性，因此汽车在各路段的实际载客量可能各不相同。

一个车次内，汽车实际完成的载客人数 Q_n(人)与乘客周转量 P_n 分别为

$$Q_n = q_0 \gamma \eta_a \tag{1-34}$$

$$P_n = Q_n \overline{L_p} \tag{1-35}$$

式中：η_a——乘客交替系数；

$\overline{L_p}$——平均运距，km，指统计期内所有乘客的平均乘车距离。

其中，乘客交替系数 η_a 是指在一个车次时间内，各路段平均载客客位中，每客位实际运送的乘客人数，以车次的线路长度 L_n 与平均运距 $\overline{L_p}$ 之比表示，即

$$\eta_a = \frac{L_n}{\overline{L_p}} \tag{1-36}$$

公共汽车在一个车次中的工作车时 t_n 为

$$t_n = t_{nr} + t_{ns} = \frac{L_n}{\beta \upsilon_t} + t_{ns} \tag{1-37}$$

式中：t_{nr}——公共汽车在一个车次中的行驶时间，h；

t_{ns}——公共汽车在一个车次中沿线各站的停歇时间，h。

工作生产率是公共汽车在一个车次中的单位工作时间内完成的客运量 W_q(人/h)和乘客周转量 W_p[(人·km)/h]，即

$$W_q = \frac{Q_n}{t_n} = \frac{q_0 \gamma \eta_a}{\dfrac{L_n}{\beta \upsilon_t} + t_{ns}} \tag{1-38}$$

$$W_p = \frac{Q_n \overline{L_p}}{t_n} = \frac{q_0 \gamma \eta_a \overline{L_p}}{\dfrac{L_n}{\beta \upsilon_t} + t_{ns}} = \frac{q_0 \gamma L_n}{\dfrac{L_n}{\beta \upsilon_t} + t_{ns}} \tag{1-39}$$

公共汽车总生产率的确定方法类似于载货汽车总生产率的确定方法，即单位总车时内

公共汽车所完成的客运量 W_q' (人/h)和旅客周转量 W_p' [(人·km)/h]，计算公式为

$$W_q' = \alpha_d \rho W_q \tag{1-40}$$

$$W_p' = \alpha_d \rho W_p \tag{1-41}$$

公共汽车运输总生产率在形式上与载货汽车完全一致。

③ 出租汽车的工作生产率和总生产率。

出租汽车通常按行驶里程与等待乘客的停歇时间计费，出租汽车生产率通常用每小时完成的收费行驶里程和收费停歇时间来表示。出租汽车每运次的时间由收费里程(L_g)行驶时间、收费停歇时间(t_g)、不收费里程(L_n)行驶时间和不收费停歇时间(t_n)等四部分组成。

出租汽车的工作车时(t_c)为

$$t_c = \frac{L_g + L_n}{\upsilon_t} + t_g + t_n \tag{1-42}$$

出租汽车的里程利用率 β ，表示出租汽车总行程的利用程度，是收费里程(L_g)与总里程(L)之比，又称为收费行程系数，计算公式为

$$\beta = \frac{L_g}{L} = \frac{L_g}{L_g + L_n} \tag{1-43}$$

出租汽车的工作车时(t_c)也可表示为

$$t_c = \frac{L_g}{\beta \upsilon_t} + t_g + t_n \tag{1-44}$$

出租汽车的工作生产率是指出租汽车在单位工作时间内完成的收费里程 W_l (km/h)及收费停歇时间 W_t(h/h)，计算公式为

$$W_l = \frac{L_g}{t_c} = \frac{L_g}{\dfrac{L_g}{\beta \upsilon_t} + t_g + t_n} \tag{1-45}$$

$$W_t = \frac{t_g}{t_c} = \frac{t_g}{\dfrac{L_g}{\beta \upsilon_t} + t_g + t_n} \tag{1-46}$$

出租汽车的总生产率是指出租汽车在单位总车时内完成的收费里程 W_l' (km/h)和收费停歇时间 W_t' (h/h)，即

$$W_l' = \alpha_d \rho W_l \tag{1-47}$$

$$W_t' = \alpha_d \rho W_t \tag{1-48}$$

根据上述公式可知，出租汽车生产率的影响因素有收费行程、收费行程系数、技术速度、每个运次的收费停歇时间与不收费停歇时间。

2) 车吨(客)位期产量

车吨(客)位期产量是指统计期内平均每个吨(客)位所完成的周转量，包括车吨(客)位年产量、车吨(客)位季产量、车吨(客)位月产量及车吨(客)位日产量等。

用车吨(客)位期产量指标评价汽车运输生产率时，可以消除不同汽车额定吨(客)位不同的影响。其中，车吨位日产量和车客位日产量指标，在反映和比较不同单位或不同时期的运输生产率时，既可消除汽车不同吨位或客位的影响，也可消除计算期日历天数可能不一

致的影响。因此，车吨(客)位日产量指标可以比较准确地反映汽车运输企业生产组织工作的质量和水平。

按周转量与平均总吨(客)位计算车吨(客)位期产量，计算公式为

$$W'_{Pt} = \frac{\sum P}{N} \tag{1-49}$$

式中：W'_{Pt}——车吨(客)位期(年、季、月、日) 产量，t·km 或 人·km；

$\sum P$——统计期内全部营运汽车完成的周转量之和(t·km 或 人·km)；

N——平均总吨(客)位(吨位或客位)，是指统计期内平均每天在用营运汽车的总吨(客)位。

按汽车运用效果的相关单项指标计算车吨(客)位期产量，计算公式为

$$W'_{Pt} = \frac{D\alpha_d \overline{L_d} \beta \gamma}{1-\theta} \tag{1-50}$$

3) 车公里产量

车公里产量是指统计期内汽车平均每行驶 1km 所完成的周转量。

(1) 按周转量和总行程计算，计算公式为

$$W_{Pk} = \frac{\sum P}{L} \tag{1-51}$$

式中：W_{Pk}——车公里产量，t·km 或 人·km；

$\sum P$——统计期内全部营运汽车完成的周转量之和，t·km 或 人·km；

L——统计期全部汽车的总行程，km，可以根据每辆营运车累计，也可以按下式计算：

$$L = AD\alpha_d \overline{L_d} \tag{1-52}$$

(2) 按汽车运用效果的相关单项指标计算，计算公式为

$$W_{Pk} = \frac{\beta \overline{q_0} \gamma}{1-\theta} \tag{1-53}$$

4) 汽车运输生产率分析

要提高汽车运输生产率，必须了解各使用因素对生产率的影响特性及影响程度，以便结合企业自身的条件，确定优先改进哪个因素对生产率的提高更为有利。由于公共汽车、出租汽车的工作生产率均类似于载货汽车，因此下面以载货汽车的工作生产率为例进行分析。

由载货汽车工作生产率的计算公式可知，生产率的影响因素共有六项，即额定载质量、载质量利用率、重车行程、里程利用率、技术速度以及装卸停歇时间。而工作生产率又分为以货运量计算的 W_q 和以周转量计算的 W_p 两种。上述六项使用因素，除平均运次重车行程 L_1 对 W_q 和 W_p 的影响不同外，其他使用因素对其影响是一致的。因此，下面以 W_q 的生产率关系式为对象来分析各使用因素对生产率的影响特性和影响程度。

由于各使用因素对生产率的影响关系很复杂，为了分析简便，在分析某一使用因素的变化对生产率的影响时，可以假设其他因素为常数。

(1) 装卸作业停歇时间。

由载货汽车的工作生产率公式

$$W_q = \frac{q_0 \gamma}{\dfrac{L_1}{\beta v_t} + t_{1u}}$$

假设其他使用因素均为常数，只有装卸停歇时间为变量时，令 $b = q_0\gamma$，$c = \dfrac{L_1}{\beta v_t}$，则

$$W_q = \frac{b}{c + t_{1u}} \tag{1-54}$$

式(1-54)为等轴双曲线方程，如图 1-9 所示。当装卸停歇时间 t_{1u} 减少时，生产率 W_q 就会提高，但生产率提高的极限值为 $\dfrac{b}{c}$。

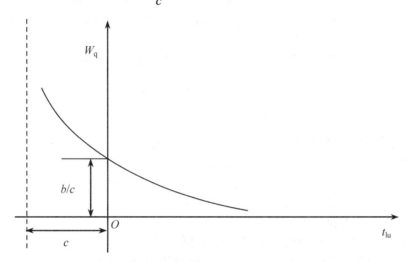

图 1-9 汽车工作生产率与装卸停歇时间的关系

当装卸停歇时间很大时，生产率将降低并趋近于 0，因为横坐标轴为双曲线的渐近线。而且 c 值越小(即 L_1 越小，v_t 及 β 值越大)时，装卸停歇时间的变化对生产率的影响程度越大。即当运距较短，汽车行驶速度较快时，装卸停歇时间对生产率的影响更为显著。

因此，要提高生产率必须将装卸停歇时间压缩到最低限度。为了缩短装卸停歇时间，应合理组织装卸工作，实现装卸工作机械化，制定汽车装卸作业时间表，有节奏地进行装卸工作，并应简化手续，以减少装卸停歇时间。

(2) 平均运次重车行程 L_1。

上面所分析的装卸作业停歇时间对工作生产率 W_q 和总生产率 W_p 的影响是相同的，但是平均运次重车行程 L_1 对 W_q 和 W_p 的影响是不同的。

由式 $W_q = \dfrac{q_0\gamma}{\dfrac{L_1}{\beta v_t} + t_{1u}}$ 可知： $\tag{1-55}$

$$W_q = \frac{q_0\gamma\beta v_t}{L_1 + t_{1u}\beta v_t} \tag{1-56}$$

设 $a = q_0\gamma\beta v_t$，$d = t_{1u}\beta v_t$，则

$$W_q = \frac{a}{L_1 + d} \tag{1-57}$$

式(1-57)和装卸停歇时间与生产率的关系式相似，为等轴双曲线，如图 1-10 所示。

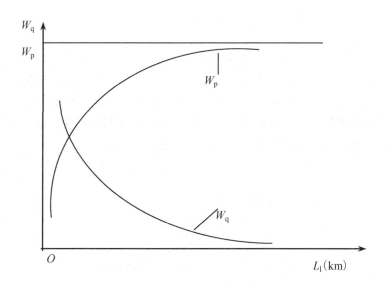

图 1-10   汽车工作生产率与重车行程的关系

同理，设 $a = q_0 \gamma \beta \upsilon_t$，$d = t_{lu} \beta \upsilon_t$，则

$$W_p = \frac{aL_1}{L_1 + d} \tag{1-58}$$

式(1-58)所表达的曲线亦为等轴双曲线，但两者的渐近线不同，如图 1-10 所示。

由图 1-10 可知，随着平均运次重车行程 L_1 的增加，以吨公里为单位的生产率 W_p 增加，而以吨为单位的生产率 W_q 则下降。当重车行程的值很大时，L_1 的变化实际上对 W_q 和 W_p 的影响很小；反之，当 L_1 的值较小时，甚至它的变化很小，也会对生产率产生很大的影响。

(3) 实际载质量 $q_0 \gamma$。

实际载质量对工作生产率的影响按直线规律变化，参见图 1-11。实际载质量 $q_0 \gamma$ 越大，生产率 W_q 越高，且提高汽车的平均额定吨位与重车载质量利用率对提高汽车生产率的影响极为明显。

为了提高实际载质量，应该适当选择汽车的形式和车身形式，使其适应所运货物的种类和性质；同时应该预先集中货物以增加批量，在装车时采用有效的装车技术，采用拖挂运输等，这些都是提高汽车载质量的有效办法。

(4) 里程利用率 β。

里程利用率 β 对生产率的影响，也按等轴双曲线规律变化，参见图 1-11。当里程利用率增加时，生产率随之增加，但当 β 增加到一定程度后，其值的变化对生产率的影响也就不明显了，曲线出现平滑状态。

里程利用率 β 与生产率之间的这种性质是由下列原因决定的：因为 β 值增加，汽车在工作时间内的重车行程增加，运量增加，所以生产率也随之提高；特别是采用大载质量汽车以高速行驶时，β 对生产率的影响更为显著。但是当 β 初值很大时，由于重车行程增加的比重较小，所以 β 对生产率的影响也较小。

为了提高里程利用率，应采取以下措施：做好货源的调查工作，组织好回程货源，认真编制运输作业计划，选择合理的行驶路线及合理调度车辆，根据货运点的分布情况，合理规划汽车维修场、加油站的位置，减少调空行程。

(5) 技术速度 υ_t。

技术速度对生产率的影响，与里程利用率 β 一样，也按等轴双曲线规律变化，参见图 1-11。技术速度增加，会使工作生产率 W_q 增加，而且技术速度的初值越小，其值的变化对生产率的影响越大，当技术速度越大时，其值的变化对生产率的影响越小。

因此，要提高生产率，必须提高技术速度 υ_t。为了提高汽车的技术速度，要求汽车具有良好的动力性能，驾驶员也要有良好的驾驶技术。

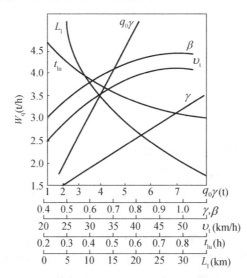

图 1-11 载货汽车工作生产率特性

由图 1-11 可知，各使用因素对汽车运输生产率的影响程度由高到低依次为额定载质量 (q_0) 及重车载质量利用率(γ)、平均运次重车行程(L_l)、装卸停歇时间(t_{lu})、里程利用率(β) 及车辆技术速度(υ_t)。

利用生产率特性图，可以确定在某一具体运输条件下提高生产率的最合理方法，如提高重车载质量利用率和额定载质量是提高生产率的最有效方法，缩短装卸停歇时间也是提高生产率的有效方法。而提高里程利用率及技术速度，对生产率的影响不显著。

2. 汽车运输成本

汽车运输成本是指汽车完成每单位运输产品产量所支付的费用，计算公式为

$$S = \frac{\sum C}{\sum P} \tag{1-59}$$

式中：S——汽车运输成本；

$\sum C$——统计期内汽车运输企业所支出的全部费用；

$\sum P$——统计期内汽车运输企业所完成的运输产品产量。

汽车运输成本的单位因运输对象、运输条件等的不同而异。对于载货汽车与公共汽车运输来说，S 是指完成每单位运输工作量所支付的全部费用，其单位分别为元/(t·km)与元/(人·km)；对于出租汽车运输来说，S 是按照每单位收费行程或单位收费停歇时间分摊的全部费用计算，其单位为元/km 与元/h。

汽车运输企业所支出的全部费用，按照与汽车行驶的关系，一般可分为变动费用($\sum C_c$)、固定费用($\sum C_f$)和装卸费用($\sum C_{lu}$)三部分。其中，装卸费用($\sum C_{lu}$)在运输企业中实行单独核算，所以汽车运输企业的运输成本通常只包括前两项费用，即

$$\sum C = \sum C_c + \sum C_f \tag{1-60}$$

在汽车运输企业中，变动费用($\sum C_c$)是指与汽车行驶有关的费用，又叫汽车运行费用，按每公里行程计算。变动费用包括燃料费、润滑油费、轮胎费、汽车折旧费、汽车维修费、计件工资、附加费及其他与汽车行驶有关的杂项费用等；固定费用($\sum C_f$)是指与汽车行驶无直接关系的费用，又叫企业管理费，常按汽车的在册车日或车时计算，这部分费用不论汽车行驶与否，汽车运输企业为组织运输生产必须支付。固定费用包括职工月工资、行政办公费、水电费、仓储费、房屋修缮费、牌照费、职工培训费、宣传费及业务手续费等。

1) 汽车运输成本的计算

(1) 载货汽车的运输成本。

载货汽车单位运输成本可表示为每吨公里的变动费用与每吨公里的固定费用之和，即

$$S_g = S_c + S_f \tag{1-61}$$

式中：S_g——载货汽车的单位运输成本，元/(t·km)；

S_c——统计期内单位产量分摊的变动成本，元/(t·km)；

S_f——统计期内单位产量分摊的固定成本，元/(t·km)。

又

$$S_c = \frac{LC_c}{\sum P} = \frac{\left(\dfrac{L}{H_d}\right)C_c}{\dfrac{\sum P}{H_d}} = \frac{\upsilon_d C_c}{W_p}$$

$$S_f = \frac{\sum C_f}{\sum P} = \frac{\dfrac{\sum C_f}{H_d}}{\dfrac{\sum P}{H_d}} = \frac{C_f}{W_p}$$

式中：C_c——单位行程的变动费用，元/km；

C_f——汽车单位工作车时的固定费用，元/h；

$\sum C_f$——统计期内企业支付的全部固定费用，元。

则

$$S_g = S_c + S_f = \frac{\upsilon_d C_c}{W_p} + \frac{C_f}{W_p} \tag{1-62}$$

又

$$\upsilon_d = \frac{L_1 \upsilon_t}{L_1 + \beta \upsilon_t t_{1u}}, \quad W_p = \frac{q_0 \gamma L_1}{\dfrac{L_1}{\beta \upsilon_t} + t_{1u}}$$

则载货汽车的单位运输成本为

$$S_g = \frac{1}{q_0 \gamma \beta}\left[C_c + \frac{C_f(L_1 + t_{1u}\beta \upsilon_t)}{\upsilon_t L_1}\right] \tag{1-63}$$

(2) 公共汽车运输成本。

公共汽车的单位运输成本，可以表示为每人公里的变动成本与每人公里的固定成本之和。类似于载货汽车运输成本的计算方法，可得到公共汽车的单位运输成本为

$$S_b = \frac{1}{q_0 \gamma \beta} \left[C_c + \frac{C_f (L_n + t_{ns} \beta \upsilon_t)}{\upsilon_t L_n} \right] \tag{1-64}$$

式中：S_b——公共汽车的单位运输成本，元/(人·km)；

$\quad\quad L_n$——公共汽车线路长度，km；

$\quad\quad t_{ns}$——公共汽车沿线各站停车时间，h。

(3) 出租汽车的运输成本。

出租汽车的单位运输成本可按照每公里收费里程或每小时收费停歇时间确定，计算公式分别为

$$S_c = \frac{\sum C_c}{\sum L_g} = \frac{\sum C_c}{\beta L} = \frac{\dfrac{\sum C_c}{L}}{\beta} = \frac{C_c}{\beta} \tag{1-65}$$

$$S_f = \frac{\sum C_f}{\sum L_g} = \frac{\sum C_f}{\beta L} = \frac{\dfrac{\sum C_f}{H_d}}{\beta \left(\dfrac{L}{H_d} \right)} = \frac{C_f}{\beta \upsilon_d} \tag{1-66}$$

其中

$$\upsilon_d = \frac{L}{H_d} = \frac{\dfrac{L_g}{\beta}}{\dfrac{L_g}{\beta \upsilon_t} + t_g + t_n} = \frac{L_g \upsilon_t}{L_g + (t_g + t_n)\beta \upsilon_t} \tag{1-67}$$

出租汽车每公里收费里程的运输成本为

$$S_l = \frac{\sum C}{\sum L_g} = S_c + S_f = \frac{1}{\beta} \left(C_c + \frac{C_f}{\upsilon_d} \right) = \frac{1}{\beta} \left(C_c + \frac{C_f [L_g + \beta \upsilon_t (t_n + t_g)]}{\upsilon_t L_g} \right) \tag{1-68}$$

式中：S_l——出租汽车单位收费里程的运输成本，元/km；

$\quad\quad C_c$——出租汽车单位行程的变动费用，元/km；

$\quad\quad C_f$——出租汽车单位工作车时的固定费用，元/h。

同理，出租汽车以单位收费停歇时间表示的运输成本 S_t(元/h)为

$$S_t = \frac{1}{\beta t_g} \left(C_c L_g + \frac{C_f [L_g + \beta \upsilon_t (t_n + t_g)]}{\upsilon_t} \right) \tag{1-69}$$

2) 汽车运输成本分析

利用上述公式，不仅可以计算汽车运输成本，而且可以确定各使用因素对运输成本的影响特性和程度，为寻找降低汽车运输成本的有效途径提供理论依据。

以载货汽车运输成本为例，当假设其他使用因素的当前值保持不变的前提下，只考察一个变量因素，可以发现结果。

(1) 随着汽车额定吨位及重车载质量利用率的增加，运输成本将降低。而且固定费用

和变动费用越高，重车行程越短，行驶速度越低时，这种影响越显著。此外，随着载质量的增加，它对运输成本的影响程度将降低。

(2) 当里程利用率、技术速度及重车行程提高时，每吨公里的运输成本将降低，而且当这些数值越小时，其影响程度越显著。

(3) 每个运次中，汽车装卸停歇时间越长，则运输成本越高。当实际载质量较小，重车行程较短，而每小时工作的固定费用较大时，装卸停歇时间对运输成本的影响特别大。但是，当运距很大时，装卸停歇时间对运输成本的影响将明显减小。

汽车运输成本特性图如图 1-12 所示。

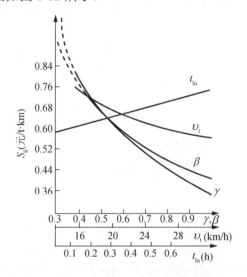

图 1-12　载货汽车运输成本特性图

由图 1-12 可以看出，各使用因素对运输成本的影响由高到低依次为：重车载质量利用率(γ)、里程利用率(β)、装卸停歇时间(t_{lu})、技术速度(v_t)。因此，提高重车载质量利用率及里程利用率是降低运输成本的最有效方法。

1.5　道路运输车辆的性能要求与检验方法

道路运输车辆是指获得道路运输许可，从事经营性道路客、货运输的车辆。

1.5.1　道路运输车辆的性能要求

1. 动力性要求

车辆动力性以 GB/T 18276 中规定的驱动轮轮边稳定车速进行评价。

1) 额定功率工况

额定功率工况下，驱动轮轮边稳定车速应不小于额定功率车速，即

$$v_w \geqslant v_e \qquad\qquad (1\text{-}70)$$

式中：v_w——驱动轮轮边稳定车速，km/h；

v_e——额定功率车速，km/h。

2) 额定转矩工况

额定转矩工况下，驱动轮轮边稳定车速应不小于额定转矩车速，即

$$v_w \geqslant v_m \tag{1-71}$$

式中：v_m——额定转矩车速，km/h。

2. 燃料经济性要求

燃用柴油或汽油、总质量大于 3500kg 的在用车辆，其燃料消耗量限值及评价方法应符合 GB/T 18566 的规定。

3. 制动性要求

1) 系统密封性

(1) 气压制动。

采用气压制动的车辆，当气压升至 600kPa 时，空气压缩机停止运转 3min，其气压降低值应不大于 10kPa。在气压为 600kPa 的情况下，空气压缩机停止运转，将制动踏板踩到底，待气压值稳定后观察 3min，单车气压降低值应不大于 20kPa；汽车列车气压降低值不得超过 30kPa。

(2) 液压制动。

采用液压制动的车辆，发动机在怠速运转状态下，将制动踏板踩下，保持 550N 的踏板力并持续 1min，踏板不应有向地板移动的现象；采用真空辅助的系统，当残留的真空耗尽且在制动踏板上持续施加 220N(乘用车为 110N)的力，在发动机起动时制动踏板应轻微地下降。

2) 起步气压建立时间

采用气压制动的车辆，发动机在 75%的额定转速下，车载气压表指示气压从 0 升至起步气压的时间，汽车列车不大于 6min，其他车辆不大于 4min。未标起步气压，按 400kPa 计。

3) 台架检验行车制动性能

(1) 整车制动率、轴制动率和制动不平衡率。

整车制动率、轴制动率和制动不平衡率，应符合表 1-4 的要求。

表 1-4　台架检验制动性能要求

车辆类型	整车制动率/%		轴制动率/%		制动不平衡率/%
	空载	满载	前轴[a]	后轴[a]	
M$_1$ 类乘用车	≥60	≥50	≥60[b]	≥20[b]	
M$_2$、M$_3$ 类客车	≥60	≥50	≥60[b]	≥50[c]	前轴≤24
N$_1$ 类货车	≥60	≥50	≥60[b]	≥20[b]	后轴≤30 或 10[d]
N$_2$、N$_3$ 类货车	≥60	≥50	≥60[b]	≥50[c]	
牵引车	≥60	≥50	≥60	≥50	

续表

车辆类型		整车制动率/%		轴制动率/%		制动不平衡率/%
		空载	满载	前轴[a]	后轴[a]	
O_3、O_4 类挂车	全挂车			≥55[e]	≥55[e]	前轴≤24
	半挂车				≥55[e]	后轴≤30 或 10[d]

注: a 前轴是指位于机动车(单车)纵向中心线中心位置以前的轴,除前轴之外的其他轴均为后轴。第二转向桥视为前轴;挂车的所有车轴均视为后轴。

b 空载和满载状态下测试均应满足此要求。

c 满载测试时不做要求,空载用平板制动检验台检验时应大于或等于 35%;总质量大于 3500kg 的客车,空载用滚筒反力式制动检验台检验时应大于或等于 40%,用平板制动检验台检验时应大于或等于 30%。

d 对于后轴,当轴制动率大于或等于该轴轴荷的 60%时,不平衡率不大于 30%;当轴制动率小于该轴轴荷的 60%时,不平衡率不大于该轴轴荷的 10%。

e 满载状态下测试时应大于或等于 45%。

(2) 汽车列车制动时序。

汽车列车的制动时序应满足:挂车各轴的制动动作应不滞后于牵引车各轴的制动动作,汽车列车的制动协调时间不大于 0.80s。

(3) 汽车列车制动力分配。

汽车列车制动力的分配应满足:牵引车(挂车)整车制动力与汽车列车整车制动力的比值不应小于牵引车(挂车)质量与汽车列车质量比值的 90%,也即牵引车(挂车)的整车制动率不应小于汽车列车整车制动率的 90%。

4) 路试检验行车制动性能

(1) 当对台架检验结果有质疑或被检车辆无法进行台架检验时,可采用路试检验并以路试检验结果进行评价(汽车列车制动时序和制动力分配除外)。

(2) 路试检验制动距离和制动稳定性应符合表 1-5 的要求。

表 1-5 路试检验制动距离和制动稳定性

车辆类型	制动初速/(km/h)	空载制动距离/m	满载制动距离/m	试验通道宽度[a]/m
M_1 类乘用车	50	≤19.0	≤20.0	2.5
N_1 类货车	50	≤21.0	≤22.0	2.5
M_2、M_3 类客车,N_2、N_3 类货车(含半挂牵引车)	30	≤9.0	≤10.0	3.0
汽车列车	30	≤9.5	≤10.5	3.0

注: a 制动过程中,车辆的任何部位(不计入车宽的部位除外)不超出规定宽度的试验通道的边缘线。

(3) 路试检验充分发出的平均减速度(MFDD)和制动稳定性应符合表 1-6 的要求。汽车列车的制动协调时间不大于 0.80s。

表1-6　路试检验充分发出的平均减速度(MFDD)和制动稳定性

车辆类型	制动初速度 /(km/h)	空载平均减速度 /(m/s^2)	满载平均减速度 /(m/s^2)	试验通道宽度 [a]/m
M$_1$ 类乘用车	50	≥6.2	≥5.9	2.5
N$_1$ 类货车	50	≥5.8	≥5.4	2.5
M$_2$、M$_3$ 类客车，N$_2$、N$_3$ 类货车(含半挂牵引车)	30	≥5.4	≥5.0	3.0
汽车列车	30	≥5.0	≥4.5	3.0

注：a 制动过程中，车辆的任何部位(不计入车宽的部位除外)不超出规定宽度的试验通道的边缘线。

5) 驻车制动

(1) 驻车制动应能使车辆在任何装载条件和没有驾驶人的情况下保持原位。驾驶人应在座位上就可实现驻车制动。若挂车与牵引车脱离，3500kg 以上的挂车应能产生驻车制动，挂车的驻车制动装置应能由站在地面上的人实施操纵。

(2) 台架检验时，在空载状态下，乘坐一名驾驶人，驻车制动力的总和不应小于测取的整车重量的 20%，总质量为整备质量 1.2 倍以下的车辆应不小于 15%。对于由牵引车和挂车组成的汽车列车也应符合此要求。

(3) 路试检验时，在空载状态下，驻车制动装置应能保证车辆在坡度为 20%(对总质量为整备质量的 1.2 倍以下的车辆为 15%)的坡道上行和下行两个方向保持静止不动，时间不应少于 5min。

(4) 驻车制动性能，如能符合(2)或(3)的要求即为合格。

4. 排放性要求

1) 点燃式发动机

(1) 采用双怠速法检测的排气污染物应符合 GB 18285 的要求。

(2) 采用简易工况法检测的排气污染物应符合各行政区域的限值要求。

2) 压燃式发动机

(1) 采用自由加速法检测的排气烟度应符合 GB 3847 的要求。

(2) 采用加载减速法检测的排气可见污染物应符合各行政区域的限值要求。

5. 转向操纵性要求

1) 转向轮横向侧滑量

转向桥采用非独立悬架的车辆，其转向轮(含双转向桥的转向轮)的横向侧滑量应在 ±5m/km 范围内。

2) 转向盘最大自由转动量

最高设计车速不小于 100km/h 的道路运输车辆，其转向盘的最大自由转动量不大于 15°，其他道路运输车辆不大于 25°。

6. 悬架特性要求

设计车速不小于 100km/h，轴质量不大于 1500kg 的客车，其轮胎在激励振动条件下测得的悬架吸收率应不小于 40%，同轴左、右轮悬架吸收率之差不得大于 15%。

7. 前照灯远光发光强度、远光光束和近光光束照射位置要求

1) 远光发光强度

前照灯远光光束发光强度的最小限值见表 1-7。

表 1-7　前照灯远光光束发光强度最小限值

道路运输车辆	二灯制/cd	四灯制/cd
最高设计车速≥70km/h 的车辆	≥15 000	≥12 000

注：四灯制是指前照灯具有四个远光光束。采用四灯制的车辆，其中两只对称灯达到两灯制的要求时视为合格。

2) 前照灯光束照射位置

前照灯照射在距离 10m 的屏幕上时的位置应符合表 1-8 的要求。

表 1-8　前照灯光束照射位置

车辆类型	近光光束		远光光束 [a]	
	明暗截止线转角或中点高度	水平方向位置/mm	光束中心离地高度	水平方向位置/mm
M_1 类乘用车	$0.7H \sim 0.9H$	左偏≤170	$0.85H \sim 0.95H$ [b]	左灯左偏≤170mm；左灯右偏≤350 mm
其他车辆	$0.6H \sim 0.8H$	右偏≤350	$0.8H \sim 0.95H$	右灯左偏≤350mm；右灯右偏≤350 mm

注：表中 H 为前照灯基准中心高度，单位为 mm。

a 能单独调整远光光束且不影响近光光束照射角度的前照灯。

b 不得低于前照灯近光光束明暗截止线转角或中点的高度。

8. 车速表示值误差要求

车速表指示车速 v_1(km/h)与实际车速 v_2(km/h)之间应符合下列关系式：

$$0 \leqslant v_1 - v_2 \leqslant \frac{v_2}{10} + 4 \tag{1-72}$$

9. 车轮阻滞率要求

各车轮的阻滞力不大于静态轴荷的 3.5%。

10. 喇叭要求

喇叭应能发出连续、均匀的声响，声压级应为 90dB(A)～115dB(A)。

1.5.2　道路运输车辆的性能检验方法

1. 动力性检验方法

汽车动力性检验方法按 GB/T 18276 规定的驱动轮轮边稳定车速检验方法进行。

1) 压燃式发动机车辆的动力性检验

(1) 被检车辆驱动轮置于底盘测功机滚筒上，根据车型调整侧移限位和系留装置，在非驱动轮加装停车楔。

(2) 底盘测功机设置为恒力控制方式，力、速度等参数示值调零。

(3) 底盘测功机不加载的条件下，起动被检车辆，逐步加速，选择直接挡测取全油门的最高稳定车速，并按下式计算额定功率车速。当最高稳定车速大于 95km/h(对于危险货物运输车辆，其最高稳定车速大于 80km/h)时，应降低一个挡位，并重新测取最高稳定车速。

$$v_e = 0.86v_a \qquad (1\text{-}73)$$

式中：v_e——额定功率车速，km/h；

　　　v_a——全油门所挂挡位的最高稳定车速，km/h。

(4) 底盘测功机逐步进行恒力加载至加载力规定范围内并稳定 3s 后，开始测取车速，当 3s 内的车速波动不超过±0.5km/h 时，该车速即为驱动轮轮边稳定车速 v_w，检测结束。

注：液化燃气车辆按压燃式发动机动力性检测方法进行检验。

2) 点燃式发动机车辆的动力性检验

(1) 被检车辆驱动轮置于底盘测功机滚筒上，根据车型调整侧移限位和系留装置，在非驱动轮加装停车楔。

(2) 底盘测功机设置为恒力控制方式，力、速度等参数示值调零。

(3) 底盘测功机不加载的条件下，起动被检车辆，逐步加速，选择变速箱第 3 挡位，采用加速踏板控制车速，当外接转速表(外接转速表无法稳定测取转速时，可观察发动机转速表)的转速稳定指向发动机额定扭矩转速 n_m 时，测取当前驱动轮轮边线速度，记作额定扭矩车速 v_m。当额定扭矩车速 v_m 大于 80km/h 时，应降低 1 个挡位，重新测取额定扭矩车速 v_m。

注：当额定扭矩转速为 $n_{m1} \sim n_{m2}$ 时，n_m 取其平均值。当 n_m 大于 4000r/min 时，按 $n_m = 4000$r/min 测取 v_m。

(4) 踩下加速踏板使车速超过 v_m，底盘测功机逐步进行恒力加载至加载力规定范围内并稳定 3s 后，开始测取车速，当 3s 内的车速波动不超过±0.5km/h 时，该车速即为驱动轮轮边稳定车速 v_w，检测结束。

注：压缩燃气车辆按点燃式发动机动力性检测方法进行检验。

2. 燃料经济性检验方法

以汽油或者柴油为单一燃料、总质量大于 3500kg 的在用道路运输车辆，其燃料消耗量按 GB/T 18566 规定的方法进行检验。

3. 制动性检验方法

1) 台架检验

(1) 滚筒反力式制动检验台检验方法。

① 测取被检车辆各轴的静态轮质量。

② 将被检车轮置于制动台两滚筒之间，变速器为空挡。此时，对于多轴及并装轴车辆，还应采用复合式轴重仪测取被检轴的静态轴质量。

③ 分别起动制动台左、右滚筒的驱动电机，3s 后按提示将制动踏板缓踩到底(液压制动车辆应保持规定的制动踏板力)，测取左、右车轮最大制动力以及制动全过程的数据；对驻车制动轴实施驻车制动，测取驻车最大制动力。

④ 依次检测各轴。

⑤ 按以下规定的方法计算静态轮荷及静态轴荷、整车制动率、轴制动率、制动不平衡率和驻车制动率。

静态轮荷及静态轴荷的计算：计算静态轮荷时，将轮质量换算为轮荷。计算静态轴荷时，为同轴左、右轮的静态轮荷之和；复合式轴重仪的静态轴荷为其测取的静态轴质量换算的轴荷；静态轴(轮)荷的单位为 10N(daN)，换算轴(轮)荷时的重力加速度取 9.81m/s^2。

整车制动率的计算：测取的所有车轮最大制动力之和与整车重量(各轴静态轴荷之和，以下同)的百分比。当牵引车与半挂车相连时，牵引车整车制动率为牵引状态下，牵引车所有车轮的最大制动力之和与牵引车整车重量的百分比；半挂车整车制动率为牵引状态下，挂车所有车轮的最大制动力之和与半挂车整车重量的百分比。

轴制动率的计算：在制动全过程中，测取左、右车轮的最大制动力，并计算左、右车轮最大制动力之和与该轴静态轴荷的百分比。

制动不平衡率的计算：以同轴左、右轮任一车轮产生抱死滑移时为取值终点，如左、右轮均无法达到抱死滑移，则以较后出现的车轮最大制动力时刻为取值终点。在取值终点前的制动全过程中，计算同时刻左、右车轮制动力差的最大值与该轴左、右车轮最大制动力中较大者的百分比。除前轴外，当轴制动率小于 60% 时，用该值除以该轴静态轴荷的百分比。

驻车制动率的计算：测取的各驻车轴最大驻车制动力之和与整车重量的百分比。

注：对于多轴及并装轴，计算轴制动率和制动不平衡率时，静态轴荷按复合式轴重仪测取的轴荷计算，其他车辆按独立式轮重仪测取的静态轴荷计算。计算整车制动率、驻车制动率时，整车重量按独立式轮重仪测取的空载静态轮荷计算。

(2) 平板式制动检验台检验方法。

① 被检车辆以 5~10km/h 的速度滑行，置变速器于空挡后(对自动变速器车辆可置于"D"挡)，正直平稳驶上平板。

② 当所有车轮均驶上制动平板时，急踩制动使车辆停止，测取各车轮的最大轮制动力、制动全过程的数据及动、静态轮荷；重新起动车辆，当驻车制动轴驶上制动平板时实施驻车制动，测取各驻车轴制动力。

注：车辆停止时，如被测车轮离开制动平板，制动检测无效，应重新检测。

③ 按以下规定的方法计算静(动)态轮荷及静(动)态轴荷、整车制动率、轴制动率、制

动不平衡率、驻车制动率以及汽车列车的制动时序、制动协调时间和制动力分配。

静(动)态轮荷及静(动)态轴荷的计算：静态轮荷及静态轴荷的计算方法同滚筒反力式制动检验台。动态轮荷取同轴左、右轮制动力最大时刻分别对应的轮荷，动态轴荷为同轴左、右轮动态轮荷之和。

整车制动率的计算：测取的各车轮最大制动力之和与静态整车重量的百分比。当牵引车与半挂车相连时，牵引车整车制动率、半挂车整车制动率的计算方法同滚筒反力式制动检验台。

轴制动率、制动不平衡率、驻车制动率的计算方法同滚筒反力式制动检验台。计算轴制动率时，乘用车轴荷取动态轴荷，其他车辆的轴荷取静态轴荷。

汽车列车制动时序的计算：以制动踏板开关的触发时刻作为起始时标，计算汽车列车各轴制动力分别达到静态轴荷的5%的时间及时间差。

汽车列车制动协调时间的计算：以制动踏板开关的触发时刻作为起始时刻 T_b，以制动全过程中，各轴所有车轮同时刻的制动力之和达到整车制动率规定值的 75% 的时刻为终止时刻 T_c，T_c-T_b 的时间差即为制动协调时间。当整车制动率不能达到规定值时，制动协调时间不做计算和评价。

汽车列车制动力分配的计算：计算汽车列车整车制动率、牵引车整车制动率和挂车整车制动率；分别计算牵引车整车制动率、挂车整车制动率与汽车列车整车制动率的百分比。

2) 路试检验

(1) 行车制动。

被检车辆沿试验通道中线空挡滑行，以规定的初速度(速度允许偏差为规定值±2km/h)，在试验通道内实施紧急制动。待车辆停止后，读取便携式制动性能检测仪、非接触式速度计或五轮仪上测取的数据，制动过程中车辆的任何部位(不计入车宽的部位除外)不超出规定宽度试验通道的边缘线。

(2) 驻车制动。

被检车辆在坡度为 20%(总质量为整备质量的 1.2 倍以下的车辆为 15%)的路试坡道上的上行和下行两个方向分别实施驻车制动，时间不应少于 5min。

4. 排放性检验方法

1) 点燃式发动机汽车

点燃式发动机汽车的排放性按 GB 18285 规定的双怠速法或简易工况法进行检验。

注：当被检车辆不适合外接发动机转速表时，可根据车载转速表指示值控制发动机转速。

2) 压燃式发动机汽车

压燃式发动机汽车的排放性按 GB 3847 规定的自由加速不透光烟度法或加载减速法进行检验。

5. 转向操纵性检验方法

1) 转向轮横向侧滑量检验方法

转向轮横向侧滑量采用双板联动并具有轮胎侧向力释放功能的侧滑检验台检验。

被检车辆居中直线行驶，以不高于 5km/h 的车速平稳通过侧滑检验台滑板(不应转动转向盘和实施制动)，测取转向轮横向侧滑量的最大示值。

2) 转向盘自由转动量检验方法

人工定性检查转向盘最大自由转动量，如自由转动量与规定限值接近而无法判定时，应按以下规定的方法进行定量检测。

(1) 被检车辆置于平坦、干燥、清洁的硬质地(路)面，转向轮保持回正位置，发动机熄火。

(2) 将转向力—角测量仪安装在被检车辆的转向盘上。

(3) 转向力—角测量仪设为峰值保持并清零，转动转向力—角测量仪的操纵盘至一侧有阻力止(转向轮转动临界点)，读取角度值，记作 A_1，再转至另一侧有阻力止，读取角度值，记作 A_2，A_1 与 A_2 间的自由角度即为转向盘最大自由转动量。

6. 悬架特性检验方法

(1) 将被检车辆各轴车轮依次驶上悬架装置检测台，并使轮胎位于检测台面的中央位置，测量左、右轮的静态轮荷。

(2) 分别起动悬架装置检测台左、右电机，使汽车悬架产生振动，增加振动频率并超过振动的共振频率。

(3) 当振动频率超过共振点后，将电机关断，振动频率衰减并通过共振点。

(4) 记录衰减振动曲线，测量共振时的最小动态轮荷，计算并读取最小动态轮荷与静态轮荷的百分比以及同轴左、右轮百分比的差值。

注1：衰减振动曲线的纵坐标为动态轮荷，横坐标为时间。

注2：检验悬架特性时，驾驶员应离车。

7. 前照灯远光发光强度和光束照射位置检验方法

(1) 被检车辆沿引导线居中行驶，并在规定的检测位置停止，车辆的纵向轴线应与引导线平行。如不平行，车辆应重新停放或采用车辆摆正装置进行摆正。

(2) 车辆电源处于充电状态，变速器置于空挡，开启前照灯远光灯。

(3) 前照灯检测仪自动搜寻被检前照灯，并测量其远光发光强度。对于远光光束可单独调整的前照灯，还应测量远光光束照射位置偏移值。

(4) 被检前照灯转换为近光光束，自动式前照灯检测仪自动测量其近光光束明暗截止线拐点的照射位置偏移值。

(5) 按上述(3)、(4)步骤完成车辆所有前照灯的检测。

注1：手动式前照灯检测仪的运用可参照上述方法。

注2：采用光轴对正或基准中心对正的自动式前照灯检测仪可只检测左右两只对称的前照灯主灯，如四灯全检时，应将与被检灯相邻的灯遮蔽。

8. 车速表示值误差检验方法

车速表示值误差采用滚筒式车速表检验台检验。

按以下方法检验车速表示值误差。

(1) 将被检车辆驱动轮置于车速表检验台滚筒上。

(2) 降下举升器，起动被检车辆，当车速表稳定指示 40km/h 时，测取实际车速。

(3) 对于无法以台架检验车速表指示误差的车辆，可采用便携式制动性能检测仪或同类仪器设备。采用便携式制动性能检测仪时，按以下方法检验车速表示值误差；采用同类仪器设备检验时，按其说明书进行操作。

① 在被检车辆上安装便携式制动性能检测仪。

② 起动被检车辆，将车速稳定在 40km/h 并踩下制动踏板。

③ 将便携式制动性能检测仪计算打印的制动初速度作为车速表 40km/h 对应的实际车速，计算两者的差值。

9. 车轮阻滞率检验方法

(1) 测取被检车辆各轴的静态轮质量。对于多轴及并装轴车辆，应采用复合式轴重仪测取被检轴的静态轴质量。

(2) 将被测轴的车轮置于制动台滚筒上，将变速器置为空挡，数据采集系统清零。

(3) 起动制动台左、右滚筒的驱动电机，2s 后开始采样并保持至少 5s 的采样时间，测取采样过程中各车轮阻滞力的平均值。

(4) 按上述(2)、(3)步骤依次检验各轴车轮的阻滞力。

(5) 计算各车轮阻滞力的平均值与静态轴荷的百分比。

注：基于滚筒反力式制动检验台的副滚筒上母线与地面水平面存在高度差，对于多轴及并装轴车辆，计算车轮阻滞率时，静态轴荷按复合式轴重仪测取的静态轴荷计算。

10. 喇叭声级检验方法

采用声级计，按以下方法检验喇叭声压级。

(1) 将声级计置于被检车辆前 2m 处，传声器距地高 1.2m，并指向被检车辆驾驶员位置。

(2) 调整声级计到 A 级计权和快挡位置。

(3) 按响喇叭并保持发声 3s 以上，测取声压级。

本 章 小 结

(1) 汽车运用条件，是指影响汽车完成运输工作的各类外界条件，主要包括气候条件、道路条件和运输条件。

(2) 汽车运行工况是指用多参数描述的汽车运行状况。汽车运行工况参数包括汽车速度、变速器挡位、发动机转速、节气门开度、制动频度等。在特定的汽车运行工况研究中，还包括发动机输出功率、发动机输出转矩、汽车油耗、冷却液温度、各总成润滑油温度、各挡的运用频度、离合器接合频度等。

(3) 通过汽车运行工况分析，可掌握在特定的运用条件下表征汽车运行状况的各参数的变化范围和变化规律，为评价汽车的合理运用以及汽车结构、性能能否满足运用要求提供基础资料。

(4) 汽车使用性能是指汽车在一定的运用条件下，以最高效率、最低消耗、安全可靠地完成运输工作的能力。它是对汽车结构特性的表征或描述。汽车使用性能指标体系主要包括容载量、使用方便性、可靠性、耐久性、环保性、燃料经济性、动力性、通过性、安全性、乘坐舒适性等。

(5) 汽车运用效果的评价指标,按其评价范围可以分为单项评价指标和综合评价指标。

汽车运用效果的单项评价指标主要包括汽车的时间利用指标、行程利用指标、速度利用指标、载质(客)量利用指标与动力利用指标;汽车运用效果的综合评价指标主要是指汽车运输生产率和汽车运输成本。

(6) 道路运输车辆是指获得道路运输许可,从事经营性道路客、货运输的车辆。随着我国交通运输事业的快速发展,"交通事故综合预防、构建安全和谐的道路交通环境"得到了政府和行政管理者的高度重视,"安全、节能、环保"已成为全社会关注的焦点。在影响道路运输安全的"人、车、路、环境"等因素中,车辆技术状况的保障作用日显突出。

(7) 《道路运输车辆综合性能要求和检验方法》(GB18565—2016),是我国道路运输车辆技术管理和性能保持的重要技术法规和主要技术依据,规定了申请从事道路运输车辆和在用道路运输车辆的技术要求以及在用道路运输车辆的检验方法。

习 题

1. 概念题

汽车运用条件、汽车使用性能、汽车容载量、汽车装载质量利用系数、汽车最大续驶里程、汽车常用工况、汽车运行工况、汽车完好率、汽车里程利用率、汽车技术速度

2. 判断题

(1) 市区运行车速分布一般具有正态分布的特征,公路运行车速分布多为具有偏态特征的近似威布尔分布。( )

(2) 交通流密度是常用车速的分布范围和均值的重要影响因素。在郊区公路上行驶的汽车平均车速受汽车本身结构和动力性能的影响不大。在城市道路上行驶的汽车主要受交通安全限制,并与汽车的动力性和乘坐舒适性有密切关系。( )

(3) 常用车速偏低,反映出汽车动力利用率不高,将造成汽车运用效率下降。常用车速也是油耗量最多的行驶工况,汽车节约燃料的重点应放在努力改善常用车速下的燃料经济性上。( )

(4) 按时间统计在郊区公路上行驶的汽车高挡利用率低,低挡利用率很低。市区运行,高挡利用率略高于郊区。( )

(5) 公共汽车因常受起步停车等运行方式的限制,空挡的运用时间约占 50%,而最高挡的利用率明显低于公路行驶,其他各挡的利用率高于公路行驶。因此,在城市道路上行驶的汽车高速挡齿轮和离合器片磨损高于公路行驶。由于连续起步、加速、等速、滑行,因而要重视改善公共车辆发动机过渡工况的燃料经济性,并注意改善驾驶操作条件和提高驾驶员的驾驶技术。( )

(6) 汽车运行中,发动机转速处于不稳定工况时,油耗较稳定工况低。( )

(7) 现代载货汽车制造技术进步的重要标志之一是汽车整备质量利用系数的降低。( )

(8) 汽车装载质量越大,就越不适合装载密度大的货物。( )

(9) 汽车装载质量越大,若装载密度小的货物,则装载质量利用系数将变小。 ( )

(10) 汽车实载率越高,汽车里程利用率一定越大。 ( )

3. 简答题

(1) 简述汽车运用条件主要包括的方面并对其进行分析。

(2) 道路分哪些等级?

(3) 货运条件包括哪些内容?

(4) 汽车运行工况参数有哪些?

(5) 简述汽车运行工况研究的步骤。

(6) 简述汽车运用效果的指标体系。

(7) 提高汽车运输生产率的途径有哪些?

(8) 分析说明各使用因素对汽车运输成本的影响。

(9) 一运输公司拥有 10 吨位的货车 50 辆,6 月份共完成货物周转量 $1.5 \times 10^7 \text{t·km}$,重车行程 $1.6 \times 10^6 \text{km}$,空车行程 $2 \times 10^5 \text{km}$,共完成 20000 个运次的货运任务,出车时间为 32000h,行驶时间为 30000h,工作车日为 1400 车日。计算 6 月份的 W_q、W_p、W_q'、W_p'。

第 2 章

汽车公害及其防治

【学习目标】

通过本章的学习，了解汽车公害的分类，掌握汽车排放污染物的种类、生成机理和对人类的危害，掌握汽车排放污染物的主要影响因素与防治措施，掌握汽车噪声的评价和危害，掌握汽车噪声的主要噪声源、影响因素及其防治措施，掌握汽车电磁干扰、车内环境污染的防治措施。

【关键词】

汽车公害　汽车排放污染物　汽车噪声　汽车电磁干扰　汽车车内空气质量

汽车在推动人类社会发展的同时，也大量地消耗着地球上许多有限的资源，对人类社会的持续发展有着重要影响。另外，汽车的生产、使用、报废还带来环境污染。环境是人类赖以生存和发展的基础，如果人类的生存环境遭到破坏，将严重阻碍社会经济的发展，威胁人类的健康与生存。

汽车公害是指汽车产生的污染环境、有害人体健康的污染现象，主要包括汽车排放污染物对大气的污染、汽车噪声对环境的危害、汽车电气设备对无线电通信及广播电视等的电波干扰、汽车车内空气污染等。

2.1 汽车排放污染物及其防治

汽车排放污染物是指汽车排放物中污染环境的各种物质，主要有一氧化碳(CO)、碳氢化合物(HC)、氮氧化物(NO_x)与微粒物(PM)。汽油机污染物主要是 CO、HC、NO_x。柴油机污染物主要是 NO_x、PM。

2.1.1 汽车排放污染物的形成与危害

汽车排放污染物是目前增长最快的大气污染源，它对人们的健康造成威胁，特别是对儿童、老人、孕妇以及患有心脏病和呼吸系统疾病的人群伤害更大。

1. 一氧化碳(CO)

1) CO 的形成原因

CO 是烃类燃料在燃烧过程中因缺氧而未能完全燃烧的产物。

当混合气过浓，即在理论空燃比(A/F)以下时，随着 A/F 的减小，CO 浓度上升得很快。理论上，当混合气空燃比大于理论空燃比时，在氧气过剩的稀混合气情况下，排气中不存在 CO。

实际上，由于各缸混合气不一定均匀一致，燃烧室各处的混合也不均匀，出现局部的浓混合气，在排气中仍会有少量的 CO 产生。即使燃料与空气混合得很均匀，由于燃烧后的高温，已经生成的 CO_2 也会有一小部分被分解成 CO 和 O_2。另外，排气中的 H_2 和未燃烃 HC 也可能将排气中的一部分 CO_2 还原成 CO。

2) CO 的危害

CO 是无色、无味的窒息性易燃有毒气体。它与人体红血球中血红蛋白的亲和能力为氧气的 200～300 倍。当人体吸入 CO 后，CO 与人体血红蛋白亲和并形成碳氧血红蛋白，使血液输送氧气的能力大大降低，导致人体心脏、大脑等器官严重缺氧，并引起恶心、头晕、头痛等症状，严重时使人窒息、死亡。

2. 碳氢化合物(HC)

1) HC 的形成原因

汽车排放的 HC，除了排气中的未燃烃外，还包括燃料供给系中的燃料蒸发以及燃烧室内气体泄漏而排放出的 HC。其成分极为复杂，大约有 200 多种，包括烷烃、烯烃、芳香烃和含氧化合物如醛、醇、醚类和酮类等。

由汽车排气管排入大气中的 HC 是在汽缸内形成的。

缸内 HC 的成因主要有以下几种情况：多种原因造成的不完全燃烧、燃烧室壁面的激冷效应、缝隙效应、壁面油膜和积炭吸附。

(1) 不完全燃烧。

HC 是碳氢燃料未能完全燃烧(氧化)的产物。混合气过浓或过稀，都可能引起燃烧不完全或失火，导致 HC 增加。发动机怠速及大负荷工况下，可燃混合气浓度处于过浓状态，加之发动机怠速时残余废气系数大，造成不完全燃烧或失火。另外，汽车在加速或减速时，会造成暂时的混合气过浓或过稀现象，也会导致不完全燃烧或失火。即使在 $A/F=14.7$ 时，由于油气混合不均匀，造成局部过浓或过稀现象，也会因不完全燃烧产生 HC。

(2) 激冷效应。

发动机燃烧过程中，燃气温度高达 2000℃以上，而汽缸壁面温度在 300℃以下，使得靠近壁面的气体受低温壁面的影响，温度远低于燃气温度，并且气体的流动也较弱。壁面激冷效应就是指温度较低的燃烧室壁面对火焰的迅速冷却，使活化分子的能量被吸收，链式反应中断，在壁面形成 0.1～0.2mm 厚的不燃烧或不完全燃烧的火焰激冷层，产生大量未燃 HC。激冷层厚度随发动机工况、混合气湍流程度和壁面温度的不同而不同，小负荷时较厚，特别是冷起动和怠速时，燃烧室壁面温度较低，形成很厚的激冷层。

(3) 缝隙效应。

缝隙主要是指活塞头部、活塞环和汽缸壁之间的间隙，火花塞中心电极的空隙，火花塞的螺纹、喷油器周围的间隙等。

在发动机压缩过程中，汽缸压力升高，未燃混合气或空气被挤入各个缝隙区域。在燃烧过程中，缸内压力继续上升，未燃混合气继续流入缝隙。由于缝隙的面容比很大，激冷效应十分强烈，火焰无法传播到其中继续燃烧。而在膨胀和排气过程中，缸内压力下降，当缝隙内的未燃混合气压力高于汽缸压力时，缝隙内的气体重新流回汽缸并随燃气一起排出，这种现象称为缝隙效应。

(4) 壁面油膜和积炭吸附。

发动机进气和压缩过程中，汽缸壁面上的润滑油膜，以及沉积在活塞顶部、燃烧室壁面和进气门、排气门上的多孔性积炭，会吸附未燃混合气和燃料蒸气，而在膨胀和排气过程中，这些吸附的燃料蒸气逐步脱附释放出来进入气态的燃烧产物中，随已燃气体排出气缸。

2) HC 的危害

HC 对人的眼、鼻和呼吸道黏膜有刺激作用，可引起结膜炎、鼻炎、支气管炎等疾病；它又有难闻的气味，还含有致癌物质；HC 也是光化学烟雾的组成成分。

3. 氮氧化物(NO_x)

1) NO_x 的形成原因

NO_x 是 NO、NO_2 等氮氧化物的总称。在发动机排出的废气中，NO 占绝大部分(约占 99%)，而 NO_2 的含量较少(约占 1%)。NO 排入大气后，又被氧化成 NO_2。

(1) 混合气在高温燃烧过程中，空气中的 N_2 被氧化成 NO，称为高温 NO，是 NO 生成的主要来源。

(2) 燃料中的含氮化合物在燃烧过程中分解成低分子氮化物，再被氧化生成 NO，称为燃料 NO。

(3) 在燃烧过程中，燃料中的 HC 裂解出的 CH、CH_2、C_2、C 等原子团与空气中的 N_2 反应生成 HCN 和 NH 等，并进一步与 OH、O 原子团反应生成 NO，称为激发 NO。

2) NO_x 的危害

NO_x 能刺激人眼黏膜，引起结膜炎等疾病；还对人的呼吸系统产生危害。人在 NO_2 浓度为 5ppm 的空气中暴露 10min，会造成呼吸系统失调。NO_x 与 HC 在一定条件下会生成光化学烟雾。

4. 微粒物(PM)

所谓微粒物是指发动机排出的全部废气，在接近大气条件下除去非化合形态的凝聚水以后，收集到的全部固体状和液体状的微颗粒，包括碳烟(Dry Soot，DS)、可溶性有机物(Soluble Organic Fraction，SOF)、硫酸盐等物质。

1) PM 的形成原因

柴油机微粒物排放要比汽油机高 30～80 倍。对于以碳烟为主的微粒物的生成原因，概括地说是由于烃类燃料在高温和局部混合气过浓条件下裂解生成的。

碳烟(soot)的形成、发展并最终形成颗粒物，是一个较为复杂的过程。国外学者约翰·E.德克等提出了传统柴油喷入缸内的燃烧模型，并且给出了 soot 最初形成的区域，如图 2-1 所示。

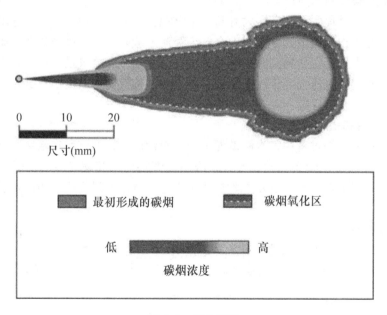

图 2-1 燃烧模型

当燃油从喷油器嘴端喷出时，燃油喷雾与周围的空气混合，在离喷油嘴端一定距离时，喷雾油束内部形成了较浓的预混合气反应区域。碳烟最初的前驱体就在此较浓的预混合区域内形成，如乙烯、乙炔、PAH 等。碳烟前驱体继续移动到喷雾前端高温缺氧区域，这些活性先导分子不断脱氢形成原子级的碳粒子，逐渐聚合成直径为 2nm 左右的碳烟晶核

(碳核)；碳核随后通过表面吸附气相烃和碰撞凝结而聚合成更大的碳粒，进而形成直径为 10～50nm 的碳烟基元。

在燃烧后期，碳烟基元经过聚集作用积聚成直径在 1μm 以下的球团状或链状的多孔性聚合物，并且在其表面吸附了可溶性有机物(SOF)，以及硫酸盐(SO_4^{-2})或硝酸盐(NO_3^{-2})，从而形成了微粒物，如图 2-2 所示。

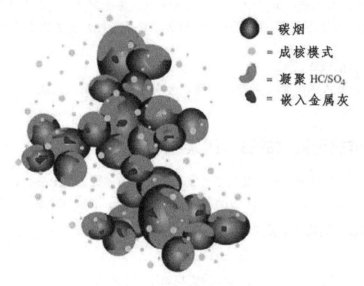

= 碳烟
= 成核模式
= 凝聚 HC/SO_4
= 嵌入金属灰

图 2-2　微粒物

微粒物的形成过程，如图 2-3 所示。

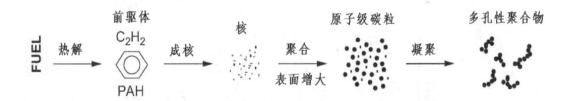

图 2-3　微粒物的形成过程

微粒和碳烟的关系是包含与被包含的关系。碳烟是微粒的主要组成部分，碳烟排放的升高与降低必然导致微粒排放的相应变化，但两者的升高和降低未必成比例。柴油机在高负荷工作时，碳烟在微粒中所占比例升高，而在部分负荷时则有所降低。由于重馏分的未燃烃、硫酸盐以及水分等在碳粒上吸附或凝聚，很多情况下碳烟即指微粒物。

2) PM 的危害

微粒物悬浮于离地面 1～2m 的空气中，容易被人体吸入体内，不但对人体健康产生危害，也是造成能见度低的原因。微粒物越小，悬浮于空气中的时间越长，越容易被人吸入肺部，对人体健康造成的危害越大。大量的研究表明，大气悬浮颗粒物浓度的增加对城市大气能见度、人体健康及气候变化均有着明显的负面作用。大气 PM2.5 浓度每升高 0.1mg/m³，居民死亡发生率增加 12.07%。细颗粒相对大颗粒具有较大的比表面积，通常能富集众多有毒痕量元素(如 As、Pb、Cr 等)和有机物(如多环芳烃 PAHs、二噁英)等污染物，这些污染物质多为致癌物质和基因毒性诱变物质，与肺癌的发病率直接相关。

5. 光化学烟雾

1) 光化学烟雾的形成原因

光化学烟雾是汽车排放到大气中的 HC 和 NO_x 在太阳光紫外线照射下产生光化学反应生成的。它的主要成分是臭氧、醛等烟雾状物质。它是一种强刺激性有害气体的二次污染物。

2) 光化学烟雾的危害

光化学烟雾刺激人的眼睛、鼻腔和咽喉，会引起胸部压缩、头痛、咳嗽、疲倦等症状，还会损害农作物。

2.1.2 汽车排放污染物的影响因素

汽车排放污染物的影响因素涉及汽车与发动机的结构参数、工况参数、燃料品质、汽车技术状况等多方面。下面主要介绍工况参数对汽车排放污染物的影响。

1. 汽油机排放污染物的主要影响因素

1) 空燃比

空燃比(A/F)对排气中 CO、HC、NO_x 的影响如图 2-4 所示。

从图 2-4 中可以看出，CO 的排放浓度随着空燃比的增加逐渐下降；HC 的排放浓度是两头高中间低；NO_x 的排放浓度却是两头低、中间高。

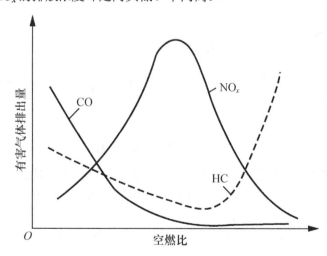

图 2-4　空燃比与汽油机排放污染物的关系

(1) 空燃比与 CO 的关系。

CO 的排放浓度随空燃比的增加而下降，这是因为随着空气量的增加，燃料的燃烧越来越充分。当实际空燃比大于理论空燃比后，CO 仍保持一定的浓度，这主要是由于燃烧室内混合气空燃比分布不均、高温分解等造成的。空燃比进一步增加时，混合气变稀，使燃烧温度降低，减少了高温分解，因此 CO 的排放浓度将进一步下降。就 CO 而言，其排放量主要受空燃比的影响，受其他因素的影响不大。一切影响空燃比的因素都将影响 CO 的排放。

(2) 空燃比与 HC 的关系。

空燃比对 HC 的影响与 CO 有类似的倾向，即随着空燃比的增加，在混合气由浓变稀的过程中，HC 的排放量是下降的；但是在混合气过稀的情况下，传统的均质燃烧方式已不能保证正常燃烧，因此 HC 的排放浓度有所增加。

(3) 空燃比与 NO$_x$ 的关系。

当空燃比约为 16 时，由于燃烧温度高，燃气中氧含量充分，此时 NO$_x$ 生成量达到最大。空燃比低于此值时，随着混合气变浓，由于燃烧后的温度和氧的浓度较低，NO$_x$ 生成量减少。空燃比高于此值时，随着混合气变稀，由于火焰传播速度减慢，燃气温度较低，NO$_x$ 生成量减少。

2) 火花质量和点火提前角

(1) 火花质量决定点燃混合气的能力。当点燃稀薄混合气时，火花越弱，出现失火的现象越多，而失火将会造成大量的 HC 生成。现代发动机普遍采用高能点火系统，将点火初级电流从 3A 提高到 5A，增加了点火强度，延长了火花持续时间，从而改善了混合气燃烧质量，使 HC 排放量降低。

(2) 点火提前角对汽车排气污染物的影响如图 2-5 所示。

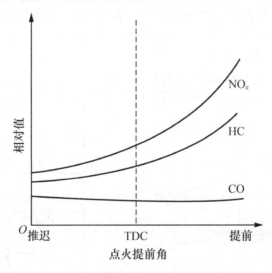

图 2-5　点火提前角对汽车排气污染物的影响

点火提前角对 CO 的影响很小。如过分推迟点火，会使 CO 来不及完全氧化，从而导致 CO 排放量增加，但适度推迟点火可减少 CO 排放。

点火提前角推迟，补燃增加，延长混合气的燃烧时间，在做功行程后期，未燃的 HC 会继续燃烧，使 HC 排放量降低。但点火过迟，因燃烧速度慢，HC 排放浓度又有所提高。

点火提前角推迟，燃烧的最高温度降低，导致 NO$_x$ 排放浓度降低。

3) 运转工况

(1) 负荷。

怠速和小负荷工况，供给的混合气较浓，且燃烧室温度较低，燃烧速度慢，易引起不完全燃烧，使排出的 CO 增多、NO_x 减少；又因为燃烧室温度低，燃烧室壁面激冷现象严重，不能燃烧的燃油量增多，导致排出的 HC 增多。

中等负荷工况，供给经济混合气，混合气易于完全燃烧，CO、HC 排放浓度减少；由于燃烧室温度增高，导致 NO_x 排放浓度增大。

大负荷工况，供给浓混合气，使 CO 排放浓度增大；HC 排放浓度因排气温度高、排气后反应对 HC 排放的消除作用加强，HC 排放浓度变化不大；由于燃烧室温度增高，导致 NO_x 排放浓度增大。

(2) 转速。

转速对排放的影响是综合性的，因为汽油机转速 n 的变化，将引起充气系数、点火提前角、混合气形成、空燃比、缸内气体流动、汽油机温度以及废气在排气管中停留的时间等的变化，而这些因素都会引起排放的不同变化。

一般当转速 n 增加时，缸内气体流动性增强，燃油的雾化质量及均匀性得到改善，紊流强度增大，燃烧室温度提高。这些都有利于改善燃烧，降低 CO 及 HC 的排放。

怠速时，由于转速低、汽油雾化差、混合气很浓、残余废气系数较大，CO 和 HC 的排放浓度较高。因此，提高怠速转速可使 CO 和 HC 的排放浓度下降。

发动机怠速转速与 CO、HC 的关系如图 2-6 所示。

对于 NO_x 的生成量，当燃用浓混合气时，火焰传播速度随转速 n 的提高而加快，散热损失减少，缸内气体温度升高，使 NO_x 的排放浓度增大。当燃用稀混合气时，火焰传播速度随转速 n 的提高变化不大，由于燃烧过程相对的曲轴转角增大，燃烧峰值温度反而下降，使 NO_x 的排放浓度减少。

发动机转速与 NO_x 的关系如图 2-7 所示。

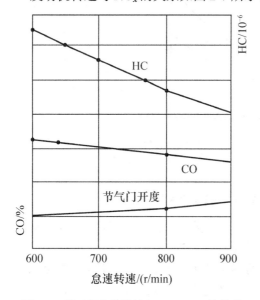

图 2-6 发动机怠速转速与 CO、HC 的关系

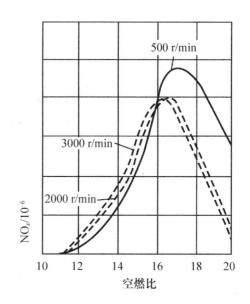

图 2-7 发动机转速与 NO_x 的关系

(3) 冷起动及暖机工况。

汽油机冷起动时，进气系统和汽缸温度都很低，汽油很难完全蒸发，较多的汽油沉积在进气系统和汽缸壁面上，形成油膜。同时，发动机转速很低，气体流速很低，燃油蒸气

与空气混合也不均匀。为了使点火时能在火花塞附近形成可燃混合气，电喷系统中的电子控制单元(ECU)会控制喷油器延长喷油时间，以提供较浓的混合气，即额外加大燃油量。形成油膜的汽油有些在燃烧结束后才从壁面上蒸发，没来得及完全燃烧就被排出汽缸，造成冷起动时 HC 的大量排放。较浓的混合气导致较高浓度的 CO 生成。由于温度较低以及过浓的混合气，冷起动时 NO_x 的排放量很低。

汽油机起动以后，燃烧室的主要零件以及润滑系、冷却系不能立即达到正常的工作温度，需要一个暖机过程。这时仍需要供给过量空气系数小于 1 的浓混合气，以弥补汽油在进气道和燃烧室壁面上的冷凝，保证燃烧的稳定，此时 CO 和 HC 的排放浓度仍然很高。在现代电控进气道喷射的汽油机中，一般是随着冷却液温度的提高自动减小循环喷油量，逐渐向正常运转过渡。在缸内直接喷射的汽油机中，由于喷油压力高，且直接向汽缸内喷油，所以冷凝和壁面油膜等多项问题基本被消除，暖机极为迅速。

暖机时，NO_x 的排放仍然不大，因为暖机时，发动机怠速运转，燃烧温度不高。

(4) 加速工况。

加速就是发动机在部分负荷状态下迅速增加负荷，从而提高发动机转速，使汽车加快速度的过程。汽油机加速运转时，通常供给较浓的混合气，造成较多的 CO 和 HC 排放。

(5) 减速工况。

减速就是节气门迅速关闭，离合器不分离，发动机由汽车倒拖，在较高转速下空转。由于发动机进气管中突然的高真空度状态，壁面上的液态油膜急剧蒸发，形成瞬时过浓混合气，致使燃烧状态恶化，导致较多的 CO 和 HC 排放。

2. 柴油机排放污染物的主要影响因素

1) 过量空气系数

虽然柴油机混合气不均匀，会有局部过浓区，但由于过量空气系数较大，氧气较充分，能对生成的 CO 在缸内进行氧化，因而 CO 一般较少，只是在接近冒烟界限时急剧增加。HC 也较少，过量空气系数增加时，HC 的排放量将随之上升。在过量空气系数稍大于 1 的区域，虽然总体是富氧燃烧，但由于混合气不均匀，当局部高温缺氧时，就会急剧产生大量碳烟；随着过量空气系数升高，碳烟排放将迅速减少。NO_x 排放量随混合气变稀、温度下降而减少。

2) 喷油提前角与喷油压力

喷油提前，燃油在较低的温度和压力下喷入汽缸，着火落后期延长，着火前喷入汽缸的燃油量较多，预混合燃烧程度增大，有利于抑制碳烟生成。而且由于燃烧初期放热率升高，燃烧最高温度高，使燃烧过程结束较早，有利于已经生成的碳烟和颗粒物在缸内局部温度下降到炭反应温度之前的氧化反应。喷油提前会使 NO_x 排放增加。喷油推迟，可降低 NO_x 排放。但是喷油过迟，碳烟排放会增加，对 CO 和 HC 的排放也有不利影响。

喷油压力提高，则燃油喷雾颗粒进一步细化，贯穿力加大，喷雾锥角加大，再加上紊流的增强，直接促进燃油与空气的混合，使颗粒物排放减少。

3) 运行工况

(1) 柴油机负荷的变化就是混合气浓度的变化。CO 排放在大负荷和小负荷时偏高；HC 排放则是随着负荷的减小而加大；NO_x 排放则随着负荷的减小、燃烧温度的降低而降低；微粒碳烟排放量在中、低负荷时较低，而大负荷时急剧增长。

(2) 柴油机转速改变时，一般来说，HC 和 NO_x 排放变化不大；CO 排放则因高速时充气量下降和燃烧时间缩短而增加，低速时缸内温度和喷油压力较低也使 CO 排放增加；微粒、碳烟排放则在高速时增加，这是因为充气量下降、混合气变浓造成的。

总之，工况对排放的影响总体表现为：低速、低负荷时，CO 和 HC 排放偏高，而 NO_x 和微粒排放很低；高速、高负荷时，微粒和 NO_x 排放增加。

(3) 柴油机冷起动时，缸内压缩温度很低，燃油雾化条件差，相当一部分燃油会附于燃烧室壁面，初期未燃的 HC 以白烟的形式排出机外。因此，微粒物、CO 和 HC 排放必然增多。

(4) 柴油机的加速过程就是加大供油量，由于加速迅猛，过大的油量往往造成较多的微粒物、CO 和 HC 排放。柴油机的减速过程是减小供油量，污染物排放下降。

2.1.3　汽车排放污染物的防治措施

为了控制汽车排放对环境的污染，各国根据大气污染的具体情况制定了关于环境保护的法律，对各种排放源的污染物规定限值和测量方法。对一定时期内汽车排放污染物的限值和测量方法的规定，就是汽车排放标准。目前全球汽车排放标准已形成三大体系，即美国体系、欧洲体系和日本体系。我国采用的是欧洲排放标准体系。为了将汽车排放污染物控制在一定的排放水平，必须对汽车排放污染物采取一定的防治措施。

汽车排放污染物的防治措施可分为三类：改进发动机燃烧过程的机内净化措施、在排气系统中采用化学或物理的方法对已生成的有害排放物进行净化的排放后处理措施，以及对来自曲轴箱和供油系统的有害排放物进行净化的非排气污染防治措施。后两类统称为机外净化措施。

1. 机内净化措施

机内净化措施主要有废气再循环、电控多点燃油喷射、高能电子点火和控制、稀薄燃烧发动机、多气门、可变配气相位、进气旋流、优化燃烧系统设计、废气涡轮增压与中冷、电控高压共轨等。

对废气再循环(Exhaust Gas Recirculation，EGR)系统的控制措施说明如下。

在燃烧温度升高时，燃油蒸发性、混合气混合和燃烧均得到改善，CO 和 HC 的排放浓度减少，但 NO_x 的排放浓度增加。

废气再循环是降低 NO_x 排放的一种主要措施，其工作原理如图 2-8 所示。

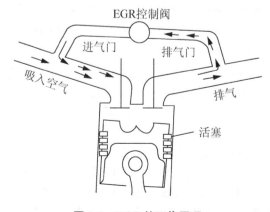

图 2-8　EGR 的工作原理

汽车排气中的氧含量很低，主要由惰性气体 N_2 和 CO_2 构成，一部分排气在电控单元(ECU)的控制下，通过 EGR 控制阀引回进气系统，与新鲜混合气混合后，稀释了新鲜混合气中的氧浓度，导致燃烧速度降低，同时提高了新鲜混合气的比热容。这两个原因都使燃烧温度降低，从而抑制了 NO_x 的生成。

废气混入的多少用 EGR 率表示，其公式如下：

$$EGR率 = \frac{EGR气体流量}{EGR气体流量 + 吸入混合气量} \times 100\% \tag{2-1}$$

不同 EGR 率对油耗与排放的影响如图 2-9 所示。

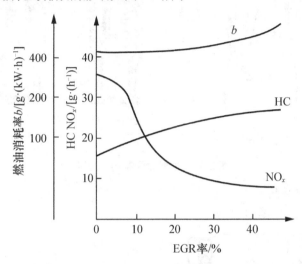

图 2-9　不同 EGR 率对油耗与排放的影响

由图 2-9 可知，随着 EGR 率的增加，由于燃烧速度下降，油耗增加，转矩下降，动力性、经济性变坏。EGR 率过大时，燃烧速度太慢，燃烧变得不稳定，失火率增加，使 HC 也会增加；EGR 率过小时，NO_x 排放达不到法规要求。因此，EGR 率应根据发动机工况要求进行控制。通常怠速、小负荷、冷机状态下不进行废气再循环。一般汽油机 EGR 率不超过 20%。

2. 机外净化措施

机外净化措施主要有曲轴箱强制通风、燃油蒸发控制、三元催化转化器、微粒捕集器、选择性催化还原(SCR)等。

1) 曲轴箱强制通风装置

曲轴箱强制通风装置(Positive Crankcase Ventilation，PCV)如图 2-10 所示。

新鲜空气经空气滤清器进入曲轴箱，与窜气混合后，经 PCV 阀进入进气管，与空气或油气混合气一起被吸入汽缸燃烧掉。PCV 阀可以随发动机运转状况自动调节吸入汽缸的窜气量。在怠速和小负荷时，由于进气管真空度较高，阀体被吸向上方，阀口气流流通截面减小，吸入汽缸的窜气量减少，以避免混合气过稀，造成燃烧不稳定或失火。而在加速和大负荷时，窜气量增加，进气管真空度变低，在弹簧作用下阀体下移，阀口气流流通截面增大，使大量的窜气进入汽缸内被燃烧掉。当发动机高速大负荷运转时，一旦窜气量过多而不能完全被吸净时，部分窜气便会从闭式通气口倒流入空气滤清器。

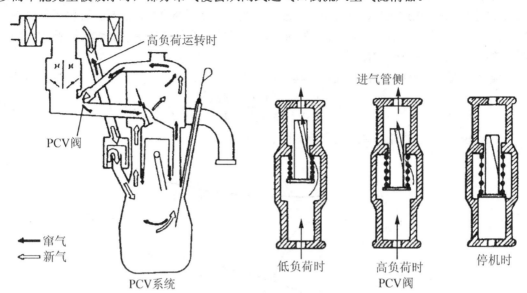

图 2-10　曲轴箱强制通风装置

2) 燃油蒸发控制系统

燃油蒸发控制系统如图 2-11 所示。

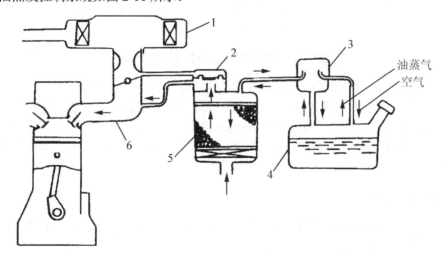

图 2-11　燃油蒸发控制系统

1—空气滤清器；2—控制器；3—储气罐；4—油箱；5—活性炭罐；6—进气管

由油箱蒸发出来的油蒸气经储气罐流入炭罐被活性炭吸附。当发动机工作时，在进气管真空度作用下控制阀开启，被活性炭吸附的油蒸气与从炭罐下部进入的空气一起被吸入进气管，最后进入汽缸被燃烧掉，而同时活性炭实现循环利用。

3) 三元催化转化器

三元催化转化器(Three Way Catalyst，TWC)由壳体、减振垫、载体和催化剂、排气温度传感器四部分组成，如图 2-12 所示。

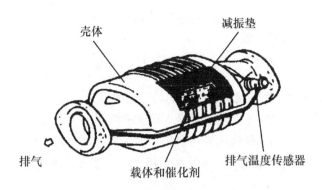

图 2-12 三元催化转化器的基本结构

减振垫位于壳体和载体之间，起固定载体、减振、缓解热应力、隔热和密封等作用。三元催化转化器载体和催化剂涂层的细微结构如图 2-13 所示。

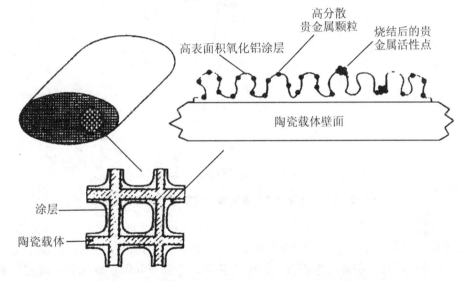

图 2-13 三元催化转化器载体和催化剂涂层的细微结构

载体是承载催化剂涂层的支撑体，排气从其孔隙中通过并与固定在涂层上的活性催化剂相互作用，加速氧化、还原反应速度，达到净化排气的目的。在载体孔道的壁面上，涂有一层氧化铝(Al_2O_3)。在涂层表面是活性材料贵重金属，一般是铂(Pt)、铑(Ph)和钯(Pd)以及作为助催化剂的稀土类材料。

三元催化转化器可以对汽油机排气中的 CO、HC 及 NO_x 同时净化。催化剂的活性成分为 Ph 和 Pt，Ph 对 NO_x 的还原性能最高，而 Pt 则对 CO 和 HC 的氧化活性好。因此，Pt-Ph 系催化剂同时具有氧化和还原作用，可以使排气中的 CO 和 HC 作为还原剂，使 NO_x 还原成 N_2，其本身氧化为 CO_2 和 H_2O。

化学反应式如下：

$$2CO+2NO \rightarrow 2CO_2+N_2 \tag{2-2}$$

$$4HC+10NO \rightarrow 4CO_2+2H_2O+5N_2 \tag{2-3}$$

$$2CO+O_2 \rightarrow 2CO_2 \tag{2-4}$$

$$4HC+5O_2 \rightarrow 4CO_2+2H_2O \tag{2-5}$$

催化转化器的转化效率公式为

$$\eta_i = \frac{C(i)_1 - C(i)_2}{C(i)_1} \times 100\% \tag{2-6}$$

式中： η_i ——排气污染物 i 在催化转化器中的转化效率；

$C(i)_1$ ——排气污染物 i 在催化转化器入口处的浓度；

$C(i)_2$ ——排气污染物 i 在催化转化器出口处的浓度。

三元催化转化器的转化效率与空燃比关系极大，如图 2-14 所示。

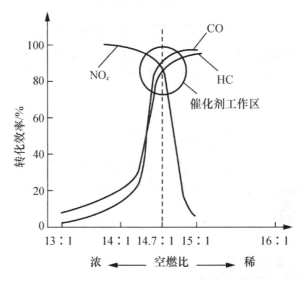

图 2-14 三元催化转化器的转化效率与空燃比的关系

要求空燃比保持在理论空燃比范围内，只有这样催化剂才能既使 CO 和 HC 氧化，又使 NO$_x$ 还原。如果混合气过稀，只能净化 CO 和 HC；如果混合气过浓，只能净化 NO$_x$。为此，三元催化转化器必须与电喷发动机配合使用，并在三元催化转化器之前安装氧传感器，检测三元催化转化器入口处的氧气浓度，以便精确控制空燃比，如图 2-15 所示。

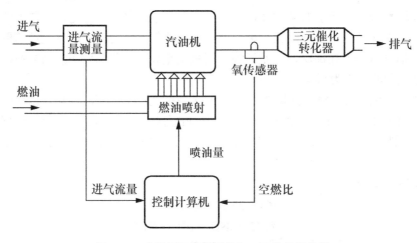

图 2-15 电控闭环控制系统与三元催化转化器

4) 微粒捕集器

微粒捕集器(Diesel Particulate Filter，DPF)，也称为柴油机排气微粒过滤器。作为微粒捕集器的过滤材料可以是陶瓷蜂窝载体、陶瓷纤维编织物、金属蜂窝载体、金属纤维编织物等。目前，应用最多的是美国康宁公司和日本 NCK 公司生产的壁流式蜂窝陶瓷微粒捕集器，如图 2-16 所示。

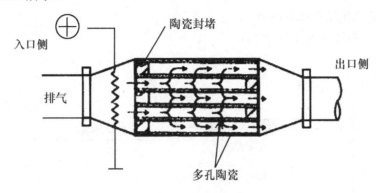

图 2-16　壁流式蜂窝陶瓷微粒捕集器

与一般催化剂载体不同的是，这种微粒捕集器的壁面是多孔陶瓷，相邻的两个通道中，一个通道的出口侧被堵住，而另一个通道的入口侧被堵住。这就迫使排气由入口侧敞开的通道进入，穿过多孔陶瓷壁面进入相邻的出口侧相邻通道，而微粒就被过滤在通道壁面上。这种微粒捕集器对碳烟的过滤效率可达 90%以上，可溶性有机成分 SOF(主要是高沸点 HC)也能部分被捕集。

一般微粒捕集器只是一种物理性的降低排气微粒的方法。随着过滤下来的微粒的积累，造成排气背压增加，使发动机动力性、经济性恶化。因此，必须及时除去微粒捕集器中的微粒，以便能继续工作。除去微粒捕集器中积存的微粒称为再生。

微粒捕集器常采用的再生方法是断续加热。在实际使用加热再生方法时，需要一套复杂的控制系统，如图 2-17 所示。

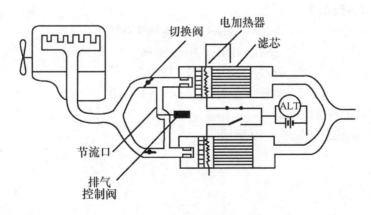

图 2-17　微粒捕集器控制系统

排气系统中装有两个微粒捕集器，当一侧的捕集器由于微粒的积存使排气背压升高到一定限值时，再生系统起动，通过电磁阀切换，使排气流向另一侧的微粒捕集器；同时对积存了微粒的捕集器进行电加热以烧掉微粒使其再生。这样，两侧的微粒捕集器就交替工作或再生。

5) 选择性催化还原(SCR)

选择性催化还原(Selective Catalytic Reduction，SCR)通过喷入尿素溶液，利用排气温度热解产生还原剂 NH_3，在催化剂的作用下，能够高效地处理 NO_x，且还原剂不易被氧化，但缺点是需要定期加尿素溶液。

典型的 SCR 系统如图 2-18 所示。

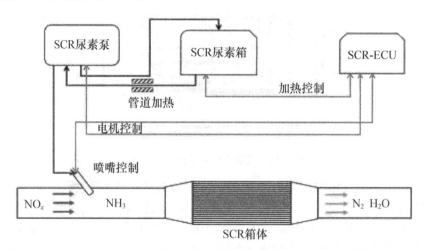

图 2-18　典型的 SCR 系统

(1) SCR 的技术原理。

尿素溶液存放于车载的专门储存罐内，用泵将尿素溶液喷洒向热的发动机尾气(300～500℃，满足还原反应条件)。在高温下，尿素溶液汽化后分解产生还原效率高的 NH_3。在催化剂的作用下，NH_3 与尾气中的 NO_x 在 SCR 催化器中反应，生成无害的 H_2O 和 N_2，同时吸收有害的烟气颗粒。

化学反应式大致如下：

$$4NO+4NH_3+O_2 \rightarrow 4N_2+6H_2O \tag{2-7}$$

$$2NO_2+4NH_3+O_2 \rightarrow 3N_2+6H_2O \tag{2-8}$$

$$6NO_2+8NH_3 \rightarrow 7N_2+12H_2O \tag{2-9}$$

$$NO+NO_2+2NH_3 \rightarrow 4N_2+12H_2O \tag{2-10}$$

(2) Bosch SCR 系统组成。

Bosch SCR 系统组成如图 2-19 所示。

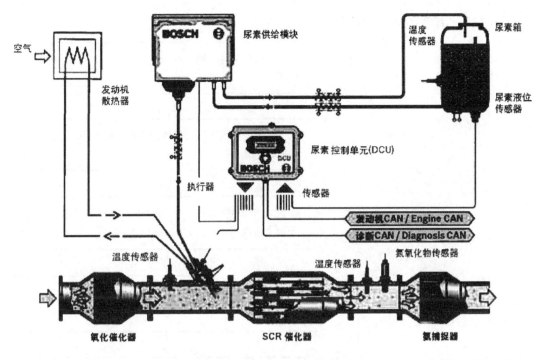

图 2-19 Bosch SCR 系统组成

① 尿素供给模块(supply module)，尿素泵将尿素溶液从尿素箱吸入，并以一定的压力输送到喷射单元，在停车或者系统出现故障需要倒抽时完成对系统内尿素水溶液的清空工作，包括尿素供给泵、尿素箱及尿素箱加热及液位总成尿素管。

② 尿素喷射模块(dosing module)，是将尿素水溶液雾化并定量喷射到排气管中，包括尿素喷射阀及垫片、冷却水管。

③ 尿素控制单元(Dosing Control Unit，DCU)，通过传感器(环境温度及尿素箱温度传感器、液位传感器、氮氧传感器)等实时了解车辆的状态，实时通过软件计算精确控制各执行器(加热继电器、尿素箱电磁阀等)的工作，实现对车辆各系统的精确控制。

④ SCR 催化器。目前，研究最多的 SCR 催化剂为以 TiO_2 作为载体的 V_2O_5、WO_3 及 MoO_3 等金属氧化物，其他组成结构的催化剂也已做了大量的试验研究。V_2O_5/TiO_2 型催化剂具有较宽的活性温度范围($260\sim425℃$)和优异的耐硫性能，已广泛应用于汽车的 SCR 系统中。

3. 使用中降低汽车排气污染物的主要措施

推行 I/M 制度(Inspection and Maintenance Program，检测/维护制度)是在用汽车的主要排放防治措施。在用汽车的 I/M 制度就是使汽车在使用周期内一直保持良好的技术状况，以降低排气污染。

I/M 制度通过对在用汽车排放进行控制，防止其排放净化系统被拆除、损坏、性能失效或恶化，充分发挥在用汽车本身的净化能力，保证排放达标。具体手段是加强在用汽车维护，同时采用由管理部门认定的检测站对本辖区的在用汽车进行检测和监控。若发现排放超标汽车，则强制该汽车进入具备维修资格的维修企业进行维修。

汽车检测与维护(I/M)制度流程如图2-20所示。

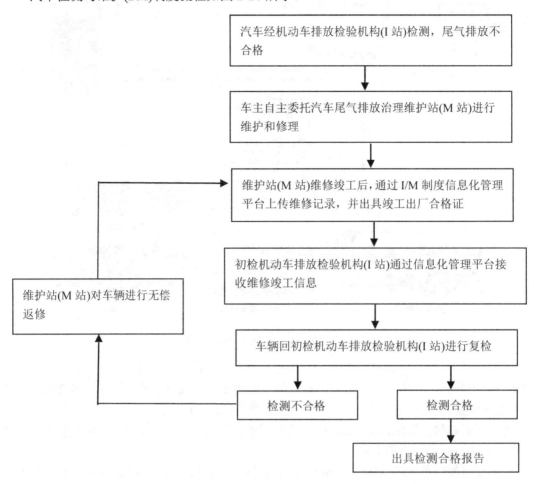

图 2-20　汽车检测与维护(I/M)制度流程

2.2　汽车噪声及其防治

随着现代交通运输的发展，城市交通工具越来越多，运行速度越来越快，功率越来越大，交通运输噪声已成为现代城市环境最主要的噪声源之一。据一些大城市统计，交通运输噪声约占城市噪声的 75%，其中以汽车噪声影响最大。因此，采取有效的措施降低汽车本身的噪声是非常必要的。

2.2.1　噪声度量

噪声是指人们不需要并希望用一定措施加以控制和消除掉的声音总称。噪声的度量指标有声压、声压级、频谱、响度级、噪声级等。

1. 声压 p

声压是指声波作用于大气使大气压强发生变动的变动量，通常用 p 表示，其单位为 Pa(帕)。正常人刚刚能听到的最轻微的声音的声压是 $2×10^{-5}Pa$。由于声压为 $2×10^{-5}Pa$ 的声音刚刚能被人听到，所以 $2×10^{-5}Pa$ 这个值被称为人耳的听阈，也叫基准声压，用 p_0 表示。使人耳有疼痛感的声音的声压是 20Pa，这个值被称为人耳的痛阈，也叫极限声压，用 p_{max} 表示。p_{max}(20Pa)比 p_0($2×10^{-5}Pa$)大得多，是 p_0 的 100 万倍，可见人耳对声音的感觉范围是相当宽的。

2. 声压级 L_p

声压级 L_p 是声音的实际声压 p 和基准声压 p_0 之比，取以 10 为底的对数，再乘以 20。其数学表达式，即声压级的计算公式为

$$L_p = 20\lg\frac{p}{p_0}\,,\quad dB \qquad (2-11)$$

根据公式，听阈的声压级为 0dB，而痛阈的声压级为 120dB。由于采用了声压级，就将相差 100 万倍的可听声压范围，简化成 0～120dB 的声压级变化。它既符合人耳对声音的主观感觉，也便于表示。

3. 频谱

由于声音的频率不同，有的听起来很尖，有的则很低沉。一般的声源是由很多频率成分复杂的声音组成的。为了辨别噪声的主要成分，以减少噪声，仅知道声源某一点的声压级还不够，还要分析它的各种频率成分和相应的声压级，这种方法称为频谱分析。

通常，以频率为横坐标，声压级为纵坐标，画出声源辐射声音的频率成分组成图，称为频谱图。

具有一系列独立频率成分的频谱称为线状谱，如图 2-21(a)所示。

大多数噪声是由许多频率和强度都不同的成分杂乱无章地组合起来的。许多谱线紧密地排列在一起，声能连续地分布在很宽的频率范围内，这种频谱称为连续谱，如图 2-21(b)所示。

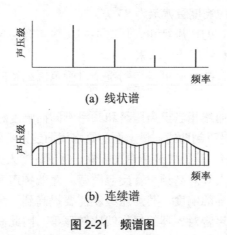

图 2-21　频谱图

可通过试验，测得各类汽车的噪声频谱，用来分析汽车各种频率噪声的声压级的大

小、主要噪声源的频率范围，并为汽车设计、改造提供理论依据。

4. 倍频程

人耳的可听频率范围为 20～20000Hz，低于 20Hz 为次声波，高于 20000Hz 为超声波。在这样宽的频带范围内进行噪声分析时，通常将宽广的声波频率分为几个频段(频带、频程)，测量某一段频率间隔的声压级，这一频率间隔称为频带。

噪声测量中，常采用倍频带的频带宽度。其频带上限频率 f_u 与下限频率 f_l 之间有以下的关系：

$$f_u = 2f_l \tag{2-12}$$

每个频带的中心频率为 $f_c = \sqrt{f_u f_l}$。在可听频率范围内各频带的中心频率值及相应的频率范围见表 2-1。若需要更详细地分析噪声，可采用 1/2 倍频带、1/3 倍频带等较窄的频带。

表 2-1　倍频带频率范围　　　　　　　　　　　单位：Hz

中心频率	31.5	63	125	250	500	1000	2000	4000	8000
频率范围	22.5～45	45～90	90～180	180～355	355～710	710～1400	1400～2800	2800～5600	5600～11200

5. 响度级与等响曲线

实践证明，人耳对声音的感觉不仅与声压有关，而且也与频率有关。人耳可听声音范围为 20～20000Hz，往往声压级相同，但由于频率不同，听起来并不一样响；而不同频率的声音，虽然声压级不同，但有时听起来却一样响。因此用声压级测定的声音强弱与人们的生理感觉往往并不一致。由于噪声的危害对象主要是人，因而需采用与人耳生理感觉相适应的指标来评价声音的强弱，这个指标就是响度级，用"方"(Phon)来表示。选取频率为 1000Hz 的纯音作为基准音，某噪声听起来与该纯音一样响，该噪声的响度级(方值)就等于这个纯音此时的声压级(分贝值)。例如，某噪声听起来与声压级 80dB、频率 1000Hz 的基准音一样响，则该噪声的响度级就定为 85 方。

响度级是同时考虑声音的声压级和人耳对不同频率声音的响应而引入的表示声音响度的主观量标，它将声压级和频率统一起来。

利用与基准音比较的方法，就可以得到整个可听范围纯音的响度级，从而得到等响曲线，如图 2-22 所示。

这些曲线中的每一条曲线相当于声压级和频率不同而响度相同的声音，即相当于一定响度级的声音。最下面的是听阈曲线，最上面的是痛阈曲线，听阈曲线和痛阈曲线之间是正常人耳可以听到的全部声音，这组曲线是通过听觉正常的许多人大量试验和分析得出的。

从等响曲线上可知，人耳对高频声音反应敏感，对低频声音反应迟钝。频率低的声音要达到和频率高的声音一样的响度，其声压级就需要提高到一定的数值。由于人耳对高频声音比较敏感，所以高频声音对人耳的损伤就比较严重，因此高频噪声为噪声控制的主要对象。

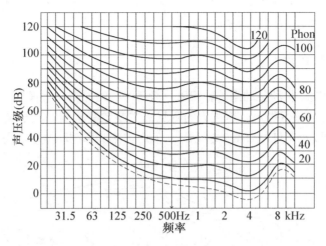

图 2-22 等响曲线

6．噪声级

为了测出与人耳感觉相一致的响度级，理应使用"响度级计"来测量声音的强弱，但要设计和制造出对不同频率的声音均具有与人耳感觉一致的仪器较为困难。目前采用参考等响曲线，在声学测量仪中设置几个频率计权网络，利用它对高、中、低频的衰减不同来模拟人耳听觉，如图 2-23 所示。一般设有 A、B、C 三个计权网络，这样就将十多条等响曲线简化成 3 条，近似地模拟人耳的听觉。

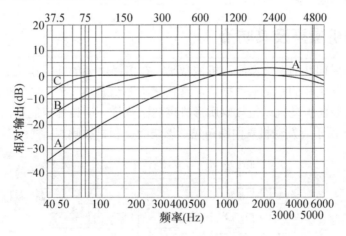

图 2-23 计权网络的衰减曲线

所谓噪声级就是指在选定的计权网络下测得的声压级。例如，80dB(A)是指在 A 挡计权网络下测得的声压级为 80dB，称为噪声级 80dB(A)。用 A 计权网络测得的噪声值也称为 A 声级。A 计权网络是模拟人耳对 40Phon 等响曲线设计的，使被测噪声在人耳不敏感的低频声音段有较大的衰减(不敏感)，中频衰减次之，高频不衰减甚至稍有放大(敏感)。因此，A 计权网络测得的噪声值比较符合人耳对噪声的感觉，在汽车和发动机噪声测试时，多采用 A 计权网络。B、C 计权网络分别是模拟 70Phon 和 100Phon 等响曲线设计的，各有不同的特性。由于 A、B、C 三个计权网络的特性不同，故对所测得的分贝值必须注明所采取的计权网络。用 A 计权网络测得的声压级值记作 dB(A)，同样用 B 和 C 计权网络测得的声压级值分别记作 dB(B)和 dB(C)。

2.2.2　汽车噪声源

汽车运行受到发动机和传动系的影响以及来自路面的冲击，所有零部件都会产生振动和噪声。汽车噪声是宽频带噪声，覆盖人的听觉的主要频率范围。汽车噪声源主要包括发动机、传动系、轮胎以及车身，如图 2-24 所示。有时，喇叭和制动器也是汽车的主要噪声源。

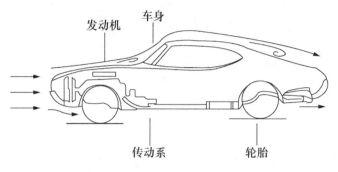

图 2-24　汽车主要噪声源

汽车噪声是汽车运行时所产生的声辐射，它降低汽车乘坐舒适性，直接影响汽车驾驶人的工作效率，使驾驶人反应时间加长，是汽车安全行驶的隐形杀手。因此，分析这些噪声源生成噪声的原因，并找到可行的防治措施是极其重要的。

2.2.3　发动机噪声及其防治

发动机受到周期性的燃烧激励和机械激励。在多激励源的共同作用下，发动机内部结构零部件发生相互关联的复杂瞬态振动，这些初始振动通过多个不同的传递路径传递到发动机外表面，外表面振动扰动空气媒质形成声波向背景环境传播声能量，最终形成发动机噪声，如图 2-25 所示。发动机表面噪声包括燃烧噪声和机械噪声。

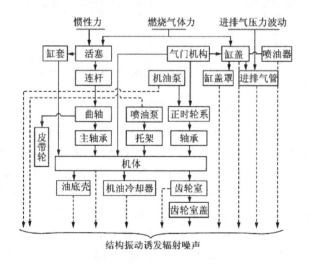

图 2-25　发动机噪声产生机理

根据发动机的结构、工作原理和相关的振动声学理论，发动机噪声主要包括燃烧噪声、机械噪声、进气噪声、排气噪声和风扇噪声等。

发动机噪声的分类如图 2-26 所示。

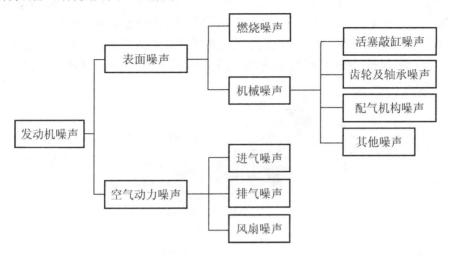

图 2-26　发动机噪声的分类

1. 燃烧噪声及其防治

燃烧噪声是由于汽缸内周期性变化的气体压力的作用而产生的，主要表现为燃料燃烧时急剧上升的汽缸压力通过活塞、连杆、曲轴、缸体及汽缸盖等引起发动机结构表面振动而辐射出来的噪声。

使用过程中，对于汽油机，主要根据压缩比选择合适牌号的燃料、适当推迟点火提前角和及时清除燃烧室的积炭等措施，来减少爆燃和表面点火的产生，以控制燃烧噪声；对于柴油机，通过选用十六烷值高的燃料、合理组织喷射和选用低噪燃烧室等措施来控制燃烧噪声。为降低汽缸压力频谱曲线，特别是降低中高频的频率成分，可采取缩短滞燃期或减少滞燃期内形成的可燃混合气量等措施。为增加发动机结构对燃烧噪声的衰减，特别是对中高频的衰减，可采取提高缸套及机体的刚性等措施。

2. 机械噪声及其防治

机械噪声是指由于气体压力及机件的惯性作用，使相对运动零件之间产生撞击和振动所形成的噪声。机械噪声主要包括活塞敲缸噪声、配气机构噪声、齿轮及轴承噪声、供油系噪声、不平衡力引起的噪声等。

活塞敲缸噪声通常是发动机最大的机械噪声源。敲缸的强度主要取决于汽缸的最大爆发压力和活塞与汽缸之间的间隙。控制活塞敲缸噪声的措施主要是：在满足使用与装配的前提下，尽量减少活塞与汽缸之间的间隙。

配气机构噪声是指由于气门开启和关闭时产生的撞击以及系统振动而形成的噪声。影响配气机构噪声的主要因素有凸轮形线、气门间隙和配气机构的刚度等。对配气机构噪声的控制应从减少气门间隙、优化凸轮形线、提高配气机构刚度、减轻驱动元件质量等方面着手。

3. 进、排气噪声及其防治

发动机在进、排气过程中，由于气体压力波动和气体流动所引起的振动而产生的噪声，即为进、排气噪声。按照噪声形成的机理，进、排气噪声都属于空气动力噪声。

降低进、排气噪声的主要措施是使用消声效果好的消声器。由于消声器的阻抗大，会使发动机的性能恶化，因此要选用阻抗小而消声效果好的消声器。其中，控制进气噪声的主要消声器元件(包括扩张消音器、赫尔姆兹消音器、四分之一波长管)如图2-27所示。

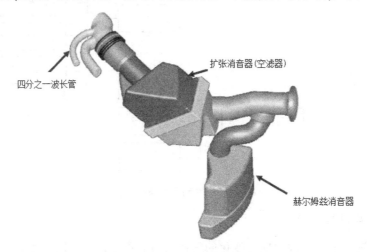

四分之一波长管

扩张消音器(空滤器)

赫尔姆兹消音器

图2-27　进气噪声控制元件

控制排气噪声的主要消声器元件有抗性消音器、阻性消音器、赫尔姆兹消音器(谐振腔)、四分之一波长管、三管迷路消音器、组合式消音器等。此外，在使用过程中，要注意检查进、排气系统的紧固作业和接头的密封状况，以减小表面辐射噪声和漏气噪声。

4. 风扇噪声及其防治

风扇噪声是汽车的最大噪声源之一。目前，由于车内普遍装设空调系统和排气净化装置等，使发动机罩内温度升高，冷却风扇负荷加大，风扇噪声亦相应增大。

风扇噪声主要是空气动力噪声，由旋转噪声和涡流噪声所组成。此外，还有因风扇机械零件(如轴承松旷等)机械振动引起的噪声。

旋转噪声是由风扇旋转的叶片周期性地切割空气，引起空气的压力脉动而激发出的噪声。涡流噪声是由风扇旋转时叶片周围产生的空气涡流而造成的。

控制风扇噪声的措施：合理布置风扇与散热器之间的距离、改进叶片形状、选择能减少噪声的叶片材料等。

2.2.4　传动系噪声及其防治

传动系噪声包括变速器噪声、传动轴噪声及驱动桥噪声。

1. 变速器噪声及其防治

变速器噪声主要由齿轮噪声、轴承噪声、搅动润滑油噪声、发动机通过离合器传至变速器箱体的振动噪声等组成。

变速器噪声的产生及传播途径如图 2-28 所示。

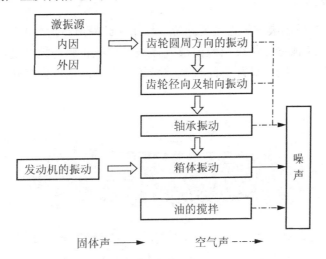

图 2-28　变速器噪声的产生及传播途径

在使用、维修中，注意及时更换齿面剥落、缺损、磨损严重的齿轮，防止齿轮与轴上的花键配合间隙过大、轴向间隙过大、轴弯曲或轴承松旷等，保证齿轮正常的啮合间隙以减少齿轮噪声；及时更换钢珠碎裂或有疲劳麻点的轴承，消除轴承磨损严重引起的轴向或径向间隙过大及轴承内、外圈配合松动，可减少轴承运转噪声。要保证合适的齿轮油黏度及足够的油量；及时清除变速器中的异物；经常检查、紧固螺栓与螺母，以免松动。此外，提高齿轮加工精度，选择合适的齿轮材料，设计固有振动频率高、密封性好、隔声性强的齿轮箱等，均可减少变速器噪声。

2. 传动轴噪声与其防治

传动轴噪声主要表现为汽车行驶中传动轴发出周期性响声，且车速越高，响声越大，甚至引起车身发生抖动，造成驾驶员握转向盘的手有麻木感，这是由于传动轴变形、轴承松旷以及装配不良等原因造成的。

为此，在装配传动轴时，应注意传动轴花键槽和伸缩节的装配记号；万向节叉接合平面应清洁平整；要避免中间轴承装配歪斜、支架螺栓松动或松紧不一；传动轴应进行动平衡检验，使用中要经常检查平衡片有无脱落，避免超速行驶，以减少不平衡现象。

3. 驱动桥噪声与其防治

驱动桥噪声主要是由于齿隙不合适、齿轮装配不当、轴承调整不当等原因造成的。

在使用、维修中，要注意主减速器齿轮的啮合印迹及间隙调整适当，保证足够的齿轮轴承预紧度，保证轴承座孔的同轴度等。

2.2.5　轮胎噪声及其防治

轮胎噪声包括轮胎花纹噪声、轮胎道路噪声、轮胎弹性振动噪声以及轮胎旋转时搅动空气引起的风噪声。

1. 轮胎花纹噪声

轮胎花纹噪声在轮胎噪声中占主要地位。轮胎花纹噪声是指汽车行驶时，轮胎在高速滚动过程中与地面接触时，花纹沟槽内部气体被封堵在轮胎与地面之间，随着轮胎的前进，这部分气体先被压缩，离开路面时又被释放，引起周围压力变化而引起的噪声，如图2-29所示。

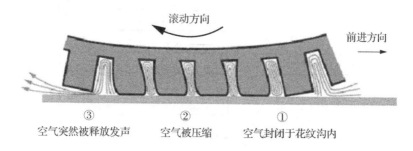

图2-29　轮胎花纹噪声产生机理

2. 轮胎道路噪声

轮胎花纹噪声是因胎面凹凸引起的，而轮胎道路噪声则是由于路面凹凸不平而产生的。轮胎道路噪声是指当汽车通过小凹凸路面时，凹内的空气因受挤压和排放，类似于泵的作用而形成的噪声。

轮胎花纹噪声和轮胎道路噪声都是轮胎和路面相互作用而产生的噪声。

3. 轮胎弹性振动噪声

轮胎弹性振动噪声是由于轮胎不平衡、胎面花纹刚度变化或路面凹凸不平等原因激发轮胎振动而产生的噪声。

4. 轮胎风噪声

轮胎风噪声与路面无关，它是轮胎在前进和旋转时搅动周围空气而产生的空气振动声。

5. 轮胎噪声影响因素及其防治

1）轮胎噪声影响因素

影响轮胎噪声的因素主要有轮胎花纹、车速、负荷、轮胎气压、轮胎磨损程度以及路面状况等。

轮胎噪声随车速提高而增大的原因：一是轮胎花纹内的空气容积变化速度加快，"气泵"声增大；二是胎面花纹承受的激振力增大，振动声也随之增大。

当车辆的负荷不同时，轮胎花纹的挤压作用会产生变化。随着载荷的增加，胎面花纹的变形增大，轮胎的胎肩逐渐接触地面，横向花纹容易造成"空腔的封闭"而使噪声增大，而对纵向花纹轮胎则影响不大。

轮胎气压增加，轮胎变形小；反之，则变形增大。因此，对于齿形花纹轮胎来说，当气压高时，噪声小；而气压低时，噪声大。

对于齿形花纹轮胎，胎冠尺寸增大，花纹的接地状态产生变化，使噪声增大。当进一步磨损时，花纹逐渐磨平，槽内空气量减少，噪声降低。

路面状况对轮胎噪声的影响主要取决于路面的粗糙度和潮湿程度。随路面的粗糙度和潮湿程度的增大，轮胎噪声随之增大。

2) 轮胎噪声控制

使用中适当提高轮胎气压，可使轮胎变形减小，降低噪声。装配轮胎时应对轮胎进行动平衡试验，若不平衡会增加弹性振动，导致噪声增加。在汽车行驶过程中，应避免急起步、急转弯、急制动，以减少轮胎自振噪声。

2.3　汽车电磁干扰及其防治

社会发展不仅给人们的生存环境带来有形污染(如水污染、空气污染及噪声污染等)，而且还带来凭感官无法感觉到的无形污染，即电磁干扰，或叫电磁噪声。

电磁干扰是指电磁波和电子元器件作用后而产生的干扰现象，是电子元器件所特有的。汽车电子元器件产生的电磁干扰，会影响汽车本身和外界设备的正常工作，同时外界设备的电磁干扰也会影响汽车正常工作。

2.3.1　汽车电磁干扰要素

汽车电磁干扰必须具备三个基本条件(三要素)，即汽车电磁干扰源、汽车电磁干扰途径和汽车电磁干扰对象。下面对汽车电磁干扰源、汽车电磁干扰途径分别进行分析。

1. 汽车电磁干扰源

汽车电磁干扰包括车外电磁干扰、车体静电干扰和车内电磁干扰。

1) 车外电磁干扰

汽车外部电磁环境，如高压输电线、高压变电站、无线电发射站、雷电、太阳黑子辐射、其他临近汽车的无线设备等，如图 2-30 所示。汽车经过各种外部电磁环境时所受到的电磁干扰，称为车外电磁干扰。

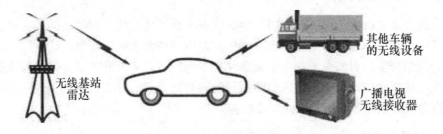

无线基站
雷达

其他车辆
的无线设备

广播电视
无线接收器

图 2-30　汽车外部电磁环境

车外电磁干扰随着作用距离的增大而减小，只有当其本身能量非常大时，才能对相距较远的汽车电子设备产生影响。能量大的电磁效应对人体存在危害，目前已制定各种相应的电磁标准来限制这类干扰，使得汽车电子设备受其影响减小。

2) 车体静电干扰

车体静电干扰与汽车和外部环境都有关。由于汽车行驶时车体与空气高速摩擦，在车身上形成不均匀分布的静电场。静电放电会在车身上形成干扰电流，同时产生高频辐射，对汽车电子设备形成电磁干扰。

3) 车内电磁干扰

车内电磁干扰是汽车电子设备工作时内部的相互干扰。车体静电干扰和车内电磁干扰都具有干扰距离近、干扰时间长、干扰强度相对较大等特点，是汽车电子设备受到的主要电磁干扰。

2. 汽车电磁干扰途径

汽车电磁干扰途径主要有传导电磁干扰、感应电磁干扰和辐射电磁干扰。

传导电磁干扰主要通过电路的共用导体传播，典型的结构是共电源线和共接地线。任意一个设备电流变化都会导致其他设备电压变化，产生电磁干扰。

感应电磁干扰分为电感应电磁干扰和磁感应电磁干扰。

辐射电磁干扰天线发射，通电的导线和电缆可视为等效天线，所以汽车电子设备的线束辐射电磁干扰非常严重。

2.3.2 汽车典型电磁干扰

1. 点火电路的电磁干扰

点火系次级电路放电分为电容放电和电感放电两种。

电容放电是次级点火线圈、高压线、火花塞电极间隙形成的极板电容所储藏的能量通过火花塞放电，放电时间短，放电电流大。电感放电是次级点火线圈储藏的能量逐次衰减放电，放电时间短，放电电流小。

火花塞电极间的空气被击穿产生电火花放电，形成电磁辐射干扰或通过电源线传导给其他电路。这些电磁干扰电流流经电源线时，也可以通过电源辐射干扰。这种电磁干扰包有高频成分，干扰能量大。

2. 发电机的电磁干扰

发电机在旋转时由于滑环与电刷的接触状态不断发生变化，两者之间产生电火花，电磁波从发电机的引出线传导出去。当发电机与蓄电池联合供电工作时，这种脉冲过电压产生极大的能量释放，对汽车上的电子元器件产生电冲击。点火开关断开时，发电机励磁绕组中产生自感电动势。若点火初级电路断开的同时切断点火开关，则产生较强的瞬时过电压，对汽车仪表电路等电子元器件造成损害。

3. 起动机的电磁干扰

发动机起动时，起动开关和起动继电器触点通断瞬间，以及起动机通电过程中电刷与整流子换向瞬间，电流很大和瞬间通断造成蓄电池端电压剧烈波动而引起起动开关、起动继电器触点、炭刷与整流子间产生强烈电火花。它不仅会产生电磁辐射干扰，而且反过来又会加剧汽车电系的电压波动和电流的断续，进而加大电感性电器激起的由电磁感应产生的瞬间过电压。

4. 附属电机的电磁干扰

汽车附属装置(如刮水器、电动风扇、电动油泵、电动窗等)上的电机，都是带有整流器的直流永磁电动机，运转过程中难免产生电火花，进而产生较强的电磁干扰。虽然这些电机一般有屏蔽效果较好的封闭金属外壳，但仍会通过电源线和搭铁线传导出干扰电磁波。

5. 电感元件的电磁干扰

汽车电子元器件工作中的开关触点、继电器触点、电机电刷接触不良以及供电导线连接或搭铁不良造成的时通时断(特别是突然断开)，都会激起瞬间过电压。其瞬间过电压的脉冲峰值与电感元件电感量、导通电流和通断速率成正比。若这种时通时断的电流较大并引起电源电压波动，极易在电路连接点或接触面间产生电火花并加剧上述的瞬间过电压，加剧电火花。如此反复，不仅对汽车电子元器件造成损害，而且还会对周围环境产生电磁辐射干扰。

2.3.3　汽车电磁干扰的防治措施

在汽车电子控制系统中，为了防止电磁环境对汽车电子系统性能产生干扰，避免汽车电子系统功能丧失，保证汽车电子元器件能在同一个电气系统中彼此无影响并可靠地工作，就必须采取有效措施来控制电磁干扰。

1. 采用负极搭铁

在汽车电系中均采用单线制，使汽车电源负极与汽车车架或发动机相连来抑制电磁干扰。汽车电气元件和电子元件共用搭铁线后，可以使整个汽车大件结构在电气方面连成一个整体，能大大减少因电气元件和汽车部件的静电感应引起的电磁干扰。

汽车使用中检查并确保汽车各电气设备处于良好的搭铁状态是很有必要的。若汽车电气设备搭铁不良，会造成电气设备本身工作不良，这也是产生电磁干扰的隐患之一。

2. 加装电容器

传统点火系中，采用电容器与断电器白金触点并联的方法来灭电弧。

除电容器能灭弧外，目前在有些汽车电气设备上还装有由电容、电阻和电磁元件组成的滤波器，用以吸收电气设备尤其是某些继电器工作时产生的电火花。

3. 加装金属屏蔽

将汽车上所有容易产生电火花的电器用金属罩屏蔽，电路导线也用金属网或金属管屏蔽，并使这些屏蔽罩、网(管)搭铁，这样就使产生电磁干扰的高频电磁波在屏蔽良好的金属罩内产生电涡流，以热能的形式消耗掉，从而使电磁波不能发射出去。汽车使用中，要检查并保持金属罩、网(管)之间以及金属罩、网(管)与车体之间良好的接触，使之处于同一电位，以防止因接触不良而在汽车行驶时产生火花，从而影响屏蔽效果。

汽车电控系统中，传感器产生的低于 1V 的弱电信号很容易受到电磁干扰，出现错误信号，故加装了屏蔽线来防止电磁干扰。若屏蔽线损坏，ECU 就会收到被干扰的信号而失去正常控制，使用中应检查并确保这些屏蔽线完好。

4. 加装阻尼电阻

汽车点火系的高压点火放电是造成电磁干扰的最主要原因。在点火高压电路中串入阻尼电阻是一种常用的减少电磁干扰的方法，它对抑制电火花的高频电磁波有很明显的效果，且阻尼电阻越大，抑制效果越好。但阻尼电阻过大会影响火花塞电极间的火花能量，因此阻尼电阻一般不超过 20kΩ，并使高压线与点火线圈合理匹配。

阻尼电阻多为碳质电阻，通常安装在点火线圈高压线引出端或火花塞上。汽车维护时，对高压线电阻值的检查，应根据车型要求进行，检查其电阻值是否符合要求，高压线的更换只能用车型专用线。

2.4 汽车车内空气污染及其防治

由于汽车车内引入能释放有害物质的污染源或车内环境通风不良而导致汽车车内空气中有害物质的含量和种类均不断增加，并影响汽车车内人员的健康，称为汽车车内空气污染。

自 20 世纪 80 年代起，很多国家开始关注车内空气污染。研究发现，车内空气污染有时会高于车外 10 倍以上。为此，不少国家的环保机构制定了车内环境标准，使汽车车内各种有害气体的含量有了明确的限值，以确保车内空气污染不会达到对驾乘人员的健康产生危害的程度。

2.4.1 汽车车内空气污染概述

1. 汽车车内空气污染物的种类

汽车车内空气污染物主要有甲醛、甲苯及二甲苯、氮氧化物、二氧化硫、二氧化碳、一氧化碳、甲苯二异氰酸酯、总挥发性有机物、可吸入微粒物及细菌等。

2. 汽车车内空气污染物的主要来源

1) 汽车本身

目前国内汽车市场需求很大，许多未经有害气体释放期的汽车直接进入市场。由于安装在车内的塑料材质的配件、地毯、车顶毡、沙发等都含有可释放的有害气体，造成汽车车内空气污染。

2) 汽车车内装饰

多数消费者买车后都要进行车内装饰，有的经销商以买车送装饰为优惠条件，使一些含有有害物质的座套垫、胶黏剂进入车内。这些装饰材料多含有苯、甲醛、丙酮、二甲苯等有毒气体，从而造成汽车车内污染。豪华车内部装饰选用的真皮、桃木、电镀、金属、油漆、工程塑料等如果处理不当，也会挥发出有害物质。

3) 汽车车内驾乘人员的活动

人体新陈代谢物(如皮屑、毛发、口鼻分泌物、排泄物等)、吸烟时的烟雾、不清洁的车内环境等造成的污染都属于人为污染。

4) 其他

汽车发动机产生的尾气、汽油挥发、空调蒸发器产生的细菌等有害物质进入汽车车内，均会造成汽车车内空气污染。

3．汽车车内空气污染的特点

1) 累加性

车内各种物品，包括装饰材料、地毯、空调等都可能释放出一定的化学物质，若不采取有效措施，它们将在车内逐渐累加，导致污染物浓度增大，对人体构成危害。

2) 多样性

车内空气污染的多样性，既包括污染物种类的多样性，如生物性污染物(如细菌)、化学性污染物(如甲醛、苯、一氧化碳、二氧化碳等)等，又包括汽车车内污染物来源的多样性，如车外污染源(道路上浓度较高的污染物)、车内污染源(装饰材料在车内释放的污染物)等。

3) 多变性

车内空气污染程度随汽车使用条件而变化，如汽车运行工况、汽车技术状况、环境状况(如气温与环境的污染状况等)等都影响车内污染。

4) 长期性

即使浓度很低的污染物，若长时间作用于驾乘人员，也会危害其健康。

4．汽车车内空气污染的形成原因

汽车车内封闭空间空气污染的形成原因主要有以下四种。

(1) 汽车车内装饰物含有一些有害物质。

(2) 汽车车内驾乘人员呼吸出来或物品散发出来的气体长时间得不到散发。

(3) 汽车发动机产生的一些污染物。

(4) 汽车车内空调蒸发器未及时维护。

2.4.2　汽车车内空气污染的防治方法与设备

1．汽车车内空气污染的防治方法

1) 臭氧法

臭氧法，即采用产生大量臭氧的汽车专用消毒机进行消毒。

臭氧是一种具有广泛性的、高效的快速杀菌剂，可以杀灭多种病菌、病毒及微生物。利用臭氧消毒一般不会残留有害物质，不会对车内造成二次污染。

2) 离子法

离子法，即通过车载氧吧释放离子达到车内空气清新的目的。事实上，它是一种空气清新和净化方式。它具有使用简单、操作方便等优点，缺点是净化过程缓慢。

3) 光触媒法

光触媒，是一种光催化型纳米材料，构成光触媒的关键材料是纳米级二氧化钛。这种二氧化钛光催化剂见光后会产生正、负电子，其中正电子与空气中的水分子结合产生具有氧化分解能力的氢氧自由基，而负电子则与空气中的氧结合生成活性氧，两者均具有强大的降低车内空气污染的能力。氢氧自由基能对汽车车内常见的污染物进行氧化还原反应，将其转化为无害的 H_3O 和 CO_2，同时还可清除汽车车内的浮游细菌，从而降低车内空气污染。

2. 汽车车内空气污染常用的防治设备

目前，汽车车内空气污染常用的防治设备有以下几种。

1) 车用空气清新剂

清新剂由于携带方便、使用简单及价格便宜，成为控制车内空气污染的常用物品。其原理是在发出恶臭的物质中加入少量药剂，通过化学反应除臭，或使用强烈的芳香物质掩盖臭气。

空气清新剂常见的香型有单花香型(如茉莉花、玫瑰花、桂花、铃兰花、栀子花、百合花等)、复合香型、瓜果香型(如苹果、菠萝、柠檬、哈密瓜等)、青草香型、"海岸"香型、"香水"香型(如素心兰)等。

2) 车载氧吧

车载氧吧可利用活性氧发生技术，通过高频振荡，快速生成负离子。

除了消除车内的空气异味外，它还具有消毒、杀菌、防霉和提神等功效。与传统的空气清新剂相比，车载氧吧可以彻底清除车内有害气体，达到净化空气质量的目的。

3) 光源车用空气除臭器

光源车用空气除臭器是最新推出的空气净化方式，它利用活性炭加光催化达到净化空气的目的，并采用先进的光催化材料及技术有效去除汽车内饰异味。

本 章 小 结

(1) 汽车公害包括排放、噪声、电波干扰与汽车车内空气污染。

(2) 汽车排放的污染物主要有一氧化碳(CO)、碳氢化合物(HC)、氮氧化物(NO_x)、微粒物(PM)等。

(3) 污染物的生成量取决于混合气的空燃比，一切影响空燃比的因素都将影响污染物的排放浓度。使用过程中，随负荷、发动机转速、车速、点火及喷油时刻的变化，CO、HC、NO_x 的排放浓度变化很大。要特别注意，在汽油机怠速工况下，CO、HC 排放量较大；柴油机满负荷工况下，碳烟排放量较大。此外，保持良好的发动机技术状况(如供油系、点火系等)、提高驾驶技术、采用排气净化装置等是减少排放污染的有效措施。

(4) 噪声公害对人和环境的危害也很大。为减少噪声，《汽车加速行驶车外噪声限值及测量方法》(GB 1495)、《声学汽车车内噪声测量方法》(GB/T 18697)、机动车运行安全技术条件(GB 7258)等标准都规定了噪声限值与其相应的试验方法。噪声的单位为分贝(dB)，一般用声级计 A 声级测量，其分贝值不应超过规定值。

(5) 为了降低发动机噪声，应采取以下措施：①从使用和设计方面采取措施，降低压力升高率，以减少燃烧噪声。②使用维修中注意活塞连杆组、配气机构、齿轮机构、柴油机供给系等各零部件间的配合间隙、装配要求、修复质量等；设计中应注意各零部件的刚度、材料、加工精度等，以减少机械噪声。③采用消声效果好的消声器，以减少进、排气噪声。④风扇噪声不容忽视，特别是车内装有空调系统和排气净化装置的汽车更应从设计和使用维修方面采取措施，降低风扇噪声。

(6) 传动系噪声的大小取决于变速器噪声、传动轴噪声及驱动桥噪声。传动轴噪声在某一车速时，由于共振而达到最大，严重时影响驾驶员的操作。因而应特别注意对修复的传动轴进行动平衡检验，并使传动系各部齿轮装配正确，轴承预紧度合适，齿轮油足够，以减少传动系噪声。随着汽车行驶中制动频繁程度的提高，制动噪声越来越引起人们的重视。设计低噪声制动系统、合理修复制动器各部件，是降低制动噪声的主要措施。

(7) 轮胎噪声主要取决于轮胎花纹、车速及负荷、胎压及轮胎装配情况、轮胎磨损程度以及路面状况等。

(8) 电磁干扰是指电磁波和电子元器件作用后而产生的干扰现象，是电子元器件所特有的。任何一个电磁干扰的发生必须具备三个基本条件，即干扰源、干扰途径和被干扰对象，也称为电磁干扰三要素。汽车电磁干扰主要有单线制负极搭铁、并联电容器灭弧、串入阻尼电阻和金属屏蔽等防治措施，汽车维护时应注意相关方面的检查。

(9) 由于汽车车内引入能释放有害物质的污染源或车内环境通风不佳而导致汽车车内空气中有害物质的含量和种类均不断增加，并影响汽车车内人员的健康，称为汽车车内空气污染。汽车车内空气污染具有累加性、多样性、多变性和长期性等特点。汽车车内空气污染物主要来自汽车本身、汽车车内装饰、汽车车内驾乘人员的活动等。汽车车内空气污染的防治措施主要有臭氧法、离子法和光触媒法。

(10) 随着生活水平的提高，人们对汽车的乘坐舒适性和城市环境提出了更高的要求，因而研制环保性汽车以及在使用中限制汽车污染物的生成量、降低汽车噪声、重视电磁兼容研究、控制汽车车内空气污染，是现代汽车技术发展的主要方向之一。

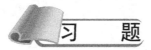

习 题

1. 概念题

汽车公害、光化学烟雾、汽车噪声、汽车电磁干扰、汽车车内空气污染

2. 选择题

(1) 汽车排放的碳氢化合物，主要产生原因有_____。

　　A. 激冷效应　　B. 缝隙效应　　C. 光化学烟雾　D. 不完全燃烧

(2) 汽车空气滤清器的滤网堵塞，汽车的_____排放量会加大。

　　A. CO_2　　　　B. HC　　　　C. NO_x　　　　D. CO

(3) 下列关于轮胎噪声的描述，正确的是_____。

　　A. 轮胎道路噪声属于轮胎直接发出的噪声

　　B. 轮胎不平衡会产生轮胎弹性振动噪声

　　C. 轮胎引起的噪声有车内噪声，也有车外噪声

　　D. 轮胎花纹噪声是由于路面凹凸不平而产生的噪声

(4) 电磁干扰的三要素包括_____。

    A. 电磁干扰源　B. 干扰途径　　C. 被干扰对象 D. 干扰耦合

3. 简答题

(1) 汽车公害包括哪几个方面?

(2) 简述 CO、HC、NO_x、PM 等排放污染物的形成原因。

(3) 分析空燃比对汽油机 CO、HC、NO_x、PM 等生成量的影响。

(4) 简述降低汽车排放污染物的主要措施。

(5) 简述汽车噪声的主要噪声源。

(6) 分析汽车发动机燃烧噪声、机械噪声和汽车轮胎噪声的产生原因与防治措施。

(7) 简述汽车电磁干扰防治措施。

(8) 简述汽车车内空气污染的来源与防治措施。

第3章

汽车运行材料及其选用

【学习目标】

本章主要介绍汽车燃料、润滑剂、特种液、轮胎的关键性能、规格牌号以及选用技术。通过本章的学习，熟悉汽车燃料、润滑剂、特种液、轮胎的关键性能并能理解相应标准，掌握这些材料规格牌号的表示方法，会正确选用这些材料。

【关键词】

汽车运行材料　汽车燃料　汽车润滑剂　汽车特种液　汽车轮胎

汽车运行过程中所消耗的燃料(如汽油、柴油、石油代用燃料)、润滑剂(如发动机油、齿轮油、自动变速器油、润滑脂)、特种液(如制动液、冷却液、尿素液空调制冷剂与冷冻机油)和轮胎等对汽车运行有较大影响的材料统称为汽车运行材料。

汽车运行材料与汽车使用性能密切相关。若汽车运行材料选用不当，不仅会影响汽车使用性能的发挥，往往还会导致汽车早期损坏、资源浪费、环境污染，甚至酿成事故。

通常把燃料比作粮食，把润滑剂比作血液，把特种液比作体液，把轮胎比作鞋子，可见汽车运行材料作用之大。汽车运行材料已成为汽车技术的重要组成部分，也是汽车技术管理的主要内容。

我国汽车运行材料正按照国际有关标准，迅速与国际接轨，步入标准化、系列化、高档化的发展轨道。

3.1 汽车燃料及其选用

燃料是指通过化学反应(燃烧)能够将自身贮存的化学能转变为热能的物质。燃料是发动机的"粮食"，是产生动力的来源，燃料的种类及其理化特性直接影响发动机的性能。汽车发动机所用燃料主要有车用汽油、车用柴油和车用代用燃料等。

3.1.1 车用汽油及其选用

车用汽油是点燃式发动机汽车的主要燃料。

1. 车用汽油的使用性能

1) 蒸发性

蒸发性是指液体物质汽化的难易程度。

汽车发动机转速很高，汽油在发动机内蒸发和形成混合气的时间十分短促，要在如此短的时间内形成均质可燃混合气，除发动机技术状况、环境气温和压力等条件以及驾驶操作技术水平外，主要由汽油本身的蒸发性决定。

蒸发性很弱的汽油，不能形成良好的混合气，这样不仅会造成发动机起动困难、加速缓慢，而且未汽化的悬浮油滴还会使发动机工作不稳定，燃油经济性变差。若未燃尽的油滴附着在汽缸壁上，还会破坏润滑油膜，甚至窜入曲轴箱稀释润滑油，从而使发动机润滑不良，造成机械磨损增大。

汽油的蒸发性越强，就越容易汽化，与空气混合就越均匀。由于汽化良好，混合均匀的可燃混合气的燃烧速度快，并完全燃烧，因而不仅发动机容易起动、加速及时，而且能减少机械磨损，降低汽油消耗。因此，汽油必须具有良好的蒸发性。但蒸发性也不能过强。蒸发性过强的汽油在炎热的夏季以及在大气压力较低的高原和高山地区使用时，发动机燃油供给系容易产生"气阻"，严重时导致供油中断。另外，在贮存、运输过程中，还会增加蒸发损失。

汽油蒸发性的评价指标是馏程和饱和蒸气压。

(1) 馏程。

汽油在规定条件下，蒸馏所得到的以初馏点和终馏点表示其蒸发特征的温度范围叫馏程。

试验时将汽油加入蒸馏烧瓶中，按要求调节加热速度，从冷凝管下端滴下第一滴汽油所观察到的温度叫作初馏点；量筒回收到 10mL、50mL、90mL 汽油时，所同时观察到的温度分别称为 10%、50%、90%蒸发温度；全部汽油从蒸馏烧瓶底部蒸发后的温度称为终馏点或干点。试验中对终馏点的确定是当温度计的温度停止升高后开始下降时的最高温度。蒸馏结束后，计量残留物就是测量出其体积，进而计算出残留量的体积分数。

汽油的各蒸发温度对发动机性能的影响如下。

初馏点表示汽油中是否含有在低温起动时所需的轻质馏分，是汽油的最低蒸发温度，影响发动机低温起动性。一般车用汽油初馏点为 35～45℃。

10%蒸发温度表示汽油中轻质馏分的含量，它对汽油机起动的难易程度和供油系产生"气阻"倾向有很大影响。10%蒸发温度越低，发动机越易起动，并且起动时间短，燃料消耗量少。但是 10%蒸发温度并不是越低越好。过低时，表示轻质馏分太多，在炎热夏季和气压低的地区，供油系易产生气阻。在一般情况下，汽油的 10%蒸发温度不宜低于 60～65℃。

50%蒸发温度表示汽油的平均蒸发性。该温度低可改善发动机的加速性、工作稳定性和起动后的暖车升温性能。

汽油蒸发性与发动机的加速性有密切关系。因为发动机加速时要快开节气门，使进入汽缸的混合气浓度迅速增加，增大发动机功率，提高转速。但实际情况却往往相反，当节气门突然开大时，由于空气的惯性比燃油的惯性小，空气增加快，而燃油的增加则较慢。又因为有一部分燃料不能蒸发而形成油膜，只能沿着进气管壁缓慢流到各汽缸，使混合气显著变稀。另外，节气门打开后，进气管内真空度减小，不利于燃料蒸发。50%蒸发温度低，节气门突然开大时，供油量急剧增加，而且大部分汽油能汽化，能供给汽缸较浓的混合气，以满足加速时的需要，使加速及时，工作平稳。

汽油蒸发性与发动机暖机性的关系是：发动机冷起动后，必须怠速运转一段时间，待发动机的温度上升到 50℃左右，才能带负荷运转。汽油 50%蒸发温度低，在常温下也能有较多的汽油蒸发，这样会使混合气中的汽油蒸气较多，燃烧放出的热量较多，因而发动机预热到正常工作所需的时间就短，能缩短发动机暖机时间，从而减少汽油消耗。

90%蒸发温度和终馏点都是表示汽油中重质馏分的含量，该温度高，汽油蒸发性差，即在发动机燃烧室中处于未蒸发状态的汽油数量多。这些未蒸发的汽油，一方面由于燃烧不完全会造成油耗大，污染增加；另一方面将冲刷汽缸壁上的油膜，稀释润滑油，增加机械磨损。一般来说，90%蒸发温度和终馏点低些好。

残留量是在标准蒸馏条件下测得的残留物质占试油的体积百分比，表示汽油中最不易蒸发的重质馏分和贮存过程中生成的氧化胶状物的含量。这些物质的含量过高，会使汽油燃烧时燃烧室积炭增加，进气门、喷油器喷嘴处结胶严重，从而影响发动机的正常工作，故使用中应严格控制。

(2) 饱和蒸气压。

在规定条件下，油品在适当的试验仪器中气液两相达到平衡时，液面蒸气所显示的最大压力，称饱和蒸气压，用 kPa 表示。饱和蒸气压用来判断汽油发生气阻倾向的大小。

汽油馏程中规定，10%蒸发温度不高于某一数值，以保证汽油的起动性。但 10%蒸发温度过低时，易产生气阻。汽油形成气阻的倾向用蒸气压表示更为直接，因而汽油同时规定了蒸气压这一质量要求。

饱和蒸气压与汽油所含轻质馏分的多少、温度的高低和气液两相体积之比有关。汽油内含轻质馏分越多，汽油温度越高，气液两相体积比越大，饱和蒸气压越高。

汽油饱和蒸气压过高时，在炎热的夏季，特别是高原地带，容易发生"气阻"，汽油在贮存和使用中的蒸发损失增大。国家标准中规定，汽油蒸气压春、夏季不得大于74kPa，秋、冬季不得大于 88kPa。因为汽油饱和蒸气压的大小与使用时的大气温度和大气压力有关，大气温度越高、大气压力越低，则汽油的蒸气压也越高，在发动机中也就越容易产生气阻。

2) 汽油的抗爆性

汽油的抗爆性是指汽油在发动机汽缸内燃烧时抵抗爆燃的能力，是车用汽油的一项重要质量指标，用辛烷值评定。

辛烷值是表征点燃式发动机燃料抗爆性的一个约定数值。在规定条件下的标准发动机试验中，辛烷值通过与标准燃料进行比较来测定，采用和被测燃料具有相同抗爆性的标准燃料中异辛烷的体积百分数表示。测定的方法有研究法(Research Octane Number，RON)和马达法(Motor Octane Number，MON)两种。

由于汽车在道路上行驶时对辛烷值的要求不能单独用研究法辛烷值或马达法辛烷值来描述，目前常采用抗爆指数 AI(Anti-lock Index)这一指标来表示汽油的抗爆性能。

$$AI = \frac{RON + MON}{2} \tag{3-1}$$

3) 安定性

汽油在正常的贮存和使用条件下保持其性质不发生永久性变化的能力，称为汽油的安定性。

安定性好的汽油长期贮存不会变质，安定性差的汽油在贮存和使用过程中会出现颜色变深、生成黏稠胶状沉淀物。使用这类安定性差的汽油会在油箱、输油管和滤清器中形成胶状物，堵塞油路，甚至中断供油。胶状物还会使气门黏滞、关闭不严，降低发动机的功率。胶状物在高温时会分解生成积炭，沉积在汽缸盖、汽缸壁及活塞顶上，导致发动机散热不良，引起爆燃和加大磨损。此外，安定性不好的汽油在贮存中，随着胶质的增长，会使辛烷值下降，酸值增加。因此，汽油必须有良好的安定性。

评定汽油安定性的指标主要有溶剂洗胶质含量和诱导期。

溶剂洗胶质含量是指在规定的条件下测得的车用汽油蒸发残留物的正庚烷不溶部分，用 mg/100mL 表示。测定时按《车用汽油和航空汽油实际胶质测定法(喷射蒸发法)》(GB/T 8019)，将已知量的汽油在控制温度和空气流的条件下蒸发，再在残留物中加入一定量正庚烷，按规定除去正庚烷溶液后的剩余部分，用 100mL 试样中所含 mg 数(mg/100mL)来表示。它可用来判断汽油在汽油机中生成胶质的倾向，可以通过这一指标来鉴别汽油能否使用和继续贮存的可能性。

诱导期是指在规定的加速氧化条件下，油品处于稳定状态所经历的时间，可评定汽油在贮存期间产生氧化和形成胶质的倾向。诱导期越长，汽油越不易被氧化。测定时，按《汽油诱导期测定法》(GB/T 256)，把试样置于密闭容器中，在压力为 686kPa、温度为100℃下，保持压力不下降所经历的时间，以 min 计。

4) 腐蚀性

汽油在运输、贮存和使用过程中，不可避免地要与各种金属接触。如果汽油具有腐蚀作用，就会腐蚀运输设备、贮油容器和发动机的零部件。

组成汽油的各种烃类，都是没有腐蚀性的化合物。如果汽油具有腐蚀性，那么完全是烃类以外的一些物质引起的，如硫及硫的化合物、水溶性酸及碱、有机酸和水等。

控制汽油腐蚀性的指标主要有硫含量、水溶性酸碱、酸度、铜片腐蚀试验、博士试验等。

5) 清洁性

汽油的清洁性是指汽油中是否含有机械杂质和水分。所谓机械杂质就是存在于油品中所有不溶于规定溶剂的杂质。由于机械杂质和水分的危害很大，所以不允许存在。

6) 无害性

汽油的无害性是指汽油中不应含有对车辆排放污染控制装置和环境有害的物质。如汽油中应控制苯、烯烃、芳烃、锰、铁、铜、铅、磷、硫等的含量。

2. 车用汽油标准

世界各国都是根据本国汽油发动机的结构特点、使用条件和石油的炼制水平来制定修订本国的汽油标准。

我国汽油的发展经历了高辛烷值化、无铅化，已向清洁化方向发展。目前，我国车用汽油标准执行的是《车用汽油》(GB 17930—2016)。《车用汽油》(GB 17930—2016)中车用汽油(Ⅳ)按研究法辛烷值分为90号、93号和97号3个牌号，车用汽油(Ⅴ)与车用汽油(Ⅵ)按研究法辛烷值分为89号、92号、95号和98号4个牌号，车用汽油(Ⅵ)又依据烯烃含量不同分为ⅥA和ⅥB两个阶段。牌号的含义为研究法辛烷值(RON)，例如，92号汽油表示该汽油的RON值不小于92。车用汽油(Ⅳ)、车用汽油(Ⅴ)、车用汽油(ⅥA)、车用汽油(ⅥB)的技术要求与试验方法，分别见表3-1、表3-2、表3-3和表3-4《世界燃料规范》对车用汽油的质量要求与试验方法参见附录1。

表3-1　车用汽油(Ⅳ)的技术要求和试验方法

项　目		质量指标			试验方法
		90	93	97	
抗爆性：					
研究法辛烷值(RON)	≮	90	93	97	GB/T 5487
抗爆指数(RON+MON)/2	≮	85	88	报告	GB/T 503、GB/T 5487
铅含量 [a]/(g/L)	≯	0.005			GB/T 8020
馏程：					GB/T 6536
10%蒸发温度/℃	≯	70			
50%蒸发温度/℃	≯	120			
90%蒸发温度/℃	≯	190			
终馏点/℃	≯	205			
残留量(体积分数)/%	≯	2			

续表

项　目	质量指标			试验方法
	90	93	97	
蒸气压 b/kPa:				GB/T 8017
11 月 1 日至 4 月 30 日	42～85			
5 月 1 日至 10 月 30 日	40～68			
胶质含量/(mg/100mL)				GB/T 8019
未洗胶质含量(加入清净剂前) ≯	30			
溶剂洗胶质含量(加入清净剂前) ≯	5			
诱导期/min ≮	480			GB/T 8018
硫含量 c/(mg/kg) ≯	50			SH/T 0689
硫醇(满足下列指标之一,即判断为合格):				
博士试验	通过			NB/SH/T 0174
硫醇硫含量(质量分数) /% ≯	0.001			GB/T 1792
铜片腐蚀(50℃,3h)/级 ≯	1			GB/T 5096
水溶性酸或碱	无			GB/T 259
机械杂质及水分	无			目测 d
苯含量 e(体积分数) /% ≯	1.0			SH/T 0713
芳烃含量 f(体积分数) /% ≯	40			GB/T 11132
烯烃含量 f(体积分数) /% ≯	28			GB/T 11132
氧含量 g(质量分数)/% ≯	2.7			NB/SH/T 0663
甲醇含量 a(质量分数)/% ≯	0.3			NB/SH/T 0663
锰含量 h/(g/L) ≯	0.008			SH/T 0711
铁含量 a/(g/L) ≯	0.01			SH/T 0712

注:a 车用汽油中,不得人为加入甲醇以及含铅或含铁的添加剂。

b 也可采用 SH/T 0794 进行测定,在有异议时,以 GB/T 8017 方法为准。换季时,加油站允许有 15 天的置换期。

c 也可采用 GB/T 11140、SH/T 0253、ASTM D7039 进行测定,在有异议时,以 SH/T 0689 方法为准。

d 将试样注入 100mL 玻璃量筒中观察,应当透明,没有悬浮和沉降的机械杂质和水分。在有异议时,以 GB/T 511 和 GB/T 260 方法为准。

e 也可采用 SH/T 0693 进行测定,在有异议时,以 SH/T 0713 方法为准。

f 对于 97 号车用汽油,在烯烃、芳烃总含量控制不变的前提下,可允许芳烃的最大值为 42%(体积分数)。也可采用 NB/SH/T 0741 进行测定,在有异议时,以 GB/T 11132 方法为准。

g 也可采用 SH/T 0720 进行测定,在有异议时,以 NB/SH/T 0663 方法为准。

h 锰含量是指汽油中以甲基环戊二烯三羰基锰形式存在的总锰含量,不得加入其他类型的含锰添加剂。

表 3-2 车用汽油(V)的技术要求和试验方法

项 目		质量指标				试验方法
		89	92	95	98	
抗爆性:						
研究法辛烷值(RON)	≮	89	92	95	98	GB/T 5487
抗爆指数(RON+MON)/2	≮	84	87	90	93	GB/T 503、GB/T 5487
铅含量 [a]/(g/L)	≯	0.005				GB/T 8020
馏程:						GB/T 6536
10%蒸发温度/℃	≯	70				
50%蒸发温度/℃	≯	120				
90%蒸发温度/℃	≯	190				
终馏点/℃	≯	205				
残留量(体积分数)/%	≯	2				
蒸气压 [b]/kPa						GB/T 8017
11 月 1 日至 4 月 30 日		45～85				
5 月 1 日至 10 月 30 日		40～65[c]				
胶质含量/(mg/100mL)						GB/T 8019
未洗胶质含量(加入清净剂前)	≯	30				
溶剂洗胶质含量(加入清净剂前)	≯	5				
诱导期/min	≮	480				GB/T 8018
硫含量 [d]/(mg/kg)	≯	10				SH/T 0689
硫醇(博士试验)		通过				NB/SH/T 0174
铜片腐蚀(50℃，3h)/级	≯	1				GB/T 5096
水溶性酸或碱		无				GB/T 259
机械杂质及水分		无				目测 [e]
苯含量 [f](体积分数) /%	≯	1.0				SH/T 0713
芳烃含量 [g](体积分数) /%	≯	40				GB/T 11132
烯烃含量 [g](体积分数) /%	≯	24				GB/T 11132
氧含量 [h](质量分数)/%	≯	2.7				NB/SH/T 0663
甲醇含量 [a](质量分数)/%	≯	0.3				NB/SH/T 0663
锰含量 [a]/(g/L)	≯	0.002				SH/T 0711
铁含量 [a]/(g/L)	≯	0.01				SH/T 0712

续表

项　目	质量指标				试验方法
	89	92	95	98	
密度 i(20℃)/(kg/m³)	720～775				GB/T 1884、GB/T 1885

注: a 车用汽油中, 不得人为加入甲醇以及含铅或含铁的添加剂。

b 也可采用 SH/T 0794 进行测定, 在有异议时, 以 GB/T 8017 方法为准。换季时, 加油站允许有 15 天的置换期。

c 广东、海南全年执行此项要求。

d 也可采用 GB/T 11140、SH/T 0253、ASTM D7039 进行测定, 在有异议时, 以 SH/T 0689 方法为准。

e 将试样注入 100mL 玻璃量筒中观察, 应当透明, 没有悬浮和沉降的机械杂质和水分。在有异议时, 以 GB/T 511 和 GB/T 260 方法为准。

f 也可采用 GB/T 28768、GB/T 30519、SH/T 0693 进行测定, 在有异议时, 以 SH/T 0713 方法为准。

g 对于 95 号、98 号车用汽油, 在烯烃、芳烃总含量控制不变的前提下, 可允许芳烃的最大值为 42%(体积分数)。也可采用 GB/T 28768、GB/T 30519、NB/SH/T 0741 进行测定, 在有异议时, 以 GB/T 11132 方法为准。

h 也可采用 SH/T 0720 进行测定, 在有异议时, 以 NB/SH/T 0663 方法为准。

i 也可采用 SH/T 0604 进行测定, 在有异议时, 以 GB/T 1884、GB/T 1885 方法为准。

表 3-3　车用汽油(VIA)的技术要求和试验方法

项　目		质量指标				试验方法
		89	92	95	98	
抗爆性:						
研究法辛烷值(RON)	≮	89	92	95	98	
抗爆指数(RON+MON)/2	≮	84	87	90	93	
铅含量 a/(g/L)	≯	0.005				GB/T 8020
馏程:						GB/T 6536
10%蒸发温度/℃	≯	70				
50%蒸发温度/℃	≯	110				
90%蒸发温度/℃	≯	190				
终馏点/℃	≯	205				
残留量(体积分数)/%	≯	2				
蒸气压 b/kPa:						GB/T 8017
11月1日至4月30日		45～85				
5月1日至10月30日		40～65c				
胶质含量/(mg/100mL)						GB/T 8019
未洗胶质含量(加入清净剂前)	≯	30				
溶剂洗胶质含量(加入清净剂前)	≯	5				
诱导期/min	≮	480				GB/T 8018
硫含量 d/(mg/kg)	≯	10				SH/T 0689
硫醇(博士试验)		通过				NB/SH/T 0174

项 目		质量指标				试验方法
		89	92	95	98	
铜片腐蚀(50℃，3h)/级	≯	1				GB/T 5096
水溶性酸或碱		无				GB/T 259
机械杂质及水分		无				目测 e
苯含量 f (体积分数) /%	≯	0.8				SH/T 0713
芳烃含量 g (体积分数) /%	≯	35				GB/T 30519
烯烃含量 g (体积分数) /%	≯	18			15	GB/T 30519
氧含量 h (质量分数)/%	≯	2.7				NB/SH/T 0663
甲醇含量 a (质量分数)/%	≯	0.3				NB/SH/T 0663
锰含量 a /(g/L)	≯	0.002				SH/T 0711
铁含量 a /(g/L)	≯	0.01				SH/T 0712
密度 i (20℃)/(kg/m³)		720～775				GB/T 1884、GB/T 1885

注：a 车用汽油中，不得人为加入甲醇以及含铅、含铁和含锰的添加剂。

b 也可采用 SH/T 0794 进行测定，在有异议时，以 GB/T 8017 方法为准。换季时，加油站允许有 15 天的置换期。

o 广东、海南全年执行此项要求。

d 也可采用 GB/T 11140、SH/T 0253、ASTM D7039 进行测定，在有异议时，以 SH/T 0689 方法为准。

e 将试样注入 100mL 玻璃量筒中观察，应当透明，没有悬浮和沉降的机械杂质和水分。在有异议时，以 GB/T511 和 GB/T 260 方法为准。

f 也可采用 GB/T 28768、GB/T 30519、SH/T 0693 进行测定，在有异议时，以 SH/T 0713 方法为准。

g 也可采用 GB/T 11132、GB/T 28768 进行测定，在有异议时，以 GB/T 30519 方法为准。

h 也可采用 SH/T 0720 进行测定，在有异议时，以 NB/SH/T 0663 方法为准。

i 也可采用 SH/T 0604 进行测定，在有异议时，以 GB/T 1884、GB/T 1885 方法为准。

表 3-4 车用汽油(VIB)的技术要求和试验方法

项 目		质量指标				试验方法
		89	92	95	98	
抗爆性：						
研究法辛烷值(RON)	≮	89	92	95	98	GB/T 5487
抗爆指数(RON+MON)/2	≮	84	87	90	93	GB/T 503、GB/T 5487
铅含量 a /(g/L)	≯	0.005				GB/T 8020
馏程：						GB/T 6536
10%蒸发温度/℃	≯	70				
50%蒸发温度/℃	≯	110				
90%蒸发温度/℃	≯	190				
终馏点/℃	≯	205				
残留量(体积分数)/%	≯	2				

续表

项　目	质量指标				试验方法
	89	92	95	98	
蒸气压 b/kPa：					GB/T 8017
11月1日至4月30日	45～85				
5月1日至10月30日	40～65c				
胶质含量/(mg/100mL)：					GB/T 8019
未洗胶质含量(加入清净剂前)　≯	30				
溶剂洗胶质含量(加入清净剂前)　≯	5				
诱导期/min　≮	480				GB/T 8018
硫含量 d/(mg/kg)　≯	10				SH/T 0689
硫醇(博士试验)	通过				NB/SH/T 0174
铜片腐蚀(50℃，3h)/级　≯	1				GB/T 5096
水溶性酸或碱	无				GB/T 259
机械杂质及水分	无				目测 e
苯含量 f(体积分数)/%　≯	0.8				SH/T 0713
芳烃含量 g(体积分数)/%　≯	35				GB/T 30519
烯烃含量 g(体积分数)/%　≯	15				GB/T 30519
氧含量 h(质量分数)/%　≯	2.7				NB/SH/T 0663
甲醇含量 a(质量分数)/%　≯	0.3				NB/SH/T 0663
锰含量 a/(g/L)　≯	0.002				SH/T 0711
铁含量 a/(g/L)　≯	0.01				SH/T 0712
密度 i(20℃)/(kg/m³)	720～775				GB/T 1884、GB/T 1885

注：a 车用汽油中，不得人为加入甲醇以及含铅、含铁和含锰的添加剂。

b 也可采用 SH/T 0794 进行测定，在有异议时，以 GB/T 8017 方法为准。换季时，加油站允许有 15 天的置换期。

c 广东、海南全年执行此项要求。

d 也可采用 GB/T 11140、SH/T 0253、ASTM D7039 进行测定，在有异议时，以 SH/T 0689 方法为准。

e 将试样注入 100mL 玻璃量筒中观察，应当透明，没有悬浮和沉降的机械杂质和水分。在有异议时，以 GB/T511 和 GB/T 260 方法为准。

f 也可采用 GB/T 28768、GB/T 30519、SH/T 0693 进行测定，在有异议时，以 SH/T 0713 方法为准。

g 也可采用 GB/T 11132、GB/T 28768 进行测定，在有异议时，以 GB/T 30519 方法为准。

h 也可采用 SH/T 0720 进行测定，在有异议时，以 NB/SH/T 0663 方法为准。

i 也可采用 SH/T 0604 进行测定，在有异议时，以 GB/T 1884、GB/T 1885 方法为准。

3. 车用汽油的选用

(1) 汽油牌号应根据汽车使用说明书推荐或国家相关权威部门推荐选用。压缩比越大，使用的汽油牌号一般也越高。选用合适的汽油牌号，要使汽油的牌号与发动机的压缩比相匹配。

(2) 高压缩比的发动机选用低牌号的汽油，发动机容易产生爆燃，发动机长时间爆燃，容易出现活塞烧结、活塞环断裂等故障，加速发动机部件的损坏。虽然现代汽车发动机上安装有爆燃传感器，会将信息传递给控制电脑，自动延迟点火时间，但调整的范围和程度十分有限。

低压缩比的发动机选用高牌号汽油，汽油点火慢，燃烧时间长，造成燃烧不完全、加速无力、排污增多等现象，高抗爆性的优势无法发挥出来，同时还会因排放废气温度过高而烧坏排气门或排气门座。

(3) 汽油易燃、易爆、易产生静电，使用中要注意安全。严禁用汽油作煤油炉、汽化炉的燃料，以免发生火灾。

(4) 推广使用加入有效汽油清净剂的车用汽油。

3.1.2　车用柴油及其选用

车用柴油是压燃式发动机汽车的主要燃料。

由于柴油机与汽油机的工作原理有本质上的区别，因此对燃料的要求也与汽油有所不同。柴油机对柴油的要求是：良好的燃烧性、良好的低温流动性、适当的蒸发性、良好的安定性、合适的黏度、良好的抗腐蚀性。

1. 车用柴油的使用性能

1) 低温流动性

低温流动性是指柴油在低温条件下的流动性能。柴油流动性不好，发动机燃料供给系在低温下不能正常供油，发动机就不能正常工作；而且对柴油在低温下的贮存、运输、倒装等作业能否正常进行都有着密切的关系。

柴油的低温流动性评定指标有凝点、浊点和冷滤点三种。在日本用凝点来评定，在美国用浊点来评定，在欧洲国家中多采用冷滤点来评定，我国用凝点和冷滤点来评定。

(1) 凝点。

凝点是指柴油在规定条件下，冷却至液面停止移动时的最高温度，以℃表示。

柴油和其他石油产品一样，是由多种烃类组成的复杂混合物，而每一种烃都有它自己的凝点。因此，柴油不像均匀的单体物质那样具有一定的凝点。当温度降低时，柴油并不立即凝固，而要经过一个稠化阶段，在相当宽的温度范围内逐渐凝固。所以，柴油凝点只是柴油丧失流动性时近似的最高温度，是一个受试验条件影响的相对数值。

(2) 浊点。

浊点是指从柴油中开始析出石蜡晶体，到柴油失去透明时的最高温度，以℃表示。

浊点对柴油的使用性能来说，其实用意义更大。也就是说，柴油机使用周围地区的气温与柴油的浊点相同时，柴油机燃料供给系统向柴油机燃烧室中供给的柴油的量将受到影响，也影响了柴油机的工作性能。

(3) 冷滤点。

冷滤点是在规定条件下，1min 内通过过滤器的柴油不足 20mL 时的最高温度，以℃ (按 1℃的整数)表示。

冷滤点越低，流动性能越好。一般柴油冷滤点比其凝点高 4～6℃，比其浊点略低。通过大量试验，证明冷滤点与柴油实际使用温度有着良好的对应关系，冷滤点对柴油的使用有着实际的指导意义。另外，冷滤点还可以表明加有流动性能改进剂的柴油的质量。

2) 雾化和蒸发性

在既定的燃烧室和喷油设备条件下，柴油的雾化和蒸发性决定了柴油机燃烧室内形成良好混合气的质量。影响柴油雾化和蒸发的主要因素有柴油的馏程、运动黏度、密度和闪点。

(1) 馏程。

柴油馏程的测定方法与汽油馏程的测定方法相同。

柴油馏程中各蒸发温度低，柴油蒸发就快，对形成混合气有利。否则，柴油蒸发就慢，形成的混合气质量就差，燃烧将在膨胀行程中继续进行，影响发动机正常工作。

柴油馏程中 50%蒸发温度越低，说明柴油中的轻质馏分越多，发动机容易起动。但应注意，不能单从起动难易角度，要求柴油有过轻的馏分。因为含有过轻馏分的柴油往往是含自燃点高的烃多，会使发动机工作粗暴。柴油馏程中 90%和 95%蒸发温度越低，说明柴油中的重质馏分越少，这不仅可以提高发动机的动力性，减少机械磨损，避免发动机产生过热现象，还可以降低燃油消耗。

(2) 运动黏度。

运动黏度表示液体在重力作用下流动时内摩擦力的量度，其值为相同温度下液体的动力黏度与其密度之比，在国际单位制中以 m^2/s 表示；习惯用厘斯，符号为 $cSt(1cSt=1mm^2/s)$。

柴油经喷油器孔以高压、高速喷入汽缸，由于汽缸内压缩空气的阻力和柴油流经喷孔时油柱内部的扰动作用，喷入的柴油被分散成细小的油滴并在汽缸内散布开来，形成一团由无数细粒组成、外形与火炬相似的油雾。雾化要求油雾细、分布均匀，形状应与燃烧室的形状相适应。这样，油雾蒸发表面积大，易形成良好的混合气，缩短着火落后期，使燃烧充分。反之，会引起后燃，甚至排气冒黑烟。

柴油黏度大，分子间相互作用力大，这种作用力有阻止油柱分散的作用。因此，柴油喷出的油滴直径大、射程远、圆锥角小，使油滴的有效蒸发表面积减小，混合气形成不良，燃烧不完全，油耗增大。柴油黏度小，喷出的油流射程近、圆锥角大，这样油滴直径小，但其油柱形状与燃烧室形状不适应，同样造成混合气形成不良。

综上所述，柴油黏度不可过大，也不可过小。另外，在柴油机的燃料供给系统中，喷油泵和喷油器都是由精密零件组成，如柱塞偶件、出油阀偶件和针阀偶件。这些配合件在工作时，经常处于摩擦状态，而摩擦面的润滑是靠柴油来保证的。黏度太小的柴油，在摩擦面间不能形成油膜，使精密配合件的磨损增大，不仅会因漏失量增大而减少供油量，而且使喷雾质量下降。柴油黏度大一些，对精密配合件的润滑有利，但过大也会降低喷雾质量并使燃烧过程恶化。

(3) 密度。

柴油密度增大，会影响喷入燃烧室内油柱的射程。

随着柴油密度的增大，黏度增大，这样会影响柴油的雾化。柴油的密度大，虽会提高柴油机在一个工作循环内的供油量，表面上看可提高柴油机的功率，但由于柴油雾化质量差，影响混合气的形成质量，使燃烧条件变坏，排气冒黑烟，反而会使柴油机的经济性降低。柴油密度的提高也是柴油内存在芳香烃的标志，它将导致柴油机工作粗暴。

(4) 闪点。

在规定条件下，加热油品所逸出的蒸气和周围空气形成的混合气与火焰接触发生瞬间闪火的最低温度，叫闪点，以℃表示。

根据测定方法不同，油品闪点分为开口闪点和闭口闪点两种。开口闪点是用规定的开口杯闪点测定器所测得的闪点，以℃表示，多用于重质油品(如发动机油、齿轮油)闪点的测定。闭口闪点是用规定的闭口杯闪点测定器所测得的闪点，以℃表示，多用于轻质油品(如柴油)闪点的测定。

柴油闪点既是控制柴油蒸发性的指标，也是确保柴油安全性的指标。闪点低的柴油蒸发性好，但是闪点不能太低，否则贮存过程中会有危险。

油品的危险等级是根据闪点来划分的，闪点在 45℃以下的为易燃品，45℃以上的为可燃品。在贮存、运输中禁止将油品加热到它的闪点，加热的最高温度一般应低于闪点 20～30℃。

在柴油馏程指标中，只规定了 50%蒸发温度不高于 300℃，以保证柴油有较强的蒸发性，但没有规定不低于多少度。为了控制柴油的蒸发性不致过强，国家标准规定了柴油的闪点应不低于某一温度。如《车用柴油》(GB 19147—2016)规定 5 号、0 号、−10 号柴油闭口闪点不低于 55℃；−20 号柴油闭口闪点不低于 50℃；−35 号、−50 号轻柴油因用于寒区冬季，馏分较轻，允许不低于 45℃。这样用闭口闪点和前述的馏程两个项目相互配合，就可控制柴油的馏分不致过重或过轻。

注意闪点、燃点、自燃点的区别：在规定条件下，加热油品所逸出的蒸气和周围空气形成的混合气与火焰接触，发生瞬间闪火的最低温度为闪点(柴油一般用闭口杯测定，为闭口闪点)；如果在闪火温度的基础上，再继续对燃油加热，当接近火焰时，不但油面上的混合气体有闪火现象，而且整个液体油面都开始着火的最低温度称为燃点；若再加热，直至液体油面不接触火焰而自行着火，即燃油出现自燃现象，燃油发生自燃的最低温度称为自燃点。

3) 燃烧性

柴油的燃烧性，常用十六烷值来表示。

十六烷值高的柴油，自燃点低。当柴油喷入汽缸后，在高温高压条件下，容易形成高度密集的过氧化物，很快着火燃烧，不易发生工作粗暴。反之，十六烷值低的柴油，自燃点高，着火落后期长，则在汽缸内积聚并完成燃烧准备的柴油就多，造成大量柴油同时燃烧，使缸内压力急剧升高，发动机运转不平稳，容易发生工作粗暴。

柴油的十六烷值并不是越高越好。因为十六烷值过高的柴油，分子量大，柴油的低温流动性、雾化和蒸发性均变差。同时，十六烷值过高，一般凝点也较高，不利于使用。

4) 安定性

柴油的安定性是指柴油在运输、贮存和使用过程中保持其外观颜色、组成和使用性能不变的能力。安定性好的柴油，在贮存过程中外观颜色和所含胶质变化不大，也不生成不可溶性胶质和沉渣。

影响柴油安定性的因素主要是柴油中所含的不安定组分。这些不安定组分在烃类中主要是二烯烃、烯烃和环烷芳香烃；在非烃类中主要是苯硫酚类、酚类和吡咯类等。此外还有外部环境的影响。

评定柴油安定性的项目有以下几个。

(1) 色度。

色度表示油品颜色的深浅，可反映馏分的轻重。控制柴油的色度主要是控制其重质馏分，即控制其残炭和沉渣。油品色度按《石油产品颜色测定法》(GB/T 6540)的规定测定，色度从 0.5~8 共分 16 个色号(每 0.5 为一级)。

(2) 氧化安定性。

氧化安定性是指一定量的过滤柴油，在规定的条件下氧化后，所测得的总不溶物的量，用 mg/100mL 表示。总不溶物是指黏附性不溶物和可过滤的不溶物之和。黏附性不溶物是在规定的试验条件下，柴油在氧化过程中产生并在柴油喷出后黏附在管壁上的不溶于异辛烷的物质。可过滤不溶物是在规定的试验条件下，柴油在氧化过程中产生并通过过滤从柴油中分离出来的物质。

(3) 10%蒸余物残炭(质量分数)。

10%蒸余物残炭是指柴油的 10%蒸余物(馏程测定中馏出 90%以后的蒸余物)经强烈加热一定时间即进行裂化和焦化反应，在规定的加热时间结束后，将盛有炭质残余物的坩埚置于干燥器内冷却并称重，计算残炭值，以原试样质量的百分数表示。

10%蒸余物残炭值是柴油馏程和精制程度的函数。柴油的馏分越轻，精制程度越深，则残炭值越小；馏分越重，精制程度越浅，则残炭值越大。残炭值大的柴油，在柴油发动机汽缸内生成积炭的倾向大，喷油器孔也易结胶堵塞，影响发动机的正常使用。

5) 腐蚀性

柴油腐蚀性的评定项目有硫含量、硫醇硫含量、铜片腐蚀试验、水溶性酸碱。

柴油中的硫含量一般比汽油中的高。硫化物不管是活性的，还是非活性的，燃烧后都生成 SO_2 和 SO_3(使水蒸气露点升高)。这些酸性氧化物在汽缸温度不高时，与水蒸气作用生成 H_2SO_3 和 H_2SO_4。这不仅强烈腐蚀发动机零部件，而且还会使润滑油的某些成分变成磺酸或胶质等，加速润滑油的老化。酸性氧化物还会与汽缸壁上的润滑油和尚未燃烧的柴油起反应，加速烃类的聚合反应，使燃烧室、活塞顶和排气门等部位的漆状物和积炭增多。积炭层中如有硫存在，会使其变得很坚硬，不仅增大零部件磨损，而且很难清除。

6) 清洁性

清洁性是指柴油中是否含有机械杂质和水分。柴油的清洁性常用机械杂质、水分和灰分来评定。

灰分是指溶于柴油中无机酸盐类和有机酸盐类以及不能燃烧的机械杂质经过煅烧后所剩余的不燃物质。所以，灰分就间接表示了上述物质的含量。灰分所表示的物质能侵蚀金属，在摩擦副中起磨料作用，是造成汽缸壁与活塞环以及喷油器磨损的重要原因之一。

7) 无害性

无害性是指柴油中不应含有对车辆排放污染控制装置和环境有害的物质。它是对柴油质量提出的一个更高要求。柴油中的硫含量、芳烃含量对柴油机的排放污染影响很大，应加以限制。

2. 车用柴油的标准

《车用柴油)》(GB 19147—2016)标准将车用柴油按凝点分为 5 号、0 号、-10 号、-20 号、-35 号、-50 号共 6 个牌号，分别适用于风险率为 10%的最低气温为 8℃、4℃、-5℃、-14℃、-29℃及-44℃以上的地区使用。牌号的含义为凝点，例如，5 号表示该种柴油的凝点不高于5℃。《车用柴油)》(GB 19147—2016)包括车用柴油(Ⅳ)、车用柴油(Ⅴ)、车用柴油(Ⅵ)的技术要求与试验方法。车用柴油(Ⅳ)、车用柴油(Ⅴ)和车用柴油(Ⅵ)的技术要求和试验方法分别见表3-5、表3-6和表3-7。

表 3-5　车用柴油(Ⅳ)的技术要求和试验方法

项　目		5 号	0 号	–10 号	–20 号	–35 号	–50 号	试验方法
氧化安定性(以总不溶物计)/(mg/100mL)	≯	2.5						SH/T 0175
硫含量 ª/(mg/kg)	≯	50						SH/T 0689
酸度(以 KOH 计)/(mg/100mL)	≯	7						GB/T 258
10%蒸余物残炭 ᵇ(质量分数)/%	≯	0.3						GB/T 17144
灰分(质量分数)/%	≯	0.01						GB/T 508
铜片腐蚀(50℃，3h)/级	≯	1						GB/T 5096
水分 ᶜ(体积分数)/%	≯	痕迹						GB/T 260
机械杂质 ᵈ		无						GB/T 511
润滑性：校正磨痕直径(60℃)/μm		460						SH/T 0765
多环芳烃含量 ᵉ(质量分数)/%	≯	11						SH/T 0806
运动黏度 ᶠ(20℃)/(mm²/s)		3.0~8.0		2.5~8.0		1.8~7.0		GB/T 265
凝点/℃	≯	5	0	–10	–20	–35	–50	GB/T 510
冷滤点/℃	≯	8	4	–5	–14	–29	–44	SH/T 0248
闪点(闭口)/℃	≮	55			50	45		GB/T 261
十六烷值	≮	49			46	45		GB/T 386
十六烷指数 ᵍ	≮	46			46	43		SH/T 0694
馏程： 50%回收温度，℃	≯	300						GB/T 6536
90%回收温度，℃	≯	355						
95%回收温度，℃	≯	365						
密度 ʰ(20℃)/(kg/m³)		810~850			790~840			GB/T 1884 GB/T 1885
脂肪酸甲酯 ⁱ(体积分数)/%	≯	1.0						NB/SH/T 0916

注：a 也可采用 GB/T 11140 和 ASTM D7039 进行测定，结果有异议时，以 SH/T 0689 方法为准。

b 也可采用 GB/T 268 进行测定，结果有异议时，以 GB/T 17144 方法为准。若车用柴油中含有硝酸酯型十六烷值改进剂，10%蒸余物残炭的测定使用不加硝酸酯的基础燃料进行。车用柴油中是否含有硝酸酯型十六烷值改进剂的检验方法见附录 B。

c 可用目测法，即将试样注入 100mL 玻璃量筒中，在室温(20℃±5℃)下观察，应当透明，没有悬浮和沉降的水分。也可采用 GB/T 11133 和 SH/T 0246 测定，结果有异议时，以 GB/T 260 方法为准。

d 可用目测法，即将试样注入 100mL 玻璃量筒中，在室温(20℃±5℃)下观察，应当透明，没有悬浮和沉降的杂质。结果有异议时，以 GB/T 511 方法为准。

e 也可采用 SH/T 0606 进行测定，结果有异议时，以 SH/T 0806 方法为准。

f 也可采用 GB/T 30515 进行测定，结果有异议时，以 GB/T 265 方法为准。

g 十六烷指数的计算也可用 GB/T 11139。结果有异议时，以 SH/T 0694 方法为准。

h 也可采用 SH/T 0604 进行测定，结果有异议时，以 GB/T 1884 和 GB/T 1885 方法为准。

i 脂肪酸甲酯应满足 GB/T 20828 的要求。也可采用 GB/T 23801 进行测定，结果有异议时，以 NB/SH/T 0916 方法为准。

表3-6 车用柴油(Ⅴ)的技术要求和试验方法

项　目	5号	0号	-10号	-20号	-35号	-50号	试验方法
氧化安定性(以总不溶物计)/(mg/100mL) ≯	2.5						SH/T 0175
硫含量 [a]/(mg/kg) ≯	10						SH/T 0689
酸度(以 KOH 计)/(mg/100mL) ≯	7						GB/T 258
10%蒸余物残炭 [b](质量分数)/% ≯	0.3						GB/T 17144
灰分(质量分数)/% ≯	0.01						GB/T 508
铜片腐蚀(50℃，3h)/级 ≯	1						GB/T 5096
水分 [c](体积分数)/% ≯	痕迹						GB/T 260
机械杂质 [d]	无						GB/T 511
润滑性：校正磨痕直径(60℃)/μm	460						SH/T 0765
多环芳烃含量 [e](质量分数)/% ≯	11						SH/T 0806
运动黏度 [f](20℃)/(mm²/s)	3.0～8.0		2.5～8.0		1.8～7.0		GB/T 265
凝点/℃ ≯	5	0	-10	-20	-35	-50	GB/T 510
冷滤点/℃ ≯	8	4	-5	-14	-29	-44	SH/T 0248
闪点(闭口)/℃ ≮	60			50	45		GB/T 261
十六烷值 ≮	51			49	47		GB/T 386
十六烷指数 [g] ≮	46			46	43		SH/T 0694
馏程： 50%回收温度，℃ ≯	300						GB/T 6536
90%回收温度，℃ ≯	355						
95%回收温度，℃ ≯	365						
密度 [h](20℃)/(kg/m³)	810～850			790～840			GB/T 1884 GB/T 1885
脂肪酸甲酯 [i](体积分数)/% ≯	1.0						NB/SH/T 0916

注：a 也可采用 GB/T 11140 和 ASTM D7039 进行测定，结果有异议时，以 SH/T 0689 方法为准。

b 也可采用 GB/T 268 测定，结果有异议时，以 GB/T 17144 方法为准。若车用柴油中含有硝酸酯型十六烷值改进剂，10%蒸余物残炭的测定使用不加硝酸酯的基础燃料进行。车用柴油中是否含有硝酸酯型十六烷值改进剂的检验方法见附录 B。

c 可用目测法，即将试样注入 100mL 玻璃量筒中，在室温(20℃±5℃)下观察，应当透明，没有悬浮和沉降的水分。也可采用 GB/T 11133 和 SH/T 0246 测定，结果有异议时，以 GB/T 260 方法为准。

d 可用目测法，即将试样注入 100mL 玻璃量筒中，在室温(20℃±5℃)下观察，应当透明，没有悬浮和沉降的杂质。结果有异议时，以 GB/T 511 方法为准。

e 也可采用 SH/T 0606 进行测定，结果有异议时，以 SH/T 0806 方法为准。

f 也可采用 GB/T 30515 进行测定，结果有异议时，以 GB/T 265 方法为准。

g 十六烷指数的计算也可用 GB/T 11139。结果有异议时，以 SH/T 0694 方法为准。

h 也可采用 SH/T 0604 进行测定，结果有异议时，以 GB/T 1884 和 GB/T 1885 方法为准。

i 脂肪酸甲酯应满足 GB/T 20828 的要求。也可采用 GB/T 23801 进行测定，结果有异议时，以 NB/SH/T 0916 方法为准。

表 3-7　车用柴油(Ⅵ)的技术要求和试验方法

项　目	5 号	0 号	-10 号	-20 号	-35 号	-50 号	试验方法
氧化安定性(以总不溶物计)/(mg/100mL) ≯	2.5						SH/T 0175
硫含量 [a]/(mg/kg) ≯	10						SH/T 0689
酸度(以 KOH 计)/(mg/100mL) ≯	7						GB/T 258
10%蒸余物残炭 [b](质量分数)/% ≯	0.3						GB/T 17144
灰分(质量分数)/% ≯	0.01						GB/T 508
铜片腐蚀(50℃，3h)/级 ≯	1						GB/T 5096
水含量 [c](体积分数)/% ≯	痕迹						GB/T 260
润滑性：校正磨痕直径(60℃)/μm	460						SH/T 0765
多环芳烃含量 [d](质量分数)/% ≯	7						SH/T 0806
总污染物含量/(mg/kg) ≯	24						GB/T 33400
运动黏度 [e](20℃)/(mm²/s)	3.0～8.0		2.5～8.0		1.8～7.0		GB/T 265
凝点/℃ ≯	5	0	-10	-20	-35	-50	GB/T 510
冷滤点/℃ ≯	8	4	-5	-14	-29	-44	SH/T 0248
闪点(闭口)/℃ ≮	60		50	45			GB/T 261
十六烷值 ≮	51		49	47			GB/T 386
十六烷指数 [f] ≮	46		46	43			SH/T 0694
馏程：50%回收温度，℃ ≯	300						GB/T 6536
90%回收温度，℃ ≯	355						GB/T 6536
95%回收温度，℃ ≯	365						GB/T 6536
密度 [g](20℃)/(kg/m³)	810～850		790～840				GB/T 1884 GB/T 1885
脂肪酸甲酯 [h](体积分数)/% ≯	1.0						NB/SH/T 0916

注：a 也可采用 GB/T 11140 和 ASTM D7039 进行测定，结果有异议时，以 SH/T 0689 方法为准。

b 也可采用 GB/T 268 测定，结果有异议时，以 GB/T 17144 方法为准。若车用柴油中含有硝酸酯型十六烷值改进剂，10%蒸余物残炭的测定使用不加硝酸酯的基础燃料进行。车用柴油中是否含有硝酸酯型十六烷值改进剂的检验方法见附录 B。

c 可用目测法，即将试样注入 100mL 玻璃量筒中，在室温(20℃±5℃)下观察，应当透明，没有悬浮和沉降的水分。也可采用 GB/T 11133 和 SH/T 0246 测定，结果有异议时，以 GB/T 260 方法为准。

d 也可采用 SH/T 0606 进行测定，结果有异议时，以 SH/T 0806 方法为准。

e 也可采用 GB/T 30515 进行测定，结果有异议时，以 GB/T 265 方法为准。

f 十六烷指数的计算也可用 GB/T 11139。结果有异议时，以 SH/T 0694 方法为准。

g 也可采用 SH/T 0604 进行测定，结果有异议时，以 GB/T1884 和 GB/T 1885 方法为准。

h 脂肪酸甲酯应满足 GB/T 20828 的要求。也可采用 GB/T 23801 进行测定，结果有异议时，以 NB/SH/T 0916 方法为准。

3. 车用柴油的选择和使用

1) 车用柴油牌号的选择

选择柴油的主要依据是气温，应根据不同地区和季节选择不同牌号的柴油。由于柴油的冷滤点与实际使用温度之间有良好的对应关系，所以柴油一般按各号柴油冷滤点对照当地月风险率为 10%的最低气温进行选择。而柴油的牌号是按凝点划分的，若根据凝点选择，凝点要比当地月风险率为10%的最低气温低 3~6℃(因为凝点比冷滤点低 3~6℃)。

风险率为 10%的最低气温表示最低气温低于该温度的概率为 0.1，或者说最低气温低于该温度的可能性不超过 1/10。

2) 车用柴油的正确使用

(1) 柴油加入油箱前，一定要充分沉淀(不少于 48h)、过滤，除去杂质，切实做好柴油的净化工作，以保证柴油机燃料供给系统的精密零件不出故障和延长使用寿命。

(2) 不同牌号的柴油可以掺兑使用，以降低高凝点柴油的凝点，充分利用资源。掺兑后应注意搅拌均匀。例如，某地区的最低气温为-10℃，不能用-10 号的轻柴油，但是用-20 号的又浪费(由于低牌号柴油炼制工艺复杂、生产成本高，其价格也比高牌号柴油高)，此时可以把-10 号的和-20 号的柴油掺兑使用。寒冷地区缺少低凝点柴油时，可以向高凝点柴油中掺入 10%~40%的喷气燃料，以降低其凝点。

(3) 柴油中不能掺入汽油。掺入汽油后，燃烧性能将明显变差，导致发动机起动困难，甚至无法起动。

(4) 低温条件下，起动发动机时可以采取预热措施。例如，对进气管、机油及蓄电池预热，也可采用馏分轻、蒸发性好又具有一定十六烷值的低温起动液，以保证发动机的顺利起动。低温起动液的主要成分是乙醚，自燃点仅 190~210℃，很容易在柴油内自燃。低温起动液不能加入油箱与柴油混用，否则易形成气阻。

(5) 对于季节气温变化较大的地区，应特别注意季节变化对柴油的影响，应及时换用合适牌号的柴油。

(6) 冬季使用桶装高凝点柴油时，不能用明火加热，以免引起爆炸。

3.1.3 石油代用燃料

汽车的发展促进了经济和社会的发展，同时也加剧了石油资源的短缺和生态环境的恶化。这些问题必将对汽车使用的传统石油燃料(如汽油、柴油)发起挑战。因此，石油代用燃料(alternative fuel)的重要性越来越突出。

1. 石油代用燃料研究开发的意义

20 世纪 70 年代石油危机的出现，促使工业化国家进行汽车代用燃料的研究和开发，以应对石油供应的危机及最终的石油枯竭。然而在发展中国家，由于当时能源的消耗量极少，所以能源问题并未受到足够重视。

20 世纪 80 年代，环境保护(汽车尾气排放的限值更为严格，且采取了强制措施)和经济性这两个方面的因素进一步推动了可清洁燃烧的代用燃料在工业化国家中的应用。同时，虽然大部分发展中国家已经开始注意到石油使用量的增加所造成的环境影响，但是它们对此问题的关心程度还不足以使它们使用代用燃料。不过，出于经济方面的考虑，低廉的代用燃料在一些发展中国家(如阿根廷和巴西)也得到了广泛使用。

20 世纪 90 年代，由于执行了严格的汽车尾气排放法规和进行了技术改进，工业化国家中的汽车尾气排放得到了较好的控制。但是，持续的工业增长以及汽车的广泛使用，抵消了尾气排放控制所取得的技术成果。

使用石油代用燃料可能是解决环境污染、石油供应不足以及石油储藏最终枯竭的最有效的办法之一。代用燃料通常要比汽油和柴油便宜，这就使代用燃料在经济上更具有吸引力。我国能源结构的特点是煤多油少，地区分布不均衡，故代用燃料的研究对改善我国能源结构有重要意义。在煤多油少的情况下，以煤为原料生产甲醇，再以甲醇代替汽油是改善能源结构的重要措施。特别是在少油地区，大力开发醇类燃料有助于改变石油分布不均衡的局面。

因此，研究和使用代用燃料对应付石油危机、在石油资源枯竭后燃料品种的平稳过渡以及减少汽车排气污染、保护环境等都具有重要的现实意义和战略意义。由于环保问题的日益突出，各种代用燃料在减少汽车排气污染方面的作用越来越受到重视，因而代用燃料有时也被称为清洁燃料。

需要说明的是，燃烧清洁燃料的汽车不等于低排放汽车，因为专门设计的使用汽油或柴油的发动机，燃烧各种清洁燃料时，达不到最佳排放效果。

2. 石油代用燃料的选取原则

选取石油代用燃料的一般原则如下。

(1) 资源必须丰富。汽车的保有量在逐年增加，用作汽车的替代燃料只有资源丰富、长期可靠地供应，才能满足汽车日益增加的需要。

(2) 价格应比较便宜，以便大范围推广。

(3) 能量密度大，热值高，携带较少数量时就能使汽车有足够的续驶里程。

(4) 毒性低，环境污染小。

(5) 安全性好，易于输送、贮存和使用。

(6) 对发动机的可靠性无不良影响。

根据以上选取原则，作为汽车石油代用燃料，比较有前途的主要有：天然气 NG(包括压缩天然气 CNG、液化天然气 LNG、吸附天然气 ANG)、液化石油气 LPG、醇类燃料(包括甲醇、乙醇)、乳化燃料、甲烷水合物、氢气和生物柴油(bio-diesel)等。

3. 主要石油代用燃料的比较

主要石油代用燃料的比较见表3-8。

表 3-8　主要石油代用燃料的比较

石油代用燃料	主要优点	主要缺点	现　状
氢气	来源非常丰富；污染很小；辛烷值高；热值高	生产成本高；气态氢能量密度小且储运不便，液态氢技术难度大，成本高；需开发专用发动机	仍处于基础研究阶段

续表

石油代用燃料	主要优点	主要缺点	现　状
天然气	资源丰富；污染小；辛烷值高；价格低廉	建加气站网络要求投资强度大；气态天然气能量密度小，影响续驶里程等；与汽油车相比，动力性低；储运有所不便	在许多国家获得了广泛使用并被大力推广
液化石油气	来源较为丰富；污染小；辛烷值较高	面临天然气汽车的类似问题，但程度较轻	液化石油气汽车获得了广泛使用并被大力推广
甲醇乙醇	来源较为丰富；辛烷值高；污染较小	甲醇的毒性较大；需解决分层问题；对金属及橡胶件有腐蚀性；冷起动性能较差	已获得一定程度的应用；可以作为能源的一种补充
二甲醚	来源较为丰富；污染小；十六烷值高	面临与液化石油气类似的储运方面的问题	正在研究开发
生物质能	来源丰富，可再生；污染小	供油系部件易堵塞；冷起动性能较差	可以作为能源的一种补充

3.2　汽车润滑剂及其选用

汽车润滑剂主要包括发动机油、齿轮油、液力传动油(自动变速器油)、润滑脂。

在汽车运行中，汽车润滑剂消耗量不大，但对于减少摩擦降低汽车零件磨损、延长汽车使用寿命和工作可靠性、减少汽车维修工作量以及提高汽车利用率等都有很大影响。因而，汽车润滑剂间接地影响汽车运输生产率和运输成本，对其合理选用是极为重要的。

3.2.1　发动机油及其选用

发动机油是发动机润滑油的简称，又称内燃机油，是润滑油中用量最大，并且性能要求较高，品种、规格要求繁多，工作条件异常苛刻的一种油品。

发动机油在发动机中不断地与各处高温机件接触，在金属催化作用下发生氧化反应，促使发动机油不断老化变质。

在发动机工作中，燃烧废气和燃烧不完全的气体，在汽缸密封不良时会不断地窜入曲轴箱。特别是含硫燃料，在使用中会使发动机油产生油泥、酸性产物，最终导致发动机油严重变质。此外，灰尘、磨损下来的金属屑、燃烧后生成的积炭，都会严重地污染发动机油。因此，发动机油在发动机中的工作条件是极为苛刻的。发动机的附加机件，使发动机油的工作条件更加苛刻。发动机油又是维持发动机正常运转所必需的，这就对发动机油的性能提出了较高的要求。

1. 发动机油的使用性能

1) 黏度与黏温性

(1) 黏度。

黏度是润滑油的一项重要指标，是润滑油黏度分类的主要依据，也是选用润滑油的依据之一。

液体受外力作用而流动时，分子之间产生剪切，形成内摩擦。内摩擦力的大小，可用黏度来表示。黏度通常分为三种：动力黏度、运动黏度和条件黏度(相对黏度)。

① 动力黏度(Dynamic Viscosity)：表示液体在一定剪切应力下流动时内摩擦力的量度。在国际单位制(SI)中，液体动力黏度的单位是帕斯卡·秒(Pa·s)。动力黏度习惯上使用的单位是泊(P)，1 P=0.1 Pa·s，百分之一泊称为厘泊(cP)。1 cP=1 mPa·s。水在 20℃时的黏度为 1.005 mPa·s。

② 运动黏度(Kinematic Viscosity)：表示液体在重力作用下流动时内摩擦力的量度，其值为相同温度下液体动力黏度与其密度之比。在国际单位制(SI)中，液体运动黏度的单位是 m^2/s。运动黏度习惯上使用的单位是斯(St)，$1St=10^{-4} m^2/s$，百分之一斯称为厘斯(cSt)。$1cSt=10^{-6} m^2/s$。

③ 条件黏度：是相对黏度，常见的有以下几种。

恩氏黏度(Engler Degrees)采用恩格勒黏度计测定。在规定温度下从恩氏黏度计中流出 200mL 试油所需的秒数与同体积的水在 20℃时流出所需的秒数的比值，以符号°Et 表示。单位习惯上称"度"。例如，某油在 100℃时，从恩氏黏度计中流出 200mL 所需的时间是 293 s，同体积的水在 20℃时流出的时间是 51 s，则°E$_{100}$=293/51=5.7。

雷氏黏度(Redwood Standard Seconds)是用雷德乌德黏度计测定的。在规定温度(70°F、140°F 或 212°F)下，从雷氏黏度计流出 50mL 试油所需的时间，以 s 为单位。根据黏度计的孔径，雷氏黏度可分为雷氏 1 号(用 R_t 表示，测轻质油)和雷氏 2 号(用 RA$_t$ 表示，测重质油)两种。

赛氏黏度(Secondas Saybolt Universal)用赛波尔特黏度计测定。在规定温度下(70°F、140°F 或 212°F)下，从赛氏黏度计流出 60mL 试油所需的时间，以 s 为单位。根据黏度计孔径不同，可分为通用黏度(用 SUS 或 SSU 表示)和重油黏度(又称赛氏弗罗黏度)(用 SFS 表示)两种。

(2) 黏温性。

润滑油黏度随温度变化而改变的性质称为黏温性。润滑油温度升高，黏度降低；润滑油黏度随温度变化程度越小，黏温性越好。

润滑油在 50℃以下，黏度随温度变化较显著，50~100℃时变化幅度较小，100℃以上变化更小。这是因为 50℃以下时，油分子运动能量较小，分子间距离近，分子间引力加大，同时石蜡结晶逐渐析出，出现结构黏度。而在高温时(大于 100℃)，润滑油分子运动能量大，分子间距离较远，引力较小，固体烃充分溶解，因此黏度随温度变化缓慢。

黏度指数(Viscosity Index，VI)是国际通用的表示黏温特性的方法。黏温指数越大，黏度受温度的影响越小，表示润滑油的黏温特性越好；反之越差。所以这项指标的规格是"不小于"某数值。

国家标准规定，黏度指数低于 100 并包括 100 时，按下式计算黏度指数(VI)。

$$VI = \frac{L-\mu}{L-H} \times 100 \tag{3-2}$$

式中：L——与试样 100℃时运动黏度相同，黏度指数为 0 的石油产品在 40℃时的运动黏度，mm^2/s；

H——与试样 100℃时运动黏度相同，黏度指数为 100 的石油产品在 40℃时的运动黏度，mm^2/s；

μ ——试样 40℃时的运动黏度，mm^2/s。

2) 低温性

发动机的低温起动性能与发动机油的低温黏度有关。发动机油黏度随气温降低而增加，因此使发动机低温起动时转动曲轴的阻力矩增加，曲轴转速下降，从而造成发动机起动困难。但是低温黏度并不能完全说明发动机油的低温性。这是因为即使在低温下油品的低温黏度小，发动机容易起动，也不能保证发动机起动后能正常润滑。实际使用中发现，有的发动机油能使发动机在低温下起动，但机油泵却不能及时、正常供油，从而造成运动部件的严重磨损和噪声增大等问题。可见，发动机油还应具有良好的低温泵送性能。发动机油凝点不影响发动机的低温起动性能，主要影响低温下油泵供油。

发动机油的低温性常用低温动力黏度、边界泵送温度(能将发动机油连续、充分地供给发动机机油泵入口的最低温度)与倾点(发动机油在规定试验条件下冷却时能够流动的最低温度)等指标来评定。

3) 清净分散性

清净分散性包括两层含义：一是指将已沉积在发动机部件上的积炭、漆膜等清洗下来，二是指将油中的不溶物增溶或悬浮在油中。发动机油应具有良好的清净分散性。

积炭是一种黑色坚硬而又不易溶解的厚度较大的固体炭状物，除和零件有摩擦的部分外，其表面没有光泽。它主要覆盖在活塞顶、排气门、汽缸盖、火花塞、喷油嘴等高温区域，是未完全燃烧的燃料或发动机油窜入燃烧室，在高温下分解的烟炱等物质在高温零件上沉积而形成的。

漆膜是一种很薄的坚硬、有光泽而又不易溶解的沉积物，主要产生在活塞环区和活塞裙部。它主要是烃类在高温和金属的催化作用下经氧化、聚合生成的胶质、沥青质等高分子聚合物。

油泥是一种比较稳定的油水乳状体与多种杂质的凝聚物。

从生成机理上分析，漆膜和积炭都属于高温沉积物，油泥属于低温沉积物。

发动机油基础油本身是不具备清净分散性的，而是通过添加清净剂和分散剂后获得的。现代发动机的性能逐渐强化，工作条件越加苛刻。从一定意义上说，发动机油使用性能的高低，表现在清净剂和分散剂的性能和添加量上。

发动机油的清净分散性主要通过相应的发动机试验来评定。企业常用的方法是斑痕法，即在滤纸上滴一滴润滑油，斑痕沉积为一点，润滑油不能用；斑痕分散成为一渗油片，说明润滑油清净分散性好；也可用图谱对比。

4) 润滑性

发动机油的润滑性是指在各种润滑条件下，发动机油降低摩擦、减缓磨损和防止其金属零部件在正常工作过程中烧结损坏的能力。

润滑油的黏度和化学性质对发动机零件在不同润滑状态的润滑作用有重要影响。

利用 Stribeck 曲线(见图 3-1)，可分析黏度对摩擦系数的影响。

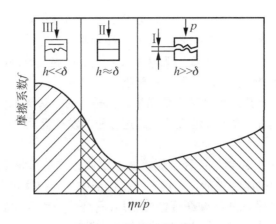

图 3-1　Stribeck 曲线

h—油膜厚度；δ—两表面的粗糙度

摩擦系数 f 可表示为

$$f = \frac{2\pi^2 D \eta n}{hp}$$ (3-3)

式中：D——零件直径；

　　　η ——润滑油的黏度；

　　　h——运动副间隙(油膜厚度)；

　　　n——零件转速；

　　　p——零件承受的压力；

　　　$\dfrac{\eta n}{p}$ ——Sommerfeld 准数(特性因数)。

　　在 Sommerfeld 准数(特性因数)中，唯一与润滑性有关的因素就是润滑油的黏度。在图 3-1 中从右至左有三种润滑状态。

　　最右边的区域为液体润滑，油膜厚度比运动副表面粗糙度大得多。润滑油具有一定的黏度是形成液体润滑的基本条件之一。而黏度是液体流动时内摩擦力的量度。在液体润滑区域，摩擦副的两摩擦表面被一层润滑油膜(厚度为 1.5~2μm 以上)完全分开，有流体压力平衡外载荷。由于两摩擦表面不是直接接触，当两表面相对滑动时，产生的摩擦为润滑油分子之间的内摩擦，摩擦系数很小，一般为 0.001~0.008。摩擦系数随润滑油黏度的降低而减小。液体润滑的摩擦性质完全取决于润滑油的黏度，而与两个摩擦表面的材料无关。

　　当润滑油黏度低到一定程度时，油膜厚度降低到近似等于运动副的粗糙度，该区域为混合润滑状态，这时润滑油的黏度和化学性质(油性和极压性)对摩擦系数都有影响。

　　当油膜厚度小于运动副表面粗糙度时，便成为边界润滑状态，如图 3-1 中左边的区域。此时起润滑作用的不再是润滑油的黏度，而完全是润滑油的化学性质，即润滑油的油性和极压性。

　　油性是润滑油在摩擦金属表面上的吸附性。润滑油中极性分子定向排列吸附在金属表面上形成吸附膜，这种吸附膜只有在中温、中速、中负荷或低温情况下才能保持边界润滑。当高温、高压、高速时，吸附膜脱附，油性失效。

极压性是润滑油在摩擦表面的化学反应性质。当润滑油中加入含硫、磷等的化合物添加剂时,高温、高压下这些化合物分解生成的活性元素能在金属表面形成比较牢固的化学反应膜,它比金属的熔点低,当金属因为摩擦结点受压而温度升高时,这层化合物膜就熔化生成光滑的表面,减少金属表面的摩擦和磨损。

发动机油黏度是评定其润滑性的重要指标。但是,对于边界润滑来说,主要是油性和极压性起作用,所以发动机油的润滑性还应通过相应的发动机试验来评定。

5) 抗腐蚀性

润滑油在使用过程中总会与各种金属接触,不腐蚀这些金属是对润滑油最基本的要求。为了提高润滑油的抗腐蚀性能,一般要在基础油中加入抗腐蚀添加剂。抗腐蚀添加剂能在金属表面形成保护膜,从而减缓侵蚀性物质(润滑油中所含的硫化物、有机酸、无机酸、水分等)对金属的侵蚀作用。发动机油抗腐蚀性主要通过中和值(中和 1g 试油中含有的酸性或碱性组分所需的碱量或相当的碱量,用 mgKOH/g 表示)及相应的发动机试验来评定。

6) 氧化安定性和热安定性

氧化安定性是指在一定的条件下,发动机油抵抗大气(或氧气)的作用而保持其性质不发生永久变化的能力。润滑油在使用与贮存过程中,与空气中的氧气接触发生氧化反应,产生一些新的氧化物,如酸类、胶质等。这些氧化物聚集在润滑油里,使润滑油的外观和理化性质发生变化,如颜色变暗、黏度增加、酸性增大,并有胶状沉积物析出,腐蚀零件或破坏发动机的正常工作。

发动机油的氧化过程分两个阶段:①轻度氧化。在这个阶段,烃类化合物被氧化生成不同类别的酸性产物。②深度氧化。某些酸性产物再度缩合沉淀形成胶质、沥青质和油焦质等。

发动机油的氧化有两种情况:①厚油层氧化。发动机油底壳的发动机油处在厚油层、低压和低温的情况下,不具备深度氧化的条件,所以它的氧化反应属于轻度氧化,主要是生成各种酸性物质。②薄油层氧化。在发动机的活塞与汽缸壁部位,发动机油处在薄油层、高温、高压和有金属催化作用的影响下,显然这种氧化属于深度氧化,生成物是胶质沉淀。

发动机油经常处在高温与氧接触的条件下工作,这不仅要求其具有一般条件下良好的氧化安定性,而且还要求具有在高温条件下良好的热氧化安定性。热氧化安定性就是指润滑油抵抗氧和热的共同作用而保证其性质不发生永久变化的能力。润滑油在高温条件下氧化最严重的部位是活塞环区。第一道气环附近的温度,旧型发动机大约是 200℃;现代高性能汽油机可达 270℃,车用柴油机多在 200~250℃范围内,增压柴油机可达 260℃。在高温下,零件表面的薄层润滑油中一部分轻质馏分被蒸发,另一部分在金属催化作用下深度氧化,最后生成氧化缩聚物(树脂状物质)沉积在零件表面,形成漆膜。曲轴箱中油温虽然低一些,但由于润滑油受到强烈的搅动和飞溅,它们与氧接触面积很大,所以氧化作用也相当强烈,使油内可溶和不可溶的氧化物增多,如树脂状物质、悬浮的固体氧化物和杂质增加。这些物质也能沉积在活塞环槽内,加上吸附燃气中的碳化物,进一步焦化形成漆膜。漆膜的导热性能很差,使活塞升温,严重时造成粘环,汽缸壁磨损剧增,以致严重擦伤。所以,发动机要求使用热氧化安定性好的润滑油。特别是现代高性能发动机的热负荷很高,如有的增压柴油机需要向活塞内腔喷射润滑油来降低温度,这就要求润滑油必须具备特别优异的热氧化安定性,活塞内腔表面才不致形成阻碍散热的沉积物。在这些润滑油中通常加有性能良好的抗氧添加剂。发动机油的抗氧化性通过相应的发动机试验来评定。

7) 抗泡沫性

发动机油在发动机润滑系统中循环流动时，要受到激烈搅动。在常压下，发动机油可溶解 9%体积的空气。溶解量随气压的增加而增多，如果气压下降，多余的空气会从发动机油中迅速逸出，以达到新的平衡。如果空气被润滑油膜包住，不易破裂，就会形成气泡。发动机油在使用中，常会受到振荡搅拌作用，使空气混入发动机油中不易逸出而形成气泡。发动机油中存在气泡，使流动性变坏，润滑效果下降，增大发动机油的体积，使油箱溢油；增大发动机油的压缩性，使发动机油压力下降，造成油泵抽空；增大发动机油与空气的接触面积，加速发动机油的氧化，使发动机油导热性变坏并降低冷却效果；作为工作介质时影响传递效果，妨碍稳定工作。故希望发动机油要有良好的抗泡性，在出现气泡后应能及时消除，即抗泡沫性好，以保证发动机润滑系统正常工作。

抗泡沫性用泡沫倾向(FT)和泡沫稳定性(FS)来表示。泡沫倾向表示生成泡沫的难易程度，数值越大越不好。泡沫稳定性表示泡沫寿命的长短，数值越大，反映润滑油的消泡能力越低、越不好。抗泡沫性好的发动机油，FT 和 FS 均低。

2. 发动机油的分类

国际上对发动机油从黏度和使用性能两个方面进行分类。黏度的基准是 SAE(Society of Automotive Engineers，美国汽车工程师学会)黏度分类法，使用性能的基准是 API(American Petroleum Institute，美国石油学会)使用性能分类法。

1) SAE 黏度分类法

早期的汽车发动机体积大、功率小，热、机械负荷低，精制的直馏矿油就能满足其使用要求，当时人们关心的主要问题是黏度对发动机工作的影响。1911 年美国汽车工程师学会(SAE)制定黏度分类法，现今使用的是 SAE J300 JAN2015 黏度分类，见表 3-9。

表 3-9 美国汽车工程师学会(SAE)的发动机油黏度等级分类(SAE J300 JAN 2015)

SAE 黏度等级	低温黏度/cP		高温黏度		
	低温起动最大黏度	边界泵送温度下的最大黏度	100℃、低剪切率下的运动黏度/cSt		150℃、高剪切率下黏度/cP
			最 小	最 大	最 小
0W	6250(-35℃)	60000(-40℃)	3.8		
5W	6600(-30℃)	60000(-35℃)	3.8		
10W	7000(-25℃)	60000(-30℃)	4.1		
15W	7000(-20℃)	60000(-25℃)	5.6		
20W	9500(-15℃)	60000(-20℃)	5.6		
25W	13000(-10℃)	60000(-15℃)	9.3		
8			4.0	6.1	1.7
12			5.0	7.1	2.0
16			6.1	8.2	2.3
20			6.9	<9.3	2.6

续表

SAE 黏度等级	低温黏度/cP		高温黏度		
	低温起动最大黏度	边界泵送温度下的最大黏度	100℃、低剪切率下的运动黏度/cSt		150℃、高剪切率下黏度/cP
			最小	最大	最 小
30			9.3	<12.5	2.9
40			12.5	<16.3	2.9 (0W-40，5W-40，10W-40)
40			12.5	<16.3	3.7 (15W-40，20W-40，25W-40)
50			16.3	<21.9	3.7
60			21.9	<26.1	3.7
试验方法	ASTM D5293	ASTM D4684	ASTM D455		ASTM D4683 ASTM D4741 CEC-L-36-A-90

根据润滑油 100℃运动黏度对春、夏、秋季用油进行分类，分为 8、12、16、20、30、40、50 和 60 八个牌号。

根据润滑油最大低温动力黏度、边界泵送温度下的最大低温黏度和 100℃时的运动黏度进行分类，分为 0W、5W、10W、15W、20W 和 25W 六个牌号。W(Winter，即冬季)，表示冬季用油，W 前面的数字越小，其低温黏度越小，低温流动性越好，适应的气温越低，如 SAE 0W 适应的最低气温是-35℃，SAE 5W 适应的最低温度是-30℃，以此类推。

只能满足低温或高温一种黏度级别要求的发动机油为单级油，如 30、40、10W、15W 油；既能满足低温工作时的黏度级别要求，又能满足高温工作时的黏度级别要求的发动机油为多级油(俗称稠化机油)，如 10W-30、15W-40 等油。多级油可在一定地区范围内全年通用，牌号差越大，适用的温度范围就越宽，如 5W-40 油，可以在很广的地区范围内全年通用。牌号越高，适应的温度也越高。

2) API 使用性能分类法

20 世纪 30 年代后期，由于发动机功率增大，体积减小，结构趋于紧凑，热负荷增加，屡屡出现粘环、铜铅合金轴承腐蚀以及机油迅速变质等与润滑油性能有关的故障，为解决这些问题，开始研发各种添加剂，以提高机油的使用性能。

开始时，把这种加有添加剂的油品取名为重负荷润滑油。直到 1970 年，由美国石油学会(API)、美国汽车工程师学会(SAE)和美国材料试验学会(ASTM)共同研究，提出了发动机油的使用性能必须通过规定的发动机试验来确定，从而形成现今的 API 使用性能分类法。该分类法能正确反映除黏度特性以外所有性能的综合要求，所以也称为质量分类或使用性能分类。

根据发动机油的性能和使用场合不同，把发动机油分为 S 系列油(汽油机油系列，Service Station Classification，加油站分类)，有 SA、SB、SC、SD、SE、SF、SG、SH、SJ、SL、SM、SN 等级别；C 系列油(柴油机油系列，Commercial Classification，工商业分类)，有 CA、CB、CC、CD、CD-II、CE、CF、CF-4、CG-4、CH-4、CI-4、CJ-4、CL-4 等级别。

S 系列(汽油机油系列)中的各个级别，依次反映了汽车汽油机不同年代产品性能和结构特点及其对机油的不同要求。C 系列(柴油机油系列)的发展过程，反映了汽车柴油机强化和性能提高的过程。

无论汽油机油还是柴油机油，其使用性能等级均以字母"A、B、C、…、H、J、L、M、N、…"为序，序号越往后，其使用性能级别越高，适用的机型越新，适用的工作条件越苛刻。

API 使用性能分类法是一种开端分类法，随着发动机及润滑油技术的发展，将顺次增加新级别的油品。

通用发动机油，即汽油机、柴油机通用的发动机油，在国外应用十分广泛。欧美市场上通用发动机油已超过 60%。通用发动机油，若把汽油机油使用性能等级写在前面，如 SF/CD，表示以 SF 级汽油机油为主，也可用作 CD 级柴油机油；若把 CD 写在前面，如 CD/SF，则意思与上述相反。通用发动机油给用户的保管、使用带来了极大的方便，但售价较高。目前，国外大部分高档的汽油机都使用适用于汽油机为主的通用发动机油，而柴油机仍普遍使用单独的柴油机油。

3) 其他使用分类法

另外，国际润滑油标准化和认可委员会(International Lubricant Standardization and Approval Committee，ILSAC)把汽油机油分为 GF-1、GF-2、GF-3、GF-4、GF-5 等级别，分别相当于 API 中的 SH、SJ、SL、SM、SN 级别。

3. 发动机油的选择

合理地选择发动机油，发动机的动力性、经济性以及使用寿命就会得到保证；反之，不仅不能满足发动机使用性能的要求，还会造成发动机过早损坏。因此，正确选择润滑油是非常重要的。

选择发动机油时，首先应当确认是汽油车使用还是柴油车使用，据此再选择相应的汽油机油、柴油机油或者汽油机/柴油机通用机油。发动机油的选择主要包括使用性能等级和黏度等级两个方面：一方面选择需要的使用性能等级，如汽油机油 API SF、SJ 等，柴油机油 API CD、CF-4 等；另一方面选择需要的黏度等级，如 SAE 15W-40、30、40 等。

1) 使用性能等级的选择

使用性能等级选择的原则是：根据发动机制造商的推荐、发动机的机械负荷和热负荷、工作条件的苛刻程度、燃料性质等来确定。

(1) 根据车辆制造商推荐选择。

汽车出厂时，厂商都会对发动机润滑油的使用进行严格的试验，并会在出厂说明书中推荐选用的发动机油。这应该是发动机油选用的首要依据，但这仅仅是选油的一般原则，因为还必须考虑润滑油的使用工况。在使用工况特别苛刻时，用油等级也应提高。

(2) 根据发动机的机械负荷和热负荷选择。

发动机的机械负荷和热负荷也是选用发动机油的重要根据。通常，根据汽油机压缩比及附属装置选择汽油机油使用性能等级，根据柴油机强化系数选择柴油机油使用性能等级。

(3) 考虑燃料的质量。

燃料的质量对发动机油的使用影响很大。燃料质量差,含硫量高,对发动机油的质量要求就苛刻。一般来说,柴油中含硫量大于 0.5%(m/m)时,应选用使用性能高一个等级的润滑油。

(4) 考虑特殊使用条件。

选用发动机油的使用性能等级时,若发动机工作条件苛刻,使用条件恶化等,应将用油使用性能等级酌情提高一级或适当缩短换油期。苛刻工况主要包括:少于 16 km 的短程行驶;长时间在高温、高速下工作,尤其是满载长距离行驶;在寒冷的气候下行驶;开开停停的行驶;2 t 以上的牵引车,满载、长时间行驶(带拖挂);在灰尘严重的场所行驶。

2) 发动机油黏度等级的选择

黏度是发动机油的重要指标,确定发动机油的使用性能等级后,选择合适的黏度就显得更为重要。黏度过高或过低都会引起能源浪费、磨损增加或其他润滑故障。

发动机油黏度等级的选择应遵循以下原则。

(1) 根据发动机工作的环境温度选择。

单级油不能同时满足高温和低温条件下的工作要求,因此应根据当地的气温条件进行合理选择。多级油适用的温度范围虽宽,但适用的气候条件也不尽相同,也应正确选择。

寒冷地区冬季宜选用黏度低、倾点低的单级或多级发动机油,如我国东北地区,可选用 10W-30、5W-30 等机油。夏季或全年气温高的地区宜选用黏度适当高些的发动机油,如海南省、广东省、广西区,可选用 30、40、50 等机油。

(2) 考虑发动机载荷和转速。

载荷高、转速低,一般选用高黏度的发动机油;载荷低、转速高,一般选用黏度低的发动机油。

(3) 考虑发动机的磨损状况。

新发动机应选择黏度较低的发动机油(考虑节能),而磨损较大(摩擦面间隙增大)的发动机则应选择黏度较高的发动机油(考虑密封)。

4. 发动机油的使用

1) 正确选择发动机油的使用性能等级

选择发动机油使用性能等级时,应在满足使用性能要求的情况下,选择低使用性能等级的发动机油,以降低运输成本。

一般来说,高使用性能等级的油可代替低使用性能等级的油,但过多降级使用不合算。绝不能用低使用性能等级的油去代替高使用性能等级的油,否则会导致发动机出现故障,甚至损坏。

2) 使用低黏度发动机油

应在保证活塞环密封良好、机件磨损正常的条件下,适当选用低黏度的发动机油。因为高黏度的发动机油,低温起动性和泵送性差,起动后供油慢,磨损大,燃料消耗增加;润滑油循环速度慢,润滑和冷却效果差。

3) 优先使用多级油

在保证润滑的前提下,应优先使用多级油,如 15W-40 油可在我国黄河以南地区四季通用。

多级油的特点在于其突出的高、低温性能，即低温起动时，发动机油能够迅速流到零件的摩擦部位提供润滑，保护发动机免遭磨损；在高温时它具有比单级油更高的黏度，从而使发动机油保持足够的黏度，提供良好的润滑。因此，多级油可冬夏通用，这样既可减少季节性换油，又可降低发动机摩擦阻力，减少燃料消耗，节约能源。

4) 严防水分混入

发动机油中都加有数种添加剂，这些添加剂有的是良好的乳化剂，水分混入后会使油品乳化变质，不能使用，故一定要防止水分混入。

5) 换油一般在热车时进行且应将废油放净

油温高，油的黏度小，油容易从放油孔放出，并且油温高时油中劣化物被悬浮、分散，易和发动机油一起排出发动机。

为了延长发动机的使用寿命，换油时要将旧润滑油放干净，以免污染新加入的润滑油，造成迅速变质，引起对发动机的腐蚀性磨损。

6) 汽油机油和柴油机油的相互代用

如果把汽油机油用于柴油机上很难满足柴油机的使用要求，容易损坏发动机。如果把柴油机油用于汽油机，虽然不像汽油机油用于柴油机那样损坏发动机，但是效果不好。

7) 使用同一厂家的发动机油

不同厂家的发动机油，即使是同一级别，性能也可能有差异，最好不要混用。

8) 发动机油的更换

润滑油在使用过程中，由于温度、空气以及金属催化等作用而不断被氧化，油中积聚了污染物或油品本身发生了化学变化，导致其不能继续使用而必须更换，以避免对发动机造成损坏。

(1) 按质换油。

对于早期没加清净分散剂的润滑油来说，使用中颜色变黑的确是润滑油已严重变质的表现。但现代汽车使用的润滑油都加有清净分散剂，目的是将黏附在活塞上的漆膜和黑色的积炭洗涤下来并悬浮在油中，减少发动机高温沉积物的生成。故润滑油使用一段时间后颜色容易变黑，但这时润滑油并未变质。

使用中的润滑油是否严重变质、是否需要更换，应根据润滑油的理化指标是否达到报废标准(GB/T 8028、GB/T 7607)来判定。确定换油周期要注意放弃以润滑油颜色变黑作为更换的依据。比较合理的换油方法是按质换油，即根据在用润滑油的某些指标(黏度、闪点、水分、不溶物、铁含量、中和值)变化程度来确定换油周期。这样不仅可及时更换不适用的机油，更为重要的是，能够及时发现发动机的隐患，提前采取措施予以消除，从而避免造成重大损失。

现行的在用发动机润滑油换油指标国家标准为《汽油机油换油指标》(GB/T 8028－2010)和《柴油机油换油指标》(GB/T7067－2010)，其技术要求和试验方法分别见表 3-10和表 3-11。

表 3-10 汽油机油换油指标的技术要求和试验方法

项 目	换油指标		试验方法
	SE、SF	SG、SH、SJ(SJ/GF-2)、SL(SL/GF-3)	
运动黏度变化率(100℃)/% >	±25	±20	GB/T 265 或 GB/T 1137[a]
闪点(闭口)/ ℃ <	100		GB/T 261
(碱值-酸值)(以 KOH 计)/(mg/g)<	0.5		SH/T 0251 GB/T 7304
燃油稀释(质量分数)/% >	5.0		SH/T 0474
酸值(以 KOH 计)增加值/(mg/g)>	2.0		GB/T 7304
正戊烷不溶物(质量分数)/% >	1.5		GB/T 8926 B 法
水分(质量分数)/% >	0.2		GB/T 260
铁含量/(μg/g) >	150	70	GB/T 17476[a] SH/T 0077 ASTM D6595
铜含量/增加值(μg/g) >	40		GB/T 17476
铝含量/(μg/g) >	30		GB/T 17476
硅含量/增加值(μg/g) >	30		GB/T 17476

注：a 此方法为仲裁方法。

执行本标准的汽油发动机技术状况和使用情况正常。

表 3-10 中运动黏度变化率 $\Delta\mu$ (%)按下式计算：

$$\Delta\mu = \frac{\mu_1 - \mu_2}{\mu_2} \times 100\%$$

式中：μ_1 为使用中油运动黏度实测值(mm²/s)；μ_2 为新油运动黏度实测值(mm²/s)。

表 3-11 柴油机油换油指标的技术要求和试验方法

项 目	换油指标				试验方法
	CC	CD、SF/CD	CF-4	CH-4	
运动黏度变化率(100℃)/% >	±25		±20		GB/T 1137
闪点(闭口)/℃ <	130				GB/T 261
碱值下降率/% >	50[b]				SH/T 0251[c]、SH/T 0688
酸值增加值(以 KOH 计)/(mg/g)>	2.5				GB/T 7304
正戊烷不溶物(质量分数)/% >	2.0				GB/T 8926 B 法
水分(质量分数)/% >	0.20				GB/T 260
铁含量/(μg/g) >	200 100[a]	150 100[a]	150		SH/T 0077、GB/T 17476[c] ASTM D6595
铜含量/(μg/g) >			50		GB/T 17476

项　　目		换油指标			试验方法
		CC	CD、SF/CD	CF-4	CH-4	
铝含量/(μg/g)　　　　>					30	GB/T 17476
硅含量(增加值)/(μg/g)　>					30	GB/T 17476

注：a 适合于固定式柴油机。

b 采用同一检测方法。

c 此方法为仲裁方法。

执行本标准的柴油发动机技术状况和使用情况正常。

(2) 定期换油。

对汽车发动机油难以进行质量监测，而又要确保汽车发动机经常处于良好的工况状态，可根据汽车生产厂家推荐的换油周期定期换油。这种做法虽然简便易行，但不能正确反映是否应该换油，容易造成资源浪费。如果使用性能较好的机油，其换油周期可适当延长。

(3) 规定换油周期的同时控制油的指标。

规定发动机换油周期的同时，也控制在用油的某些理化指标，必要时可提前报废。

使用发动机油的关键是选择合理的换油周期，换油周期过长，会增加发动机的磨损；而换油周期过短，又会造成机油的浪费。但就汽车发动机油而言，因为每辆汽车的发动机油用量较少，而目前油样化验费用高，采用定期换油较经济。

3.2.2　车辆齿轮油及其选用

齿轮传动是汽车最主要的一种传动方式，主要应用在汽车的手动变速器、驱动桥、转向器中。通常，汽车传动机构和转向机构(包括变速器、转向器、后桥主减速器)中用于齿轮传动的润滑油，称为车辆齿轮油。

车辆齿轮油和发动机油一样，也由矿物型(或合成型)基础油和添加剂组成。车辆齿轮油的作用主要包括减少齿轮及轴承的摩擦和磨损、加强摩擦表面的散热作用、防止机件发生腐蚀和锈蚀、缓和振动、清洗摩擦面和密封。

1. 车辆齿轮油的使用性能

1) 油性和极压性

所谓油性是指润滑剂介于运动着的润滑面之间，具有降低摩擦的性质。改善这种性质的添加剂叫油性剂。油性剂对边界润滑状态甚为重要，因为这时运动的金属表面上油性剂分子定向吸附形成油性剂膜，能防止金属直接接触而降低摩擦。

所谓润滑剂的极压性，是在摩擦面接触压力非常高、油膜容易产生破裂的极高压力的润滑条件下，极压剂能与齿轮上的金属发生化学反应生成油膜，能防止齿面擦伤或烧结等摩擦面损伤的性能。极压性有时也叫承载能力、抗胶合性或油膜强度等。

车辆齿轮油应具有适宜的运动黏度，以保证形成较好的润滑状态。汽车齿轮多处于混合润滑和边界润滑状态，主要是油性剂的油膜和极压抗磨剂的反应膜起作用，从而减小磨损量，防止高负荷条件下的齿面擦伤和烧结。

对于齿轮油的润滑性和极压抗磨性，其评定指标除运动黏度外，还要通过四球极压试验机或台架试验来评定。利用四球法在四球极压试验机上进行评定齿轮油承载能力的模拟试验，通过试验确定出齿轮油的最大无卡咬负荷(PB)、烧结负荷(PD)和综合磨损值(ZMZ)等指标，如图3-2所示。

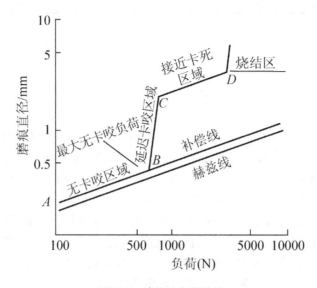

图3-2　磨损—负荷曲线

在试验条件下使钢球不发生卡咬的最高负荷，即无卡咬负荷，它表示齿轮油的油膜强度，在该负荷下摩擦表面间能保持完整的油膜。

在试验条件下使钢球发生烧结的最低负荷，即烧结负荷，它表示齿轮油的极限工作能力。

综合磨损值等于若干次校正负荷数学平均值，它表示齿轮油从低负荷至烧结负荷整个过程的平均抗磨性能。

赫兹线是在静负荷条件下，负荷与弹性变形所形成的凹入面直径间的关系。补偿线是在存在齿轮油而又不发生卡咬条件下，下球的磨痕直径与所加负荷的关系。

2) 低温流动性

要求齿轮油在低温下也能保持必要的流动性。如果齿轮油在低温条件下有蜡析出，黏度急剧上升，就不能确保齿轮和轴承得到及时有效的润滑，而且低温起步阻力矩增大，进而影响汽车的使用性能。

为了保证车辆齿轮油具有良好的低温流动性，除规定倾点(规定试验条件下，试油能够流动的最低温度)、成沟点(规定试验条件下，试油成沟的最高温度)和黏度指数等指标外，还特别采用"表观黏度达150 Pa·s"这一指标。

试验表明，齿轮油的低温表观黏度，对车辆起步时的润滑可靠性有重要影响。汽车起步后，驱动桥齿轮油被激溅到桥壳上部后流入主动齿轮前轴承，若这段时间太长，轴承便有可能因缺油而被烧坏。所以要求车辆齿轮油使用时低温表观黏度不大于 150 Pa·s。齿轮油低温表观黏度达150Pa·s时的最高温度是划分车辆齿轮油黏度级号的依据之一。

3) 黏温性

齿轮油的黏度应既使传动机构工作时消耗于内摩擦的能量尽量少，又能保证齿轮和轴承不发生损伤，接合面不发生漏油现象。

高黏度齿轮油可有效防止齿轮及轴承损伤，减少漏油。黏度越大，其承载能力越大，但黏度过高也会给循环润滑带来困难，增加齿轮运动的搅拌阻力，造成不必要的动力损失。同时还由于黏度高的润滑油流动性差，对被挤压的油膜及时自动补偿修复较慢而增加磨损。因而黏度一定要合适，特别是添加了极压抗磨剂的齿轮油，其承载能力主要是依靠极压抗磨剂，这类齿轮油更不能追求高黏度。

低黏度齿轮油有利于提高传动效率、机件表面的冷却和齿轮油的传送。但齿轮油黏度过低，会被齿轮的离心力从齿面甩掉，且油膜承载能力也小，可能造成机件磨损及渗漏。

齿轮油黏度应符合以下工作条件的要求：在最低工作温度下的黏度，必须保证车辆不经预热便可顺利起步，并使齿轮接合面可靠润滑；在最高工作温度下的黏度，必须保持齿轮的正常润滑和允许的油耗。车辆齿轮油的工作温度范围也比较宽，因此不但要求低温时流动性好，而且高温时黏度值也不能太小，即具有良好的黏温性。黏温性用黏度指数来评价。

4) 热氧化安定性

在苛刻条件下工作的齿轮油都处在较高温度下。如汽车差速器中使用的齿轮油温度可达 120～130℃，准双曲面齿轮油的温度甚至高达 160～180℃。在较高温度下，齿轮油很容易被氧化，加上齿轮箱中金属的催化作用，容易使齿轮油的使用性能迅速变坏。

氧化使齿轮油的黏度增加，生成油泥，影响齿轮油的流动。氧化产生的腐蚀性物质会加速车辆齿轮油对金属的腐蚀。氧化产生的极性沉淀物会吸附极性添加剂，使极性添加剂随沉淀一起从油中析出。沉淀会使橡胶老化变硬，沉淀附着在金属零件表面时又会影响散热。因此，要求齿轮油具有良好的热安定性和氧化安定性。

5) 抗泡沫性

由于齿轮运转中的剧烈搅动等原因，会使齿轮油产生泡沫。如果泡沫不能很快消失，会因油面升高而从呼吸孔漏油，同时将影响齿轮啮合面油膜的形成，或堵塞油路，使供油量减少，冷却作用不够。这些现象都可能引起齿轮及轴承损伤。所以齿轮油应当泡沫生成得少，消泡性好，即齿轮油应具有良好的抗泡沫性。

6) 抗腐防锈性

齿轮油的腐蚀性来源于油中的酸性物质。无机酸和低分子有机酸对齿轮有很强的腐蚀性。金属中以铅、铜等有色金属及合金对酸性腐蚀最敏感。另外，由于齿轮油中含有极压添加剂，化学活性强，容易与金属表面发生反应造成腐蚀。

齿轮油的防锈性是指齿轮油防止金属产生锈蚀的性能。金属机件的生锈主要是油中氧和水的存在而引起的。

在使用过程中齿轮油会发生分解或氧化变质生成酸性物质和胶质，特别是与水接触时容易产生腐蚀和锈蚀，因此齿轮油中要加防腐防锈剂，以提高其抗腐防锈性能。

7) 抗乳化性

由于齿轮在运转过程中常不可避免地与水接触，如果其抗乳化性不强，会造成齿轮油乳化和产生泡沫，导致油膜强度降低或破裂。含有极压抗磨剂的油乳化后，极压剂会发生水解或产生沉淀，从而失去极压作用并且产生有害物质，使齿轮油迅速变质，从而造成齿轮擦伤、磨损。

8) 抗剪切安定性

齿轮油的黏度在使用期间，容许有一定的变化，但是在指定的温度下，不容许有大的变化。齿轮油黏度变化的发生是由于齿轮啮合运动所引起的剪切作用的结果，特别是中、重载荷条件下，最容易受剪切影响的成分是聚合物，如黏度指数改进剂。因此，齿轮油中使用的黏度指数改进剂必须有良好的抗剪切安定性，以保证齿轮油在使用过程中黏度基本保持不变。

9) 贮存安定性

齿轮油的基础油和极压抗磨剂间应有足够的溶解性，在长期的贮存中添加剂组分间不能相互反应，遇水不发生加水分解，不生成沉淀。因此，齿轮油应有良好的贮存安定性。

10) 与密封材料的适应性

齿轮油中由于有基础油和极压抗磨剂等，会造成密封材料溶胀、硬化，因而机械强度和使用寿命下降。同时会发生变形，密封作用变差。伴随着密封材料的密封性能下降，会使齿轮油因泄漏而油量不足，以及外部异物进入齿轮传动副和轴承而造成损伤。泄漏出来的齿轮油如果接触到制动器或轮胎等机件后，会因发生滑动而危及行车安全。所以齿轮油与密封材料必须有很好的相容性(配伍性)。

2. 车辆齿轮油的分类

车辆齿轮油的分类与发动机油相似，也是采用美国 API 的使用性能分类和 SAE 的黏度分类进行类别划分的。

1) API 使用性能分类

美国 API 车辆齿轮油使用性能分类，是根据齿轮的类型、承载情况等使用要求对齿轮油进行分类的。API 的分类经过了多次修改，美国石油学会车辆齿轮油使用性能分类将车辆齿轮油分为 GL-1、GL-2、GL-3、GL-4、GL-5、GL-6 六个等级。近年来，随着汽车技术的不断发展，许多汽车制造厂商对车辆齿轮油的要求超过这些技术规范，因此 SAE(汽车工程师协会)和 ASTM(美国材料试验学会)建议用新的等级表示，即 MT-1 和 PG-2。其中 MT-1 是机械变速器用油，它改善了齿轮油的热安定性、抗氧性、清净性、抗磨性、密封材料与青铜件的配伍性，其使用性能高于 GL-4。PG-2 用于驱动桥润滑，其使用性能高于 GL-5。

我国则参照 API 分类法将车辆齿轮油分为普通车辆齿轮油、中负荷车辆齿轮油和重负荷车辆齿轮油三类，分别相当于 API GL-3、GL-4 和 GL-5。

2) SAE 黏度分类

《汽车齿轮润滑剂黏度分类》(SAE J306－2005)的规定见表 3-12。

表 3-12　SAE J306—2005 汽车齿轮润滑剂黏度分类

SAE 黏度级号	动力黏度达 150 Pa·s 时的最高温度/℃	运动黏度(100℃)/(mm²/s)	
		最　小	最　大
70W	−55	4.1	
75W	−40	4.1	
80W	−26	7.0	

续表

SAE 黏度级号	动力黏度达 150 Pa·s 时的最高温度/℃	运动黏度(100℃)/(mm²/s)	
		最　小	最　大
85W	−12	11.0	
80		7	<11
85		11	<13.5
90		13.5	<18.5
110		18.5	<24.0
140		24.0	<32.5
190		32.5	<41
250		41.0	

齿轮油根据动力黏度为 150Pa·s 时的最高温度和 100℃时的运动黏度不同，分为 70W、75W、80W、85W、80、85、90、110、140、190、250 等 11 种黏度级号。其中数字后带 W 的表示低温用齿轮油，数字后不带 W 的表示常温或高温下使用的齿轮油，这 11 种黏度级号均为单级油。为了节能、方便四季及寒暖区通用，SAE 也设计了车辆齿轮油多级油，其性能需要同时满足两种黏度级号的要求。如 80W-90 的含义是低温黏度符合 SAE 80W 要求，高温黏度符合 SAE 90 要求。

与发动机油相似，车辆齿轮油规定由使用级别和黏度级号构成，如 GL-5 80W-90 表示使用级别为 GL-5、黏度级号为 80W-90 的车辆齿轮油。我国车辆齿轮油的黏度分类《汽车齿轮润滑剂黏度分类》(GB/T 17477—2012)等效采用 SAE 制定的标准《汽车齿轮润滑剂黏度分类》(SAE J306—2005)。

3. 车辆齿轮油的选用

1) 车辆齿轮油的选择

车辆齿轮油的选择包括使用性能级别和黏度级号的选择。使用性能级别应根据齿轮类型和工作条件来选择，黏度级号应根据其工作的最低环境温度和传动装置运行的最高温度来选择。

(1) 车辆齿轮油使用性能级别的选择。

通常来说，在汽车传动机构中驱动桥主减速器的工作条件较为苛刻，手动变速器和转向器一般负荷较小。但为了简化用油品种，方便管理，通常使用与驱动桥相同的齿轮油。有的车辆驱动桥用中、重负荷车辆齿轮油，而变速器则要求使用普通车辆齿轮油。

车辆齿轮油使用性能等级的选择主要是依据齿轮形状、齿面载荷、车型及工况确定。有的变速器含有铜质零件，则要求使用柴油机油，这主要是因为中、重负荷齿轮油中的极压抗磨剂对铜质零件有腐蚀作用。

(2) 车辆齿轮油黏度级号的选择。

车辆齿轮油黏度级号的选择，主要根据最低气温和最高油温并考虑车辆齿轮油换油周期较长的因素，既保证低温下的车辆起步，又能满足油温升高后的润滑要求。

齿轮油的低温黏度达 150Pa·s 时的最高温度决定其适用的最低气温。70W、75W、

80W 和 85W 号齿轮油，该温度分别为-55℃、-40℃、-26℃和-12℃，应对照当地冬季最低气温适当选用。齿轮油最高工作温度下的黏度要求不低于 10～15mm²/s，一般地区、车辆 90 号油可满足其使用要求，只有在天气特别炎热或负荷特别重的车辆上使用 140 号油。长江流域及其他冬季气温不低于-10℃的广大地区，可全年使用 90 号油；长江以北及其他气温不低于-12℃的地区，一般车辆可全年使用 85W-90 号油，负荷特别大的车辆，可全年使用 85W-140 号油；长城以北及其他冬季气温不低于-26℃的寒区，可全年使用 80W-90 号油；黑龙江、内蒙古、新疆等冬季最低气温在-26℃以下的严寒地区，冬季应使用 75W 号油，夏季则应换用 90 号油。

2) 车辆齿轮油的使用

(1) 使用性能级别较高的齿轮油可以用在要求较低的汽车上，但过多降级使用在经济上不合算。普通车辆齿轮油不能取代中、重负荷车辆齿轮油，用于双曲线齿轮的润滑，否则会加速齿轮磨损和损坏。

(2) 不同品牌的齿轮油不要混存混用。因为即使是相同使用性能级别、相同黏度级别的齿轮油，某些性能指标也不完全相同。

(3) 在满足润滑要求的基础上，尽量使用低黏度的齿轮油。

齿轮油黏度高，油膜厚，承载能力大，对弹性流体动力润滑有利。但黏度高，产生的摩擦阻力也大，会消耗较多动力能源。随着科技的发展，油品中加有各种极压抗磨剂、油性剂，以保证足够的润滑性能。在北美、西欧普遍采用低黏度的多级齿轮油，使变速器、驱动桥齿轮工作处于混合润滑，既有弹性流体动力润滑，又有边界润滑。

(4) 适时更换齿轮油。与发动机机油一样，任何使用性能等级的车辆齿轮油，在使用中其质量是不断下降的，当其主要性能不能满足使用要求时，就应该果断地更换齿轮油。

《重负荷车辆齿轮油(GL-5)换油技术要求和试验方法指标》(GB/T 30034—2013)，见表 3-13。当使用中的重负荷车辆齿轮油有一项指标达到换油指标时，就应该更换新油。

表 3-13　重负荷车辆齿轮油(GL-5)换油技术要求和试验方法

项　目	换油指标	试验方法
100℃运动黏度变化率/%　　　　>	+10～-15	GB/T 265
酸值(变化值，以 KOH 计)/(mg/g) >	±1	GB/T 7304
正戊烷不溶物/%　　　　　>	1.0	GB/T 8296B 法
水分/(质量分数)%　　　　>	0.5	GB/T 260
铁含量/(μg/g)　　　　>	2000	GB/T 17476、ASTM D6595
铜含量(μg/g)　　　　>	100	GB/T 17476、SH/T 0102 ASTM D6595

(5) 换用不同牌号车辆齿轮油时，一定要将原用车辆齿轮油趁热放出，并将齿轮箱清洗干净后再注入新油。

(6) 加油量要适当，不能过多或过少。

加油过多，会增加齿轮运转时的搅拌阻力，造成能量损失；加油过少，会造成润滑不良，加速齿轮磨损。应经常检查齿轮箱渗漏情况，保证各油封、衬垫完好。

(7) 车辆齿轮油的使用寿命较长，消耗量较少，只要按时补充新油，一般可行驶 30000～50000km。如果使用单级油，在换季维护时，应换用不同的黏度级号。若放出的旧油尚未达到换油指标，应妥善保管，严防水分和机械杂质混入，以便下次换油时使用。

3.2.3　汽车自动变速器油及其选用

自动变速器主要由液力变矩器、齿轮机构、液压控制机构、湿式离合器和制动器等组成，它们均采用同一油路供油，自动变速器中的油通常称为自动变速器油(Automatic Transmission Fluid，ATF)。自动变速器油需要同时满足液力传动油、液压油、齿轮油等多种油的功能，这就要求油的配方研制具有多方平衡才能达到，可以说自动变速器油的技术含量较其他车辆用油而言是最高的。

1. 自动变速器油的使用性能

自动变速器油由基础油和添加剂配制而成，其使用性能主要有：黏度特性、抗磨性、热氧化安定性、抗泡沫性、剪切安定性、贮存安定性、摩擦特性、与密封材料适应性和防锈防腐性等。

1) 黏度和黏温特性

自动变速器油作为动力传递介质，通常黏度越小，液力变矩器传动效率越高。但黏度过小又会导致液压系统的泄漏增加。作为自动控制的液压油、齿轮和轴承润滑的齿轮油，要求油保持一定的黏度。由于自动变速器工作正常与否与油的黏度有极大关系，因此黏度便成为自动变速器油最重要的使用性能之一。

自动变速器油的使用温度范围为-40～170℃，这就要求油应具有良好的低温性能(低温流动性)和高温性能(高温、高压下保持合适的黏度)。为保证工作时油的黏度变化不致过大，要求油具有良好的黏温特性，即较高的黏度指数(＞140)，常用自动变速器油的黏度参考值，见表 3-14。为兼顾高温和低温工况对黏度的不同要求，一般将 100℃时自动变速器油的运动黏度控制在 7 mm²/s 左右。

表 3-14　常用自动变速器油的黏度参考表

自动变速器油的种类		DEXRON	DEXRON-Ⅱ	F	MERCON
运动黏度/(mm²/s)	40℃	41.43	34.81	32.57	42.03
	100℃	7.51	6.94	6.91	8.02
黏度指数		150	165	180	167

2) 抗磨性

自动变速器内的齿轮、轴承也要用自动变速器油润滑，所以自动变速器油必须有良好的抗磨性。为了提高其抗磨性，油中通常都加有抗磨添加剂。

3) 热氧化安定性

试验结果表明：轿车自动变速器油温在市区行驶时可达 93.0～111.7℃，在高速公路上行驶时可达 82.2～87.8℃。自动变速器油在工作中又不断与空气及铝、铜等有色金属接触，油容易产生氧化变质。因此，自动变速器油中必须加入抗氧化剂以确保具有良好的热氧化安定性。

4) 抗泡沫性

自动变速器油由于自动变速器内部零部件的旋转搅拌而形成泡沫，使其润滑性能变弱，气泡的可压缩性还将影响液压控制的准确性、变矩器的性能等。泡沫形成严重时，执行机构中的离合器和制动器会出现打滑，引起机件磨损甚至烧毁。为防止此类问题的发生，在油中加入抗泡沫添加剂，以降低油的表面张力，尽量避免气泡的形成，并限制气泡形成后的存留时间。常用的烷基聚硅氧烷类(也称硅酮类)抗泡沫剂不但有好的抗泡沫作用，同时对油的热稳定性和清净分散性都有明显的提高。

5) 剪切安定性

自动变速器油在液力变矩器中会受到强烈的剪切，若黏度下降，油压将降低，会导致离合器、制动器打滑，因此要通过严格的剪切试验。

6) 贮存安定性

含有多种添加剂混合组分的自动变速器油，其相容性是主要的，要保证在一定温度范围内和一定时间应该均相，且没有分解，而且各成分不应该出现分层或析出等现象。

7) 摩擦特性

自动变速器油的摩擦特性(换挡特性)包括动摩擦特性和静摩擦特性，摩擦特性在很大程度上是由摩擦改进剂决定的。自动变速器油是否含有摩擦改进剂，虽然对油动摩擦系数的影响不大，但其造成的静摩擦系数差异却是极为明显的，例如，含有摩擦改进剂的油静摩擦系数就远低于后一类。如果动摩擦系数小，离合器接合时滑转大，换挡时间长；如果静摩擦系数过大，在离合器接合的最后阶段转矩变化剧烈，有异响，换挡冲击大。

8) 与密封材料的适应性

自动变速器油不应使自动变速器中的丁腈橡胶、丙烯橡胶、硅橡胶等密封材料有明显的膨胀、收缩和硬化，否则会产生漏油和其他危害。

此外，自动变速器油还应有防腐防锈性。

2. 自动变速器油的常用品种

美国、日本和欧洲各大汽车公司普遍集中使用通用汽车公司的 DEXRON 系列、福特汽车公司的 F 型和 MERCON 系列三大类的自动变速器油，下面分别予以简要介绍。

1) 通用汽车公司的 DEXRON 系列自动变速器油

Type A 是通用汽车公司于 1949 年首次在全球研发出的 ATF。DEXRON 是通用汽车公司于 1967 年研发出的 ATF，也是全球最具影响力的 ATF 标准。DEXRON Ⅱ 是通用汽车公司 1972 年研发出的第二代 ATF，在黏度和抗氧化方面有所改进，可以替代 DEXRON。DEXRON ⅡE 是通用汽车公司 1990 年研发出的改良型 ATF，主要是应付当时各车厂推出的电控变速箱。DEXRON Ⅲ 是通用汽车公司 1993 年研发出的第三代 ATF，适合于早期的电控变速箱。DEXRON ⅢH 是通用汽车公司 2003 年在 DEXRON Ⅲ 基础上改良的高效抗磨 ATF，逐步取代 DEXRON Ⅲ。DEXRON Ⅵ 是美国通用汽车公司 2005 年研发出的 ATF，主要应用于 6-7 速的电控变速箱，可以替代 DEXRON Ⅲ、DEXRON ⅢH。

DEXRON 系列越往后，质量等级越高，越能满足不同自动变速器的要求，并且符合的自动变速器性能要求更高。

2) 福特汽车公司的 F 型和 MERCON 系列自动变速器油

福特汽车公司在 1959 年研发出不含摩擦改进剂的 F 型自动变速器油，与以前的 A 型油相比，黏度有所改进，抗氧化能力更强。

MERCON 是福特汽车公司 1983 年研发出的一种含有摩擦改进剂的 ATF，可替代早期的 ATF，但不能替代 F 型。MERCON Ⅴ、MERCON Ⅵ是福特汽车公司分别于 1997 年、2006 年研发出的 ATF。

3. 自动变速器油的选用

自动变速器油的用油规格、加油方法与加油量以及换油周期，均应严格遵守汽车厂商规定。否则，自动变速器不但容易发生故障，而且会影响自动变速器的性能发挥和使用寿命。

1) 自动变速器油的选择

按照汽车使用说明书的规定，选用适当规格的自动变速器油。

2) 自动变速器油的使用

必须使用规定的自动变速器油，按规定方法经常检查油面高度，按规定周期进行换油，换油时必须同时清洗油冷却器和滤清器。

(1) 使用原厂油或推荐油，不能错用也不能混用。

不同制造厂家的自动变速器，所使用的自动变速器油是不同的。

DEXRON 和 MERCON 两大主流系列油含有摩擦改进剂，F 型油不含有摩擦改进剂，随意换用会引发一些不良的后果。含有摩擦改进剂的油，其动摩擦系数较高而静摩擦系数有所下降，因而原设计考虑使用这种油品的自动变速器，离合器的摩擦片数目要稍多些，制动带尺寸要稍大些。一旦这类自动变速器误用了 F 型油，使用过程中便会出现换挡冲击过大的问题，同时自动变速器内部某些零件的工作载荷加大，造成零部件损坏等后果。反之，当原设计使用 F 型油的自动变速器误用 DEXRON 系列和 MERCON 系列油时，在车辆上坡等需要大扭矩传动的工况下，内部滑动摩擦显著增加，离合器和制动器摩擦材料的磨损加剧，使用寿命大幅度下降。

(2) 油面高度的检查。

为保证自动变速器可靠性及寿命，其内部的油面高度有明确的规定。一般来说，设计人员确定油面高度时所依据的原则是当自动变速器内部的液力变矩器、各处油道和油缸均充满油液后，变速器油底壳中的油面高度不应高于行星齿轮变速器回转零部件的最低位置，同时又必须高出阀体与自动变速器壳体安装的接合面。这样做的目的是防止自动变速器工作时，其内部的旋转零部件产生强烈的搅油，使大量气泡进入油中而加速油的氧化失效；同时又可防止含有大量气泡的油被吸入或变速器壳体内的空气直接经阀体与壳体接合面密封不良处渗入液压控制系统，影响系统的正常工作。

若油面低于标准，油泵会吸入空气，导致空气混入油中，降低液压系统的工作压力，使各控制滑阀和执行元件动作失准，操纵失灵，使离合器、制动器的摩擦材料早期磨损，同时还会加速油的氧化变质。当油面过低时，运动件不能充分可靠的润滑，还有可能因过热而引发运动件卡滞。若油面过高时，会由于机械搅拌而产生大量泡沫，这些泡沫进入液压控制系统，会引发与油面过低而产生的同样问题。若控制阀体浸没于油中，则液压管路中的离合器、制动器的泄油口会被油阻塞，施加于离合器、制动器的油压就不能完全释放或释放速度太慢，使离合器、制动器动作迟缓。在坡路上行驶时，过多的油在油底壳中晃动，有时会导致从加油管往外窜油，容易引起发动机罩内起火，这是很危险的。

自动变速器的生产厂家不同，油面高度的检查条件也不同，油尺的刻度标准也不完全相同。检查时一般都要求：自动变速器处于热状态(油温为 70～80℃)，汽车停放在水平路面上并拉紧驻车制动器，发动机怠速运转。踩下制动踏板，将自动变速器的选挡操纵手柄在各挡位轮换停留短时间，使油充满液力变矩器和所有执行元件。发动机熄火，将选挡操纵手柄拨至停车挡(P)位置，这样就可保证自动变速器中的液力变矩器和各处油道及油缸均充满油。转动油尺至非锁止位置，将其自套管中抽出并用干净的抹布擦干净，再将油尺完全插入套管后，重新抽出油尺，检查油尺上油的位置应位于"HOT"("热态")范围内。若此时油的位置低于上述范围的下限，则应添加原厂规定品牌及型号的油至热态范围的上限处。需要注意的是，虽然油尺上有"COOL"(冷态)范围，但它只是在换油或发动机未运转时作为参考之用，以便在发动机处于冷态时大致了解油面高度是否正常，而"HOT"(热态)范围才是标准的。

一般情况下，检查时不会出现油面位置过高的现象，除非发生了以下两种情形：一是汽车长时间高速行驶或长时间拖挂其他车辆后，使油温过分升高导致油面异常：二是液力变矩器油出口处的单向阀故障，致使停车后液力变矩器中的油泄到油底壳中。对前一种情形，可在停车一定时间后油的温度降至正常后再检查：对后一种情形，则应及时采取措施排除故障。

(3) 油质的检查。

自动变速器油质的检查，可用检测仪器进行检查。如无检测仪器时，可从外观上判断。对于石油基自动变速器油，正常情况下呈清亮透明的红色，被水或发动机冷却液污染后呈现一种乳状的粉红色，过热后有一股焦煳味，长期使用后被各种杂质和污物污染呈现深褐色、棕色。自动变速器油质变化现象与其原因，见表 3-15，以供参考。在使用半合成或全合成油时，气味和颜色往往并不能准确地表明油的状况。

表 3-15　自动变速器油质变化现象与原因

现　象	原　因
颜色发白、浑浊	水分已进入油中
黑色、发稠，油尺上有胶质油膏	油温过高
深褐色、棕色	油使用时间过长；长期高负荷运转或某些部件打滑、损坏，引起自动变速器过热
油中出现固体残渣	离合器片、制动带和单向离合器磨损严重
油中有烧焦味	油温过高，油面过低；油冷却器、滤清器或管路堵塞

(4) 油温和通气管的检查。

油温的主要影响因素有液力变矩器故障、离合器与制动器打滑或分离不彻底、单向离合器打滑及油冷却器堵塞等。因此，必须按规定正确操纵自动变速器，保证自动变速器技术状况良好。行车途中应注意检查自动变速器壳体的温度是否正常，若发现温度过高，应立即停车检修。

自动变速器过热而引起油变质时，应首先检查油面高度是否合适。若油面高度合适，油仍过热，则应更换自动变速器油；若换油不能奏效，就需要检查管路是否堵塞；若仍然难以奏效，就需要全面检修自动变速器。

此外，还应注意检查自动变速器壳体上的通气管是否畅通，以防被污泥堵塞，不利于自动变速器内的气压平衡。

(5) 及时换油。

自动变速器油使用一定里程或时间后，其各项理化指标均发生明显变化，当其不能满足使用要求时，就必须及时更换。

一般情况下，汽车制造厂商均为自己生产的汽车制定了相应的换油周期。如果汽车使用条件一般，建议按照汽车使用说明书的规定定期更换。如果汽车的使用条件和工况良好，油液清澈、杂质稀少(可用肉眼观察)，可适当延长换油周期。

LS400 型轿车自动变速器油的检查与换油周期，见表 3-16。

表 3-16　LS400 型轿车自动变速器油的检查与换油周期

周　期	1000 km	10	20	30	40	50	60	70	80
	月	6	12	18	24	30	36	42	48
作业项目	正常使用		检查		更换		检查		更换
	非正常使用	检查	更换	检查	更换	检查	更换	检查	更换

表 3-16 中所列的检查作业包括油面高度的检查及必要时油的补充，而且丰田汽车公司提出，检查时若发现油有烧焦气味或油色变黑，则应予以更换。

自动变速器换油一般流程如下。

① 换油前，自动变速器处于热状态(油温 70～80℃)，以降低油的黏度确保油内杂质和沉淀物随油一起排出。

② 汽车停放在水平路面上，选挡操纵手柄拨至停车挡(P)位置，并拉紧驻车制动器，发动机熄火。

③ 拆下油底壳上的放油螺塞，将油底壳内的油放净，视情况拆下油底壳，彻底清洗油底壳和过滤器滤网，并将油冷却器用汽油冲洗干净，然后将油底壳和放油螺塞安装好。

④ 一般使用条件下，滤清器纸质或毛毡的滤芯至少应每隔 40000km 更换一次。而对新型的合成材料滤网，为清除附在其上的杂质，可按上述周期取出并在溶剂中清洗，但不能将它浸泡在化油器清洗剂中。若滤清器滤网有破裂、划痕、堵塞或无法除去的漆状物，则必须同时更换滤清器。

⑤ 加油时，应使发动机处于熄火状态，先从加油口注入预定数量的油后，方可起动发动机，并将选挡手柄经所有挡位后回到停车挡(P)位置。与此同时，保持发动机怠速运转，然后检查油面高度。如果加油时油面高于规定的高度，不应勉强使用，而应拧开放油螺塞进行放油；如果没有放油螺塞，可从加油口处用吸管或其他器具吸出多余的油。

从自动变速器的换油机构来看，美、日、欧车系中，有些车有放油螺塞，可以卸下放油螺塞放油，换油率达 40%；有些车没有放油螺塞，可以卸下油底壳放油，换油率在 50%到 60%左右。目前，有专用的自动变速器清洗换油设备，用此设备换油既可将自动变速器彻底清洗，又可将旧油全部换出。

3.2.4　汽车润滑脂及其选用

润滑脂的主要作用是润滑、防护和密封等。绝大多数润滑脂是半固体，在常温下能保持自己的状态，在垂直表面不流失，并能在敞开或密封不良的摩擦部位工作，能解决润滑油难以解决的问题。因此，在汽车上的诸多部位不宜用液体润滑剂，如轮毂轴承、传动轴花键、转向横拉杆球头销等，都使用润滑脂润滑。

润滑脂是将稠化剂分散到液体润滑油中形成的润滑剂，实际上是一种稠化了的润滑油。为了改善润滑脂的某些性能，可以加入一些其他组分(如添加剂或填料等)。润滑脂主要是由基础油(润滑液体)、稠化剂和添加剂等组成。

1. 润滑脂的使用性能

1) 稠度

稠度是指像润滑脂一类的塑性物质在受力作用时抵抗变形的程度，表示润滑脂的软硬程度。润滑脂应具有适当的稠度。稠度的评价指标是锥入度。

在试验条件下(按 GB/T 269 进行)，规定质量的标准圆锥体在 5s 内沉入润滑脂中的深度，叫作润滑脂的锥入度，以 0.1 mm 为单位。

锥入度越大，表示润滑脂越软或者稠度越小；锥入度越小，表示润滑脂越硬或者稠度越大。

润滑脂的锥入度也和润滑油的黏度一样，随温度变化而变化。温度升高，锥入度增大；温度降低，锥入度减小。另外，锥入度还受机械剪切的影响。润滑脂受机械剪切的次数越多，由于骨架结构受到破坏，润滑脂变软，锥入度增大。所以，测定润滑脂锥入度时，规定润滑脂搅动 60 次，这时的锥入度称为工作锥入度。搅动超过 60 次测定的锥入度，称为延长工作锥入度。润滑脂在尽可能少的搅动下测定的锥入度，称为不工作锥入度。

润滑脂的稠度级号就是根据润滑脂锥入度的范围来划分的。我国和国际上广泛采用的是美国润滑脂协会的(NLGI)的稠度级号划分方法，见表 3-17。

表 3-17　按锥入度划分的润滑脂级号

NLGI 级号	000	00	0	1	2	3	4	5	6
工作锥入度范围(25℃)/(1/10 mm)	455～475	400～430	355～385	310～340	265～295	220～250	175～205	130～160	85～115

选择润滑脂时，应考虑润滑脂锥入度的大小。当机械摩擦表面负荷很大时，应使用锥入度小的润滑脂，否则会因不能承受所受负荷而被挤出；如果摩擦表面负荷很小时，应采用锥入度大的润滑脂，否则不易形成完整的油膜，或者增加摩擦阻力，而且容易引起机件过热。通常，2 号、3 号润滑脂因其软硬程度比较适合汽车的使用要求而用得最多。

2) 高温性能

润滑脂的高温性能评价指标有：滴点、蒸发性。

(1) 滴点。

润滑脂的滴点是指在规定条件下，润滑脂受热变软达到一定流动性时的最低温度。

润滑脂滴点的高低，主要取决于稠化剂的种类和含量。稠化剂的种类不同，润滑脂的耐温性也不同。无机稠化剂和有机稠化剂的润滑脂滴点最高，其次是锂基润滑脂、钠基润滑脂、钙基润滑脂，工业凡士林最差。

用同一种稠化剂制成的润滑脂，稠化剂含量越多，润滑脂的滴点越高。

滴点与润滑脂的使用温度有关。如果润滑部位的工作温度高于润滑脂的滴点，润滑脂就会丧失对金属表面的黏附能力而从润滑部位流失。为了保证润滑脂能在润滑部位长期工作而不流失，选用润滑脂时，其使用温度应低于滴点 20～30℃或更低。

(2) 蒸发性。

润滑脂的蒸发性表示润滑脂在高温条件下长期使用时，润滑脂油分挥发的程度。蒸发性越小越理想。影响蒸发性的内因是基础油的种类和黏度，外因是温度和压力。外部压力越小，润滑脂的蒸发量越大。润滑脂的蒸发性主要取决于基础油的性质和馏分组成。

3) 低温性能

润滑脂低温性能的评定指标有：强度极限、相似黏度和低温转矩。

(1) 强度极限。

润滑脂是半固体状的物质，所受的外力如果不大，它只会塑性变形，而不会流动。当外力逐渐加大，达到某一临界值时，润滑脂开始流动，使润滑脂产生流动所需的最小的力，称为润滑脂的强度极限。

强度极限对润滑脂的使用有重要意义。如果润滑脂的强度极限过小，在不密封的摩擦部件或垂直面上使用时，容易流出或滑落；在高速旋转的机械中，也会被离心力甩出。此外，润滑脂的高、低温使用性能也和强度极限有关。在高温下，润滑脂的强度极限会减小，如果减得过小，则润滑脂容易流失；在低温下，润滑脂的强度极限也不应过大，否则，会使机械起动困难，或消耗过多的动力。因此，规定润滑脂在较高温度下强度极限不小于某一数值，在低温下强度极限不大于某一数值。大部分润滑脂在使用温度范围内强度极限为 98～294Pa(1～30 g/cm^2)。强度极限与稠化剂的性质和含量有关，稠化剂的含量增多，润滑脂的强度极限也增大。低温用润滑脂稠化剂的含量应较少，以免低温强度极限过大。

(2) 相似黏度。

润滑脂在所受外力超过它的强度极限时，就会产生流动。润滑脂流动的难易，与其分子间摩擦阻力有关，其摩擦阻力的大小也用黏度表示。

润滑脂流动时的黏度和一般润滑油的黏度有区别。一般润滑油的黏度在一定温度下是个常数，润滑脂流动时的黏度在一定温度下却不是常数，而是随着润滑脂层间剪切速率的改变而改变。剪切速率小，则黏度大；剪切速率大，则黏度小。当剪切速率很大时，其黏度小到一定程度则保持恒定，称为相似黏度(也称表观黏度)。相似黏度影响起动阻力、功率损失以及润滑脂进入摩擦面间隙的难易程度。

需要注意的是，在说明润滑脂的相似黏度时，必须注明测定时的温度和剪切速率(单位为 s^{-1})，否则没有意义。相似黏度用 Pa·s 表示。

(3) 低温转矩。

低温转矩按《滚珠轴承润滑脂低温转矩测定法》(SH/T 0338)，在低温(-20℃以下)测定起动转矩和运转转矩。它可说明润滑脂在低温下运转阻力的大小。

4) 抗水性

润滑脂的抗水性是指润滑脂在大气湿度条件下的吸水性能，要求润滑脂在贮存和使用中不具有吸水的性能。润滑脂吸水后，会使稠化剂溶解，出现润滑脂滴点降低，引起腐蚀。

5) 润滑性(极压抗磨性)

润滑脂是不同于润滑油的一种半固体润滑剂，稠化剂的种类和含量对润滑脂的润滑性有明显的影响，而且润滑脂的润滑性能比润滑油好得多。

涂在相互接触的金属表面间的润滑脂所形成的脂膜，能承受来自轴向与径向的负荷，脂膜具有的承受负荷的特性称为润滑脂的极压性。润滑脂通过保持在运动部件表面间的脂膜，防止金属与金属相接触而磨损的能力称为抗磨性。

6) 安定性

润滑脂的安定性包括胶体安定性、氧化安定性和机械安定性。

(1) 胶体安定性。

润滑脂在贮存和使用中抑制分油的能力，叫作润滑脂的胶体安定性。若制成的润滑脂在相当短的时间内就产生分油，说明这种润滑脂的胶体安定性差；反之，经较长时间的贮存也不分油的润滑脂，其胶体安定性好。如果某种润滑脂的胶体安定性不好，分油严重，那么这种润滑脂就不宜长期贮存。发现润滑脂有轻度分油时，可将其搅拌均匀后尽早使用。从润滑角度来说，润滑脂在使用中有轻微的分油，对滚动轴承的润滑是有好处的。如果润滑脂已经严重分油，改变了原来的结构，这种润滑脂就不能再使用，应进行再生处理。

(2) 氧化安定性。

润滑脂的氧化安定性是指润滑脂在贮存和使用过程中抵抗氧化的能力。

严重氧化的皂基润滑脂，颜色变深，有恶臭，对金属产生腐蚀，变软(皂分解)或结块等。其主要原因是皂结构受到破坏并产生酸性物质。

(3) 机械安定性。

机械安定性(剪切安定性)是指润滑脂在工作条件下抵抗稠度变化的能力。润滑脂在工作时，由于受到剪切，稠度会发生改变，如果剪切后稠度变化小，则机械安定性好。

7) 橡胶配伍性

在汽车上，有些润滑部位的润滑脂会与橡胶密封元件接触。由于受到润滑脂的作用，橡胶密封元件有的收缩，有的膨胀，从而影响橡胶密封件的正常工作。

8) 机械杂质与水分

(1) 机械杂质。

润滑脂中的机械杂质主要是指磨损性的机械杂质，如砂粒、尘土、铁锈、金属屑等。润滑脂中混入机械杂质后很难清除，会造成润滑部位的严重磨损，要严格控制。

(2) 水分。

润滑脂中的水分有两种：一种是游离水，它会引起金属生锈；另一种是结合水，它是润滑脂的胶溶剂。不同的润滑脂，含水量不同。通常，烃基润滑脂不允许含水分，皂基润滑脂的含水量也有不同的规定。但有些润滑脂本身具有一定的吸水性，如钠基润滑脂、硅胶润滑脂等，对这类润滑脂应密封保管。

2. 润滑脂的分类

国际标准组织 ISO 于 1987 年提出了润滑脂分类的国际标准 ISO 6743-9：1987，该标准按照润滑脂应用场合的最低使用温度、最高使用温度、抗水和防锈水平、极压抗磨性能和稠度等级等状况对润滑脂进行了分类。

我国润滑脂的分类参照国际 ISO 的分类方法，制定了国家标准 GB/T 7631.8—1990。这种润滑脂分类方法的主要内容见表 3-18 和表 3-19。它是根据润滑脂的操作条件(如温度、负荷、水污染)对润滑脂进行划分的。润滑脂的稠度等级按工作锥入度的范围进行划分，可分为 000、00、0、1、2、3、4、5、6 九个等级，见表 3-18。

表 3-18　汽车润滑脂按使用性能的分类代号

适用范围	使用要求							
	操作温度范围				水污染③	字母4	负荷 EP	字母5	稠度等级	标记
	最低温度①/℃	字母2	最高温度②/℃	字母3						
用润滑脂的场合	0 -20 -30 -40 <-40	A B C D E	60 90 120 140 160 180 >180	A B C D E F G	在水污染的条件下，润滑脂的抗水性和防锈性	A B C D E F G I	在高负荷或低负荷下，表示润滑脂的润滑性和极压性，用 A 表示非极压型脂，用 B 表示极压型脂	A B	000 00 0 1 2 3 4 5 6	一种润滑脂的标记是由代号字母 L-X(即字母 1)与其他 4 个字母(即字母 2、字母 3、字母 4、字母5)及稠度等级号组成的

注：①设备起动或运转时或者泵送润滑脂时所经历的最低温度。
②在使用时，被润滑部件的最高温度。
③见表 3-19。

表 3-19　汽车润滑脂水污染(抗水性和防锈性)代号的确定

环境条件①	防锈性②	字母 4	环境条件①	防锈性②	字母 4
L	L	A	M	H	F
L	M	B	H	L	G
L	H	C	H	M	H
M	L	D	H	H	I
M	M	E			

注：① L 表示干燥环境；M 表示静态潮湿环境；H 表示水洗。
② L 表示不防锈；M 表示淡水存在下的防锈性；H 表示盐水存在下的防锈性。

【例1】L-XCCHA2 的含义。

L——类别(润滑剂);

X——组别(润滑脂);

C——最低操作温度(-30℃);

C——最高操作温度(120℃);

H——水污染(经受水洗,淡水能防锈);

A——极压性(非极压型润滑脂);

2——数字(稠度等级:2)。

【例2】一种润滑脂,适用于下述操作条件。

最低操作温度:-20℃;

最高操作温度:160℃;

环境条件:经受水洗;

防锈性:不需要防锈;

负荷条件:高负荷;

稠度等级:00。

则这种润滑脂的代号应为:L-XBEGB00。

3. 润滑脂的选择和使用

要正确合理地选用润滑脂,除需要了解各种润滑脂的特性外,还必须考虑润滑脂的工作温度、转速、负荷、工作环境、加注方式等因素。

1) 润滑脂的选择原则

根据汽车使用说明书中的规定,选择与润滑部位的操作条件相适应的润滑脂。具体的选择原则如下。

(1) 最低操作温度和最高操作温度。

被润滑部位的最低操作温度应高于所选润滑脂的低温界限,否则在起动和运转时,将会造成摩擦和磨损增加。被润滑部位的最高操作温度应低于所选润滑脂的高温界限,否则易发生润滑脂的流失而失去润滑作用。被润滑部位的最高操作温度也不能离滴点太近,要比滴点低 20～30℃或更低,否则会因基础油蒸发,氧化加剧,造成润滑脂寿命缩短。

(2) 水污染。

水污染的选择主要取决于润滑脂适用的环境条件和对防锈性的要求。

潮湿或易与水接触的部位,不宜选择钠基润滑脂,甚至不可以选用锂基润滑脂。因为钠基润滑脂抗水性较差,遇水容易变稀流失和乳化。有些部位用锂基润滑脂也无法满足要求,如立式水泵的轴承经常浸泡在水中,用锂基润滑脂也会发生乳化,寿命很短,轴承很容易损坏。在这样的部位应当选用抗水性良好的复合铝基润滑脂或脲基润滑脂。

(3) 负荷。

根据润滑脂工作负荷高低的不同,分别选用非极压性或极压性润滑脂。

(4) 稠度级号。

稠度级号的选择与环境温度、转速、负荷、润滑脂加注方式都有关系。

一般高速低负荷部位，应选用稠度级号低(稠度小)的润滑脂，而在环境温度偏高时，稠度级号可提高一级。

润滑脂的加注方法，有人工加注和泵集中加注。涂抹或填充、润滑脂枪加注、润滑脂杯加注等都为人工加注，如轮毂轴承、钢板弹簧、钢板弹簧销等润滑脂的加注。采用人工加注的部位，在选择润滑脂时主要应考虑它的稠度，一般为 1～3 号稠度的润滑脂，最好选用 2 号稠度的润滑脂，这样加注比较容易，其寿命也较长。有些汽车加注润滑脂时采用集中加注法，通过管道向这些部位定时定量压送润滑脂进行润滑。为了加注方便，不致使泵压过大，润滑脂的稠度一般为 1～0 号，最好选用 0 号稠度的润滑脂。

汽车润滑脂的选择见表 3-20。

表 3-20　汽车润滑脂的选择

润 滑 脂	应 用 部 位
汽车通用锂基润滑脂或 2 号通用锂基润滑脂	轮毂轴承、水泵轴承、起动机轴承、发电机轴承、离合器分离轴承和底盘用脂润滑部位
石墨钙基润滑脂	钢板弹簧
工业凡士林	蓄电池接线柱

2) 润滑脂的使用

在使用润滑脂的过程中应注意以下几点。

(1) 在使用润滑脂时，不同稠化剂制成的润滑脂不能掺混，否则可能破坏其胶体结构而使其失去原有的性能。对于不同种类的极压润滑脂，由于所加极压剂是活性物质，很可能相互反应变成腐蚀零件的物质，更不应混用。换用新润滑脂时，须将旧的润滑脂擦除干净，否则会加速新润滑脂的氧化变质。

(2) 在润滑脂的保存和使用过程中，应严防水分、沙尘等外界杂质的侵入，尽可能减少润滑脂与空气的接触。

(3) 推广使用空毂润滑。

过去汽车轮毂轴承均采用满毂润滑方式，即除轴承装满润滑脂外，轮毂内腔也都加满润滑脂。这样一是润滑脂用量增加，造成浪费；二是轮毂中过量的润滑脂在行车过程中，通常不可能补充到轴承滚道里而只能使轴承散热困难，因温度升高而流失的润滑脂甚至漏失到制动摩擦副上而影响制动效果，造成制动失灵。为此，汽车轮毂轴承推行空毂润滑，即在内、外轴承内填满润滑脂，轮毂空腔仅涂上极薄的一层润滑脂防锈即可。空毂润滑与满毂润滑相比，有利于安全行车、节约润滑脂用量和动力消耗。

(4) 尽量使用低稠度润滑脂。用 1 号或 2 号润滑脂较使用 3 号润滑脂可节约用脂量和动力消耗。

(5) 润滑脂"无滴点"并不代表耐高温。

滴点是判定润滑脂使用最高温度的一个参考数据，一般润滑脂使用温度均比其滴点低 30℃左右。滴点是一种条件试验结果，只能表示在统一的试验条件下，某种脂熔化或变软而滴落的温度，并不能完全代表其实际的使用温度，而只能作为参考。

对于新开发的无滴点脂，它采用无机物(如炭黑、硅胶等)或有机物(如颜料、染料、聚脲及聚四氟乙烯等)作稠化剂生产的润滑脂均"无滴点",但并不代表它可耐高温。因为决定润滑脂使用温度的关键有两方面:一是基础油,在温度升高时会发生氧化变质,同时伴有蒸发而损失;二是稠化剂,有可能不耐高温而变质。一般而言,润滑脂是否耐高温受基础油性质制约性大些。一般矿物油可耐 120～150℃的使用温度,短时间内可承受 180℃的高温,而合成油则可耐更高的温度。所以,用矿物油制成的无滴点润滑脂并不见得可耐高温,在汽车上的使用效果是否良好,还需看其他性能是否良好,是否符合使用条件。

(6) 一般应按使用说明书的规定定期更换润滑脂。如解放 CA1091 型汽车要求每行驶 2000km 向水泵轴承、离合器踏板轴、制动踏板轴、传动轴各点、前后钢板弹簧销、转向主销、转向拉杆等各润滑点加注润滑脂。但在使用过程中,若润滑脂发生严重析油、分层与软化流失时必须及时更换。

3.3　汽车特种液及其选用

汽车特种液是指制动液、冷却液、风窗玻璃清洗液、空调制冷剂等,本节主要介绍制动液与冷却液。

3.3.1　汽车制动液及其选用

在轿车和轻型汽车上广泛采用液压行车制动系统。制动液(brake fluid),也称为刹车油或刹车液,是用于液压行车制动系统中传递压力,使车轮制动器实现制动作用的一种功能性液体。其制动工作压力一般为 2MPa,有些重型车、赛车等高达 4～5MPa。随着汽车技术的不断提高,对制动液的性能要求也越来越高。由于制动液性能指标的高低直接关系到车辆的行驶安全,因此必须按照汽车技术性能要求,选用相应等级的制动液。

1. 制动液的类型与组成

随着制动液的发展,制动液经历了蓖麻油醇型制动液、矿物油型制动液和合成型制动液三大类。

合成型制动液主要有三种类别,即醇醚型、酯型和硅油型。其中,酯型制动液又分为羧酸酯型制动液和醇醚硼酸酯型制动液;硅油型制动液分为硅酮型制动液和硅酯型制动液。合成型制动液由基础液、稀释剂和添加剂组成。

2. 制动液的使用性能

1) 高温性能

现代汽车行驶速度越来越快,为了保证汽车在炎热的夏季或使用条件恶劣的山区等苛刻条件下行驶时,汽车液压制动系统能正常可靠地工作,制动及时灵敏,制动液必须具有优良的高温性能。

制动液的高温性能指标主要包括 100℃运动黏度、平衡回流沸点、湿平衡回流沸点、蒸发性和气阻温度五项指标。

(1) 100℃运动黏度。

国内、外各种合成制动液标准,对制动液在 100℃时运动黏度指标的要求都是相同的，即不小于 1.5mm²/s。制动液标准之所以要规定这一指标，主要是为了保证制动液在使用过程中，当温度升高到一定程度时，仍能保证制动液具有良好的润滑和密封性能，同时防止制动液在高温条件下的渗漏。

(2) 平衡回流沸点。

平衡回流沸点(Equilibrium Reflux Boiling Point，ERBP)是指在冷凝回流系统内与大气压平衡条件下，制动液沸腾的温度，简称为制动液的干沸点。

平衡回流沸点是制动液出厂检验时或在加入汽车制动系统使用前，在没有吸收水分情况下的耐高温性能指标，主要反映组成制动液的各种原料组分的沸点高低。

(3) 湿平衡回流沸点。

湿平衡回流沸点(Wet Equilibrium Reflux Boiling Point，WERBP)，又称为制动液的湿沸点，是指在规定的试验条件下，制动液吸收一定量的水分或加入一定量的水分后，测得的平衡回流沸点温度值。

合成制动液在贮存和使用过程中，与空气接触时很容易吸收空气中的水分。因此，与平衡回流沸点指标相比，湿平衡回流沸点指标更能反映制动液在实际使用过程中的耐高温性能状况。一般情况下，如果平衡回流沸点高，湿平衡回流沸点也应该较高，但它们的关系并不是呈线性关系变化。不同的制动液，其平衡回流沸点与湿平衡回流沸点指标相差较大。

通常情况下，只有平衡回流沸点越高，制动液的高温性能才可能越好。但并不是所有具有高平衡回流沸点的制动液，就一定具有优良的高温性能。只有在平衡回流沸点和湿平衡回流沸点都高的情况下，制动液才具有好的高温性能。

(4) 蒸发性。

制动液的蒸发性是指将规定量的制动液，在 100℃温度条件下，按规定方法经过一定时间恒温(如 168h)后，根据试验前后制动液的质量变化，计算其蒸发损失百分率；同时检查试验后的残液中有无砂粒或磨蚀物，并测定其在-5℃条件下的流动性。

制动液的蒸发性指标是控制制动液在一定温度条件下蒸发损失大小的指标。该指标对于制动液的润滑性能、使用寿命以及保证制动液在较高温度条件下使用时，制动系统正常、可靠工作都具有重要意义。

(5) 气阻温度。

在汽车制动过程中，摩擦产生的热量会使制动液的温度不断升高，当达到能使制动液开始汽化的温度时，就会产生一定量的气体，如果这时主泵活塞正好处于泄油位置，系统入口也敞开着，则生成的气体会迫使不可压缩的制动液返回到主泵贮液罐中。在这种情况下，若再次使用制动，主泵活塞压缩的除了制动液外，还有一部分可压缩的气体。当制动液产生的气体体积增大到一定程度时，即使主泵活塞移动到极限位置，仍不能产生足够大的压力去推动制动装置进行制动，导致制动失灵，这种现象就称为气阻，产生气阻时所测得的制动液温度就称为气阻温度(VLT)。

2) 低温性能

制动液的低温性能是指制动液在寒冷地区、极寒冷地区使用时，保证汽车制动系统正常工作，制动灵敏、可靠的能力。

国内、外制动液标准也对不同等级的制动液规定了相应的低温性能控制指标，这些性能指标主要包括低温(-40℃或-55℃)运动黏度、低温流动性和外观。

3) 抗腐蚀性和防锈性

在液压制动系统中与制动液接触的金属管路和元器件较多，并涉及多种金属元素。为了确保这些零部件长期正常、可靠地工作，一个重要条件是液压制动系统中的金属零部件不发生锈蚀、腐蚀，因此制动液必须具有优良的抗腐蚀性和防锈性。

4) 与橡胶的配伍性

在液压制动系统中，为了保证制动液不渗漏，并传递制动能量，使用了多种橡胶零部件。制动液在工作过程中会直接与这些橡胶部件相接触。

为了保证这些橡胶件正常工作，要求制动液具有良好的橡胶配伍性，对橡胶配件不能产生过度的软化、溶胀、溶解、固化和收缩作用。汽车制动系统的制动总泵和分泵中都有随活塞一起运动的橡胶皮碗，这些皮碗不仅要与缸壁紧密接触，以保证其良好的密封性，而且还要活动自如。绝不能因制动液的浸润，造成皮碗机械强度过分降低，体积、形状发生明显变化而失去应有的密封作用，从而影响制动能量的传递，更不能发生皮碗卡死、制动不能回位等导致制动失灵的现象。

5) 抗氧化性

制动液在制动系统中受高温和金属催化等因素的影响，会促使制动液氧化变质，为此，要求制动液具有优良的抗氧化性。制动液抵抗氧化衰变的能力称为抗氧化性。抗氧化性越好，制动液越不容易氧化变质，贮存期和使用期就长。

6) 溶水性

要求制动液吸水后能与水互溶，不产生分离和沉淀，主要用来评定水分对制动液性能的影响。

7) 液体稳定性

制动液的液体稳定性包括高温稳定性和化学稳定性两项指标。该指标主要用来反映制动液在一定试验条件下的物理和化学稳定性能。

高温稳定性是将 60mL 试验制动液加热到 185℃，恒温 2h 后，再升温测定其平衡回流沸点，用试验制动液恒温前的平衡回流沸点与恒温后测得的平衡回流沸点之差来评定制动液的高温稳定性能。

化学稳定性是将 30mL 试验制动液与 30mL 相容性液体混合后测定其平衡回流沸点，用开始沸腾回流后第一分钟内混合试液的最高温度与随后测得的平均沸点之差来评定制动液的化学稳定性。

8) 液体相容性

液体相容性主要用来评定试验制动液是否能与其他同类型的制动液混溶。该试验重点考察制动液之间的物理和化学相容性，如制动液与相容性液体进行混合后是否分层、沉淀等。

3. 汽车制动液的标准

美国制动液标准是世界上制定最早，也是目前最有影响力的制动液标准，包括美国汽车工程师协会制定的 SAE J1703、1704 和 1705 系列标准，美国联邦运输部制定的 FMVSS No.116 规格 DOT3、DOT4、DOT5 和 DOT5.1 系列标准以及美国军用标准 MIL-B-46176。

日本工业标准《非石油基机动车辆制动液》(JIS K 2233)是日本的制动液标准。

我国现行的制动液国家标准《机动车辆制动液》(GB 12981—2012)，从制动液生产和使用角度出发，全面规定了评价制动液综合性能的技术指标，是机动车辆制动液鉴定时应达到的质量水平，也是制动液生产厂家在生产过程中进行产品质量控制和国家质量技术监督部门规范制动液行业产品质量的技术依据。本标准系列的代号由汉语拼音字母和阿拉伯数字两部分组成。其中 H、Z 和 Y 分别为"合成""制动"和"液体"的第一个汉字的汉语拼音的首字母大写,阿拉伯数字作为区别本系列各等级的标记。如 HZY3、HZY4、HZY5 分别对应 DOT3、DOT4、DOT5 或 DOT5.1。《机动车辆制动液》(GB 12981—2012) 的技术要求和试验方法见表 3-21。

表 3-21　机动车辆制动液的技术要求和试验方法

序号	项　目		质量指标				试验方法
			HZY3	HZY4	HZY5	HZY6	
1	外观		清澈透明,无悬浮物、杂质及沉淀				目测
2	运动黏度/(mm²/s)						GB/T 265
	−40℃	不大于	1500	1500	900	750	
	100℃	不小于	1.5	1.5	1.5	1.5	
3	平衡回流沸点(ERBP)/℃	不低于	205	230	260	250	SH/T 0430
4	湿平衡回流沸点(WERBP)/℃	不低于	140	155	180	165	附录 Cᵃ
5	pH 值		7.0～11.5				附录 D
6	液体稳定性(ERBP)变化/℃						附录 E
	高温稳定性(185℃±℃,120min+5min)		+5				
	化学稳定性		±5				
7	腐蚀性(100℃±2℃,120h±2h)						附录 F
	试验后金属片质量变化/(mg/cm²)						
	镀锡铁皮		−0.2～+0.2				
	钢		−0.2～+0.2				
	铸铁		−0.2～+0.2				
	铝		−0.1～+0.1				
	黄铜		−0.4～+0.4				
	紫铜		−0.4～+0.4				
	锌		−0.4～+0.4				
	试验后金属片外观		无肉眼可见坑蚀和表面粗糙不平,允许脱色或出现色斑				
	试验后试液性能						
	外观		无凝胶,在金属表面无黏附物				
	pH 值		7.0～11.5				
	沉淀物(体积分数)/%	不大于	0.10				
	试验后橡胶皮碗状态						
	外观		表面不发黏,无炭黑析出				
	硬度降低值	不大于	15				
	根径增值/mm	不大于	1.4				
	体积增加值/%	不大于	16				

序号	项　目	质量指标				试验方法
		HZY3	HZY4	HZY5	HZY6	
8	低温流动性和外观 -40℃±2℃，144h±4h 外观 气泡上浮至液面的时间/s　　不大于 沉淀物 -50℃±2℃，6h±0.2h 外观 气泡上浮至液面的时间/s　　不大于 沉淀	清亮透明均匀 10 无 清亮透明均匀 35 无				附录G
9	蒸发性能(100℃±2℃，168h±2h) 蒸发损失(质量分数)/%　　不大于 残余物性质 残余物倾点/℃　　不高于	80 用指尖摩擦时，沉淀中不含有颗粒性砂粒和磨蚀物 -5				附录H[a]
10	溶水性(22h±2h) -40℃ 外观 气泡上浮至液面的时间/s　　不大于 沉淀 60℃ 外观 沉淀量(体积分数)/%　　不大于	清亮透明均匀 10 无 清亮透明均匀 0.05				附录I
11	液体相容性(22h±2h) -40℃±2℃ 外观 沉淀 60℃±2℃ 外观 沉淀量(体积分数)/%　　不大于	清亮透明均匀 无 清亮透明均匀 0.05				附录I
12	抗氧化性(70℃±2℃，168h±2h) 金属片外观 金属片质量变化/(mg/cm²) 铝 铸铁	无可见坑蚀和点蚀，允许痕量胶质沉积，允许试片脱色 -0.05～+0.05 -0.3～+0.3				附录J

续表

序号	项　目	质量指标				试验方法
		HZY3	HZY4	HZY5	HZY6	
13	橡胶适用性(120℃±2℃，70h±2h) 丁苯橡胶(SBR)皮碗 根径增值/mm 硬度降低值/IRHD　　不大于 体积增加值/% 外观 三元乙丙橡胶(EPDM)试件 硬度降低值/IRHD　　不大于 体积增加值/% 外观	0.15～1.40 15 1～16 不发黏，无鼓泡，不析出炭黑 15 1～16 不发黏，无鼓泡，不析出炭黑				附录 K
14	行程模拟性能(85000 次行程，120℃±5℃，7.0MPa±0.3MPa)	通过				附录 L[b]
15	防锈性能	合格				附录 M[b]

注：a 测试结果出现争议时，本标准推荐以 A 法的测试结果为准。

b 由供需双方协商确定。

4. 制动液的选择和使用

制动液的正确选择和使用是确保汽车制动系统安全、可靠工作以及制动及时、灵敏的重要环节，故对制动液的选用要慎重。

1) 制动液的选择

选择制动液时，应遵循以下原则。

(1) 根据气温、湿度和道路交通条件选择。例如，炎热的夏季，在山区、多坡或高速公路上行驶时，汽车制动强度大，制动液温度高，特别是在湿热条件下，一般应选用级别较高的制动液。

(2) 根据汽车速度性能，高速车辆，特别是高级轿车制动液的工作温度与一般货车相比要高，应使用级别较高的制动液。国产车使用进口制动液或进口车使用国产制动液，应根据其对应关系正确选择。

(3) 选用时应依据汽车使用说明书。选用的制动液等级不能低于汽车制造厂规定的制动液等级；可以选用比汽车制造厂规定的更高等级的制动液；所选用的制动液类型应与汽车制造厂规定的类型一致；应选用知名厂家生产的性能稳定、质量有保证的制动液。

2) 制动液的正确使用与维护

为了防止制动液在使用过程中受到其他污染物的影响或过度吸水后，造成汽车制动系统工作不可靠、制动失灵的故障，应正确使用制动液，并对使用中的制动液进行适当维护。

制动液贮液罐在制动主缸上方，贮液罐上有最高(MAX)和最低(MIN)标记，制动液在使用过程中液面高度必须位于这两个标记之间，才能满足制动系统的工作要求，保证汽车行驶安全。

(1) 制动液的正确加注或更换。

正确加注或更换制动液包含两个方面的内容：一是正确选用与汽车制动系统技术性能相适应的制动液，二是使用正确的方法将制动液加注到汽车制动系统中。

在确定好要使用的制动液后，加注或更换制动液一般需要两人操作。

① 将前、后制动器上的放液螺塞取下，放出制动系统中的全部旧制动液，然后拧紧各螺塞(新车制动系统不需要放出旧制动液)。

② 擦干净制动总泵贮液罐的加注口，拧开贮液罐盖，加入制动液，并充满贮液罐。

③ 排出制动系统中的空气。先从制动总泵处放气，然后按照离制动总泵由远及近的顺序(右后轮—左后轮—右前轮—左前轮)放气。具体操作方法是：一人踩制动踏板数次后，将踏板踩到最低点，用力踩着不动；另一个人在车下按上述顺序分别拧开各制动器放液螺塞，直到不再流出气泡为止。此时应将制动踏板一直踩着不放，待将螺塞重新拧紧后才可放开制动踏板，以免空气再次进入制动系统。反复进行上述操作，直到将制动系统中的空气排净为止。

④ 放气结束后，将制动液加注到贮液罐液位的最高(MAX)标记处。

(2) 制动液加注时的注意事项。

① 制动液有一定毒性，因此一定不能用嘴去吸取制动液。同时，一次没有使用完的制动液要放在原包装容器内，立即把盖拧紧。原则上，没有使用完的制动液存放一定时间后(如7天)就不能再使用了，应作报废处理。

② 制动液对车身涂层有破坏作用，会产生"咬漆现象"，在更换和加注过程中要非常小心，严防制动液与涂层接触。

③ 在排除制动系统中的旧制动液时，绝不要像使用蓖麻油醇型制动液一样使用酒精来清洗制动系统，否则，残存在制动系统中的酒精会明显降低制动液的高温性能。

④ 加注过程中，不要用脏手或脏布去擦拭制动系统贮液罐或压力管等部件的内壁，以免造成对制动液的污染。

(3) 制动液的检查和添加。

① 如果是新车，制动液液位在贮液罐上的位置应位于最高标记处。

② 汽车行驶一段时间后，制动液液面可能略有下降，这是正常现象。如果制动液液面下降到最低(MIN)标记处以下时，则说明制动摩擦片已经磨损到极限，此时不必添加制动液。

③ 更换新摩擦片后，制动液液面应位于最高(MAX)和最低(MIN)两标记之间。否则，表明制动系统有渗漏，应立即检查，并采取相应措施后补加制动液到规定量。

(4) 制动液在使用过程中适时更换。

在使用过程中，制动液会因氧化变质或吸水而使其质量产生劣化，适时更换制动液成为保证制动液正常、可靠工作的必要手段。

关于制动液的更换周期，国内、外有关厂家的做法不完全相同，对更换周期的规定也不一致。但总体来说，制动液更换周期是由汽车生产厂家或制动液生产厂家制定的。

在国外，美国汽车生产厂家一般不明确规定制动液的更换周期；但欧洲和亚洲的汽车制造厂家常常会明确规定制动液的更换周期。对于制动液生产厂家而言，也是有的规定，有的不规定制动液的更换周期。如壳牌(Shell)公司规定其制动液的更换周期为3年或根据车辆制造厂家的规定更换；Mobil制动液产品规定的更换周期为两年或车辆每行驶40000km。

我国对汽车制动液的更换周期一般是参照国外要求规定的，如富康轿车规定的制动液更换周期为每两年更换一次。根据我国汽车工业技术水平和制动液质量情况，建议制动液的更换周期可采取以下方法进行确定。

① 对于使用中低级制动液的中低档车辆，更换周期可定为 1 年更换 1 次制动液或按汽车生产厂家推荐的更换周期进行更换。

② 对于使用中高级制动液的中高档车辆，更换周期可定为每两年更换 1 次制动液或按汽车生产厂家推荐的更换周期进行更换。

③ 每次对液压制动系统进行维修或更换制动系统零部件时，必须更换制动液。

(5) 各种制动液原则上不能混用。

即使同属合成型制动液，不同厂牌的制动液，也不一定具有相容性。

制动液有多种类型，有醇型、矿油型、醇醚型、酯型和硅油型。醇型与矿油型制动液已禁用。其余类型的制动液，由于生产厂家不同，所添加的组分不同，不同的防锈、防腐或抗磨成分彼此混合后会发生反应而失效，甚至导致制动液过早变质。有的制动液混合后会产生沉淀或分层，或者浑浊不透。由于制动系统涉及安全，为此使用制动液时，禁止不同品牌的制动液混用。更换制动液时，要将旧制动液放干净，最好用少量新制动液冲洗一次制动系统，以免残余旧制动液影响使用。

(6) 防止水分或矿物油混入。

(7) 制动液多以有机溶剂制成，易挥发、易燃，管理和使用中要注意防火。

3.3.2　汽车冷却液及其选用

冷却液是闭式强制循环水冷冷却系统中的传热介质，具有防沸(带走高温零部件的热量)、防冻、防腐以及防垢等作用。

1. 冷却液的组成

冷却液是由水、防冻剂以及各种添加剂组成。冷却液主要分为乙二醇型冷却液和丙二醇型冷却液两种类型。

乙二醇，俗称甘醇，闪点为 116℃、沸点为 197℃，冰点为-13℃。常温下，乙二醇是无色透明黏稠状液体，稍有甜味，有一定的毒性，挥发性小。乙二醇能够与水以任意比互溶，在一定浓度范围内可大大降低水的冰点。乙二醇型冷却液冰点与乙二醇浓度之间的关系如图 3-3 所示。

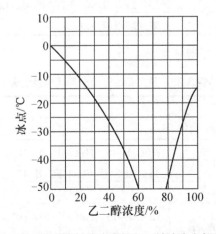

图 3-3　乙二醇型冷却液冰点与乙二醇浓度之间的关系

丙二醇常指 1、2-丙二醇，沸点为 188℃，冰点为-68℃。常温下，丙二醇是无色透明黏稠状液体，微有辛辣味，对人体的皮肤、眼睛和黏膜无刺激作用，稳定性好，能够与水以任意比互溶。

丙二醇毒性低、降解性好，对人和环境的危害较小，同时还具有良好的防冻和其他性能。它作为冷却液的基础液，可获得与乙二醇相似的效果。因此，近年来在冷却液中其使用逐渐增多，特别是在注重环保的国家应用较广。但由于丙二醇原材料价格较高，加工和使用成本较高，目前在我国应用尚少。

2. 冷却液的标准

我国汽车发动机冷却液的现行标准是《机动车发动机冷却液》(GB 29743—2013)，冷却液根据发动机使用负荷大小(轻负荷发动机是指长期在比额定功率低得多的条件下运转的发动机；重负荷发动机是指长期在额定功率或接近额定功率的条件下运转的发动机，大多采用湿式缸套设计)不同，分为轻负荷冷却液和重负荷冷却液两类；冷却液按主要原材料不同，分为乙二醇型、丙二醇型和其他类型三类。其中乙二醇型、丙二醇型冷却液又分别分为浓缩液和稀释液。稀释液按其冰点不同，分为-15 号、-20 号、-25 号、-30 号、-35号、-40 号、-45 号和-50 号八个牌号。浓缩液是全配方液体产品，不能单独作为工作冷却液使用，用符合要求的水稀释成不同牌号的发动机冷却液后才能加入发动机冷却系统中。在对浓缩液进行稀释时，应使用去离子水或蒸馏水，或浓缩液生产厂家认可的质量级别的水，使用的浓缩液为 40%～70%(体积分数)。

轻负荷冷却液分类代号及型号见表 3-22。

表 3-22　轻负荷冷却液分类代号及型号

产品分类		代　号	型　号
乙二醇型	浓缩液	LEC-Ⅰ	
	稀释液	LEC-Ⅱ	LEC-Ⅱ-15、LEC-Ⅱ-20、LEC-Ⅱ-25、LEC-Ⅱ-30、LEC-Ⅱ-35、LEC-Ⅱ-40、LEC-Ⅱ-45、LEC-Ⅱ-50
丙二醇型	浓缩液	LPC-Ⅰ	
	稀释液	LPC-Ⅱ	LPC-Ⅱ-15、LPC-Ⅱ-20、LPC-Ⅱ-25、LPC-Ⅱ-30、LPC-Ⅱ-35、LPC-Ⅱ-40、LPC-Ⅱ-45、LPC-Ⅱ-50
其他类型		LOC	依据冰点标注值

重负荷冷却液分类代号及型号见表 3-23。

表 3-23　重负荷冷却液分类代号及型号

产品分类		代　号	型　号
乙二醇型	浓缩液	HEC-Ⅰ	
	稀释液	HEC-Ⅱ	HEC-Ⅱ-15、HEC-Ⅱ-20、HEC-Ⅱ-25、HEC-Ⅱ-30、HEC-Ⅱ-35、HEC-Ⅱ-40、HEC-Ⅱ-45、HEC-Ⅱ-50
丙二醇型	浓缩液	HPC-Ⅰ	
	稀释液	HPC-Ⅱ	HPC-Ⅱ-15、HPC-Ⅱ-20、HPC-Ⅱ-25、HPC-Ⅱ-30、HPC-Ⅱ-35、HPC-Ⅱ-40、HPC-Ⅱ-45、HPC-Ⅱ-50

《轻负荷发动机/汽车冷却系统用二元醇型冷却液》(ASTM D3306—2014)，参见附录2，《乙二醇型和丙二醇型发动机冷却液》(NB/SH/T 0521—2010)，参见附录 3。

3. 冷却液的选择和使用

1) 冷却液的选择

冷却液主要分为乙二醇型冷却液和丙二醇型冷却液两种类型，首先根据使用要求选择类型，然后根据当地冬季最低气温选用适当牌号的冷却液，冰点应至少低于最低气温 5℃；如系浓缩液，应按产品说明书规定的比例加入蒸馏水或去离子水(不能使用井水和自来水)，如乙二醇型浓缩液(SH0521)和水各占 50%(体积比)，可配制成冰点不高于-37℃的冷却液。

2) 正确认识冷却液

冷却液与防冻液相比，范围更广，既可以是加有防锈剂的冷却水，也可以是加防冻剂的防冻冷却液。防锈冷却水的使用受地域限制，在我国南方一些冬季气温较高(最低气温在0℃以上)的地区，可全年使用加防锈剂的冷却水。而在我国乃至世界上的大部分地区，冬季气温常常低于0℃，冷却液要能全年使用，就必须加入防冻剂。

3) 定期检查冷却液的液位高度

一般汽车有溢流水箱，在冷却液温度升高膨胀时，冷却液会流入溢流水箱；而当冷却液的温度降低时，溢流水箱中的冷却液又会回流进散热器。在冷却液的贮罐或溢流水箱上通常都有液位刻度，规定冷却液在低温、加热状况下的液位，要定期检查液位，防止冷却液液面过低。

4) 检查冷却液的冰点

使用过程中应定期检查冷却液的冰点，以防冷却液的冰点高而发生冷却系统冻结。

检查冷却液冰点可使用冰点折光仪(见图 3-4、图 3-5)，也可使用冰点测试试纸。在测试冰点进行取样时，一定要等冷却系统的温度和压力下降后才能开启压力盖取样。如果在加压状态下打开压力盖，冷却液会喷出来，可能烫伤手和脸部，同时造成冷却液损失。发动机冷却后，打开压力盖时，应先将压力盖拧到第一个槽口的位置，如果没有冷却液溢出，则可将盖打开；如果冷却液溢出，应马上将压力盖拧紧，直到温度和压力完全降下来后再打开。

5) 冷却液的加注

应缓慢加注冷却液，防止空气进入冷却系统，同时在加注的过程中，要注意排气。如果加注过快，混入大量的空气，看起来好像已经加满，但在发动机起动后，液面会迅速下降。

冷却系统中混入空气会产生气阻，使冷却系统无法正常循环；同时还会使冷却系统中出现局部高温、腐蚀。虽然膨胀水箱能够排气，但排气需要一个过程，也不一定能非常彻底。所以冷却系统加注冷却液时，一定要缓慢加注，加满后稍停一段时间，再起动发动机。起动时，要先怠速运转 5～10min，以便于排气。若冷却液液面下降到低于正常范围，则需及时补充。

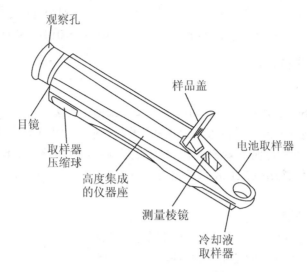

图 3-4　冰点折光仪外形图

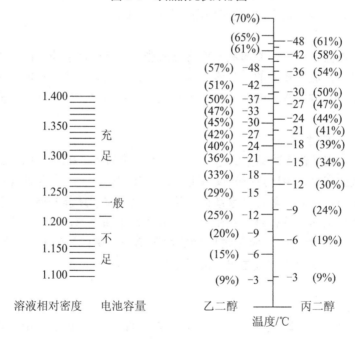

图 3-5　冰点折光仪内部刻度

冷却系统加注的冷却液必须是预稀释的发动机冷却液或冷却浓缩液。若是预稀释冷却液，可在冷却系统中直接使用。若为浓缩液，则需先用水稀释到合适的浓度再加注。预稀释冷却液和稀释的冷却浓缩液的使用浓度与当地气候状况有关，一般使用的冷却液冰点应比当地最低气温低 5～10℃。在加注完毕，充分混匀后，需要测量冰点。

6) 根据发动机或汽车制造商、冷却液生产商的建议定期或按质对冷却液进行更换

因为使用过程中要消耗冷却液中的添加剂，一般优质的冷却液需每年更换一次，特别是对那些长时间运行的车辆，比如出租车等。而那些运行时间短的车辆可两年更换一次。冷却液的颜色是人为添加的，不能作为评价其优劣的标准。

7) 其他

(1) 使用中，若因冷却系统渗漏(冷却系密封性不好)而使液面降低时，应补充同类型的冷却液；若因蒸发引起液面降低时，应向冷却系统添加蒸馏水或软水(因为水的沸点比乙二醇低，使用中被蒸发的是水)；当发现冷却液中有悬浮物、沉淀物或变质有异味时，应全部更换，并清洗冷却系。

(2) 对乙二醇型浓缩液稀释时，要控制乙二醇浓度(体积分数)的下限值(33.3%，低于此浓度的冷却液防腐蚀性不够)和上限值(69%)，要使用蒸馏水或去离子水，切勿使用硬水配制，以免产生沉淀。

(3) 不同厂家、不同牌号的冷却液不能混用，以免起化学反应、生成沉淀或产生气泡，降低使用效果。在更换冷却液时，应先将冷却系用净水冲洗干净，然后再加入新的冷却液。用剩的冷却液应在容器上注明名称以免混淆。

(4) 乙二醇是有机溶剂，使用中要注意不得将其洒溅到橡胶制品或油漆表面，更应注意不要接触皮肤，若不慎洒溅上，应立即用清水冲洗以免造成机件腐蚀或皮肤损伤。在贮存乙二醇冷却液时，要保持干燥，以防潮湿。应注意严防被石油产品污染，否则将在发动机工作中产生大量泡沫。

(5) 应保持常年使用冷却液，否则容易造成发动机冷却系机件损坏，金属部件产生氧化腐蚀，严重时会使发动机因过热而产生"开锅"现象，甚至有的使汽缸盖产生裂纹，从而使汽车的寿命明显下降。

3.4 汽车轮胎及其选用

轮胎是汽车行驶系统的重要组成部件，也是重要的汽车运行材料。轮胎的主要功能是支承载荷，向地面传递制动力、驱动力、转向力以及缓冲减振。它对汽车的动力性、制动性、操纵稳定性、平顺性、通过性、燃料经济性和环保性等使用性能都有直接的影响。

3.4.1 汽车轮胎的分类

按照不同的分类原则，汽车轮胎可以分为不同的类型。其中，汽车轮胎按胎体结构不同划分，通常分为普通斜交轮胎和子午线轮胎，如图 3-6 所示。

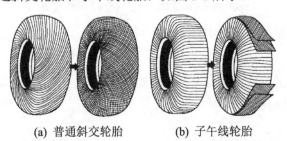

(a) 普通斜交轮胎   (b) 子午线轮胎

图 3-6 普通斜交轮胎和子午线轮胎胎体结构

1. 普通斜交轮胎

普通斜交轮胎，是指胎体帘布层的帘线方向与胎面中心线呈一定角度(<90°)的轮胎。

普通斜交轮胎的胎体坚固,胎侧不易损坏;汽车低速行驶时乘坐舒适性好,轮胎价格较低。但其滚动阻力大,使用寿命短。

2. 子午线轮胎

子午线轮胎用钢丝或纤维织物作帘布层,子午线轮胎的帘布层与胎面中心线呈 90°或接近 90°排列。

子午线轮胎的主要优点如下。

1) 滚动阻力小,节约燃料

子午线轮胎有带束层,轮胎着地后胎面切向变形及相对滑移比普通斜交轮胎要小很多,而且子午线轮胎胎侧薄,径向变形恢复快。这两个特点有利于减少轮胎内的摩擦,降低滚动阻力。

2) 胎面耐磨性好,使用寿命长

车轮滚动时,轮胎接地面既变形,又滑移;变形促使滑移,滑移又加剧胎面磨损。

子午线轮胎胎面刚度大,变形小,几乎没有滑移。

此外,子午线轮胎胎面接地面积大,单位压力小且均匀,使胎面磨损减小。

试验证明,子午线轮胎的使用寿命比普通斜交轮胎提高 30%~40%。

3) 缓冲性能好

子午线轮胎的胎侧比较软,即使充足气后,侧壁上也会产生一个特殊的隆起,好像总是充气不足,如图 3-7 所示。因为子午线轮胎有径向容易变形这个特点,它可以缓和不平路面的冲击,并吸收大部分冲击能量,使汽车具有良好的行驶平顺性和乘坐舒适性。

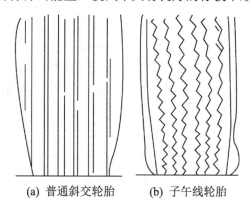

(a) 普通斜交轮胎   (b) 子午线轮胎

图 3-7　普通斜交轮胎和子午线轮胎滚动中胎侧形状比较

4) 承载能力大

由于子午线轮胎的帘线排列与轮胎的主要变形方向一致,因而其帘线强度可得到充分利用,故其承载能力比普通斜交轮胎大。

5) 附着性能好

由于子午线轮胎胎体弹性大,从而使其滚动时与路面接触面积大。而且其胎面刚度大,使得胎面滑移小,所以其附着性能好。

6) 转向行驶稳定性好

汽车转向行驶时,轮胎承受侧向力比较大,此时,子午线轮胎的胎侧变形会较大,但胎冠接地面积基本不变；而普通斜交轮胎却是胎侧变形不大，使整个轮胎倾斜，胎冠接地面积减小，如图 3-8 所示。所以，子午线轮胎在转向时的稳定性明显优于普通斜交轮胎。

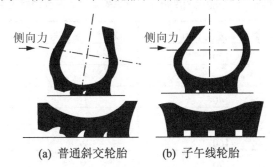

(a) 普通斜交轮胎　　(b) 子午线轮胎

图 3-8　普通斜交轮胎和子午线轮胎在承受侧向力时的变形状况比较

子午线轮胎的主要缺点是：①胎侧较薄，变形大，胎侧与胎圈受力比普通斜交轮胎大，胎面与胎侧的过渡区及轮辋附近易产生裂口；②胎面噪声大；③制造技术要求高，成本高。

3.4.2　汽车轮胎的规格

1. 汽车轮胎的基本尺寸

一般用轮辋的直径 d、轮胎的断面宽度 B、轮胎的断面高度 H 和轮胎的外直径 D 来表示汽车轮胎的基本尺寸，如图 3-9 所示。基本尺寸的单位有英制、米制和米英制混合三种。

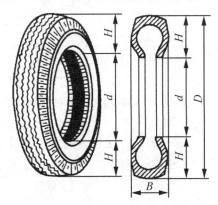

图 3-9　汽车轮胎的主要尺寸

2. 汽车轮胎的扁平率

对于一般汽车轮胎，$B \approx H$，断面成圆形。但扁平化轮胎，断面 $H < B$，有的甚至差别很大，通常以轮胎断面高和宽的比值 H/B(扁平率)作为一个参数标注在轮胎上。目前，国产轿车子午线轮胎有 80、75、70、65、60、55、50、45 八个系列，数字分别表示轮胎断面高和宽的比值(H/B)是 80%、75%、70%、65%、60%、55%、50%、45%。

3. 汽车轮胎的速度符号

汽车轮胎的速度符号用字母表示。不同的速度符号，表示轮胎能够持续的最大速度

(km/h)。常用的轮胎速度符号与轮胎最高速度的对应关系见表 3-24。

表 3-24　汽车轮胎速度符号与汽车轮胎最高速度的对应关系

轮胎速度符号	轮胎最高速度/(km/h)	轮胎速度符号	轮胎最高速度/(km/h)
L	120	T	190
M	130	U	200
N	140	H	210
P	150	V	240
Q	160	W	270
R	170	Y	300
S	180		

4. 汽车轮胎的负荷能力

汽车轮胎的负荷能力是指在一定行驶速度和相应充气压力时的最大承载质量，常用以下方法来表示。

1) 轮胎的层级

轮胎的层级是表示轮胎承载能力的相对指数，主要用于区别尺寸相同但结构和承载能力不同的轮胎。轮胎的层级数与轮胎帘布层的实际层数没有直接关系，也就是说，轮胎的层级不代表轮胎帘布层的实际层数。轮胎层级常用 PR(ply rating)表示。轮胎的层级数越多，表示轮胎承载能力越大。

2) 轮胎的负荷指数

轮胎的负荷指数是指在规定条件下(轮胎最高速度、最大充气压力等)轮胎负荷能力的数字符号。轮胎的负荷指数，目前有 0、1、2、…、279 共 280 个。轮胎负荷指数越大，表示轮胎承载能力越大。轮胎负荷指数与负荷能力的对应表，参见附录 4。

3) 轮胎的负荷级别

这是美国为了避免"层级"这种表示方法容易同实际层数混淆而采用的替代方法，以拉丁字母表示。例如，"G"表示相当于同规格轮胎 14 层级的载质量。负荷级别与层级的对应关系如表 3-25 所示。

表 3-25　轮胎的负荷级别与轮胎层级对应表

负荷级别	对应层级	负荷级别	对应层级	负荷级别	对应层级
A	2	E	10	J	18
B	4	F	12	L	20
C	6	G	14	M	22
D	8	H	16	N	24

我国国家标准规定以"层级"表示负荷能力。但用引进技术生产的子午线轮胎，以及有的国内轮胎厂家生产的子午线轮胎，还同时标明"负荷指数"或"负荷级别"。

在这三种表示方法中，因为"负荷指数"直接代表承载质量，而且可以在轮胎上同时标明单胎和双胎的"负荷指数"，所以对用户来讲是最方便的。而要知道每一个轮胎规格的"层级"和"负荷级别"所代表的承载质量，还要查每个轮胎规格的标准规定。

5. 轮胎规格的表示方法

1) 国外对轮胎规格的表示方法

国外对轮胎规格的表示方法较多，其中以美国、欧洲、ISO 的影响最大。依照 ISO 国际标准，汽车轮胎的规格按以下的排列表示。

[断面宽]/[扁平率(轮胎系列)][轮胎结构记号][适用轮辋直径][载荷指数][速度记号]

下面用一个实际的例子加以说明。

例：185/70 R 13 84 Q

其中，185——断面宽(断面宽约 185mm)；

70——扁平率(高宽比约为 70%)或轮胎系列；

R——轮胎结构记号(子午线结构)；

13——适用轮辋直径(轮辋直径 13 in)；

84——负荷指数(最大载荷 5000N)；

Q——速度符号(最高速度 160km/h)。

上面前四项为结构尺寸，后两项为使用条件。

2) 我国对轮胎规格的表示方法

我国轮胎现执行的标准为《轿车轮胎》(GB 9743—2015)、《轿车轮胎规格、尺寸、气压与负荷》(GB/T 2978—2014)、《载重汽车轮胎》(GB 9744—2015)及《载重汽车轮胎规格、尺寸、气压与负荷》(GB/T 2977—2016)等。

(1) 乘用车轮胎规格举例。

① 斜交轮胎。6.70-13-6 PR 表示轮胎名义断面宽度为 6.70in，轮辋名义直径为 13in，轮胎层级为 6 层级。

② 子午线轮胎。185/70 R 13 86 T 表示轮胎名义断面宽度为 185mm，轮胎系列为 70 系列，子午线轮胎，轮辋名义直径为 13in，负荷指数为 86，速度符号为 T。

(2) 载货汽车轮胎规格举例。

① 微型载货汽车普通断面斜交轮胎。

4.5-12 ULT 表示轮胎名义断面宽度为 4.5in，轮辋名义直径为 12in，微型载货汽车轮胎。

② 轻型载货汽车普通断面斜交轮胎。

6.50-15 LT 表示轮胎名义断面宽度为 6.5in，轮辋名义直径为 15in，轻型载货汽车轮胎。

③ 轻型载货汽车普通断面子午线轮胎。

6.5 R 15 LT 表示轮胎名义断面宽度为 6.5in，子午线轮胎，轮辋名义直径为 15in，轻型载货汽车轮胎。

④ 轻型载货汽车斜交公制系列轮胎。

215/70 14 LT 表示轮胎名义断面宽度为 215mm，70 系列，轮辋名义直径为 14in，轻型载货汽车轮胎。

⑤ 轻型载货汽车子午线公制系列轮胎。

215/70 R 14 LT 表示轮胎名义断面宽度为 215 mm，70 系列，子午线轮胎，轮辋名义直径为 14in，轻型载货汽车轮胎。

⑥ 中型、重型载货汽车轮胎普通断面斜交轮胎。

9.00-20 表示轮胎名义断面宽度为 9in，斜交轮胎，轮辋名义直径为 20in。

⑦ 中型、重型载货汽车普通断面子午线轮胎。

9.00 R 20 表示轮胎名义断面宽度为 9in，子午线轮胎，轮辋名义直径为 20in。

⑧ 中型、重型载货汽车子午线无内胎公制系列轮胎。

245/75 R 22.5 表示轮胎名义断面宽度为 245mm，75 系列，子午线轮胎，无内胎轮辋名义直径为 22.5in。

3.4.3 汽车轮胎的合理选用

随着汽车技术的发展，轮胎的规格、品牌日益繁多，轮胎的性能日益改善。但由于使用汽车的技术水平不同，使轮胎的使用寿命在一个很大的范围内变动，如国产轮胎的使用寿命可在 30000～180000km 变化。因此，正确使用和维护轮胎，延长轮胎的使用寿命，不仅对节约橡胶、降低汽车运输成本具有重要意义，而且极大地影响着汽车的使用性能。

1. 汽车轮胎的选择

所选轮胎的尺寸应符合汽车使用说明书的规定，轮胎的速度等级须与汽车最高行驶速度相适应，轮胎的负荷能力要与承载质量相适应，轮胎的花纹要与道路条件相适应等。

一般来说，汽车出厂时所配备的轮胎都是经过反复测试后选择的最佳规格。如果车主想更换轮胎尺寸，必须在专业人员的指导下进行，不能随意而为。因为这涉及很多问题，稍有疏忽就可能对行车安全造成危害。

2. 不同规格和厂牌的汽车轮胎严禁混装

如果在同轴上既有子午胎又有斜交胎，它们的静半径、旋转半径以及旋转变化规律都不同，容易导致单胎超负荷。在选配轮胎时，应当做到：同一车辆上所装的轮胎，其厂牌、形式和花纹力求一致；换新胎时，最好能全车一起更换，如不能这样，应将新胎装于前轮，以确保行车安全；后轮安装双胎时，两胎的磨损程度要相似，或者将磨损较轻的轮胎安装于外侧，以适应拱形路面。

3. 保持汽车轮胎气压正常

众所周知，气压是轮胎的生命，轮胎只有充入适当压力的气体才具有一定的弹性和刚性。

轮胎气压过低时，因气压不足，其径向变形增大，轮胎两侧将发生过度挠曲，胎侧内壁受拉，胎体内的帘线产生较大变形和应力，周期性的压缩变形，会加速帘线的疲劳损坏。变形也使轮胎帘布层和轮胎与地面之间相对滑移增大，产生热量增多，使轮胎滚动阻力增大。

轮胎气压过高时，轮胎的帘线将受到过度伸张，胎体帘线的应力增大，帘线的"疲劳"过程加快，易引起帘线拉断，造成轮胎早期爆破。胎压过高时，轮胎与路面的接触面积减小，将加速胎面中部的磨损。

适宜气压与轮胎的使用条件有关，应根据轮胎所受的负荷、安装位置和类型，选择和保持适宜气压。

轮胎在使用中一周内轮胎气压下降 10～30kPa，如果气门嘴有故障，轮胎气压降低更多。因此，必须经常检查轮胎气压。

4. 严禁轮胎超载

当汽车超载或货物装载不合理时，均能引起轮胎超载。轮胎超载将加速轮胎的损坏，大大缩短轮胎的使用寿命。

为防止轮胎超载，可采取以下措施。

(1) 严格按照汽车规定的标准载质量装载，不允许超载；坏路行驶，应适当减载。

(2) 装载货物要分布均匀，不可重心偏移，保持货物平均分布，避免图省事造成货物偏载。

(3) 汽车、挂车拖载大型货物时，一定要固定牢靠，防止途中货物移位造成部分轮胎超载。

(4) 使用与汽车总质量相匹配的负荷级别的轮胎，以满足汽车载荷的要求。

5. 掌握汽车车速、控制汽车轮胎温度

车速越高，单位时间内轮胎的曲挠变形次数越多，摩擦发热量越大，胎体温度急剧增加，胎体内压升高，胎体强度下降。当行驶速度达到某个值时，胎面的振动将出现波浪变形，形成所谓的"驻波"。这种"驻波"能在几分钟内导致轮胎爆破，因此高速公路上比普通公路上容易发生"爆胎"现象。

夏季行驶应增加停歇次数，若轮胎发热或内压增高，应停车降温，严禁采用放气降温(见图 3-10)和向轮胎上泼冷水降温的错误做法。

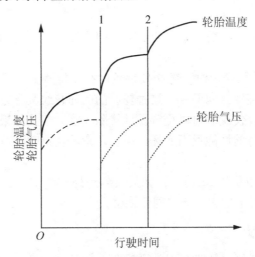

图 3-10　行车中轮胎放气对轮胎温度和轮胎气压的影响

1，2—轮胎在行驶中的放气点

6. 正确驾驶汽车

正确驾驶汽车不仅是保证安全生产的必要手段，也是延长轮胎使用寿命的重要措施。

起步过猛不仅加剧胎体变形，而且会使轮胎与地面出现强烈的摩擦；制动过猛，会使车辆出现"滑行"，轮胎与地面产生滑动摩擦；车速过快，胎体受热增加，易产生帘布层破裂和胎面剥落，降低轮胎使用寿命；急转弯时，地面作用于车轮的作用力会使轮胎出现偏磨，甚至造成花纹剥落。

驾驶员在行车中要严格遵守操作规程，做到以下几点：起步平稳，加速均匀，尽量避免使用紧急制动；车辆装载时，不要超载，并注意使重量分配均匀；不得超速行驶；车辆转弯时，车速要慢，特别是转小弯和满载时，车速更应降低；遇有石头、凹凸障碍时，应及时避让或减速通过；要注意轮胎的花纹深度，由于接近磨平的轮胎和路面的摩擦减少，制动距离长，不要高速行驶。

7. 保持汽车技术状况良好

保持汽车技术状况良好，特别是底盘技术状况良好，是防止轮胎早期损坏的有效措施。当汽车底盘技术状态不良时，即车轮定位失常、钢板弹簧刚度不够、左右钢板不同、车轮轴承与转向节主销间隙过大以及车轮不平衡等，轮胎不能正常行驶，都会导致轮胎磨损加剧。为使轮胎保持良好的技术状态，必须按照"防重于治，养重于修"的原则，按规定进行维护。

8. 汽车轮胎换位

由于负荷、驱动形式和道路的影响，汽车各轮胎磨损部位和磨损程度不同。为使全车轮胎磨损均匀，充分合理地使用轮胎并延长轮胎的使用寿命，轮胎换位应根据轮胎的不同特点采用不同的换位方法。轮胎换位间隔一般新车为 1000km，以后每行驶 10000km 进行一次轮胎换位，通常应结合汽车二级维护定期换位。

轮胎换位时应注意以下事项。

(1) 有些型号的汽车，其前、后轮胎的胎压不同，在轮胎换位后要调整其胎压至规定值。

(2) 有旋转方向的轮胎换位时，务必要使轮胎在新位置上不反方向转动，这是单向花纹轮胎的特性。相对于旋转方向而言，这种轮胎的胎面花纹具有方向性，用于改善其在湿滑路面上使用时的性能，使轮胎可以更容易地排除积水。但是如果将这种轮胎反向安装，则其在湿滑路面上使用时的性能反而变坏。所以在轮胎换位时不可以使轮胎处在与原来反方向旋转的位置。

(3) 径向帘布层轮胎(子午线轮胎)，如果换到另外一侧，由于轮胎转动方向与原来相反，噪声与左右摇摆暂时会增大，建议同侧换位。

9. 适时更换汽车轮胎

汽车轮胎达到以下任何一种情形，必须更换。

(1) 汽车轮胎胎面磨损到使用极限。乘用车轮胎胎面花纹深度小于 1.6mm；其他汽车转向轮的轮胎胎面花纹深度小于 3.2mm，其余轮胎胎面花纹深度小于 1.6mm。

(2) 轮胎胎面由于局部磨损而暴露出轮胎帘布层、轮胎胎面和胎壁上有长度超过 25mm 或深度足以暴露出轮胎帘布层的破裂和割伤。

(3) 轮胎胎面以及胎壁上普遍出现裂纹，则表明轮胎已经严重老化，需要及时更换。

否则，老化的轮胎由于胎壁强度减弱，在高速行驶中由于温度上升容易发生爆胎危险。

(4) 对于轮胎被扎，一两次的补胎不会影响轮胎的使用，但是超过三次之后，出于安全的考虑就建议更换轮胎了。因为当高速行驶时，轮胎内温度升高，损伤过多虽已弥补，但是仍然会增加危险出现的概率。

(5) 出现轮胎起包变形的情况，一般情况下建议更换轮胎。轮胎出现此类情况，说明轮胎内部的帘线已经变形或断裂，继续行驶则可能发生爆胎危险。

(6) 轮胎受损处位于胎侧靠近轮毂边缘，此时轮胎必须更换。因为此处钢丝强度很弱，并且修补后在轮胎安装过程中必然会受到挤压变形，很难确保修补效果。

本 章 小 结

(1) 汽车使用过程中所消耗的燃料(如汽油、柴油、石油代用燃料)、润滑剂(如发动机油、齿轮油、自动变速器油、润滑脂)、特种液(如制动液、冷却液、空调制冷剂、冷冻机油)和轮胎等统称为汽车运行材料。

(2) 车用汽油的主要性能要求是：适当的蒸发性、良好的抗爆性、良好的氧化安定性、无腐蚀性、清洁性、无害性。车用汽油按研究法辛烷值(RON)划分牌号。车用汽油的选用原则是以不发生爆燃为前提，按制造厂的要求选用。

(3) 车用柴油的主要性能要求是：良好的低温流动性、良好的雾化和蒸发性、良好的燃烧性、良好的氧化安定性、无腐蚀性、清洁性、无害性。车用柴油根据最低气温来选择。凝点要比当地月风险率为10%的最低气温低 $3\sim6$℃。

(4) 为解决石油资源危机和环境保护问题，应重视汽车能源结构的调整。汽车石油代用燃料有：天然气、液化石油气、醇类燃料、乳化燃料、甲烷水合物、氢气和生物柴油等。

(5) 汽车润滑剂主要包括发动机油、齿轮油、液力传动油(自动变速器油)和润滑脂。

(6) 汽车发动机油的使用性能包括：黏温性、低温性、清净分散性、润滑性、抗腐蚀性、氧化安定性和热安定性、抗泡沫性。发动机油的使用性能评定包括评定指标和评定试验两部分。发动机油的分类主要采用美国石油学会(API)的发动机油使用性能分类法和美国汽车工程师学会(SAE)的发动机油黏度分类法。发动机油的选择应包括使用性能级别的选择和黏度级别的选择两个方面。发动机油的更换原则是：根据汽车的行驶里程(或发动机的工作时间)定期换油、根据发动机油的使用性能确定的按质换油、在发动机油油质监测下的定期换油。

(7) 车辆齿轮油的使用性能包括：油性和极压性、低温流动性、黏温性、热氧化安定性、抗泡沫性、抗腐蚀性和防锈性、抗乳化性、抗剪切安定性、贮存安定性和与密封材料的适应性。车辆齿轮油分类和选择的原则与发动机油基本相同。

(8) 自动变速器油由基础油和添加剂配制而成，其使用性能主要有：黏度特性、抗磨性、热氧化安定性、抗泡沫性、剪切安定性、贮存安定性、摩擦特性与密封材料的适应性和防锈防腐性等。经过多年来的使用与选择，美、日以及欧洲各大汽车公司普遍集中使用三大类的自动变速器油，即通用汽车公司的 DEXRON 系列、福特汽车公司的 F 型和MERCON。

(9) 汽车润滑脂的使用性能包括：稠度、低温性能、高温性能、抗水性、润滑性(极压抗磨性)、机械安定性、胶体安定性、氧化安定性、橡胶配伍性、机械杂质与水分。汽车润滑脂是根据其操作条件(温度、水污染和负荷等)进行分类的。汽车润滑脂规格的选择包括使用性能和稠度级号的选择。考虑的主要因素有工作温度、转速、负荷、工作环境和润滑脂加注方式等。

(10) 汽车制动液的使用性能有：高温性能、低温性能、抗腐蚀性和防锈性、与橡胶的配伍性、抗氧化性、溶水性、液体稳定性和液体相容性。汽车制动液等级的选择主要考虑汽车行驶的环境气温与湿度、道路交通情况和汽车速度等。

(11) 汽车冷却液是冷却系统中的传热介质。对汽车发动机冷却液要求的使用性能是：防沸(带走高温零部件的热量)、防冻、防腐以及防垢。发动机冷却液多采用乙二醇等化学物质与水按一定比例混合而成的混合液。发动机冷却液的冰点要低于环境最低气温 10℃左右。冷却液的颜色褪色，或者是有结晶物、胶状体、剥落的锈斑等，必须及时更换新的冷却液。

(12) 汽车轮胎规格是对轮胎的类型、主要尺寸、系列、层级、速度符号、负荷能力等的说明。子午线轮胎具有使用寿命长、滚动阻力小、承载能力大、缓冲能力强、附着性能好、转向行驶稳定性好等优点，推广使用子午线轮胎。延长轮胎使用寿命的措施主要有：保持轮胎气压正常，严禁轮胎超载，掌握车速，控制轮胎温度，保持汽车技术状况完好，正确驾驶，加强轮胎的维护等。

习　题

1. 概念题

汽油安定性、汽油抗爆指数、柴油凝点、柴油冷滤点、发动机油边界泵送温度、发动机油黏度指数、发动机油运动黏度、发动机油清净分散性、齿轮油开口闪点、齿轮油成沟点、润滑脂滴点、润滑脂稠度、自动变速器油黏度指数、自动变速器油黏温特性、制动液平衡回流沸点、制动液湿平衡回流沸点、冷却液冰点、轮胎扁平率、子午线轮胎

2. 判断题

(1) 汽油的 50%蒸发温度表示汽油中中质馏分的多少，它表示汽油的平均蒸发性，影响汽油机的预热时间、加速性和运转平稳性。　　　　　　　　　　　　　　　(　)

(2) 车用汽油规定了铅含量的最大限值，该铅是为了提高汽油的抗爆性而人为添加的。

(　)

(3) 汽油车首次使用乙醇汽油前，对油箱和油路进行清洗是没有意义的，相反会增加维修工作量与故障。　　　　　　　　　　　　　　　　　　　　　　　　　　(　)

(4) 汽油蒸发性的评定指标是馏程和蒸气压。　　　　　　　　　　　　　　(　)

(5) 我国柴油牌号是依据柴油浊点来划分的。　　　　　　　　　　　　　　(　)

(6) 柴油牌号的选择一般应使最低使用温度等于或略高于柴油的凝点。　　(　)

(7) 在多数情况下，液化石油气是以丁烷为主要成分，丁烷的辛烷值很高。(　)

(8) 边界润滑状态，起润滑作用的是润滑油的黏度。　　　　　　　　　　(　)

(9) 乙醇与汽油可以互溶，但抗水性较差，乙醇汽油一旦遇水就会发生相分离，影响使用效果。　　　　　　　　　　　　　　　　　　　　　　　　　　　　（　　）

(10) 车用乙醇汽油按马达法辛烷值(MON)分为 90 号、93 号、95 号和 97 号四个牌号。

　　　　　　　　　　　　　　　　　　　　　　　　　　　　　　　　　　（　　）

(11) 双曲线齿轮式主减速器的驱动桥应选用 GL-3 齿轮油。　　　　　　（　　）

(12) 润滑脂是黏度很大的发动机润滑油。　　　　　　　　　　　　　　（　　）

(13) 润滑脂的稠度级号越大，其工作锥入度越大。　　　　　　　　　　（　　）

(14) 汽车通用锂基润滑脂属于 3 号润滑脂。　　　　　　　　　　　　　（　　）

(15) 目前国内外汽车制动液主要为矿物油型制动液。　　　　　　　　　（　　）

(16) 丙二醇型冷却液的冰点随丙二醇含量的增加而降低。　　　　　　　（　　）

(17) 冷却液的作用是冷却，但不能防冻并会引起冷却系统的腐蚀。　　　（　　）

(18) 自动变速器油的动摩擦系数高于静摩擦系数。　　　　　　　　　　（　　）

(19) 无滴点的润滑脂一定可以耐高温。　　　　　　　　　　　　　　　（　　）

(20) 低压轮胎的充气压力一般为 0.5～0.7MPa。　　　　　　　　　　　（　　）

(21) 汽车夏季行驶时，如果轮胎发热或内压增高，可采用放气降低轮胎气压或用冷水浇泼的办法来降低胎温。　　　　　　　　　　　　　　　　　　　　　　　　（　　）

3. 指出下列符号的含义

RON92、LPG、SAE 10W-30、API SJ/CF-4、SAE 85W-90、Dexron、API GL-5、L-XCCHB2、DOT5、195/60 R14 85 H、HEC-Ⅱ-25

4. 简答题

(1) 《车用汽油》(GB 17930—2016)，见表 3-3。

① 指出表 3-3 中用于评定车用汽油腐蚀性的指标。

② 基于环保的角度，你认为我国车用汽油应从哪些方面进行组分优化。

(2) 《车用柴油》(GB 19147—2016)，见表 3-7。

① 指出表 3-7 中用于评定车用柴油雾化和蒸发性的指标。

② 基于环保的角度，你认为我国车用柴油应从哪些方面进行组分优化。

(3) 下列添加剂中属于发动机润滑油常用添加剂的有哪些？

可供选择的添加剂如下：①抗爆剂；②抗氧抗腐剂；③胶溶剂；④黏度指数改进剂；⑤稀释剂；⑥清净剂和分散剂；⑦填料；⑧极压抗磨剂；⑨助燃剂；⑩抗泡沫剂。

(4) 一辆装配有汽油发动机的客车，变速器为手动挡。结合所学知识，分析如何正确地选用发动机润滑油、齿轮油、润滑脂、制动液和冷却液。

(5) 简要分析子午线轮胎与斜交轮胎的优缺点。

(6) 简述如何合理地选用汽车轮胎。

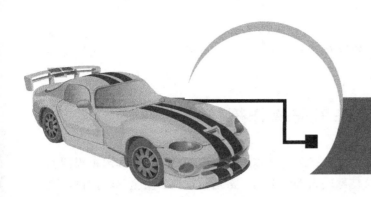

第4章

汽车驾驶技术

【学习目标】

通过本章的学习，熟悉汽车驾驶操作规范，初步掌握汽车在各种道路、交通条件下的驾驶技术，特别是掌握汽车安全驾驶、节能驾驶的技巧。

【关键词】

汽车驾驶技术　汽车安全驾驶　汽车节能驾驶　汽车驾驶技巧

汽车驾驶技术是保障汽车性能发挥、安全行车的关键。本章主要从汽车驾驶操作规范、汽车典型道路驾驶技术、汽车特殊条件驾驶技术、汽车安全驾驶技术、汽车节油驾驶技术等方面进行分析。

4.1 汽车驾驶操作规范

正确的驾驶姿势，有利于驾驶人自如地运用各操纵机件，便于观察仪表和汽车周围的情况，并可减轻驾驶人的疲劳强度，使驾驶人操纵灵活，舒适、敏捷、安全。转向盘、离合器踏板、制动踏板、加速踏板和换挡操纵手柄(变速杆)是汽车的五大操纵机构，对这些操纵机构的规范操作是正确驾驶汽车的关键。

4.1.1 汽车座椅调整

正确的驾驶姿势是：身体正对着转向盘，上身正直，胸部微挺，头部端正，两眼向前平视，两膝自然分开；左脚放在离合器踏板下方，右脚放在加速踏板上，右脚跟应靠在驾驶室底板上；两手分别握在转向盘的左、右两侧，两肘应保持舒适、自然的微曲伸展，切忌完全伸直。

座椅调整是否合适，将直接影响到驾驶姿势、机件操作、驾驶人疲劳程度及行车安全。因此，驾驶人应对座椅的前后、高度及椅背的倾斜角进行调整。

调整后的椅背与转向盘的距离，应使腰背紧靠座椅，以双手能握在转向盘顶端位置为宜。调整后的高度，以左脚能将离合器踏板完全踏到底，膝盖稍微弯曲为宜。

4.1.2 汽车后视镜调整

汽车后视镜是汽车不可缺少的重要安全部件，必须养成出车前调整后视镜的习惯，如图 4-1 所示。

汽车两侧外后视镜调整要求：后视镜两外侧能观察两侧行驶路线，后视镜两内侧能看见少许车身，两侧路面在左侧镜面中占 1/2、右侧镜面中占 2/3 为宜。

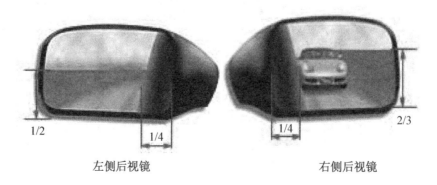

左侧后视镜   右侧后视镜

图 4-1 后视镜调整图

车内后视镜调至能反映整个后窗及车厢大部分区域为宜，专门观察后车门的后视镜应调至能反映整个后门区域为宜。

下视镜应调至能看到前下方的视线盲区。

4.1.3　汽车操纵机构操作规范

1. 转向盘

(1) 正确操纵转向盘，是保证汽车沿着正常路线安全行驶的主要因素。转向盘的握法(以左侧转向盘为例)：两手分别握在转向盘左、右两侧，四指由外向内握，拇指沿转向盘边缘自然伸直。

(2) 操纵转向盘时应以左手为主、右手为辅，以便右手操纵其他机件时，左手仍能自如地握稳转向盘。

(3) 操纵转向盘时，向右转向，左手推送，右手顺势拉动；向左转向，右手推送，左手顺势拉动。

(4) 连续向右或向左转向时，两手交替操作，动作要均匀柔和，快慢适当。转向盘转动的角度、速度要与转向的角度、车速相适应，不可用力过猛。

(5) 修正行驶方向时，用力要轻柔，避免左右晃动，身体不得大幅摆动。在不平道路上行驶时，应握紧转向盘，以防止转向盘受颠簸突然振动或转动、击伤手指或手腕，同时防止撒手"跑"方向。

(6) 不准原地转动转向盘，特别是转向柱带有十字轴万向节和装有液压助力转向装置的汽车，以免损坏转向机件。

2. 离合器踏板

(1) 离合器踏板设置在驾驶室左侧底部，是离合器的操纵装置，用以控制发动机与传动系动力的接合和分离。

(2) 操纵离合器踏板时，用左脚前脚掌踏离合器踏板，以左脚膝关节和踝关节的伸屈动作踏下或抬起。踏下离合器踏板的动作要迅速，一脚到底，使离合器分离彻底。抬起离合器踏板要做到"快—慢—停—慢—快"，以实现压板、离合器片、飞轮的平稳结合。

(3) 离合器的半联动，只有在汽车克服大阻力时作短时间使用，长时间使用会烧毁离合器机件。在正常行驶中，不准将左脚放在离合器踏板上。

(4) 制动使用离合器时，从制动的稳定性和保护机件角度考虑，正常情况下制动时应先不踏下离合器踏板，当车速低于 10km/h 时再踏下离合器踏板；紧急制动时，可不踏离合器踏板。

3. 制动踏板

(1) 制动踏板设置在驾驶室底部，是行车制动器的操纵装置，用右脚操作。

(2) 操纵液压制动踏板时，右脚踏在制动踏板上，以膝关节的伸屈动作踏下或松抬。操纵气压制动踏板时，右脚跟支撑在驾驶室底板上，脚掌踏在踏板上，以踝关节的伸屈动作踏下或松抬。

(3) 踏下制动踏板的行程、速度以及力度，应根据制动效果的需要确定。

4. 加速踏板

(1) 加速踏板设置在驾驶室底部，用右脚进行操作。

(2) 操作加速踏板时，以右脚跟靠在驾驶室底板上做支点，前脚掌轻踏在加速踏板上，用踝关节的伸屈动作使踏板踏下或松抬。

(3) 除必须使用制动踏板外，其他时间右脚应放在加速踏板上。操纵加速踏板要做到"轻踏、缓抬"，切忌忽抬忽踏或连续抖动。

5. 手动变速器操纵杆

(1) 左置式转向盘的汽车，变速器操纵杆一般安装在驾驶座的右侧位置或转向柱上，用右手操作。

(2) 变速器操纵杆的握法：手掌轻握变速球，以五指握向手心自然地握住，不可握得太紧。

(3) 换挡时以手腕和肘关节的力量为主、肩关节的力量为辅，随着推拉方向的变化，掌心贴操纵杆球头的方向可以适当变化。

(4) 换挡时，两眼应注视前方，不得低头看变速器操纵杆，也不得强推硬拉变速器操纵杆。不换挡时，不要将手放在变速杆上。

6. 自动变速器换挡手柄

某自动变速器的换挡手柄如图 4-2 所示。自动变速器各个挡位的含义如下。

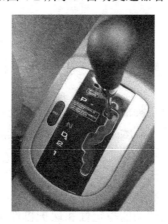

图 4-2　某自动变速器换挡手柄

停车挡(P)：只有在汽车完全停稳时，才可挂入该挡。挂入该挡后，驱动车轮被机械装置锁止而使车轮无法转动。若想将排挡杆移出该位置，须踏下制动踏板并按下排挡杆手柄上的锁止按钮。

倒车挡(R)：只有当汽车静止且发动机怠速运转时，才可挂入倒车挡。按下排挡杆手柄按钮，即可将排挡杆移入或移出倒车挡。在汽车前行时，不要误将排挡杆挂入 R 挡，特别是在变速器处于应急状态时，千万不能在前行中挂入 R 挡，那样会使自动变速器严重损坏。

空挡(N)：在点火开关打开状态下，汽车静止或车速低于 5km/h 时，挂入该挡。挂入该挡后，排挡杆会被锁止电磁铁锁止。若想移出该挡，须踏下制动踏板，同时按下手柄按钮；在车速高于 5km/h 时，只需按下手柄按钮即可将排挡杆移入或移出 N 挡。

前进挡(D)：一般情况下可选用此挡。在 D 挡位置，变速器控制单元根据车速及发动机负荷等参数，控制变速器在前进挡各挡位中自由切换。

长坡挡(2)：遇到较长距离的坡路时选用此挡，控制单元根据行驶速度及节气门的开度变化，控制车辆在 1、2 挡中自动换挡。这样一方面避免了挂入不必要的高速挡，另一方面在下坡时可更好地利用发动机的制动效果。

陡坡挡(1)：在上、下非常陡峭的坡路时选用此挡。挂入 1 挡后，汽车总处于 1 挡行驶状态，而不会换入其他前进挡位。这样一方面可以保证在爬坡时有足够的动力，另一方面在下坡时可最大限度地利用发动机的制动效果。

7. 驻车制动器操纵杆

(1) 驻车制动器操纵杆是驻车制动器操纵装置、供驻车时制动使用，目前一般采用机械式和强力蓄能弹簧式。其设置位置在驾驶室底板，仪表盘下方及便于操纵的位置。行驶中遇有紧急情况需要停车时，可以辅助行车制动器，以增强整车的制动效果。

(2) 操纵机械式操纵杆时，用手向斜上方用力拉紧，即可制动。放松时，先向外侧(或后方)轻拉手柄并同时按下锁止按钮，然后将手制动杆放下，即解除制动。

(3) 操纵钢索式操纵杆时，用手反复拉动手柄数次，直至感到拉紧时，即起制动作用；放松方法与机械式普通手制动相同。

(4) 大型气压制动的客车采用了强力蓄能弹簧式驻车制动装置，操纵装置是一个操纵阀开关，来控制后制动气室的充气和排气。充气即解除制动，排气即起制动作用。该制动装置又称安全制动或自动紧急制动装置，即气压达 0.3～0.4MPa 时，汽车方可正常行驶，当汽车的气源或气路发生故障不能对驻车制动气室充气时，汽车将保持制动状态。这时若开动或拖动汽车，须将驻车制动气室的传力螺杆旋出，才能解除制动。

在汽车修复后必须将传力螺杆拧回到工作位置，否则驻车制动将不起作用。这是一个经常遇到而又容易忽视的问题，必须引起注意。

4.1.4　汽车驾驶基本规程

汽车驾驶基本规程如下。

(1) 坐姿端正、双目正视、看远顾近、视线成扇形、双手稳握转向盘。除操纵其他机件外，不得单手操作或做与驾驶无关的动作。操纵各种开关时，手不要穿越转向盘。

(2) 思想集中、不准吸烟、不准饮食或闲谈、不准戴耳机收听录音与广播、不准使用手机；不准穿拖鞋驾驶汽车；近视而未戴近视镜者，不准驾车；不准故意推挤、戏弄他人或用其他方法妨碍他人的交通安全；饮酒后不准驾驶汽车；汽车未停稳时不准开门，汽车车门未关好时不准行车。

(3) 注意观察各种仪表、指示灯，注意发现各部机件有无异响、异味；发现汽车有影响安全和可能造成严重后果的故障，应立即停车检查或联系检修。

4.2　汽车典型道路驾驶技术

汽车行驶过程中，会遇到各种道路。本节主要从城市道路、高速公路等典型道路的特点分析汽车驾驶技术。

4.2.1　汽车城市道路驾驶技术

1. 繁华地段驾驶

城市道路的繁华地段(如学校、医院、商业街、影剧院、体育场、城乡接合部的集市、火车站、长途汽车站等)是人口高度集中的地方，道路网络密布，车辆、行人流动频率高，交通动态变化大，各种情况比较复杂，行车中起步、换挡、减速、转向、停车等操作频繁，行车难度大。因此行至该路段时要格外提高警惕，谨慎驾驶。

1) 行人动态的判断与处理

(1) 上、下班时间是行人流量的高峰期，行人因抢时间赶乘各种交通工具，往往不顾交通情况和来往车辆，抢道横穿。这种情况多发生在公交车站、交叉路口及视线盲区地段(街心花园、浓密的行道树、路边停驶的车辆)，因此需提前减速，仔细观察，提前采取预防措施。

(2) 经过繁华的地段时，人群密集，行人不太注意来往车辆情况，突然闯入机动车道或横过车道的情况经常发生。行经此路段时，除需高度集中精力外，还要提前减速，用低速挡缓慢通过。

(3) 通过狭窄街道或集市时，应严格控制车速，防止行人突然横穿道路或从小巷口跑出。

(4) 特殊人群动态的判断与处理。

① 小孩的特点是：活泼好动、贪玩好奇、思想单纯、不知危险，喜欢在马路上追逐玩耍。遇到上述情况时，缓行或停车避让，以防不测。

② 老年人多数的特点是：感觉不灵敏、行动缓慢、走路不稳，容易受惊跌倒，躲避动作不明显，有的甚至不知道避让。遇到这种情况时，驾驶人切不可急躁。如果道路较宽，可以从其后缓行通过；如果道路较窄，则不能过分靠近，而应减速或停车避让。

③ 盲人的特点是：听觉灵敏、走路小心，通常听到汽车喇叭声或汽车行驶的声音就马上避让，但不知自己应如何避让，往往是欲避让却不敢迈步，不知所措。此时应密切观察其动态，减速慢行甚至停车，待动态明了后再行驶。

④ 聋哑人的特点是：无听觉，走起路来往往对车辆的鸣号毫无反应，行驶中遇到聋哑人时，必须谨慎小心。凡是遇到对汽车鸣号毫无反应的行人，就应想到他(她)可能是聋哑人，应该尽快减速或停车，待其离去后通过。

⑤ 痴呆者和精神病人的基本特点是：神态反常、情绪低落，常手舞足蹈、乱喊乱叫。遇到这种行人，必须设法低速环绕而行，切不可抱有侥幸通过的心理，更不可对其恫吓或驱赶。

⑥ 醉酒行人的特点是：神志模糊、走路摇晃、行动难测，不能正常控制自己的行为，有时还造成群众围观，导致交通堵塞。遇到这类行人，为防止其跌倒或扑向车前，必

须密切观察其动态。能过则过，应停则停，切勿随意冒险行驶。

2) 机动车动态的判断与处理

(1) 公交车辆。公交车辆(如电车、公共汽车)的特点是体积大、载客多、起步慢、停站多。上下乘客时，车前车后常有行人、非机动车超越或横穿。有的路段相对较窄，经常出现行人、自行车、摩托车窜入混行。因此在尾随、超越时要加大行车间距和横向安全距离，鸣喇叭(在非禁鸣区)减速，做好随时制动准备。

(2) 小型客车(出租车)。小型客车的特点是机动性好、灵活、性能先进，驾驶人容易产生优越侥幸心理，往往会盲目开快车，甚至强行超车。出租车空车时，车速缓慢，驾驶人四处张望寻找"客源"。遇到顾客招手，会突然减速或停车，有时为了"抢客"会突然转向掉头或变更车道。有的载客后的出租车会左右穿插超车，高速行驶。因此，遇到前边有出租车时，要保持适当距离，提防"截头猛拐"，随时做好制动准备。遇有路边有出租车停靠时，更要提防突然起步或抢道行驶。

(3) 摩托车。摩托车是城市中比较常见、数量相对较多的机动车。其特点是：体积小、起步加速性能好、行驶速度高、机动性能强，但排气噪声较高，制动稳定性和行驶稳定性差。

驾驶摩托车的多为年轻人，他们好动，存在追求刺激心理，喜欢高速行驶，见空就钻，见慢就追，往往左右超车，竞相行驶，在车流中穿来穿去，干扰车辆的正常行驶。尤其是在雨、雪、大风和冬季寒冷的天气，摩托车性能下降，不利于安全行驶。因此在行驶中应注意摩托车的特点，同摩托车保持一定的纵向和横向安全距离，避免与摩托车争道抢行。

(4) 简易三轮客、货车。这类车型多为非正规厂家生产，安全行驶稳定性差，其中一部分驾驶人无证驾驶，多活动于城乡接合部的集市、居民小区及交通管理疏散区。

驾驶人员法律意识淡薄，安全行车素质差，极易发生事故。行驶中遇到这类车辆，要认真观察，正确判断，待判明动态后再行驶，切勿与其抢行。

3) 自行车(电动车)动态的判断与处理

城市中的自行车(电动车)多而集中，由于它机动灵活、体积小、惯性小、转弯快、技术要求简单，男女老少均可使用。电动自行车则速度快、惯性大，但稳定性差，容易摇摆或侧向摔倒，因而是造成城市交通复杂乃至交通事故频发的一个重要因素，对汽车的安全行驶影响较大。

具体要注意以下几个方面的情况。

(1) 车前有骑车者，要警惕骑车人伸手示意或回头观望而突然猛拐、斜穿或掉头。

(2) 在设有分道线的道路上，机动车不宜靠近非机动车分道线，应防止自行车(电动车)因相互碰撞而倒向机动车道。

(3) 遇有多辆自行车(电动车)时，应减速慢行，警惕骑车人攀扶或突然从车头横越。

(4) 与自行车(电动车)同方向行驶时，超越前要注意观察其分布及动态，不可冒险穿挤或频繁鸣喇叭催促让行，应适当放宽会车和超车间距。转弯时要先减速，给其留出足够的空间，以防互相碰擦；遇自行车占道抢行或者不避让的，应耐心让路，减速尾随，尽量错开行驶。

(5) 狭窄路上与自行车(电动车)并行时，绝不可急躁冒险抢行，防备自行车(电动车)突然倒向机动车一方,做到慢得及时、停得迅速。

(6) 装载货物的自行车(电动车)稳定性差,容易失去平衡而摔倒。道路条件允许的情况下,保持足够的安全间距,及时鸣喇叭提示,并行时用眼睛的余光和后视镜观察,随时做好停车准备。

(7) 通过街道两边的小巷和夜间行驶时,要特别注意提防自行车(电动车)突然从巷口或黑暗处冲出。

2. 交叉路口驾驶

城市交叉路口,经常造成交通阻滞,容易发生交通事故。因此,汽车在通过交叉路口时,要注意交通标志和指挥信号,服从指挥。汽车进入交叉路口前,应距交叉路口 50～100m 时开始减速。通过交叉路口的汽车,车速不得超过 20km/h;通过路面窄、盲区大的交叉路口时,车速要控制在 5～10km/h 为宜。

在设有快、慢车道的交叉路口转弯时,要在停车线以外 50～100m 处,按照导向箭头的指向选择行驶车道,不允许在进入实线路段或交叉路口中临时变更车道。进入环行交叉路口(环岛)的汽车,应按逆时针方向绕行,行至所要出去的路口,打开右转向灯,向右转弯驶出。

3. 立交桥驾驶

1) 通过分离式立交桥

分离式立交桥在道路交叉处设隧道或跨线桥,上下路间有匝道连接。分离式立交桥多用于道路与铁路或高速干线与一般道路交叉之处。

行经上跨式立交桥时,应降低车速,注意观察(特别是行驶近坡顶时)。双向通行的道路,不能跨压中心线,应适时地控制车速。行至下穿式立交桥时,认真观察限高标志,注意净空高度,避免通行受阻。

2) 通过互通式立交桥

城市干道之间和高速公路出入口一般用互通式立交桥。互通式立交桥由匝道连接上下车道,相交车道上的汽车可以相互转道行驶。

进入立交桥之前,观察桥头前方交通标志牌,掌握立交桥的结构形式及其相应的行驶路线,按指路标志的提示,选择行驶路线和立交桥的驶出口。行驶中,应注意前方车辆的动态,如制动灯、转向灯和临近出口时的速度等,要保持足够的行车间距,随时做好制动准备,以防前车紧急制动而发生事故。

4. 高架路驾驶

(1) 要严格按限速标志规定行驶,不能盲目开快车。

(2) 高架路上行驶的汽车不得随意变道,需要变换车道的,不得一次连续变换两条车道,不得影响其他车道车辆的正常行驶。

(3) 在高架路上,汽车不准掉头、倒车、临时停车。遇特殊情况必须停车时,须紧靠道路右侧边缘停车,并在距车尾 70～80m 的地点设置警告标志,同时开启危险报警信号灯。夜间还须开启示宽灯和尾灯。

(4) 上匝道汽车驶入慢速车道前,应让在慢速车道内通行的汽车先行。快速车道的汽车需下道时，应提前变换至慢速车道，未及时变换车道的，不能紧急停车或突然变道，不准掉头或倒车，必须从下一匝道驶离。

(5) 汽车发生交通事故或抛锚，应立即报告交通警察或通过报警电话报警。徒步报警的，应紧靠道路右侧边缘行走，无关人员不得随意下车。

5. 铁路道口驾驶

铁路道口是交通事故多发地点，接近铁路道口时，要提高警惕，注意观察道路交通标志和信号灯，熟悉和掌握铁路道口的交通状态，安全顺利通过。

在通过铁路道口时，要遵守下列驾驶规定。

(1) 通过无人看管的铁路道口时，应提前减速慢行，注意观察，必要时停车查看，确保安全后方可通过。

(2) 通过有人看管或有交通信号灯(或栏杆)控制的铁路道口时，应严格遵守铁路道口的有关规定。遇道口栏杆(栏门)关闭，音响器发生报警，红灯亮或管理人员示意停止行进时，必须停车依次等待，切不可冒险强行通过。遇有道口信号灯熄灭时，应考虑是否是道口停电了或道口设备发生了故障，应停车观察，确认安全后通过。

(3) 驾驶汽车穿越铁路道口，应低速通过，不准在火车行驶区域内换挡或停车。

(4) 在铁路道口内行驶时，应注意选择平坦地点，注意铁路道钉等凸出物，以免造成较大颠簸或损伤轮胎。

(5) 遇汽车较多，铁路道口拥挤时，要注意观察道口对面是否有足够的停车空位。如果没有空位，切不可穿越铁路道口，以免将车停在铁路道口之内。

(6) 在火车行驶区域内发生故障时，应立即设法将车移开，不准停留和检修。

4.2.2 汽车高速公路驾驶技术

高速公路是全封闭、全立交、控制出入口、设有中央分隔带以及多种安全、管理、服务设施，专供机动车高速行驶的公路。

1. 匝道驾驶

高速公路的入口采用立体交叉形式，有匝道相连，如果不注意指路标志，往往驶错方向。确认汽车行驶方向后，应尽快提高车速；有弯道或坡道的匝道，按照交通标志的指示行驶。在喇叭形、环形立交上行驶时，应注意相对方向欲驶出出口的汽车，避免擦撞。在匝道上不准超车、停车、掉头、倒车。

2. 加速车道驾驶

汽车进入加速车道后，应迅速提高车速至 60km/h 以上，并开启左转向灯，在不妨碍正在行车道上行驶的汽车的情况下，平滑地汇入行车道，不允许未在加速车道加速而直接驶入行车道。

3. 高速公路限速规定

小型客车最高车速不得超过 120km/h，其他机动车不得超过 100km/h。同方向有两条车道的，左侧车道的最低车速为 100km/h；同方向有 3 条以上车道的，最左侧的最低车速为 110km/h，中间车道的最低车速为 90km/h；如遇限速标志标明车速与上述车道行驶车速的规定不一致的，按照道路限速标志标明的车速行驶。

4. 行车间距

正常情况下，行车间距略大于行驶速度值，高速公路专门设有为驾驶人确认行车间距的行驶路段，行驶在此路段上应检视与前车的行车间距适时调整车速。

5. 超车

超车时，应提前观察前车是否在超车或有准备超车的意图，并通过后视镜观察左侧车道上有无汽车超越，确认安全后，开启左转向灯，在距前车 50～70m 时，平稳地以较大的行车轨迹切入左侧变更车道，尽量保持较大的横向间距，加速超车。超车后距被超汽车50～70m 后，开启右转向灯，在不影响被超汽车正常行驶的情况下，平稳驶回行车道，关闭转向灯。

6. 弯道行驶

弯道行驶时，易造成对距离和弯度的判断失误，因此应适当降低车速。尤其左转弯道行驶时，由于驾驶人的视距变短，应尽量避免在弯道上超车。严禁在半径小的弯道上超车。

7. 行车故障

高速公路行车中发生故障需停车时，切不可紧急制动或在行车道停车，应控制好车速，提前开启右转向灯，尽快驶离行车道，停在紧急停车带内或右侧路肩上，停车后必须开启危险报警闪光灯，并在车后方 150m 处设置故障车警告标志。夜间还须同时开启示廓灯和尾灯。

8. 夜间驾驶

夜间行车容易疲劳，视力下降，对速度和距离判断误差增大，因此应降低车速，行车间距应增加 1～1.5 倍。

9. 低能见度条件下驾驶

能见度小于 500m 时，须开启近光灯、示廓灯、尾灯，车速不得超过 80km/h，与前车必须保持 150m 以上的行车间距。

能见度小于 200m 时，须开启雾灯、近光灯、示廓灯、尾灯，车速不得超过 60km/h，与前车必须保持 100m 以上的行车间距。

能见度小于 100m 时，须开启雾灯、近光灯、示廓灯、尾灯、危险报警闪光灯，车速不得超过 40km/h，与前车必须保持 50m 以上的行车间距。

能见度小于 50m 时，高速公路局部或全路段将采取封闭措施，此时已在高速公路上行驶的汽车必须按规定打开灯光设施，车速不得超过 20km/h，并从最近的出口尽快驶离高速公路，或驶入最近的服务区停车。直到天气条件好转后再行驶，切不可冒险行车。

10. 注意事项

(1) 进入高速公路前，要掌握高速公路安全行车规定和注意事项，了解主要行经地、出入口，计划好行车路线。注意天气预报和高速公路信息，确认道路交通状况。

(2) 检查汽车，准备好随车工具、警告标志或警示灯、灭火器、工作灯等必需物品。

(3) 通过收费处时要减速缓行，密切注视通道上方的灯光信号和入口前的情报板。选择允许通行的收费口依次排队，按次序领取通行卡或交费，切勿争道抢行。

(4) 进入收费口，应尽量靠近收费亭，便于收费人员和驾驶人交接现金、票证或通行卡。切忌将通行卡或票据随手乱丢，以免为寻找通行卡或票据耽误时间而影响通过速度。

(5) 驶离高速公路前，要预先注意出口标志，做好充分准备，防止错过出口。在距出口 2km 时，不准超车。距出口 500m 时开启右转向灯，降低车速逐渐变道至最右侧行车道，平稳驶入减速车道，进入匝道。

(6) 如果错过出口，只能继续向前行驶至立体交叉处掉头或在下一个出口驶出，严禁紧急制动、停车、掉头、逆行、穿越中心隔离带供紧急情况使用的缺口。

(7) 雨雾天行驶时，行车间距应保持为干燥路面的 2 倍以上。冰雪路面行驶时，行车间距应保持为干燥路面的 3 倍以上。

4.3　汽车特殊条件下的驾驶技术

汽车特殊条件驾驶技术，主要是指汽车在夜间、恶劣气候气象(如低温、高温、雨雾天气等)、特殊道路(如泥泞翻浆路面、冰雪路面、山区道路、隧道、涉水等)、紧急状态(如轮胎漏气、轮胎爆胎、转向失控、制动失灵、火灾等)下的驾驶技术。

4.3.1　夜间驾驶

夜间行驶条件和周围环境与白天不同，因受光线的影响，观察和判断能力发生很大的变化，给行车安全带来较大的难度。

1. 夜间驾驶的特点

夜间驾驶人视野变窄、视力变差。由于灯光照射范围和亮度有限，加之来往汽车灯光晃动、炫目，使驾驶人对道路地形、状况、交通情况和行进路线的判断均感困难，甚至出现错觉。这导致驾驶人精神处于高度集中和紧张状态，极易产生疲劳而出现判断、操作失误。

2. 灯光的使用

夜间驾驶车辆，驾驶人必须正确、熟练地使用各种灯光。

(1) 熟悉所驾车型灯光开关的位置。

(2) 汽车前灯和尾灯开启时间，一般应与路灯开启时间相同。阴暗天气或视线不清时，可以提前开灯。

(3) 在有路灯的道路上行驶时，可使用近光灯、小灯；在无路灯的道路上，通过有指挥的交叉路口时，应在距交叉路口100～300m处关闭远光灯，改用小灯或近光灯。待通过后，再视情况开启远光灯。

(4) 夜间起步或中途停车时，视线受到限制。为避免发生危险，应先开灯后起步，先停车后闭灯。

(5) 中途停车，应将汽车靠道路右侧停放，并打开小灯和尾灯，以使来往车辆能看清停车位置。

3. 夜间驾驶的操作方法

(1) 夜间驾驶，驾驶人要有充沛的精力，出车前要逐个检查灯光，确保齐全、有效、可靠。

(2) 夜间行驶的车速应比白天低些。在驶经弯道、坡路、桥梁、狭路和不易看清的地方时，要减速缓行，并随时做好停车准备。

(3) 会车时，做到安全礼让。预先选定宽阔、平坦、安全的交会点，掌握好车速，看清汽车左右情况，在有利地点会车。遇窄路和障碍物，不适合交会时，应选择适当地点主动停车避让。会车过程中，为了进一步看清行驶路线，可短暂开远光灯。如果对方来车未及时关闭远光灯，应减速缓行，并连续交替使用远、近光灯示意，切忌以强光对射，以免影响对方，必要时可靠边停车礼让。

(4) 夜间行车时，应尽量避免超车。只有在前车速度很慢，但道路宽阔，对面又无来车的情况下，方可超车。超车前打开转向灯，并连续变换远、近光灯示意，待前车让路后，方可超越。

(5) 通过繁华地段时，各种灯光和霓虹灯交相辉映，会影响视线，加上车辆和行人增多，要格外注意观察，降低车速，听从交警的指挥，注意各种信号，谨慎通过。

(6) 夜间如需倒车或掉头，必须下车看清地形、上下及四周的情况，然后再进行操作。

(7) 行驶前方出现红灯，应引起重视，准确区分是信号灯、防护灯、汽车后尾灯还是交通管理人员发出的信号，以采取相应措施。

4.3.2　恶劣气候条件下的驾驶

1. 低温条件下的驾驶

(1) 出车前预热发动机，以便于起动、节约燃料、减少发动机磨损和排放污染。

(2) 起步时，润滑油、润滑脂的黏度增大，造成阻力加大。起步后要用低速挡，以车速不超过15km/h的速度行驶一段后，再均匀加速，以免损坏机件。在行车中应选择平坦路面，保持中速行驶，避免剧烈振动和紧急制动。

(3) 由于驾驶室内、外温差较大，风挡玻璃上易形成冰霜，应及时擦拭，有除霜设备的要及时打开，不可勉强行驶。

(4) 收车停驶后，未加注冷却液的汽车，应放净发动机和散热器中的存水，以防冻坏发动机及散热器。

(5) 气压制动的汽车，还应放出储气筒内的残存气体。

2. 高温条件下的驾驶

(1) 出车前、行车中认真检查，做到不缺水、不缺油，电风扇皮带要保持正常的张力。

(2) 经常检查蓄电池电解液的液面高度，蓄电池电解液不足时应适量添加蒸馏水进行补充，并保持蓄电池通气孔畅通。加蒸馏水时不宜过多，以隔板以上 10～15mm 为宜。

(3) 及时补充冷却液。当冷却液沸腾时，不可立即开启散热器盖，应先使发动机怠速运转，待温度适当降低后，再打开散热器盖。在打开散热器时，可用抹布等物覆盖散热器盖，小角度开启，以防止蒸汽大量喷出，造成烫伤。

(4) 供油系统出现气阻时，应停车降温，排除故障后再继续行驶。

(5) 随时注意轮胎温度和压力的变化，发现轮胎温度、压力过高时应停驶，使轮胎温度自然恢复正常，不可采用放气或浇水的方法降温。行驶中突遇轮胎爆裂时，应握紧转向盘，迅速平稳停车。

(6) 高温下行车，制动性能会下降，尤其是液压制动效果会更差。因为产生气阻的制动液会降低传动效率，制动缸内的皮碗会膨胀，使制动失效。

驾驶时必须随时注意检查制动性能，发现制动踏板软弱无力或制动效能下降时，应停车降温，检查制动液的液面。如发现制动液不足，要查明原因，及时补充制动液。注意加完制动液后，排净管路中的空气。

(7) 在高温引起软化的沥青路面上行驶，应适当降低车速，防止紧急转向或制动引起侧滑。

(8) 夜间行车，应注意在路边乘凉或散步的人员，防止突然窜入行车道，造成事故。

(9) 高温天气，驾驶人容易疲劳，要注意休息，保持充沛的精力。

3. 雨、雾天气驾驶

1) 雨、雾天气的特点及路面状况分析

雨雾天行车，能见度低，视距短，视线模糊，车辆与行人动态变化异常，道路湿滑，汽车制动性能变差。久雨不晴或特大暴雨，会造成路基塌陷及路面积水。暴雨来临之际往往会狂风大作，尘埃飞扬、天昏地暗、视线不清，造成行驶困难。

2) 雨、雾天道路驾驶

(1) 做好汽车的日常维护，提前检查照明及灯光信号装置、喇叭、刮水器、转向和制动装置是否保持完好、有效。

(2) 久旱初雨，雨水和路面(特别是在渣油含量高的路面)上所积累的油污、尘埃、轮胎橡胶粉末、泥土相混合，使得汽车车轮附着系数大为降低。驾驶操作时，应严格控制车速，多使用发动机制动，尽量避免紧急制动。遇情况或停靠时要提前减速，轻打转向盘，避免汽车侧滑。

(3) 蒙蒙细雨，雨点虽小却下个不停，刮水器刮不净风挡玻璃上的灰尘、污点，因而视线模糊。行人、自行车骑车人因头戴雨帽、身着雨衣或打伞，视觉、听觉都受影响。驾驶人应擦去风挡玻璃上的灰尘，保持风挡玻璃的干净、清晰。行驶中控制车速，与各种汽车、行人保持较大的安全间距。同时，要注意路面湿滑，谨慎驾驶。

(4) 久雨不晴，路面虽被冲刷干净，滑溜程度亦随之减轻，但车速过快或使用磨损严重的轮胎则易产生"水滑"，也会使汽车方向失控，造成事故。在这种天气行驶，要控制

车速，不可掉以轻心。发生"水滑"时，避免急踏制动，缓松加速踏板，握稳转向盘，缓缓减速，待"水滑"消失后，再正常行驶。

(5) 阵雨、暴雨前，狂风、飞沙等会造成天气昏暗、视线不清。行人、骑车人会不顾一切奔跑，以寻找避雨、避风处。驾驶人必须谨慎慢行，注意观察动态，以防万一，必要时可开启近光灯或雾灯示意来车与行人。同时还要预防路旁的电线杆、树木、广告牌等是否被风刮倒而影响行车，切勿盲目行车。

(6) 久雨后，郊区道路路基松软，不宜在路肩上行驶。城市道路因市政工程竣工后待恢复的各类管道、井盖周围，在未覆盖硬路面之前，也不宜在上面行驶或骑压，以免陷住车轮。

(7) 雾天行驶时，应按规定开启防雾灯、示宽灯或近光灯和尾灯。能见度在 30m 以内时，最高时速不准超过 20km/h；能见度在 5m 时，应当停驶，汽车不得停放在路面和弯道上，并应开启示宽灯和尾灯。

(8) 雾天行车时，可以路边的行道树、电线杆或标志、标线为标志物，不论道路上有无中心线，都不得超过道路中心行驶，以免对面来车避让不及，还要注意行人、自行车动态，谨防意外。

(9) 雾天行车时，因视距短，且路面湿滑，制动效能降低。尾随前车时，必须保持足够的间距，可鸣短声喇叭提示汽车和行人。听到来车喇叭声，应鸣喇叭响应。发生堵塞时，应开启危险报警闪光灯。

(10) 雾天的交叉路口或弯道处，是交通事故易发地带，这是因为驾驶人看不清交通信号、标线、标志，不能及时发现来车。行驶到该路段时应放慢车速、细心观察、谨慎前进。

(11) 大雾天气有时浓淡不均，当进入浓雾地段时，不可盲目驶入，必须先降车速甚至停车，查明情况后，再缓慢通过。

4.3.3 特殊道路条件下的驾驶

1. 泥泞、翻浆路面驾驶

(1) 尽量选择泥层较浅或高起的地方通过，有车辙的地段，可沿车辙行驶。遇到无法避免的因挤压而突起的障碍物时，应先清除再通过，以防车身被擦伤。行驶时转向盘要稳、准，尽量保持直线行驶，并运用防滑操作方法，谨慎驾驶。

(2) 通过路面表层泥泞道路(如施工道路、建设工地等)时，必须用低速挡平稳行驶；在泥泞较深、距离短而无危险的地段，可用中速挡并加速通过。在不宜冲过的地段，应用低速挡，并保持足够的动力，一气通过。应尽量避免中途换挡、制动、转向和停车。行驶中车速不可忽快忽慢，以防车轮侧滑。

(3) 驱动轮陷入泥坑打滑时，应找人帮忙将车推出。如仍不能驶出，则应挖去轮下的泥浆，就近寻找砖块、石子等物铺垫在被陷轮下，以增加被陷轮的附着力，然后以低速挡将汽车驶出。必要时，可用其他汽车牵引出泥坑。不宜采取快进猛退的方法，以免损坏传动机件。

(4) 泥泞道路上有车辙的，可循车辙行驶。有拱度的路面尽可能在路面中间行驶，保持左右车轮高低一致。

(5) 泥泞道路上靠边停车时，应在路中减速或换入低速挡，再逐渐缓慢向右转动转向盘驶向路边。

(6) 行驶中，加速踏板踏下或松抬应缓慢，不可过快，以免因突然加速或减速引起侧滑。

(7) 转向时，必须提前减速，适当调整所需的转向角度，不可急剧转动转向盘，以免引起汽车侧滑。

2. 冰雪路面驾驶

(1) 起步时，可采用比平常高一级的挡位，利用离合器半联动和轻踏加速踏板的办法，防止车轮滑转。起步困难时，可在驱动轮下铺垫干草、煤灰、沙子等物辅助起步。

(2) 行驶中严格控制车速，不得超过 20km/h，车速应平稳，不可突然加速或减速。严禁脱挡滑行。如遇情况，要采用发动机的牵引阻力预先制动或使用间断轻踏制动法制动，不得使用紧急制动，以防侧滑。

(3) 尾随行驶，应与前车保持较大的安全距离，一般为正常道路条件的 1.5～3 倍。

(4) 会车时，应提前降速，选择宽平的安全地段右侧慢行，并加大两车的横向距离，与路边保持一定的距离，必要时可选择较宽的地段停车让行。

(5) 行至弯道、危险地段时，要提前缓抬加速踏板，平稳降速，适当加大转弯半径，不可急转急回，以防侧滑。若发现汽车侧滑，则必须放松制动踏板，使车轮保持滚动，稳握转向盘并向车尾侧滑的方向调整，使汽车稳定下来。

(6) 通过坡道或桥梁时，应视坡度大小，选用适当的低速挡行驶，尽量避免中途变速或停车。下坡时，应挂入低速挡，严格控制好车速，若遇情况，要降速或停车时必须采用发动机牵阻力或间断轻踏制动的方法制动，不得使用紧急制动。

(7) 遇到路边停靠、转弯、会车等情况时，应采取预先制动的方法，必要时利用"抢挡"方法来降速，慎用制动。特别是在路边停靠时，不要过于靠边，因路边路面倾斜度较大，容易造成侧滑。

(8) 在结冰道路上行驶时，道路上有车辙的应顺车辙行驶；没有车辙可循的，应走道路中间；若路面倾斜或一边有危险的，应走平坦和安全的一边。但不要忽左忽右，应尽量保持直线行驶。

(9) 寒冬季节，路人往往戴帽子或用围巾裹头，视觉、听觉受到影响。在结冰的道路上，行人和自行车容易突然滑倒，因而必须加大纵向、横向间距，同时尽量错开行驶，以防意外。

3. 涉水路面

汽车涉水时，由于受水的浮力和流水的冲击作用，车轮附着力变小，行驶阻力增大，车轮易发生滑转和侧滑。水底坎坷不平，会影响汽车的操纵性和稳定性，同时电气设备容易短路，驾驶人视觉判断容易失误。涉水，主要是大暴雨时低洼道路的流水和积水、立交桥下的积水、郊区道路的漫水路桥等。

1) 涉水前的准备

(1) 查清水深、水流速度和水底的情况，选择水面较浅、水面较窄、障碍物少和岸坡较平缓的地方，并设置好标记。

(2) 涉水前做好防水措施：水较深(淹至车轴位置)时关闭百叶窗，将消声器出口引出水面，升高蓄电池(移至车厢中)；对油箱口盖、机油尺插孔、驱动桥通气孔做好防水保护。

(3) 水深超过汽车最大涉水深度时(超过车桥时)应停车，不可强行涉水。

2) 涉水驾驶

(1) 涉水时应使用低速挡，平稳地慢慢下水，以防水花溅湿用电设备和发动机。

(2) 行驶中应保持足够而稳定的动力通过，尽量避免中途停车、换挡和急转向。

(3) 如发现车轮空转或陷住，不可猛踏加速踏板，要使发动机保持运转，组织人力或其他汽车帮助拖出。

(4) 行驶中应以固定物为目标，不可凝视水面，以免视觉错乱，致使方向失误，驶出路线之外。

(5) 在积水地段内停靠时，必须提前降速，防止制动效能减弱或失效。

3) 涉水后的注意事项

(1) 涉水后低速行驶一段路程，同时轻踏制动踏板，挥发掉制动摩擦片上的水分，尽快恢复汽车的制动效能。

(2) 拆除防水用的包扎物，擦干电器受潮部件。

(3) 将涉水前改动的消声器、蓄电池等恢复到原来位置，打开百叶窗。

(4) 检查各齿轮箱有无进水，轮胎有无夹石及损坏，传动部分有无杂物缠绕。

(5) 检查汽车的安全技术状况均正常后，方可继续行驶。

4. 山区道路驾驶

(1) 确保汽车技术性能完好，特别是转向、制动、灯光及传动、车轮等安全部件技术状况必须可靠。

(2) 在山区行驶要集中精力，降低车速，注意交通标志，谨慎驾驶；行车中要及时准确地观察路面，尽量选择道路中间或靠山体一侧安全行驶。

(3) 选择安全地段会车，做到"礼让三先"。窄路会车要考虑汽车的宽度、高度，给对面来车留出足够路面，同时防止车身与山石的碰擦。

(4) 在视线受限的弯道上行车，要严格做到"减速、鸣号、靠右行"。在既有弯道又有坡道的道路上行驶时，应降低车速，随时做好停车准备。

(5) 在沙土路上会车，应降低车速，以防对面来车扬起的沙尘挡住视线，引起方向失准，造成刮碰。避免在急弯和悬崖处使用紧急制动，以防汽车侧滑。

(6) 通过危险路段时，随时观察路面可能出现的塌方、落石和滑坡，切勿盲目驾驶或在危险地段停车。行驶中突遇上述情况，应机警、果断处理。

(7) 在山区行驶，因制动使用频繁，往往产生制动气压不足，制动效能减弱，应随时注意制动器的工作效能，发现异常，立即停车检查。

(8) 如遇特殊天气，如暴雨、大风雪、风沙等，应降低车速，谨慎驾驶。

(9) 下坡时，禁止脱挡滑行，切忌超车，应加大与前车的安全间距。

5. 隧道驾驶

隧道多在山区，分为单行隧道和双行隧道。隧道内一般较狭窄、黑暗，较短的隧道可在入口处看见出口，而较长的隧道或有弯的隧道则无法在入口处看见出口。隧道在入口处设有信号灯，只有当绿色信号灯亮时，汽车方可驶入。

在隧道内驾驶要遵守以下规定。

(1) 进入隧道前，应提前降低车速，注意观察交通标志和用文字说明的规定，特别是指示标志和限制标志，开亮车灯(短隧道开示宽灯，较长隧道开近光灯)。

(2) 在驶出隧道时，由于视觉存在明暗适应的变化，应减速慢行。同时注意隧道出口处两侧的视线盲区，为防止行人出现等情况及时鸣喇叭并做好停车准备。

(3) 不准在隧道内超车、停车、倒车和掉头。

(4) 在隧道内跟随前车行驶时，应适当加大行车间距，以防发生追尾事故。

4.3.4 紧急状态下的驾驶

1. 轮胎漏气

漏气的原因往往是气门嘴漏气、轮胎被扎。前轮漏气时，除听到漏气声外，转向盘会向漏气轮胎方向自动偏转。这时要紧握转向盘，慢慢制动减速，尽力控制方向，驶离行车道。不要采取紧急制动，避免翻车或后车追尾。

2. 轮胎爆胎

爆胎一般是超载、气压不足、气压过高、锐利物扎伤、使用过度磨损的轮胎等导致汽车在持续高速行驶中(特别是夏季)，其薄弱部位突然爆裂。

后轮胎爆裂时，车轮摇摆，但不会失控，只要双手握紧转向盘，还能保持直线行驶；前轮爆胎时危险较大，一定要尽力控制转向盘，尽量保持车身直行状态，缓抬加速踏板(切忌紧急制动)，迅速抢挂低挡，再轻踩制动踏板，将汽车向路边一侧停靠。前轮爆胎的危险性大，因而前轮轮胎不得使用翻新胎和修补胎，要时刻保持前轮轮胎状况良好。

3. 转向失控

转向失控后，直线行驶时，切勿紧急制动，可拉驻车制动手柄，或果断连续轻踏制动踏板，防止偏离直行方向；转弯时，应果断采取应急措施使车尽快停住。

4. 制动失灵

制动失灵时，要握紧转向盘，利用驻车制动或"抢挡"办法紧急停车，避让障碍物，发生紧急避让时要遵循"先避人，后避物"的原则，防止重大事故的发生。

5. 火灾

行车中，若汽车发生火灾，应迅速将汽车停在较空旷地带并迅速报警，然后进行自救。

(1) 迅速关闭发动机，切断电源总开关。若驾驶的是天然气汽车，则关闭气瓶阀。

(2) 水可以熄灭木材、纸张、布匹和轮胎引起的火灾，但不能用于熄灭电器、燃油着火。供油系统着火时，应立即切断油源，并用灭火器及其他工具灭火；若无灭火器，可用

路边砂土或厚布、棉衣、工作服等覆盖灭火。

(3) 救火时，应脱去所穿的化纤服装，注意保护暴露在外的皮肤；火势大时不要张嘴呼吸或高声呐喊，以免灼伤上呼吸道。

(4) 使用灭火器灭火时，要尽量远离火源，瞄准火源而不是火苗，而且人要站在上风处，借风势将灭火器泡沫吹向火源。

4.4 汽车安全与节油驾驶技术

4.4.1 汽车安全驾驶技术

汽车驾驶过程由起步、车速选择、保持安全间距、会车、超车、转向、掉头、倒车、滑行、停车等环节组成。汽车安全驾驶是指驾驶人能够适应汽车运行条件的变化，有效地发挥其性能而不发生交通事故，圆满地完成运输任务。

1. 起步

起步前应进行以下检查：汽车前后和车下是否有人或障碍物；货物装载和紧固情况或乘客状态；观察周围环境和交通状况。

起步准备：起动发动机并查听运转情况；观察各仪表指示状况是否正常；关好车门，系好安全带。

起步过程：通过后视镜观察后方有无来车，按喇叭，放松驻车制动；适当选择变速器挡位(对装手动变速器的汽车，空车可用二挡，重车用一挡；对装自动变速器的汽车，一般选用 D 挡起步)；缓抬离合器踏板，适当踩加速踏板缓慢加速。

2. 车速选择

车速与行车安全有密切关系。提高车速，可缩短运输时间，提高运输效率；但车速过快，汽车制动距离大大增长，且易于丧失操纵稳定性。因此，提高车速的基本前提是必须确保行车安全。

车速快慢是相对的，高速行车与安全行车的根本区别不在于车速快慢，而在于所使用的行驶车速是否危及行车安全。高速行车是指不顾道路状况和交通环境，采用挤、抢、钻的方法盲目开快车。车速越快，制动距离越长，当遇有紧急情况时，发生事故的可能性也就越大；车速越高，转弯时的离心力就越大，极易造成汽车侧滑甚至翻车；在凹凸不平的道路上高速行车，常会因振动加剧而使汽车悬架机构、车架、轮胎等损坏或发生故障而导致行车事故；高速行车还会使驾驶人的动视力下降，视野范围变窄，从而难以全面正确地感知车内外情况，再加上精神高度紧张所带来的疲劳等，发生事故的可能性就会越大；高速行车时，超车的机会相对增多，从而增加了道路上的交织点，扰乱了正常行驶的交通流和行车秩序，从而也对行车安全造成影响。

因此，准确判断交通条件，掌握适当车速，适时制动停车，既能确保安全行车，又能顺利完成运输任务。

3. 安全间距

行驶过程中，汽车与同车道内同向行驶的汽车间应保持必要的距离；会车或超车时，应有一定的侧向间距。安全间距过小，就有可能导致碰撞、剐擦事故。

在同向行驶的前、后车之间，其安全间距主要取决于停车距离。停车距离不仅与汽车的制动性能和制动初速度有关，还与驾驶人采取制动的时间和方法有关。所以，合适的安全间距主要由后车的车速、制动减速度和后车驾驶人的反应时间确定。

车速越快，侧向安全间距应越大。

4. 会车

汽车运行中，与对面汽车相互交会的机会很多。需要会车时，首先应做到先让、先慢或先停。根据道路交通情况，同时准确判断来车的速度、距离及装载情况，选择适当的侧向安全间距，运用适当车速并选择较宽阔、坚实的路段靠右侧行进而会车。

在山区弯道处会车时，视线受阻，应先鸣号，注意前方来车；在陡坡道上会车时，应做到下坡车让上坡车先行，尽量避免在危险路段会车。

夜间会车，距来车 150m 时，应将远光灯改为近光灯；两车相距 50m 时，互闭远光灯而改用近光灯，靠公路右侧缓行，以防炫目，确保行车安全。

5. 超车

由于在道路上运行的汽车的车型、车况、运输任务、驾驶人的经验与性格不同，因而行车速度不一定相同，运行中会经常发生超车。一般情况下，超车应在视线清楚、道路宽度能保证有足够的侧向安全距离，并在对方 150m 以内无来车的路段进行。

超车前，先鸣号并开左转向灯向前、后汽车发出超车信号，待前车示意允许超车并向道路右侧避让时，从左侧保持足够的侧向安全距离迅速超越；超越后，关闭左转向灯，同时开启右转向灯，在不影响被超汽车正常行驶的情况下，驶入原行驶车道。

应注意的是：超车前，驾驶人应根据本车的车速和加速性能以及被超汽车的车速，正确判断超车所需时间和超车距离，尤其是要看清超车路段内的交通情况，并正确掌握侧向安全距离。

6. 掉头和倒车

汽车掉头、倒车时必须谨慎驾驶，尽量在道路宽阔、交通情况不复杂的地段进行。掉头、倒车时，必须观察周围情况，选定进、退路线和目标；对后方情况看不清时，应有人在车下指挥；倒车时，速度要慢，同时必须控制前轮位置，应掌握"慢行车、快转向、多进少退"的方法。

7. 安全滑行

滑行是指汽车驾驶过程中具有预见性的、提前减速的操作方法。

正确、合理地滑行，用自然减速代替使用制动器，可以达到减少制动消耗、降低磨损和节省燃油的目的。

滑行应在发动机不熄火和制动有效的条件下进行。在泥泞、积雪、结冰、陡坡、窄路、急转弯、傍山险路等道路上，以及视线不良、车内装载危险品或超高、超长、超宽物资时，严禁滑行，以防发生意外事故。

8. 日常检查与维护

汽车日常检查是为了避免行车中出现意外故障，提前发现汽车故障或其他不符合安全技术性能的情况，避免驾驶有故障的车上路，消除事故隐患。

日常检查，应结合日常维护工作来进行。坚持出车前、行车中和收车后的检视，发现问题及时解决，保证车况良好。

汽车日常检查要求做到：车容整洁、周正；工作介质(如燃油、润滑油、润滑脂、动力传动液、冷却液、制动液及蓄电池电解液等)充足；密封良好，水、电、油、气无泄漏；附件齐全、无松动；悬架、安全带等部件和装置紧固可靠、无松动；轮胎无典型磨损；制动可靠、无制动跑偏；转向灵敏；灯光、信号、喇叭等工作正常。

日常检查中的注意事项如下。

(1) 如出现油、液缺失，要及时补充。

(2) 要注意观察各仪表的工作情况，听发动机、底盘各部件有无异响。发现故障，及时维修，防止事故的发生。

(3) 对于天然气汽车，要重点检查是否漏气，发现问题，及时排除。

(4) 如果发现影响行车安全的因素(如转向、制动等操纵机件异常，灯光不亮，车门、座椅、地板严重损坏，油箱漏油，天然气漏气，发动机及底盘各部异响等)，应立即停驶，查明原因，及时维修。

(5) 除随车工具外，应备有检车小锤、工作灯(手电筒)等。

4.4.2　汽车节油驾驶技术

汽车燃料主要是汽油、柴油和天然气，燃料费占汽车运输成本的 25%～30%。减少燃料消耗是降低汽车运输成本的重要手段。

汽车的车型、车况、路况、装载质量、驾驶技术等因素影响汽车燃料消耗，其中汽车驾驶技术对汽车燃料消耗有较大影响。有关资料表明，由于驾驶水平的高低所引起的燃料消耗可相差 7%～15%。可见，提高驾驶技术水平，掌握科学的驾驶操作方法，是节约燃料、降低成本的一条重要途径。

1. 重视发动机冷起动

正确适时采取发动机预热、升温的方法，可使发动机容易起动、减少磨损，且能缩短起动与暖机时间，达到节油的目的。

汽车起动后，根据外界气温或发动机冷却液温度的不同，适当进行暖机再起步。

2. 行车有计划

(1) 选择行车路线时应该遵循以下原则：多环路(高架路)、少城路，多右转、少左转，多大路、少小路。在时间和路线上尽量避开堵车的时刻与路段。

(2) 驾驶人要减少燃油消耗，必须做到计划行车，在时间最短与距离最近间平衡。为此，行车前，应查清行车路线，避免走错路、弯路，避免中途停车问路。

(3) 车队行驶时，要等前车行驶一段距离后再起步，不要跟得太近，避免走走停停。

(4) 停车时，要正确判断道路情况，减少制动次数和减轻制动强度，要尽量选择路面坚硬、顺风和视野开阔、便于起步的地点停车。

(5) 汽车陷入泥坑中，车轮打滑空转时，不要加油硬冲，必须在修整路面或在车轮下垫石块、木板后有把握地驶出。

3. 预见性行车

(1) 行车过程中，驾驶人应该想办法看到前车的前车。驾驶时可以将车身偏离前车轨道的 1/4，这样不但能看到前车，还能对前车的前车行车一目了然。

(2) 行车时，驾驶人要学会观察距离，根据周边环境判断对方动向，由此可以提前做好准备，减少不必要的动作。例如，猛踩制动、猛踩油门，都是因为驾驶人没有事先判断，当行车条件改变时被动采取的措施。

(3) 上坡时，驾驶人在坡前 500m 时就应该轻微加速，减少踩油门的力度，甚至不用专门加油，而是更多地借助汽车惯性来冲坡。

(4) 驾驶人要将视线放远，能提前看到前方的红绿灯、十字路口或收费站之类，能提前收油，缓慢降低车速，平顺抵达。

(5) 驾驶人要注意力集中，如在等红灯时，当前车的制动灯灭时，就表明前车准备起步了，这时跟车的驾驶人也要相应准备起步。这样提早准备，才会平顺起步，不会为了跟上前车而猛踩油门。

4. 中速行驶

汽车行驶中，车速过高，会使汽车克服行驶阻力所消耗的功率增加，燃油消耗高；车速过低，也会使发动机燃油消耗高。采用中速行驶，才能使燃料消耗量达到最低。

5. 平稳操作

汽车加速踏板要轻踏、缓抬，换挡动作要及时迅速，以实现各种工况的平稳过渡，减少供油系统的额外供油以及发动机动力的无效损耗而导致的非生产性燃料消耗增加。

6. 保持适当的行车间距

城市中红绿灯多，堵车时有发生，汽车起步频繁。如果道路拥堵，而前车又经常制动，就应该与前车保持足够的跟车距离和反应时间。这样既能从容减速、不必频繁制动，又能安全省油。

7. 巧用滑行

合理、安全地选用滑行，但必须注意滑行的必要条件，即驾驶技术熟练、汽车技术状况良好、路面条件好且视线清楚，能确保行车安全，切忌熄火滑行。

夜间行车不宜采取"滑行"的方法。

8. 少用制动

在保证安全的前提下，采用预见性制动以及"以滑代刹"方法达到减速、停车的目的，尽量避免使用紧急制动。

本 章 小 结

(1) 正确的驾驶姿势，有利于驾驶人自如地运用各操纵机件，便于观察仪表和汽车周围的情况，并可减轻驾驶人的疲劳强度，使驾驶人操纵灵活，舒适、敏捷、安全。

(2) 转向盘、离合器踏板、制动踏板、加速踏板和换挡操纵手柄(变速杆)是汽车的五大操纵机构，对这些操纵机构的正确操作是正确驾驶汽车的关键。

(3) 汽车特殊条件下的驾驶技术，主要是指汽车在夜间、恶劣气候气象(如低温、高温、雨雾天气等)、复杂道路(如泥泞翻浆路面、冰雪路面、山区道路、隧道、涉水等)、紧急状态(如轮胎漏气、轮胎爆胎、转向失控、制动失灵、火灾等)下的驾驶技术。

高速公路、山区道路、桥梁、隧道、夜间、恶劣气候和复杂道路条件下的特点及驾驶技术以及出现轮胎爆胎、转向失控、制动失灵等紧急情况下的应急处理措施，都是驾驶人应该掌握的。

(4) 汽车安全驾驶是指驾驶人能够适应汽车运行条件的变化，有效地发挥其性能而不发生交通事故，圆满地完成运输任务。汽车安全运行的关键是安全驾驶。汽车驾驶过程由起步、车速选择、保持安全间距、会车、超车、转向、掉头、倒车、滑行、停车等环节组成。

(5) 汽车燃料主要是汽油、柴油和天然气，燃料费占汽车运输成本的 25%～30%。尽量减少燃料消耗是降低汽车运输成本的重要手段。影响汽车燃料消耗的因素(结构、使用方面)很多，其中汽车驾驶技术对汽车燃料消耗有较大影响。由于驾驶水平的高低所引起的燃料消耗可相差 7%～15%。可见，提高驾驶技术水平，掌握科学的驾驶操作方法，是节约燃料、降低成本的一条重要途径。

习 题

1. 概念题

汽车滑行、汽车停车距离、汽车行车间距

2. 判断题

(1) 汽车行至交叉路口时，左转弯汽车在任何时段都可以进入左转弯待转区。　　(　　)

(2) 汽车行至急转弯处时，应减速并靠右侧行驶，防止与越过弯道中心线的对方汽车相撞。　　　　　　　　　　　　　　　　　　　　　　　　　　　　　　　　(　　)

(3) 行车中如遇儿童在路边玩耍，要提前减速，谨慎驾车通过。　　　　　　　(　　)

(4) 驾驶人在观察后方无来车的情况下，未开转向灯就变更车道也是合理的。　　(　　)

(5) 用备胎不仅可在轮胎漏气或者发生爆胎时临时使用，也可作为正常轮胎使用。

                  (   )

(6) 行车中从其他道路线汇入车流前，应注意观察侧后方汽车的动态。 (   )

(7) 汽车下坡行驶，要适当控制车速，充分利用发动机进行制动。 (   )

(8) 在高速公路上行驶除遇障碍、发生故障等必须停车外，不准停车上下人员或者装卸货物。   (   )

(9) 当驾驶人发现转向突然不灵，但还可实现转向时，应低速将车开到附近修理厂修好后再行驶。   (   )

(10) 汽车行经漫水路或者漫水桥时，应当停车观察水情，确认安全后，低速通过。

                  (   )

(11) 汽车通过没有信号灯控制的交叉路口，应当减速慢行，并让行人和优先通行的汽车先行。   (   )

(12) 转向突然失控后，若汽车和前方道路情况允许保持直线行驶时，不可使用紧急制动。   (   )

(13) 夜间行车，要尽量避免超车，确需超车时，可变换远、近光灯向前车示意。

                  (   )

(14) 在高速路上，汽车因故障暂时不能离开紧急停车带或路肩时，驾乘人员应当下车在路边等候，但不得离开高速公路。   (   )

(15) 高速公路行车中遇紧急情况时，应迅速转动转向盘躲避。   (   )

(16) 预计在超车过程中与对面来车有会车可能时，应提前加速超越。 (   )

(17) 雪天行车时，在有车辙的路段应循车辙行驶。   (   )

(18) 前轮制动抱死时，驾驶人转动转向盘并不能改变汽车行进方向。 (   )

(19) 在隧道内超车应注意安全。   (   )

(20) 汽车进入山区道路后，要特别注意"连续转弯"标志，并主动避让汽车及行人，适时减速和提前鸣喇叭。   (   )

(21) 汽车在高速公路上行车，可以频繁地变更车道。   (   )

(22) 汽车在环形路口内行驶，遇有其他汽车强行驶入时，只要有优先权就可以不避让。

                  (   )

(23) 在驾驶安装有防抱死制动装置(ABS)的汽车制动时，可用力踏制动踏板。 (   )

(24) 夜间行车，驾驶人的视野受限，很难观察到灯光照射区域以外的交通情况，因此要减速行驶。   (   )

(25) 连续降雨天气，山区公路可能会出现路肩疏散和堤坡坍塌现象，行车时应选择道路中间坚实的路面，避免靠近路边行驶。   (   )

(26) 转弯时速度越快，离心力越大，汽车越容易冲出弯道或发生侧滑。 (   )

(27) 行车前的检查有驾驶室内检查、发动机舱检查、汽车外部检查、轮胎检查。

                  (   )

(28) 开关汽车车门时，不得妨碍其他汽车和行人通行。   (   )

(29) 驾驶装有安全气囊的汽车，不必系安全带。   (   )

(30) 驾驶汽车汇入车流时，应提前开启转向灯，保持直线行驶，通过后视镜观察左右

情况，确认安全后汇入车流。 （ ）

3. 简答题

(1) 简述汽车驾驶操作规范。

(2) 分析汽车在不同道路条件下的驾驶技术。

(3) 分析汽车在特殊条件下的驾驶技术。

(4) 安全驾驶汽车应注意哪些问题？

(5) 汽车节油的驾驶技术有哪些？

第5章

汽车在特定条件下的使用

【学习目标】

通过本章的学习，读者应掌握新车的选配与使用、汽车在低温条件下的使用、汽车在高温条件下的使用、汽车在高原和山区条件下的使用以及汽车在无路坏路条件下的使用等使用特点，了解这些特定条件对汽车主要性能的影响，掌握汽车在特定条件下为改善其性能应采取的相应技术措施。

【关键词】

汽车走合期　汽车低温、高温使用　汽车高原、山区使用　汽车无路、坏路使用汽车行驶过程中，往往受到某些特定的使用条件(如特定的气候条件、道路条件、地形条件以及特定的使用阶段等)的影响，使其使用性能得不到充分发挥或受到严重破坏。这需要从汽车的设计、制造以及使用方面，针对各种特定的条件，采取各种必要的措施。

本章主要介绍新车的选配与使用、汽车在低温条件下的使用、汽车在高温条件下的使用、汽车在高原和山区条件下的使用以及汽车在无路和坏路条件下的使用，分析这些特定条件对汽车性能的影响以及应采取的相应措施。

5.1　新车的使用

5.1.1　新车使用前的准备工作

为了使新车尽快投入正常的运行，充分发挥其效能，延长其使用寿命，在新车使用前应做好以下几项工作。

(1) 应掌握各种仪表和按钮等的用途、汽车的使用性能、使用中应注意的事项、日常维护中的维护要点及维护周期，以及新车的维修技术要点。

(2) 应按制造厂的规定对汽车进行清洁、润滑、紧固、补给及必要的调整。

(3) 应对汽车进行一次全面的检查，重点检查汽车是否有缺件、损坏及制造质量等问题，如发现有较大问题要及时分析、解决。

(4) 在对车身进行维护时，最好用水直接冲刷，不用干布、干毛巾、棉丝或海绵直接擦拭车身表面，尽量少用油墩布、毛掸清洁车身表面的灰尘。

(5) 进口轿车在外销时都在轿车油漆表面喷涂一层保护层，以防止在漂洋过海的长途运输途中被海水浸蚀漆膜，这层封漆蜡主要是石蜡、树脂和特富龙等成分，能对轿车表面漆起到近1年的保护作用。除掉这层封漆蜡的过程，就叫轿车的开蜡。

轿车开蜡的最好方法是用进口开蜡液，其具体开蜡方法如下。

① 选择无风、无太阳光直接照射，且远离草本植物的地方，车身不必预先清洗。

② 操作时操作人应戴橡胶手套、防护眼镜，并穿防护靴。

③ 将开蜡液按说明书中规定的配方比例混合后装入手动或电动喷雾器中待用。

④ 自轿车底部由下至上顺序用配制好的开蜡液喷涂车身表面，确保每个部位都能被喷出的溶液覆盖，保持湿润2～9min后再用压力不超过0.5MPa的高压水枪喷洗。注意缝隙处要喷洗干净，不能留下残液。

⑤ 仔细检查车身各部，如残留未洗净的蜡迹，应重新喷涂开蜡液、重新清洗，直到彻底干净为止。

⑥ 当车身表面的防护蜡层除净后，可选用含有高分子材料的增光乳液或不含研磨剂一类的车蜡做保洁处理，以保持漆膜的固有品质。

⑦ 冬季开蜡比较困难，因为低温使开蜡液不易与车身表面的防护涂层产生化学反应。因此，冬季不宜进行开蜡操作，最好选择气温在20℃以上时进行。

⑧ 如果没有开蜡液，也可用棉纱蘸汽油、柴油或煤油进行擦拭。但汽油、柴油或煤油会与漆膜发生氧化反应，造成漆膜暗淡无光；另外，棉纱不干净还会使漆膜受到损伤。因此，最好不要使用这种方法对轿车开蜡。

(6) 道路运输车辆需要建立汽车技术档案，系统记录汽车从购置到报废全过程的技术管理情况。

5.1.2 新车走合期内的使用技术

1. 汽车走合期的概念

新车、大修车及装用新发动机或大修发动机的汽车，在投入运行初期，为改善零件摩擦表面几何形状和表面层物理机械性能的过程称为走合。汽车运行初期一段里程称为走合期。走合期的行驶里程应从新车或大修后出厂开始计算，并按各制造厂的规定执行，一般为 1000～1500km。

2. 汽车走合期的必要性

新车或大修竣工汽车，尽管经过了生产磨合，但零件加工表面仍存在微观和宏观的几何形状偏差(如粗糙度、圆度、圆柱度、直线度等)；此外，总成及部件装配也有一定的允许误差。因此，新配合件表面的实际接触面积比计算面积小得多(按加工质量不同，实际接触面积小，新配合件表面的实际单位压力要比理论计算值大得多)。在这种情况下，汽车若以全负荷运行，零件摩擦表面的单位压力会很大，将导致润滑油膜被破坏和局部温度升高，使零件迅速磨损和破坏。

汽车走合期实际上是为了使汽车向正常使用阶段过渡，而在使用中对相互配合的摩擦表面进行磨合加工的工艺过程。经过走合期后，零件摩擦表面不平的部分被磨去，逐渐形成了比较光滑的、耐磨而且可靠的工作表面，以承受正常的工作负荷。同时，由于在走合期内暴露出的生产或修理中的缺陷得以消除，使汽车进入正常使用期的故障率基本趋于稳定，从而提高了汽车的可靠性。

根据总成或部件在这个阶段的工作特点，汽车在走合期内必须对其使用做出专门规定。

汽车的使用寿命、行驶可靠性、动力性和燃料经济性与汽车工作初期(特别是走合期)的使用情况有很大关系。

对于汽车走合期，一般人的认识误区就是磨合发动机，这是不全面的。

新车走合期实际上有两个目的：一是要达到人车结合，二是要达到汽车中各部件的再磨合。

3. 汽车走合期里程的确定

汽车走合期里程取决于零件表面加工精度、装配质量、润滑油品质、运行条件和驾驶技术等。通常汽车制造厂对所生产车型均规定有走合里程，一般为 1000～1500km。解放、东风中型车、奥迪、桑塔纳、南京依维柯规定为 1500km，北京切诺基规定为2000km。

4. 汽车走合期内的使用特点

1) 零件磨损速度快

出厂后的新车，虽然已经进行过磨合，但是零件的表面依然较粗糙。另外，在加工、装配时，存在一定的偏差和一些很难发现的隐患。

由于新配合件摩擦表面凹凸不平,必然产生相互啮合的现象。在接触紧密的地方,其接触面积非常小,接触压力要比理论计算值大许多倍。在相对运动中,就会产生很大的摩擦力,使配合件的两个摩擦表面磨损量增大。磨损下来的金属屑又会进入相配合零件之间构成磨料磨损,使磨损加剧。另外,由于间隙小,磨损过程中表面热量增大,进而使润滑油黏度降低,润滑条件变差。由于上述原因,使零件磨损加剧。

2) 行车故障多

由于配合件的工作表面存在着微观和宏观的几何形状偏差、装配质量不好、紧固件松动、使用不当以及未能正确执行走合规范,所以走合期的故障较多。例如,由于装配质量不好造成各部间隙过小,走合时润滑条件又差,导致发动机很容易产生过热现象,从而易出现拉缸、烧瓦等故障。

3) 润滑油易变质

走合期内,零件表面还比较粗糙,加工后的形状和装配位置都存在一定的偏差,配合间隙较小。因此,走合时零件表面和润滑油的温度都很高。同时有较多的金属屑被磨损下来,被润滑油带进曲轴箱中,很容易使润滑油氧化变质。

4) 耗油量大

走合期内,各运动件之间有较大的摩擦阻力,使油耗增加。

5. 汽车走合期内应采取的主要措施

根据走合期的特点,汽车在走合期内必须严格遵守走合规定,以保证走合的质量。
汽车在走合期内应采取的主要措施如下。

1) 选择较好的道路并减载限速运行

(1) 减载。汽车载质量的大小直接影响机件寿命,载质量越大,机件受力越大,引起润滑条件变坏,影响走合质量。所以,汽车在走合期内必须适当减载。

一般载货汽车,按额定载质量减载 20%~25%,并禁止拖带挂车。半挂车,按载质量标准减载 25%~50%,有具体减载规定的按规定执行。

为保证走合质量,汽车在走合期内的加载应随着走合里程的增加而逐步增加,最终在走合期结束时,达到额定载质量。

(2) 限速。走合期内,车速的高低与负荷的影响是一样的。在载质量一定的情况下,车速越高,发动机和传动机件的负荷也越大。因此,在走合期内,汽车起步和行驶时不允许发动机转速过高。

行驶中,应按汽车使用说明书的规定,控制各挡位的车速。在实际使用中,走合期车速,一般限制在各挡最高车速的 70%~75%范围内。

(3) 走好路。汽车不应在恶劣的道路上行驶,应选择较好的道路,以减轻汽车各总成的振动和冲击。

2) 保持正确的驾驶方法

在走合期内,驾驶员必须严格执行驾驶操作规程。

发动机起动后,应低速运转,待水温升到 50~60℃时再起步。起步时不要猛踏加速踏板,严格控制加速踏板行程,以免发动机转速过高。

起步要平稳,以减少传动机件的冲击。行驶中,发动机的温度应控制在正常工作范围内，要适时换挡，注意选择道路，不要在恶劣道路上行驶，以减少振动和冲击。尽量减少汽车突然加速所引起的超负荷现象，避免紧急制动和长时间制动。

3) 按规定对汽车进行维护作业

(1) 走合期维护作业的重点是检查、紧固、调整和润滑。要特别注意做好日常维护工作，要经常检查、紧固各部外露螺栓、螺母，注意各总成在运行中的声响和温度变化，及时进行调整。

(2) 走合期结束后，应到指定的维修服务站进行一次走合维护，其作业项目和深度参照制造厂的要求进行。

4) 其他

走合期通常是作为最低要求提出的，走合期结束后的 2000～3000km 内，发动机仍需尽量避免以很高的转速运转，车速不宜过高或超载运行，也不要在状况很差的道路上行驶。

5.2　汽车在低温条件下的使用

在我国北方地区，冬季气候寒冷，气温一般在-5～-25℃，最低气温可达-40℃以下，同时风雪较大。汽车在这样的低温条件下使用，存在着发动机起动困难、机件磨损和损坏严重、燃料消耗量增加和行驶条件变差等主要问题。因此，应采取相应的技术措施，才能充分发挥汽车的使用性能。

5.2.1　汽车在低温条件下的使用特点

1. 发动机起动困难

起动性能是表征汽车发动机起动难易的指标。发动机起动性能好，便于汽车起步行驶，同时能减少起动时的功率消耗和发动机的磨损。

汽车在使用过程中，发动机的低温起动性主要受发动机润滑油黏度、燃油汽化雾化性能及蓄电池工作能力的影响。

因此，在低温条件下，发动机起动困难的原因，可从以下三方面进行分析。

1) 燃油汽化和雾化性能变坏

燃料对发动机起动性能的影响主要是其蒸发性。在低温条件下，燃油的黏度变大，其蒸发雾化不良，再加上发动机机件的吸热作用，使混合气在压缩终了的温度变得很低，因而不易着火，使发动机起动困难。

2) 润滑油黏度增大

汽车发动机起动时，转动曲轴的阻力包括：汽缸内被压缩的可燃混合气(或空气)的反作用力、运动部件的惯性力以及各摩擦副的摩擦阻力等。对于结构一定的发动机，前两种阻力在温度降低时变化不大，而后者在低温条件下，主要取决于润滑油的黏度。即发动机曲轴旋转阻力，在低温条件下受润滑油黏度的影响较大。

随着温度的下降，发动机润滑油的黏度增大，内摩擦力增加，发动机的阻力矩增加，使发动机起动所需要的功率增加，发动机难以被带动到起动转速，从而增加了起动困难程度。

3) 蓄电池工作能力下降

在发动机起动过程中蓄电池主要影响起动机的起动转矩和火花塞的跳火能量。

在低温条件下，蓄电池电动势 E 变化不大，即环境温度有较大变化时，蓄电池的单格电压下降并不多。但是，随着温度的降低，蓄电池的电解液黏度增大，离子向极板内的渗透能力下降，使蓄电池内阻 R 大大增加；同时，发动机起动时所需的电流 I 很大，从而使蓄电池内部电压下降过大，致使其端电压 $U=E-IR$ 明显下降，起动机的输出功率下降。在低温条件下，发动机需要的起动功率大，而起动机的输出功率反而下降，起动机无力拖动发动机旋转或不能达到发动机最低起动转速，这将使发动机起动困难或无法起动。

发动机低温起动时，由于蓄电池端电压低，致使点火器初级电流变小；由于发动机转速低，点火线圈初级线路被切断时磁通变化率小，产生的次级电压下降，火花塞的跳火能量小，使发动机不能保证可靠点火，造成发动机起动困难。此外，火花弱的原因还有：冷的可燃混合气密度大使火花塞电极间电阻增大，火花塞绝缘部分潮湿漏电。

2. 机件磨损和损坏严重

在低温条件下汽车机件磨损与损坏的主要原因如下。

1) 机件得不到及时润滑

低温条件下，润滑油黏度大、泵送性和流动性差，润滑油不能迅速进入摩擦表面，使其较长时间处于半干摩擦和干摩擦状态。有资料表明，在发动机冷起动过程中，机油从曲轴箱油底壳经机油泵、滤清器到达曲轴轴承所需的时间为 $2\sim3min$。这样长的流动时间，机件得不到及时的润滑，必然会大大增加发动机的磨损。发动机的磨损不仅在冷起动时严重，而且在起动后尚未达到正常温度之前，磨损强度一直是很大的。

传动系总成(包括变速器、主减速器和差速器等)的正常工作温度是靠零件摩擦和搅动润滑油产生的热量保证的，这种升温速度很慢。低温条件下，齿轮和轴承得不到充分的润滑，从而使磨损增大。另外，传动系润滑油因低温而黏度增大，运动阻力相应增加，传动系各总成在起步后的很长一段时间内，相当于大负荷运行，加剧了总成中传动零件的磨损。

2) 润滑油膜不易保持

低温条件下，燃油汽化和雾化不良，大部分燃油以液态形式进入汽缸，冲刷了汽缸壁上的油膜。此外，油底壳中的润滑油容易被稀释，使其润滑性能变坏，增加了机件磨损。

3) 酸性腐蚀增加

由于汽缸壁温度低，硫含量较高的燃料在燃烧过程中产生的硫化物易与冷凝在汽缸壁上的水蒸气化合，形成酸性物质，引起机件腐蚀磨损。大量试验表明，发动机温度越低，酸性物质生成量就越多，腐蚀磨损也就越强烈。

4) 配合间隙变小

在低温条件下，由于配合副零件的膨胀系数不同，致使配合间隙变小，并使之变得很不均匀，从而加速了配合副的磨损。

5) 机件材料性能变坏、机件冻裂损坏增加

金属材料在低温时力学性能发生变化，耐冲击载荷的强度下降，高碳钢等制造的零件易变脆。试验表明，在-30～-40℃或更低的温度条件下时，碳钢的冲击韧性急剧下降，硅、锰钢制造的零件(如钢板弹簧、螺旋弹簧等)及铸件(如汽缸盖、离合器壳、变速器壳等)

也变脆。锡铅合金焊剂在-45℃或更低的温度条件下时，容易产生裂纹或呈粉状从接头的地方脱落。汽车上的塑料制品在低温下变脆且易出现裂纹，并可能从基体上脱落。在特别寒冷的情况下，轮胎等橡胶件丧失弹性、硬化、变脆，受冲击载荷的作用时易破裂。在寒冷地区运行的汽车上，盛装液体的容器、管道很容易被冻坏。

3. 燃料消耗量增加

在低温条件下，汽车燃料消耗增加的原因主要有以下几个方面。

1) 发动机燃油消耗率增加

这是因为发动机冷起动时需要克服的起动阻力矩大，起动后升温时间长，因而消耗在这方面的燃油也就增多；同时，燃油在低温条件下因流动性、汽化性均较差，所形成的混合气不能完全燃烧，所以发动机燃油消耗率增加。

2) 传动效率下降

在低温条件下，润滑油变稠，传动机构的摩擦阻力增大；同时消耗在搅动润滑油方面的功率损失增加，从而使传动系机械效率下降，汽车的油耗增大。

3) 行驶阻力增加

汽车在冰雪道路上行驶，因压实积雪，或者为了增加防滑能力而装防滑链时，行驶阻力显著增大，使汽车的油耗增大。

5.2.2　改善低温条件下汽车性能的主要措施

通过上述分析可知，汽车在低温条件下使用，必须采取适当的措施。环境温度越低，对技术措施和汽车改装的要求越苛刻。

一般来说，汽车在低温条件下使用时应采取以下措施。

1. 汽车在使用前应预热，尽量使发动机在热态条件下起动

预热是对在严寒条件下使用的发动机和汽车，在它们起动和起步之前所采取的一种加热措施，一般采用热水、水蒸气、热空气、电能和红外线辐射等方式预热。

1) 热水预热

热水预热是指将温度为 90℃左右的清洁热水，从散热器加水口或直接从汽缸体水套灌入冷却系。灌满后稍停片刻，汽缸体的温度与热水的温度趋于一致时，再打开放水开关，将其放出，然后再次加入热水。若感到汽缸体升温程度不够，可按照上述方法重复几次。一般是使汽缸体预热到 30～40℃时为宜。若气温过低，开始预热阶段，放水开关应一直打开，以防灌入的水被冻结。这种预热方法简便易行，投资较少，适用于汽车较少的运输单位和气温不很低的使用环境。但这种方法，只能使汽缸体预热，曲轴轴承、连杆轴承和曲轴箱中的润滑油是不能得到预热的。

2) 水蒸气预热

在给发动机冷却系加水前，应将压力为 35～78.5kPa 的水蒸气导入散热器的下水管，然后进入冷却系，或者直接引入发动机的冷却水套。但需在汽缸体上加设蒸汽阀，并设置带小孔的分配板，以防止热量集中。另外，可利用水蒸气对油底壳预热。由于水蒸气的热容量大，在气温较低时采用水蒸气预热效果较好。

3) 热空气预热

这种预热方法是用鼓风机将空气压入热风机，加热后的空气通过热风管输送到各预热点，每个预热点设有接头开关和护风罩，护风罩对准车头，热风经散热器吹向发动机。这种方法仅适用于室内无取暖设备的汽车的预热，不适于对露天停放的汽车预热，且该设备较复杂庞大，热损失也大。

4) 电能预热

电能预热是在发动机冷却系和油底壳中装置电加热器的预热方法。这种方法应用方便，适用的低温下限较低，在-40℃以下的低温条件下使用时也能获得较好的效果。

5) 红外线辐射预热

红外线有很好的穿透性，在向金属壳体辐射时几乎不与空气作用，也不散失热能，热效率较高。预热时，将红外线加热器放在发动机或变速器的下部。

2. 汽车在低温条件下停放时，应采取保温措施

在严寒地区，对汽车发动机保温的目的是发动机在一定的热工况下工作，并随时可以出车。

在无车库的条件下，一般主要是对发动机保温，其次是蓄电池，只有在气温很低或承担某些特殊任务的汽车才进行油箱、油路和驾驶室等总成保温。

汽车发动机罩采用保温套，是发动机保温的最简单、最可靠措施。这种常见的保温方法可以使汽车在-30℃左右的气温下工作时，发动机罩内温度保持在 20～35℃。停车后，也比无保温套的汽车发动机主要部位的冷却速度降低近 6 倍。保温材料可以是棉质或毡质的，前者保温性能要好一些。

发动机油底壳除了采用双层油底壳保温外，还可以在油底壳的内表面用一层玻璃纤维密封。

蓄电池一般采用木箱保温，木箱做成夹层，夹层内装有毛毡等保温材料；还可以将蓄电池安装在发动机罩内，与发动机同时保温。

3. 合理使用燃料与润滑剂

合理使用燃料与润滑剂也是汽车在低温条件下的重要措施。低温下使用的燃料应具有良好的蒸发性、流动性、低含硫量，以利于低温起动和减少磨损。柴油机选用低凝点柴油。各总成和轮毂轴承换用低温润滑油(脂)。

4. 合理使用特种液

低温条件下，汽车发动机冷却系中的冷却液冰点应比环境最低气温低 5～10℃，以防止冻裂机件。

在低温条件下，制动液、减振液的黏度增大，甚至出现结晶，影响汽车行驶的安全性与平顺性。因此，在严寒地区应选用适于低温使用的制动液和减振液。

5. 改善混合气形成条件

在低温条件下起动时，燃油的蒸发和雾化都不好。为了在汽缸内创造良好的着火条件，一般采用进气预热或加注起动液(易燃燃料)，以改善混合气形成条件。

1) 进气预热

汽油机的低温起动并不困难,一般只要在起动前预热进气管或燃烧室即可顺利起动;而柴油机除预热燃烧室外,通常在进气管道内安装电热塞或用火焰加热器加热空气滤清器和进气道,以提高进气温度,改善混合气形成条件。

2) 加注起动液

起动液应具备下列条件:容易点燃(或压燃),以保证发动机的起动可靠性;发动机起动后,工作稳定柔和;在起动过程中,发动机磨损要小。

乙醚(C_2H_5-O-C_2H_5)是起动液中的主要成分,这种液体的沸点仅 34.5℃,40℃时的饱和蒸汽压为 122.8kPa(车用汽油在 38℃时的饱和蒸汽压都不大于 66.66kPa),因此乙醚具有很好的挥发性。同时,乙醚的闪点为-116℃,其蒸汽在空气中达 188℃时即可自行燃烧。起动液中的乙醚成分越多越好,但是乙醚含量过多会引起汽缸压力的急剧上升,发动机的工作不柔和。为此,要把起动液中的乙醚成分控制在一定范围内(40%～60%),并用一些其他易燃燃料过渡,直至发动机的基本燃料(汽油或柴油)工作。

除了起动液的成分对发动机的起动可靠性和工作稳定性有直接影响外,起动液的加注方法也起重要作用。加注起动液时应根据发动机进气系统的结构,尽可能地将起动液呈雾状均匀地分配到各汽缸中。

6. 在低温季节前进行换季维护

在低温季节前换季维护的主要内容包括以下几个方面。

换用严寒季节使用的润滑油(脂)、制动液、冷却液和减振液,使用蒸发性好的燃料、密度大的电解液。

在维护时,还要检查、调整汽车各主要总成的保温及防冻装置(如节温器、百叶窗、保温套以及采暖、除霜装置),使之适应低温条件下使用的完好状态。

7. 外力起动

外力起动是在低温条件下靠本车起动装置无法起动时,借助外部动力进行起动的方法。

外力起动主要有以下几种。

(1) 使用低温起动电源。使用时注意起动电源所限制的一次连续起动时间和间歇时间。

(2) 加装并联蓄电池。低温起动困难时,可并联一组与汽车蓄电池电压相同的蓄电池进行起动。注意使用时蓄电池只可并联不可串联,以防止烧坏起动机。

5.3　汽车在高温条件下的使用

在我国炎热的南方和夏季的西北高原,最高气温达 35℃以上。汽车在这样的高温条件下使用,汽车发动机散热器的散热量 Q 可表示为

$$Q = K \cdot S \cdot \Delta T \tag{5-1}$$

式中:Q——散热量,J;

　　　K——传热系数,J/(m^2·℃);

　　　S——散热器的散热面积,m^2;

ΔT ——散热器内外温度差，℃。

当散热器一定时，K 和 S 的数值变化不大，散热量 Q 主要取决于 ΔT。在高温条件下，由于外界气温高，发动机冷却液与大气温差变小，导致冷却系散热量变小，使发动机过热。汽车由于发动机过热，其使用性能变坏，严重时会影响汽车的正常行驶。因此，汽车在高温条件下使用时，对其使用性能的影响很大，应采取相应的措施加以改善。

5.3.1 汽车在高温条件下的使用特点

在高温条件下行驶的汽车，由于发动机过热，会出现下列问题：发动机功率下降；燃烧不正常(爆燃、早燃)；汽油机供给系易产生气阻；润滑油易变质；零件磨损加剧；汽车液压制动工作可靠性下降；轮胎易爆胎。

1. 发动机功率下降

气温越高，空气密度越小，导致发动机的实际进气量减少，发动机充气能力降低，造成发动机功率下降，使汽车行驶无力。试验表明，当气温从 15℃升高到 40℃时，发动机功率下降 6%～8%。

2. 燃烧不正常

气温越高，进入汽缸的混合气温度也越高，发动机整个工作循环的温度也高，而散热器的散热效率又低，使发动机处于过热状态，燃烧室内末端混合气接受热量多，这就容易产生爆燃。另外，过热的发动机使积存于活塞顶部、燃烧室壁、气门顶部及火花塞上的积炭形成炽热点，易造成可燃混合气的早燃。这种不正常的燃烧，更加剧了发动机的过热现象，形成恶性循环，汽缸体和缸盖易产生热变形甚至裂纹，较为常见的是烧坏汽缸垫、气门及气门座。

3. 汽油机供油系易产生气阻

气温越高，发动机罩内温度也就越高，越易出现气阻现象。供油系受热后，部分汽油蒸发成气体状态存在于油管及汽油泵中，不仅增加了汽油的流动阻力，同时由于气体的可压缩性，汽油泵出油管中的油蒸汽随着汽油泵的脉动压力不断地被压缩和膨胀，破坏了汽油泵在吸油行程中所形成的真空度，造成发动机供油不足甚至中断，严重时形成供油系气阻。在炎热地区，特别是汽车满载爬坡或以低速长时间行驶时，更容易发生气阻。

4. 润滑油易变质

发动机油在高温、高压环境下，机油的抗氧化安定性变坏，加剧了其热分解、氧化和聚合的过程。机油与燃烧不完全的产物、凝结的水蒸气以及进气中夹带的灰尘混合，引起机油变质。

我国西北高原，夏季炎热而干燥，空气中的灰尘很多。而湿热带的南方地区，空气中的水蒸气浓度大。这些干燥空气中的灰尘和潮湿空气中的水分，通过进气系统或曲轴箱通风口等处进入发动机油底壳，污染发动机油。

炎热的夏季，汽车大负荷连续行驶，变速器、差速器齿轮油的温度会超过 120℃，引起齿轮油变质。另外，汽车润滑脂在高温下易流失，使润滑效能下降，严重时容易烧坏齿轮和轴承。

5. 零件磨损加剧

高温条件下使用的汽车，虽然发动机在起动过程中的磨损比低温起动时的磨损减少了很多，但高温条件易引起燃烧不正常和润滑条件恶化，仍使发动机磨损严重，甚至造成零件损坏。

随着温度的升高，发动机的温度将更高，使窜入汽缸中的发动机油在高温缺氧的情况下生成积炭等高温沉积物，积炭形成高温源，易使发动机产生早燃或爆燃。爆燃使汽缸磨损比正常燃烧时增加(见图 5-1)，严重时会引起气门、活塞等零件损坏。

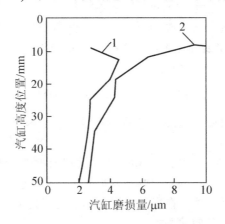

图 5-1　爆燃对发动机磨损的影响

1—正常燃烧；2—爆燃

温度过高时，润滑油的抗氧化安定性变差，加剧其热分解、氧化和聚合的过程，促进润滑油的劣化变质。高温条件下，零件润滑不良必然加剧磨损。

6. 汽车液压制动工作可靠性下降

液压制动的汽车，制动液在高温下可能发生气阻现象。在频繁制动的情况下，制动液的温度可达 100℃ 以上，易导致制动液气阻，致使液压制动工作可靠性下降，影响行车安全。

7. 轮胎易爆胎

外界气温高，轮胎散热较慢，轮胎过热易使胎压过高，胎体强度下降，引起轮胎爆胎。车速越快，轮胎产生的热量越多，更容易发生爆胎。

除以上几点外，还会出现燃料消耗量增加、液压制动工作可靠性下降等问题。

5.3.2　改善高温条件下汽车性能的主要措施

针对高温条件对汽车使用的影响，所采取的措施是降温、防爆、防气阻和加强维护等。

1. 改进散热装置、提高发动机冷却系的冷却强度

冷却系散热的好坏，取决于冷却系机件是否匹配及设计是否合理。每种汽车的冷却系统只能适应一定的使用条件。

在高温条件下使用时，需要在结构方面增大冷却系的冷却强度，主要措施如下。

(1) 增加风扇叶片数、增大风扇直径或叶片角度，提高风扇转速，以增加风扇对散热器的覆盖面积和通风流量。

(2) 采用形状过渡圆滑的护风圈等，尽量使气流流畅、分布均匀、阻力小、消除热风回流现象以及散热器正面避免无风区。

(3) 增加水泵叶轮上的叶片和叶片直径，以提高泵水压力。

(4) 增大节温器主阀门通道，以加快水的大循环。

(5) 适当提高散热器盖上压力阀的压力，从而提高冷却液的沸点，达到增加散热器散热量的目的；在散热器旁安装补偿水箱，当冷却水受热膨胀时流入补偿水箱，当温度降低后自动流回散热器，以减少冷却水的损失。

2. 加强冷却系的检查，及时清除水垢，保持冷却系良好的冷却效果

(1) 对冷却系的密封情况、风扇皮带的松紧度、节温器的工作情况进行检查，并保证冷却系有充足的冷却液。

(2) 清除冷却系(散热器、水套)的水垢。与铸铁和铝相比，水垢导热率很低，因此水垢对冷却系的散热强度影响很大，清除冷却系水垢对提高散热能力有重要作用。

(3) 行车中勿使发动机过热。在发动机过热时，应及时停车降温，且注意不要熄火，防止发动机内部过热而发生拉缸事故。

3. 防止供油系产生气阻

防止产生气阻的措施是改善发动机的散热和通风，以及隔开供油系的受热部位。具体措施如下。

(1) 装用电动汽油泵。电动汽油泵具有结构简单、工作可靠、不受安装位置的限制等优点，并且可以远离热源安装，有利于减少气阻的产生。现代汽车汽油泵安装在燃油箱内，增加供油压力以及增设回油管路，均可有效地防止气阻。

(2) 行车中若发生了气阻，可用湿布使汽油泵冷却或将汽车开到阴凉处，降温排除。

4. 防止轮胎爆胎

在高温环境下，长时间行车，必须经常检查轮胎温度，防止胎温过高。必要时，应将汽车停在阴凉的地方降温，待胎温降低后再继续行驶，绝不能采用泼冷水或放气降压的方法降温。行驶中应严格控制车速，并注意加强轮胎的定期换位维护工作。按规定标准对轮胎进行充气，保持气压正常。

5. 合理使用润滑剂

(1) 发动机应换用黏度较高的润滑油。注意机油液面的检查，适当缩短换油周期。在灰尘大的地区，应加强空气滤清器的维护。在条件允许的情况下，对于在酷热天连续行驶的汽车，要加装机油散热器。

(2) 变速器和差速器应换用大黏度齿轮油，高温下润滑油易变质，应适当缩短换油

周期。

(3) 轮毂轴承和传动机构的各连接点换用滴点较高的润滑脂，要按规定周期进行检查与维护。

6. 正确使用特种液

(1) 液压制动的汽车，在经常制动情况下，制动液温度达 80～90℃，甚至可达 110℃。为了保证行车安全，应选用高沸点(不低于 115～120℃)的制动液。注意检修制动总泵和分泵，特别是密封圈，排除管路中的空气。对于气压制动的汽车，要检查制动软管和分泵皮碗的良好程度，发现问题及时进行更换。在行车中如感到制动效能有所下降，应停车检查、降温。

另外，也可安装制动毂滴水冷却装置，以改善制动毂的散热条件，确保制动良好。

(2) 经常检查电解液密度和液面高度，电解液的密度比冬季使用时要小些，应及时补充蒸馏水，并保持液面高度和通气孔畅通。

7. 高温条件下的维护

(1) 换用适合高温条件使用的润滑油(脂)、制动液、密度小的电解液。

(2) 对供油系油量不能自动调整的发动机，高温条件下为防止混合气过浓，应人工减少供油量。

(3) 由于发动机的爆燃与发动机的进气温度有很大关系，可以改造进气方式，降低进气温度，防止爆燃。在使用中，对点火系点火时间不能自动调整的发动机，可人工适当推迟点火时间，防止爆燃。

(4) 适当调整发电机调节器，减小发电机的充电电流。

(5) 高温、强烈的阳光、多尘和多雨均影响驾驶员的劳动强度、行车安全和乘坐舒适性。应采取加装空调、遮阳板，或者加强驾驶室、车厢的通风和防漏雨等措施。

5.4　汽车在高原和山区条件下的使用

高原海拔在 500m 以上，内部相对高度较小，范围比较大，周围常有明显的坡度。山区海拔一般在 500m 以上，相对高度较大，坡度较陡。

高原与山脉经常交错分布，形成高原山区地带。这类地形条件，对汽车的使用性能有特殊的影响。

5.4.1　汽车在高原山区条件下的使用特点

高原地区的海拔高、空气稀薄、气压低，发动机充气量少，使发动机动力性、燃料经济性和环保性下降。

山区的地形复杂，坡道长而陡、弯道急而多，行车安全性下降。

1. 发动机动力性下降

发动机动力性下降主要是指发动机的功率、转矩下降。

由汽车发动机性能有关知识可得：

发动机功率 P_e(kW) 为

$$P_e = \frac{k_1}{\alpha} n m_0 \eta_V \eta_i \eta_m \tag{5-2}$$

发动机转矩 T_{tq}(N·m) 为

$$T_{tq} = 9550 \frac{P_e}{n} = \frac{k_2}{\alpha} m_0 \eta_V \eta_i \eta_m \tag{5-3}$$

式中：k_1、k_2 ——对每种发动机来说分别是常数；

α ——过量空气系数；

m_0 ——进气状态下充满汽缸的新鲜工质质量，kg；

η_i ——指示效率；

η_m ——机械效率；

η_V ——充气系数。

即发动机功率、转矩与 $m_0 \eta_V$，即与 m_1 成正比。

海拔高度与大气压力、温度及密度的关系见表 5-1。

表 5-1　海拔高度与大气压力、温度及密度的关系

海拔高度/m	大气压力/kPa	大气温度/℃	大气密度/(kg/m³)
0	101.3	15	1.2255
1000	89.9	8.5	1.1120
2000	79.5	2	1.006
3000	70.1	-4.5	0.9094
4000	61.3	-11	0.8193
5000	54.0	-17.5	0.7363

随着海拔高度的增加，大气压力逐渐下降，大气密度逐渐减小，m_1 相对于标准大气状态时下降，由式(5-2)、式(5-3)可知，发动机的功率、转矩也随之下降。海拔高度每上升1000m，发动机功率和转矩分别下降10%左右，如图 5-2 所示。

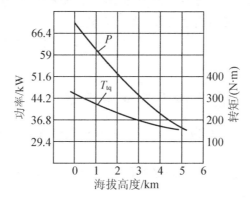

图 5-2　海拔高度对发动机功率、转矩的影响

2. 汽车燃料经济性下降

随着海拔高度的增加，空燃比变小，混合气变浓，如不能进行修正(电子控制燃油喷射发动机的控制单元可根据大气状况对供油量进行修正)，会使发动机油耗增大。

同时，在高原行驶的汽车，由于空气密度下降，充气量将明显降低，致使发动机功率不足，汽车需经常以低挡行驶，这也是引起油耗增大的原因之一。

由于大气压力降低，燃料蒸发性提高，当大气压力从 101kPa 降至 80kPa(海拔高度约2000m)时，相当于外界气温上升 8～10℃所造成的影响。因此，高原行车易产生气阻和渗漏等问题，致使油耗增大。

3. 对汽车环保性的影响

海拔高度对发动机排气污染物的生成也有影响。由于海拔高度影响发动机的空燃比，空燃比的变化又导致发动机排气成分浓度的改变，从而影响发动机有害物质的排放量。海拔高度与发动机排气中的 CO、HC 和 NO_x 的关系如图 5-3 所示。从图中可以看出，CO、HC 的排放浓度随海拔升高而增大，而 NO_x 的浓度则有所下降。

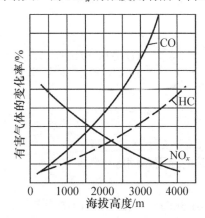

图 5-3　海拔高度对发动机排气污染物浓度的影响

4. 怠速转速下降且运转不稳定

随着海拔高度的增加，大气压力降低，进气管真空度下降，在原油门开度下则进气量不足，使发动机的转速下降。同时，由于混合气过浓，发动机怠速运转稳定性差。试验表明，海拔每增高 1000m，怠速转速降低 50r/min。

5. 行驶安全性下降

在山区行驶，汽车需要经常制动减速，制动频繁使制动器摩擦副处于过热状态。下长坡时，制动器摩擦材料温度可达 400℃左右。在这种情况下，摩擦材料的摩擦系数急剧下降，严重时可能出现制动失效。此外，由于摩擦材料连续高温，导致磨损加剧并常有碎裂现象。

气压制动在山区使用时，特别是高原山区，因空气稀薄，空气压缩机的生产率下降，供气压力不足，再加上制动次数多，耗气量大，往往不能保证汽车，特别是汽车列车的可靠制动。

在高原山区行驶的汽车，使用制动频繁，制动器因摩擦而生热，使制动系统温度升高。使用沸点低的制动液，还会在高温时由于制动液的蒸发而产生气阻，使制动效能大大下降，甚至导致制动失灵，使行车不安全。气压低，还会使液压制动的真空助力缸两端的压差减小，使制动效能下降。

转向使用频繁且使用强度大，易出现故障。

5.4.2 改善高原山区条件下汽车性能的主要措施

针对高原山区条件对汽车使用的影响，为改善汽车的性能，可采取以下一些措施。

1. 增大发动机的压缩比

增大压缩比，不仅可以增大压缩终了汽缸内的温度与压力，加快燃烧速率，改善燃烧过程，减少热损失，而且可采用较稀的混合气，从而提高发动机的动力性和燃料经济性。

随着海拔高度的增加，发动机的充气量下降，压缩终了的汽缸压力及温度相应降低，因此爆燃倾向减小，从而为增大压缩比创造了有利条件。不同海拔高度的压缩比经验计算公式为

$$\varepsilon_z = \frac{\varepsilon}{(1 - 0.00002257Z)^{3.8}} \tag{5-4}$$

或

$$\varepsilon_z = \varepsilon + \varepsilon\left(1 - \frac{\rho_z}{\rho_0}\right) \tag{5-5}$$

式中：ε——原设计压缩比；

ε_z——海拔高度为 Z 时的使用压缩比；

z——海拔高度，m；

ρ_0——零海拔(气压 101.3kPa)、气温 15℃时的空气密度，kg/m^3；

ρ_z——海拔高度为 Z 时的空气密度，kg/m^3。

2. 合理选择配气相位

合理选择配气相位可以提高发动机的充气系数，改善发动机的动力性和燃料经济性。配气相位的确定，应与发动机的实际转速范围相适应。发动机的转速不同，进、排气门开、闭角对气流惯性的影响也不同，因而进、排气门开闭的最有利的角度应随之变化。在进、排气门开闭的四个时期中，进气迟闭角和排气提前角影响最大。

进气迟闭角是利用气流惯性提高充气系数，在一定的气流惯性下，对应着一个最佳迟闭角。进气迟闭角减小能提高低转速下的充气系数，改善发动机低速范围的动力性与经济性；反之，进气迟闭角增大，对经常处于高速运转的发动机有利。排气提前角主要影响做功行程中的膨胀功损失和排气行程中的排气功损失。排气提前角增大，膨胀功损失增加，排气功损失减小；排气提前角减小，则膨胀功损失减小，排气功损失增加。最佳的排气提前角可使(膨胀功损失+排气功损失)值最小。试验表明，随着发动机转速的提高，最佳的排气提前角应增大。

对旧型汽车，发动机配气相位仅对某一转速有利。汽车在高原或山区条件下使用时，

发动机转速与一般场合相差较大，因此可酌情改变配气相位，特别是进气迟闭角。

3. 加装增压设备

自然吸气型发动机，由于吸入汽缸新鲜工质数量的限制，提高发动机动力性的潜力不大。使用增压器比较合适。发动机加装增压器后(一般是废气涡轮增压)，提高了进气密度，进入汽缸的新鲜工质量就会显著增加，从而改善了发动机的动力性和燃料经济性。

发动机加装增压器后，为了降低进气的温度，防止空气密度的下降，应将增压后的进气进行中间冷却(加装中冷器)，以便使发动机的动力性和燃料经济性得以进一步改善。

4. 合理调整油、电路

随着海拔的升高，混合气变浓，燃烧不完全。应按海拔高度减小油量，适当增大空气量，以改善混合气的形成，提高发动机的动力性和燃料经济性。

随着海拔的升高，发动机压缩终了的压力降低，火焰的传播速度减慢，而旧型汽车空气稀薄还会使分电器的真空提前装置受到影响。为此，可将点火提前角略为提前 1°～2°。

5. 采用含氧燃料

所谓含氧燃料就是在汽油中掺入酒精、丙酮及其他含氧化合物。掺入的这些含氧燃料的分子中都含有氧，在燃烧过程中，理论上必要的空气量减少，从而补偿了因海拔高、气压低、空气稀薄而产生的充气量不足的问题。

6. 改善制动性能

1) 采用辅助制动器

辅助制动器主要有电涡流、液体涡流和发动机排气制动器。前两种辅助制动器由于体积较大，结构复杂，多用于山区或矿用的重型汽车上，又称电力或液力下坡缓行器。发动机排气制动是一种有效而简便的措施。它是在一般发动机制动的基础上，再在发动机排气管上装一个排气节流阀，当使用排气制动时，切断发动机的燃料供给，关闭排气节流阀，达到降低车速、制动汽车的目的。排气制动也属于缓行制动装置，多用在重型汽车上。排气制动可保证各车轮制动均匀。

2) 制动鼓淋水

为了防止制动器过热，在下长坡时，对制动鼓外圆进行淋水冷却效果很好，可以基本上防止摩擦衬片的烧蚀现象。但是，这种方法需要有充足的水源，在缺水地区无法使用。此外，运用此方法需要经常停车加水，从而会增加驾驶员的劳动强度和降低运输生产率。

3) 选用耐高温的摩擦片

石棉基制动摩擦片，所耐最高温度是 250℃，这对平原地区使用的汽车来说是可以的，但对山区使用的汽车就显得不够，因此，必须选用耐高温性能的摩擦片。

金属基或半金属基摩擦片，是由高组分的金属粉末、纤维素及摩擦性能调节剂等组成，用黏合剂黏合在一起的。这种摩擦片的耐热、耐磨性都很高，制动噪声也低，很适用于经常在山区行驶的汽车。

4) 选用合成型汽车制动液

评价制动液高温抗气阻性能的指标是平衡回流沸点。平衡回流沸点是指制动液在测定条件下开始沸腾的温度。平衡回流沸点越高，越不易产生气阻。

此外，为了满足气压制动的供气压力要求，可采用供气量大的双缸空气压缩机。

7. 加强制动系和转向系的检查维护工作

为了保证安全行驶，应在开始下长坡之前，检验制动效能，如果感到制动效能不足，应在故障排除后再开始下长坡。应该强调的是，熄火空挡滑行是违反驾驶操作规程的严重冒险行车行为，应该禁止。

经常在山区行驶的汽车，因制动和转向操纵装置使用频繁，底盘机构的载荷大，轮胎磨损大，应适当缩短维护周期，增加维护项目，加深维护内容，以确保这些装置工作安全可靠。

山区路窄急弯多，如果制动时前轮处于抱死状态将失去控制汽车行驶方向的能力，具有很大的危险性，故应注意制动系的检查调整，不使前轮达到抱死状态。转向系应该操纵轻便灵活，转向盘自由间隙不能过大，转向轮转动角度不能太小。

8. 对发动机采取一定的冷却和保温措施

经常在高原和山区行驶的汽车，发动机容易出现过热或过冷现象。如汽车长时间的满载低挡爬坡，发动机很容易过热；爬过坡后下长坡时，发动机强制怠速运转，又容易出现过冷。停车时，发动机又很快冷却，因此要对发动机采取良好的冷却和保温措施。

9. 其他

高原、山区气候干燥，风沙较大，为了减少发动机早期磨损，要加强空气、机油和燃油滤清器的检查维护工作；高原和山区人烟稀少，生活条件差，同时驾乘人员容易产生高原反应，出现乏力、眩晕和恶心等病症，因此对驾驶室和车厢应采取保温、除霜、密封和卫生保健等安全措施。

5.5　汽车在坏路和无路条件下的使用

坏路是指泥泞土路、覆盖砂土道路和冰雪道路等；无路是指松软土路、耕地、草地、沼泽地和灌木林等地带。

5.5.1　汽车在坏路和无路条件下的使用特点

汽车在坏路和无路等恶劣道路上行驶时，其平均技术速度和装载质量明显下降，影响汽车运输生产率；同时，汽车驱动轮与路面的附着力减小，汽车滚动阻力增大，并严重影响汽车的通过性。

1. 土路

汽车在松软土路上行驶时，路面产生较大变形，车轮在路面上形成车辙，滚动阻力系数增大。汽车在泥泞而松软的土路上行驶时，又常因附着系数小，容易引起驱动轮滑转，使汽车无法通过。

汽车在土路上的附着系数与土壤的状况、轮胎花纹和轮胎气压、汽车驱动轴上的载荷及汽车的行驶速度有关。

(1) 附着程度的好坏主要取决于轮胎与路面在接触处变形后的相互摩擦情况。在干燥平坦的土路上，附着系数为 0.5～0.6。在不平整的低级道路上，由于减少了轮胎与路面的接触面积，附着系数下降。当路面潮湿或泥泞时，其表面坑洼都被泥浆填满，阻碍了轮胎与路面间的接触，附着系数降低到0.3～0.4或更低。

(2) 轮胎花纹和轮胎气压对附着系数的影响较大。越野花纹轮胎在松软路面上抓着力大，附着系数较大，适于在坏路和无路地带使用。轮胎气压低，轮胎与路面的接触面积大，单位压力减小，增加了轮胎与路面的附着力。

使用不同花纹的 9.00-20 轮胎时的最大驱动力的试验结果见表 5-2。

表 5-2　使用不同花纹的 9.00-20 轮胎时的最大驱动力

路　　面	硬质泥土路		草　地		砂　地	
轮胎气压/kPa	350	550	350	550	350	550
使用越野花纹轮胎时的最大驱动力/N	25 000	23 000	17 000	15 000	8000	6000
使用普通花纹轮胎时的最大驱动力/N	21 500	20 000	14 000	11 000	6000	5000
两者相差值/N	3500	3000	3000	4000	2000	1000
越野轮胎提高/%	16.3	15.0	21.4	36.1	33.3	20.0

由此可以看出，在较差的路面上行驶时，轮胎花纹和轮胎气压对汽车最大驱动力有极大的影响。

汽车在松软土路上的附着系数与滚动阻力系数随轮胎气压的变化情况如图 5-4 所示。轮胎气压降低，轮胎对路面的单位压力下降，在松软土路上行驶的滚动阻力系数也下降；但轮胎气压过低时，轮胎变形显著增大，滚动阻力系数略有增加。

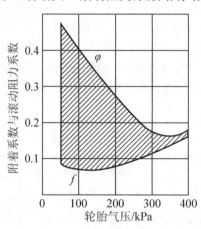

图 5-4　汽车在松软土路上的附着系数 φ 与滚动阻力系数 f 随轮胎气压的变化

2. 砂路

砂路的特点是表面松散，受压后变形大，砂土的抗剪切能力弱，附着系数小，而滚动阻力系数大。汽车在干沙路和流沙地上行驶，特别是在流沙地上，车轮滚动阻力系数可达

0.15～0.30 或更大，而驱动轮附着系数小，容易使汽车滑转，影响汽车的通过性。

3. 雪路

雪层密度越大，其承受的压力也越大。雪层密度与气温和压实的程度有关。在一定的低温下，气温越低或者压实程度越小，雪层密度越小。

雪层硬度也与气温有关。气温低，雪层干而硬；气温高，雪层软而松。

当气温在-10～-15 ℃时，雪路上附着系数与滚动阻力系数随雪层密实度的变化，见表 5-3。从表 5-3 中可以看出，雪路密实度越小，滚动阻力系数越大，附着系数越小，汽车的行驶条件越差。

表 5-3　气温在-10～-15℃时雪路上附着系数与滚动阻力系数随雪层密实度的变化

雪路的状态	密度/(kg/m^3)	附着系数	滚动阻力系数
中等密度的雪路	250～350	0.1	0.10
密实的雪路	350～450	0.2	0.05
非常密实的雪路	500～600	0.3	0.03

雪层厚度对汽车行驶也有一定的影响。在公路上，经车轮压实，平坦而密实的雪层厚度为 7～10cm 时，对汽车的正常行驶影响不大；当雪层特别是松软雪层加厚时，汽车的通过性将明显下降。经验表明：当雪层厚度大于汽车最小离地间隙的 1.5 倍，雪层密度小于 450kg/m^3 时，汽车就无法正常行驶。

4. 冰路

冰路的特点是，附着系数非常小，有时可小至 0.1 以下；而滚动阻力系数与刚性路面的差别不大。汽车在冰路上行驶时，往往很难满足行驶条件。

汽车通过冰封的渡口时，对冰层的最小厚度要求见表 5-4。

冰层除了表面有一层冰雪外，主要由浑浊的上层和透明的下层组成。在结冰路面上行驶时，车速要低，行车间距要大，以确保行车安全。在通过冰封的河流或湖泊的冰面时，还需要检查冰层厚度和坚实情况(如裂缝、气泡或雪的夹层等)，应按选定路线平稳匀速通过，中途不准换挡，不准使用紧急制动，不允许停车；途中发现裂痕，应及时避开，绕路行驶。

表 5-4　汽车(列车)总质量与冰层最小厚度的关系

汽车(列车)总质量 m/(m/t)	冰层厚度/cm (气温-1～-20℃)	从渡口到对岸的最大距离/m	
		海　冰	河　冰
m≤3.5	25～34	16	19
3.5<m≤10	42～46	24	26
10<m≤40	80～100	38	38

注：春天的冰层厚度标准应提高 1.5～2 倍。

5.5.2　改善坏路和无路条件下汽车性能的主要措施

汽车在坏路和无路条件下使用时，改善汽车使用性能的主要措施是设法增大驱动轮与路面之间的附着系数和减少滚动阻力系数。

1. 采用防滑装置

在汽车驱动轮上安装防滑链是提高车轮与路面附着系数的有效措施，已得到广泛应用。防滑链的形式主要取决于路面状况和汽车行驶系的结构。防滑链有普通防滑链、履带式防滑链和防滑块。

普通防滑链是带齿的(圆形、V 形或刀形)链条，用专用的锁环装在轮胎上。这种防滑链在冰雪路面和松软层不厚的土路上有良好的通过性，而在松软层厚的土路上效果明显下降。

履带链有菱形和直形的，履带链能使汽车在坏路上，甚至驱动轮陷入土壤或雪层内仍可以通过，菱形履带还具有防侧滑能力。

防滑链的缺点是链条较重，拆装不方便，更重要的是装有防滑链的汽车，其动力性和燃料经济性均下降；在硬路面上行驶的冲击大，使轮胎和后桥磨损增大，因此仅在克服困难道路时，轮胎才装用防滑链。克服短而难行的无路地段时，宜使用容易拆装的防滑块和防滑带。

2. 采取汽车自救措施

汽车克服局部障碍或者陷住时，可采取自救措施。一般的自救方法有：①去掉松软泥土或雪层，在驶出的路面上撒砂、铺石块或木板等；②卸下运载货物或降低轮胎气压，以减轻单位面积的压力；③增加驱动轴装载质量，以增加汽车附着重量。

3. 合理选用汽车轮胎

轮胎选用合理，可以减小汽车的滚动阻力系数，提高汽车的附着系数，改善汽车在恶劣道路条件下的使用性能。

1) 雪地轮胎

冰雪路面附着系数小，用普通轮胎行驶较困难，国外多使用具有特殊胎面花纹的雪地轮胎。雪地轮胎在冰雪道路上具有良好的制动性能，如图 5-5 所示。表 5-5 给出了制动初速度为 40km/h 时雪地轮胎在压实雪路上的制动性能与带防滑链的普通轮胎的对比结果。

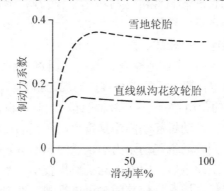

图 5-5　雪地轮胎与普通轮胎在冰雪道路上的制动性能比较

表 5-5　雪地轮胎与带防滑链的普通轮胎制动性能对比

对比轮胎	制动距离/m	指　数
雪地子午线轮胎	13.1	118
带防滑链的普通子午线轮胎	15.5	100
雪地斜交轮胎	19.9	104
带防滑链的普通斜交轮胎	20.7	100

2) 轮胎气压

轮胎气压减小后，轮胎与路面的接触面积增大，单位压力减小，致使车轮的滚动阻力系数减小，并改善了附着条件。但是轮胎气压降低后，轮胎变形加大，轮胎使用寿命降低，因此不能使轮胎长期在低气压下工作。

3) 轮胎花纹

轮胎胎面花纹可分为普通花纹、越野花纹和混合花纹。

越野花纹轮胎的特点为：花纹横向排列、花纹沟槽深、凸出面积小、地面抓着力大、抗刺扎和耐磨性好，适合在坏路和无路条件下使用。

4. 保持正确的驾驶方法

汽车通过泥泞土路、砂路和雪路等路面时，应降低车速(低速挡)，以减少车轮对土壤的剪切和车轮陷入程度，提高附着性能。另外，还应避免换挡和加速，并尽量保持直线行驶，以防止出现车轮滑转和侧滑等现象。

本 章 小 结

(1) 汽车在特定条件下使用是指汽车在特定的技术状况、特定的气候条件、特定的道路地形条件等条件下的使用。

(2) 随着汽车市场的发展，国产汽车和进口汽车大量投放市场。面对不同品牌、用途各异的不同类型的汽车，择优选配、合理使用是极其重要的。

(3) 新车、大修车以及装用新发动机或大修发动机的汽车需要经过走合期。汽车的使用寿命、行驶可靠性、动力性和燃料经济法与汽车工作初期(特别是走合期)的使用情况有很大关系。走合期的使用特点是：零件磨损速度快、行车故障多、润滑油易变质和耗油量大等。走合期采取的主要措施是：减载、限速、禁止拖挂、走好路，严格执行驾驶操作规程和进行维护作业。维护作业的重点是检查、紧固、调整和润滑，其中润滑作业尤为重要。要认真执行日常维护和走合期满后的走合维护的规定和要求。

(4) 汽车在低温条件下的使用特点是：发动机起动困难、机件磨损和损坏严重、燃料消耗量增加。在这些特点中，发动机起动困难是重点，而起动前的预热又是解决起动困难的有效措施。预热温度高，则发动机起动阻力小，燃油容易蒸发，发动机容易着火，容易起动，且起动后进入怠速工况期也短，因而发动机磨损较小，燃油消耗量较少。对低温条件下运行的汽车，常常采取保温措施，使其随时可以行驶，参加运输生产，保温的对象主要是发动机，其次是蓄电池、散热器、燃油箱和驾驶室等。保温的方法很多，值得指出的是，对发动机用保温套保温是最简单易行而且保温效果较显著的措施，应该积极推广和采用。换季维护也很重要。

(5) 高温条件下使用的汽车，发动机容易过热，致使其动力性、燃料经济性和行驶可靠性变坏。在高温条件下，汽油机供油系易产生气阻，尤其是汽车满载爬坡或长时间低速行驶时最容易出现。其原因主要是供油管路中汽油的轻质馏分受到高温影响所致。防止产生气阻的措施：加强发动机冷却系的维护，提高其冷却散热效率；安装供油系通风降温装置，隔离供油系的受热部分；增加汽油泵的抗气阻能力或采用电动汽油泵等。在炎热的季节，汽车满载高速行驶时轮胎容易爆胎。在行车途中，要经常检查其温度和气压。为保证行车安全，应采取必要的防爆胎措施。

(6) 汽车在高原和山区条件下行驶，发动机的充气量小，而且容易过热，从而导致其动力性、经济性下降；汽车行驶不安全，机件易损坏；驾驶员的劳动强度大，工作环境差等。其中，汽车的动力性下降和行车安全性下降尤其应引起高度重视。汽车在高原山区条件下行驶，采取的措施主要有：增大发动机的压缩比、合理选择配气相位、加装增压设备、合理调整油电路、采用含氧燃料、改善制动性能、加强制动系和转向系的检查维护工作、对发动机采取一定的冷却和保温措施等。采用这些措施，是为了解决高原空气稀薄对发动机使用性能带来不良影响的问题。汽车在高原和山区行驶，其安全问题主要取决于制动系，一般采取的措施是：安装汽车辅助制动器、提高制动副的摩擦系数、加强制动系和转向系的检查和维护工作，确保这些系统的安全可靠和正常工作。

(7) 汽车在坏路、无路等恶劣道路上行驶时，其平均技术速度和装载质量明显下降，影响汽车运输生产率；同时，汽车驱动轮与路面的附着力减小，汽车滚动阻力增大，并严重影响汽车的通过性。坏路、无路条件下使用时，改善汽车使用性能的主要措施是：采用防滑装置、采取汽车自救措施、合理选用汽车轮胎以及保持正确的驾驶方法等。

(8) 需要特别说明的是：经常在特定条件下行驶的汽车，为提高其性能，最根本的措施是在结构上进行改进。

习　题

1. 概念题

走合期、散热器散热量

2. 选择题

(1) 汽车在走合期内使用，应采取的技术措施是_____。

　　A. 减速　　　　B. 减载　　　　C. 满载　　　　D. 走好路

(2) 汽车在高温条件下使用，易出现_____。

　　A. 供油系气阻　　　　　　B. 轮胎爆胎

　　C. 发动机充气量减少　　　D. 总成磨损

(3) 下列措施，能够有利于高原地区车辆使用的是_____。

　　A. 进气增压　　　　　　　B. 增大发动机压缩比

C. 增大点火提前角　　　　　　D. 使用含氧燃料

3. 简答题

(1) 简述汽车走合期内应采取的主要技术措施。

(2) 简述汽车发动机低温起动困难的原因。

(3) 简述低温条件下汽车磨损严重的原因。

(4) 简述低温条件下汽车燃油消耗量增加的原因。

(5) 简述改善汽车在低温条件下使用性能的主要措施。

(6) 简述汽车在高温条件下的使用特点。

(7) 简述改善汽车在高温条件下使用性能的措施。

(8) 简述汽车在低温与高温条件下机件磨损加剧的原因。

(9) 海拔高度升高,汽车的动力性、经济性为何下降? 解决的方法有哪些?

(10) 汽车在高原条件下动力性、经济性下降,为此可采用提高压缩比的方法改善其相应性能。汽车在高温条件下,能否采用这一措施?

(11) 简述汽车在坏路、无路条件下的使用特点。从使用的角度改善汽车在此种条件下的使用性能应采取的措施有哪些?

(12) 分析汽车在松软路面上行驶,其附着系数、滚动阻力系数相对于良好路面有什么不同?

第6章

汽车技术状况变化与等级评定

【学习目标】

通过本章的学习，理解汽车技术状况的概念，掌握汽车技术状况变化的原因及主要影响因素，了解汽车技术状况的变化规律，掌握汽车技术等级划分与评定方法。

【关键词】

汽车技术状况　汽车技术等级　汽车技术状况变化规律

汽车技术状况，是指定量测得的表征某一时刻汽车外观和性能的参数值的总和。也就是说，汽车技术状况包括汽车外观和汽车性能两大方面，而且是定量评定的。

汽车在使用过程中，其技术状况将随汽车行驶里程或使用时间的增加而变化。

6.1 汽车技术状况变化的原因与影响因素

6.1.1 汽车技术状况变化的原因

汽车是一个复杂的机、电、液系统，一辆汽车由上万个零件组成。只有对汽车零件有结构、材料、尺寸、几何形状和表面质量等方面的要求，对汽车机构和总成有装配关系、位置关系、技术要求等的规定，才能使汽车具有规定的技术状况。

因此，零件的好坏对汽车来说至关重要，是决定汽车技术状况的关键因素。汽车零件、机构或总成技术状态的改变，往往是引起汽车技术状况变化的根本原因。

汽车零件失效主要可分为磨损、疲劳损坏、塑性变形与损坏、腐蚀及老化几种形式。

1. 磨损

磨损是指相互接触的物体在相对运动中表层材料不断损耗的过程，它是伴随摩擦而产生的必然结果。影响汽车技术状况变化的零件磨损形式主要有磨料磨损、黏附磨损和腐蚀磨损三种形式。

磨料磨损，是指相互摩擦表面之间有坚硬、锐利的微粒物，对摩擦表面产生破坏作用的结果，如行车制动器摩擦副的磨损。

黏附磨损，是指在相互摩擦的零件表面靠得太近和承受压力极大并且润滑不良的条件下，摩擦表面分子相互吸引而黏结在一起造成的一种损坏形式，如曲轴主轴颈与轴承的磨损。

腐蚀磨损，是指在摩擦表面有氧化物、酸、碱等有害物质腐蚀的情况下发生的磨损，如汽缸、气门、气门座的磨损。

2. 疲劳损坏

疲劳损坏是指零件在交变载荷作用下，承受超过材料的耐疲劳极限的循环应力而产生的损坏，如主减速器齿轮齿面的疲劳点蚀。

3. 塑性变形与损坏

塑性变形与损坏是指零件所受载荷超过材料的弹性变形极限所致。通常，是由于零件原设计计算错误或违反使用规定所造成的，如汽车超载引起车轴、车架变形、断裂。

4. 腐蚀

腐蚀是指零件在有腐蚀性的环境里工作所产生的损坏，如车身锈蚀、蓄电池导线接头腐蚀。

5. 老化

老化是指零件材料受物理、化学、温度和光照等条件变化的影响引起缓慢损坏的一种形式。橡胶、塑料制品(如轮胎、油封、膜片、膨胀水箱等)和电气元器件(如电容器、晶体管等)，长期受环境和温度的影响，会逐渐丧失原有性能。

需要说明的是，零件老化随时间的延长而逐渐发生，不论零件使用与否，都会逐渐老化。

零件磨损、疲劳、变形、腐蚀、老化以及偶然损伤等，都直接影响汽车技术状况的改变。因此，分析汽车零件损坏的原因，对于改进汽车结构、合理使用和维护汽车、减少零件的损坏、防止故障的发生、保证汽车技术状况的完好具有重要的指导意义。

6.1.2　汽车技术状况变化的影响因素

汽车在使用过程中，其技术状况将发生变化，汽车技术状况的变化受到诸多因素的影响。

1. 汽车结构与工艺

汽车结构设计、汽车制造工艺不合理或零件材料选择不当以及汽车在使用过程中由于自身存在的薄弱环节，导致汽车经常出现同一故障现象。如原东风 EQ140 型载货汽车的发动机初始点火提前角前期设计为 12°，由于点火提前角过大而经常发生活塞顶部断裂故障。

改善汽车的结构设计与制造工艺的合理性，是提高汽车使用性能和使用寿命的重要途径。

2. 环境条件

环境条件包括气温、湿度和空气中的介质等参数，这些参数对汽车技术状况的影响如图 6-1 所示。

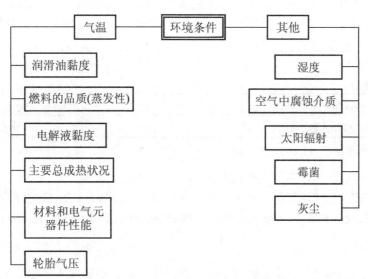

图 6-1　环境条件对汽车技术状况的影响

气温对汽车故障率的影响如图 6-2 所示。在气温变化的范围内，总是存在一个故障率低的温度区域，该温度区域就是汽车最佳的工作温度范围。

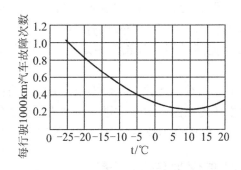

图 6-2　气温对汽车故障率的影响

汽车上的每一个总成都有一定的适合其工作的温度范围，如现代电控汽油发动机的最佳热状态是 95～105℃。发动机以最佳热状态工作，零件的磨损最小，故障率最低。

3. 道路状况

道路状况是影响汽车技术状况的重要因素。道路状况的技术性能指标主要包括道路等级、路面覆盖层状况与路面等级、路面附着系数、道路的构成情况(如道路宽度、路线的曲率半径、路面的纵向与横向最大坡度等)。其中，路面覆盖层状况对汽车各总成、零件的工作有很大的影响，见表 6-1。

表 6-1　路面覆盖层状况对汽车工作的影响

指　标	混凝土与沥青路面	沥青矿渣路面	碎石路面	卵石路面	天然路面
滚动阻力系数	0.014	0.020	0.032	0.040	0.080
平均技术速度/(km/h)	66	56	36	27	20
发动机曲轴平均转速(r/min)/km	2228	2561	2628	3185	4822
市区行驶转向轮转角均方差/°	8	9.5	12	15	18
离合器使用次数/km	0.35	0.37	0.49	0.64	1.52
制动器使用次数/km	0.24	0.25	0.34	0.42	0.90
变速器使用次数/km	0.52	0.62	1.24	2.10	3.20
垂直振幅>30mm 振动次数/100km	68	128	214	352	625

注：试验用车为苏联产 зил-130 汽车。(在此仅作知识点说明)

由表 6-1 可以看出，路面覆盖层状况影响汽车的行驶速度、发动机转速、操纵装置的操纵次数、汽车的道路阻力和受力性质等，从而影响汽车零件、总成的使用寿命，引起汽车技术状况的变化。汽车在坏路上行驶时，故障率比在良好道路上增加 2～3 倍。

4. 交通状况

交通状况也是影响汽车及总成使用情况的一个因素。如装载质量相同的两辆汽车，在繁华市区行驶的那一辆汽车的速度要比在郊区行驶的低；发动机曲轴转速增加；变速器、制动器使用次数增加；转弯行驶次数增加。显然，汽车以这种工况运行将加速汽车技术状况的恶化。

5. 装载质量

汽车装载质量、拖挂总质量的大小会影响汽车零件强度、操纵装置的工作频度以及发动机的转速和负荷。

在设计汽车时，汽车各承载部件或总成都是按其承载能力考虑的。汽车的装载质量应按汽车制造厂规定的额定标准来控制，禁止超载。载荷超过汽车设计允许范围，将使汽车技术状况迅速变坏，甚至导致车架、车桥、悬架、弹簧、轮胎等部件损坏。

6. 汽车运行材料

随着汽车性能的不断提高，对汽车运行材料品质的要求也更加严格。如果汽车燃料内含有杂质，对发动机的磨损影响极大。同样，汽车所用润滑剂、各种液体(如制动液、冷却液等)等运行材料的品质以及对其选用正确与否也会严重地影响汽车技术状况的变化。

7. 汽车驾驶技术

驾驶人驾驶技术水平，直接影响着汽车技术状况的变化。驾驶技术水平高的驾驶人，在驾驶操作过程中，经常采用诸如预热升温、轻踏缓抬、平稳行驶、及时换挡、控制温度等一系列正确合理的驾驶方法，并能根据道路情况正确选择行驶路线和车速，汽车经常处于较有利的工作状态，可使汽车技术性能良好、汽车使用寿命延长。

现代汽车结构越来越复杂，附属装置日渐增多，驾驶人应掌握新车型、新装置的使用注意事项。例如，汽车采用电动汽油泵，油箱内的燃油应严禁用尽，以防损坏汽油泵；对于采用液压助力装置的转向系统、采用真空助力装置的制动系统，汽车在高速运行时就不准发动机熄火、空挡滑行等。

因此，驾驶人不但应有高超的驾驶操作技术，而且还应有较全面的技术素质，能够正确、合理地检查、调整、维护汽车，否则汽车的技术状况就难以得到保障。

8. 汽车维修质量

汽车维护是为了维持汽车完好的技术状况而进行的作业，汽车修理是为了恢复汽车完好的技术状况而进行的作业，汽车维修具有维持和恢复汽车技术状况的作用。因此，汽车维修质量是影响汽车技术状况变化的重要因素。

汽车维修中还存在一些问题，其中最突出的问题是：对现行的汽车维修制度执行得不认真，许多维修人员素质差、水平低，检测、诊断、维修所需仪器设备不齐全等，使汽车行驶时故障增多。

提高汽车维修质量的关键如下。

1) 维修人员的技术素质

现代汽车新装置、新技术、新工艺应用逐渐增多，已成为集机械、液压、电子、自动控制及传感技术为一体的综合性科技产品。一方面，汽车维修工作的技术含量越来越高，对汽车维修人员具备的技术要求越来越严；另一方面，汽车的可靠性越来越高，故障发生率低，同一项维修工作的重复性也降低，一旦汽车出现问题，可引用、借鉴的经验也少。这些都要求从事汽车维修的人员应有较高的技术素质，掌握汽车检测、诊断与维修新技术。

2) 先进齐全的仪器设备

准确诊断汽车故障，确定汽车维修作业的具体内容，对损伤的汽车零件进行修复，都离不开必要的专用设备，维修企业应配备先进齐全的仪器设备。

3) 配件质量

当前汽车配件市场十分活跃，而配件质量却参差不齐。特别是假冒配件的质量，可靠性更差。现代汽车维修技术中将废旧件、损坏件修复后再装车使用的比例正逐渐减少，而更换新件的比例明显上升，因此汽车配件的质量就更为重要。

6.2　汽车技术状况的变化规律

汽车技术状况变化规律是指汽车技术状况与行驶里程或使用时间的关系，分为函数变化规律(第一种变化规律)和随机变化规律(第二种变化规律)两类。

6.2.1　汽车技术状况的函数变化规律

函数变化规律的特点是：汽车技术状况的变化与汽车行驶里程或使用时间之间有严格的对应关系，汽车工作能力(E_i)随汽车行驶里程依次平稳而单调地变化直至失去工作能力(E_0)，如图6-3所示。

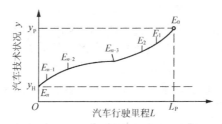

图6-3　汽车技术状况的函数变化规律

图6-3中，E_n、E_{n-1}、…、E_2、E_1为汽车的各种工作能力，E_0为汽车丧失工作能力。

汽车零件的磨损、间隙的变化、冷却系和润滑系中的沉积物、润滑油消耗量以及润滑油中机械杂质的含量等，都是按照这个规律变化。

汽车技术状况可能的具体变化形式如图6-4所示。

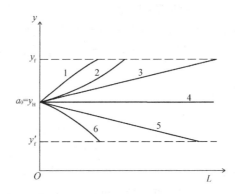

图6-4　汽车技术状况 y 随行驶里程或使用时间 L 变化的几种形式

1、2、3—汽车使用中逐渐变大的技术状况参数；

4—汽车使用中稳定不变的技术状况参数；

5、6—汽车使用中逐渐变小的技术状况参数

图 6-4 中，$a_0(y_H)$ 为汽车初始技术状况参数，y_f、y_f' 为汽车技术状况参数变化的范围。

实际经验和研究结果表明，汽车使用中技术状况参数 y 与汽车行驶里程或使用时间 L 之间的函数关系，可以用多项式方程或指数方程来表示。

(1) 多项式方程表示为

$$y = a_0 + a_1 L + a_2 L^2 + a_3 L^3 + \cdots + a_i L^i \tag{6-1}$$

式中：a_0——汽车初始技术状况参数；

$\quad\quad L$——汽车行驶里程或使用时间；

$\quad\quad a_i\,(i=1,2,\cdots,n)$——汽车技术状况参数变化的强度，它根据汽车结构和使用条件的不同而变化。

实际使用式(6-1)计算时，一般取第一至第四项，其计算精度即可满足要求。

(2) 指数方程表示为

$$y = a_0 + a_1 L^b \tag{6-2}$$

式中：a_0——汽车初始技术状况参数；

$\quad\quad a_1$、b——确定汽车工作强度和技术状况变化程度的系数；

$\quad\quad L$——汽车行驶里程或使用时间。

6.2.2 汽车技术状况的随机变化规律

随机变化规律的特点是：汽车技术状况的变化受很多随机因素影响，汽车技术状况的变化与汽车行驶里程或使用时间之间没有严格的对应关系。

汽车运行中出现的故障都是随机性的，它与很多因素有关，如零件本身的质量、零件工作表面的尺寸精度与表面粗糙度、汽车及总成的装配质量、汽车的维修质量以及汽车使用条件等。尽管这些因素都与故障有关，但却与行驶里程或行驶时间没有严格的对应关系。

当给定汽车技术状况参数极限值时，汽车技术状况参数达到极限数值的行程将是各种各样的，如图 6-5(a)中的 L_{P1}、L_{P2}、$\cdots$、L_{Pn}。即便在同一行程，汽车技术状况也不是处在同一水平，而是存在明显差异，如图 6-5(b)所示。

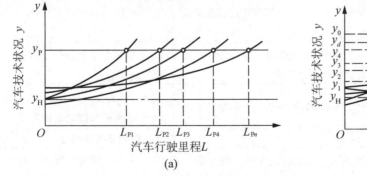
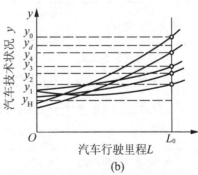

(a)　　　　　　　　　　　　(b)

图 6-5　汽车技术状况的差异

对于汽车技术状况的随机变化，不可避免地会使定期检测、诊断和维护作业超前或滞后进行。只有掌握汽车技术状况的随机变化规律，才能准确制定汽车检测、诊断和维护周期，确定维护作业的广度和深度，保持汽车技术状况的良好，延长汽车的使用寿命。

6.3　汽车技术等级评定

汽车经过长时间运行和多次维护、修理后，技术状况必然会发生变化。

为了及时掌握不同阶段的汽车技术状况变化情况，应定期对汽车进行综合评定，核定汽车技术等级。根据汽车技术等级，有计划地安排和组织相应的运输生产，从而有利于合理使用汽车和科学地安排汽车的维修计划，降低汽车运行消耗成本，减少汽车行车故障，杜绝汽车排放超标，不断提高汽车装备质量。

《道路运输车辆技术等级划分和评定要求》(JT/T 198—2016)，规定了道路运输车辆技术等级划分、评定项目、评定要求以及评定规则。

6.3.1　道路运输车辆评定项目和评定要求

1. 道路运输车辆核查评定项目和评定要求

道路运输车辆核查评定项目和评定要求见表6-2。

表6-2　核查评定项目和评定要求

序号	评定项目	客车评定要求		货车及挂车评定要求	
		一　级	二　级	一　级	二　级
1	制动防抱死装置	M_2、M_3类客车安装应符合《机动车和挂车防抱制动性能和试验方法》(GB/T 13594—2003)规定的防抱死制动装置，并配备防抱死制动装置失效时用于报警的信号装置		N_2和不超过四轴的N_3货车、O_3与O_4类挂车应安装符合《机动车和挂车防抱制动性能和试验方法》(GB/T 13594—2003)规定的防抱死制动装置，并配备防抱死制动装置失效时用于报警的信号装置	
2	盘式制动器	车长大于9m的客车前轮应装有盘式制动器			
3	缓速器或其他辅助制动装置	车长大于9m的客车应装有缓速器或其他辅助制动装置		N_3类货车应装有缓速器或其他辅助制动装置	
4	制动间隙自动调整装置	M_2、M_3类客车所有的行车制动器应装有制动间隙自动调整装置		N_2和N_3类货车、O_3和O_4类挂车所有的行车制动器应装有制动间隙自动调整装置	
5	压缩空气干燥或油水分离装置	气压制动系应安装保持压缩空气干燥或油水分离的装置		气压制动系应安装保持压缩空气干燥或油水分离的装置	
6	子午线轮胎	车长大于9m的客车应装用子午线轮胎，卧铺客车应装用无内胎子午线轮胎		应装用子午线轮胎	

续表

序号	评定项目	客车评定要求		货车及挂车评定要求	
		一　级	二　级	一　级	二　级
7	安全带	客车所有座椅均应装备符合《机动车和挂车防抱制动性能和试验方法》(GB 14166)要求的安全带，其固定点应符合 GB14167 的要求		货车所有座椅均应装备符合《机动车和挂车防抱制动性能和试验方法》(GB 14166)要求的安全带，其固定点应符合 GB 14167 的要求	
8	限速功能或限速装置、超速报警功能	客车应具有限速功能，否则应配备符合《机动车和挂车防抱制动性能和试验方法》(GB/T 24545)要求的限速装置。限速功能、限速装置和超速报警调定的最大速度应符合有关规定		三轴及三轴以上的货车应具有超速报警功能(具有限速功能和限速装置且符合规定的除外)，能通过视觉或声觉信号报警。限速功能、限速装置和超速报警调定的最大速度应符合有关规定	
9	卫星定位系统车载终端	旅游客车、包车客车、三类及以上班线客车应装有具有行驶记录功能并符合《机动车和挂车防抱制动性能和试验方法》(GB/T 19056)和 JT/T794 规定的卫星定位系统车载终端		N₃ 类载货货车和半挂牵引车应装有具有行驶记录功能并符合《机动车和挂车防抱制动性能和试验方法》(GB/T 19056)和《机动车和挂车防抱制动性能和试验方法》(JT/T794)规定的卫星定位系统车载终端	
10	发动机舱自动灭火装置	发动机后置的客车，其发动机舱内应装备发动机舱自动灭火装置(电动汽车除外)。灭火装置启动时应能通过声觉信号向驾驶员报警			

2. 道路运输车辆技术评定项目和评定要求

道路运输车辆技术评定项目和评定要求见表 6-3。

表6-3 道路运输车辆技术评定项目和评定要求

序号	评定项目	评定内容	项目属性	评定要求	
				一级	二级
1	唯一性认定	号牌号码、车辆类型、品牌型号、车身颜色、发动机号、底盘号、VIN号、挂车架号、中重型货车及挂车外廓尺寸、车厢栏板车高度、客车的座(铺)位数	★	(1) 在用道路运输车辆的号牌号码、类型、品牌型号、燃料类别、车身颜色、发动机号、底盘号或车架号、挂车架号、中重型货车及挂车外廓尺寸、车厢栏板高度应与行驶证、机动车登记证、道路运输证载的内容及其他相关资料相符。其中，外廓尺寸的允许差为±2%或±100mm，车厢栏板高度的允许差为±2%或±50mm。汽车列车的外廓尺寸不得超过《机动车和挂车防抱制动性能和试验方法》(GB 1589规定的最大限值。(2) 客车的座(铺)位数应与道路运输证核定的数量一致	
2	电子控制系统	与发动机排放控制系统、制动防抱死装置和电动助力转向系统(EPS)及其他与行车安全相关的故障信息	★	装有车载诊断系统(OBD)的车辆不应有与发动机排放控制系统、防抱死制动装置(ABS)和电动助力转向系统(EPS)及其他与行车安全相关的故障信息	
3	发动机	工作性能	起动性能	■	发动机起动性能良好。在正常工作温度状态下，发动机起动3次，成功次数不少于2次	
			柴油发动机停机装置	★	柴油发动机停机装置功能有效。在正常工作温度状态下，发动机连续起动/停机3次，3次停机均应有效	
			发动机运转	■	发动机低、中、高速运转稳定，无异响	

续表

序号	评定项目	评定内容	项目属性	评定要求	
				一级	二级
3	发动机	密封性	发动机缸体、油底壳、冷却水道边盖、放水阀、水箱	■	发动机缸体、油底壳、冷却水道边盖、放水阀、水箱等不得有油、液滴漏现象
		传动带	助力转向传动带、空气压缩机传动带/齿轮箱	★	助力转向传动带和空气压缩机传动带无裂痕，油污和过量磨损，运转良好。空气压缩机传动带的松紧度符合规定。对于采用齿轮传动的空气压缩机，其齿轮箱无异响和漏油现象
		燃料供给	输料管、燃料箱及燃料管路、燃料箱盖、燃料箱改动或装加装	★	(1) 燃料管路不得有泄漏现象，与其他部件无碰撞，软管无老化现象。 (2) 燃料箱及燃料管路应稳固可靠。 (3) 燃料箱盖应齐全，并能有效防止燃料泄漏。 (4) 不得随意改动或装加装燃料箱

续表

序号	评定项目	评定内容	项目属性	评定要求	
				一级	二级
4	制动系	行车制动：制动管路、制动泵(缸)及气(油)路、制动报警装置、缓速器、制动踏板	★	(1) 制动管路稳固，转向及行驶时，金属管路及软管不应与车身或底盘产生运动干涉。 (2) 制动泵(缸)及气(油)路应符合以下要求：制动总泵(主缸)、制动分泵(轮缸)、制动金属管路及软管无弯折、磨损、凸起和扁平等现象，接头处的连接可靠。 (3) 气压制动系统的低气压报警装置工作正常，制动系统故障报警装置无报警信号输出。 (4) 缓速器连接可靠，电涡流缓速器外表、定子与转子间应清洁，无油污，液压缓速器不应有漏油现象。 (5) 储气筒安装稳固，不应有锈蚀，变形等损伤，储气筒排污(水)阀畅通。 (6) 制动踏板无破裂或损坏，防滑面无磨光现象。	制动管路稳固，转向及行驶时，金属管路及软管不应与车身或底盘产生运动干涉。制动泵(缸)及气(油)路应符合以下要求：制动总泵(主缸)、制动分泵(轮缸)、制动金属管路无弯折、磨损、凸起和扁平等现象；漏油现象；制动金属软管及真空助力系统的真空助管不应有磨损、折痕和破裂，接头处的连接可靠。气压制动系统的低气压报警装置无报警信号输出。缓速器连接可靠，电涡流缓速器外表，定子与转子间应清洁，无油污，液压缓速器不应有漏油现象。储气筒安装稳固，不应有锈蚀，变形等损伤，储气筒排污(水)阀畅通。制动踏板无破裂或损坏，防滑面无磨光现象。
		气压制动弹簧储能装置	■	装有弹簧储能制动器的气压制动车辆，弹簧室气压低时，弹簧储能制动器自锁装置应有效	
		驻车制动	★	驻车制动装置机件齐全完好，操纵灵活有效，各连接拉杆无松旷，拉杆无过度摇晃现象	
5	转向系	部件连接、部件技术状况、转向助力装置	★	(1) 转向机构各部件应连接紧固，各连接拉杆、横直拉杆、平衡杆，锁止，限位正常。 (2) 转向节臂、横直拉杆、平衡杆、转向器摇臂和球销及各连接部位无松旷，转向器壳体和侧盖无裂损，渗油、漏油现象。 (3) 转向助力装置工作正常，不应有转动带打滑打滑现象。	转向时无卡阻和运动干涉。转向器摇臂、转向器臂、球销裂纹及拼焊，漏油现象。
		转向盘最大自由转动量	●	最高设计车速大于或等于100km/h的车辆，其转向盘的最大自由转动量不大于10°，其他车辆不大于20°	最高设计车速小于100km/h的道路运输车辆，其转向盘的最大自由转动量不大于15°，其他道路运输车辆不大于25°
6	行驶系	车架	★	全承载式结构的车身以及非全承载式结构的车架纵梁、横梁不应有开裂和变形等损伤，铆钉、螺栓齐全有效	
		裂纹及变形	★	车桥的桥壳无可视的裂纹及变形	
	车桥	车桥密封性	■	车桥密封良好，无漏油现象	

续表

序号	评定项目	评定内容	项目属性	评定要求 一级	评定要求 二级
6	行驶系	拉杆和导杆、车轮及螺栓、螺母	★	(1) 车桥与悬架之间的拉杆和导杆无松旷、移位及可视的变形和裂纹。(2) 各车轮轮辋应无裂纹、车轮及半轴的螺纹、螺母齐全、完好、连接可靠。车轮安装的装饰罩和装饰帽不得有碍于检查螺栓、螺母技术状况。	
		轮胎外观、同轴轮胎的规格和花纹、轮胎的速度级别、充气压力、翻新轮胎、轮胎类型、备用轮胎	★	(1) 轮胎的胎冠、胎壁不得有长度超过 25mm 或深度足以暴露出帘布层的破裂和割伤以及凸起、异物剥入等影响使用的缺陷，并装轮胎间应无异物嵌入。(2) 同轴轮胎的规格和花纹应相同：规格符合整车制造厂的规定。(3) 装用轮胎的速度级别应不低于车辆最高设计车速的要求。(4) 轮胎的充气压力应符合规定值。(5) 客车和危险货物运输车的所有车轮不得装用翻新的轮胎，其他车辆的转向轮不得装用翻新的轮胎。其余车辆使用翻新的轮胎应符合相关标准的规定。(6) 轮胎类型应符合规定：车长大于 9m 的客车应装用子午线轮胎，卧铺客车应装用无内胎子午线轮胎。(7) 随车配备备用轮胎并固定牢固	乘用车和挂车的转向轮不得装用翻新的轮胎，乘用车和挂车和其他车型的转向轮不得装用翻新的轮胎，其余轮胎的胎冠花纹深度应不小于 3.2mm，其余轮胎的胎冠花纹深度应不小于 1.6mm
		胎冠花纹深度	●	乘用车和挂车的胎冠花纹深度应不小于 2.5mm；其他车辆的转向轮的胎冠花纹深度应不小于 3.8mm，其余轮胎的胎冠花纹深度应不小于 2.5mm	具有磨损标志的轮胎，胎冠的磨损不得触及及磨损标志；无磨损标志或转向轮胎冠花纹深度应不小于 1.6mm；其他车型的转向轮胎的胎冠花纹深度应不小于 3.2mm，其余轮胎的胎冠花纹深度应不小于 1.6mm
	悬架	弹性元件、弹性部件连接	★	(1) 悬架的弹性元件，如钢板弹簧、螺旋弹簧、扭杆弹簧、减振器、吊耳销(套)无松旷和断裂，无漏油现象	(1) 悬架的弹性元件应安装牢固、不应有裂纹、缺片、加片、断裂、塑性变形和功能失效等现象。导向杆(若装配)等部件应连接可靠，钢板弹簧的 U 形螺栓、螺母应齐全、紧固，锁销齐全有效
		减振器	■	减振器稳固有效、无漏油现象	橡胶减振垫等弹性元件应安装牢固、不应有裂纹，空气弹簧不应有泄漏现象

续表

序号	评定项目	评定内容	项目属性	评定要求 一级	评定要求 二级
7	传动系	离合器	■	离合器接合平稳、分离彻底，操作轻便、工作时无异响、打滑、抖动和沉重现象	抖动沉重现象
		变速器	■	变速器操纵轻便，挡位准确，无异响和滴漏油现象	
		传动件异响	■	运动时，传动轴、主减速器和差速器不应有异响	
		万向节与轴承	★	万向节、中间轴承无松旷、无裂损	
8	照明、信号装置和标识	外部照明和信号装置、前照灯远/近光束变换功能、反射器与侧车志灯、货车车身反光标识和尾部标志板	★	(1) 前照灯、转向灯、示廓灯、危险报警闪光灯和雾灯等信号装置应齐全、完好、有效。 (2) 前照灯远、近光束变换功能正常。 (3) 车辆的后反射器、侧反射器和侧标志灯应齐全、无损毁。 (4) 货车、挂车侧面及后部的车身反光标识和尾部标志板的适用车型要求，性能、尺寸、位置应符合GB 7258 的相关要求，且完好、无污损	
9	电气线路和仪表	导线绝缘层/线束固定、导线及连接接头、蓄电池接头、绝缘套、金属孔套绝缘护套	★	发动机舱内线束以及其他部位线束的导线绝缘层无老化、龟裂和破损，导体无外露，线束固定可靠；电缆线及连接接蓄电池的接头应牢固，并有绝缘护套；线束穿过金属孔时应设绝缘护套；终端无污损	
		仪表与指示器、卫星定位系统车载终端	★	(1) 车速、里程、水温、机油压力、电流或电压或充电、燃油、气压等信号指示装置应工作正常。 (2) 装有卫星定位系统车载终端的车辆，终端应工作正常。	

续表

序号	评定项目		评定内容	项目属性	评定要求	
					一　级	二　级
10	车身	门窗及照明	车门应急控制器、应急门和安全顶窗、应急窗和玻璃破碎装置	★	(1) 采用动力启闭车门的客车，车门应急控制器、应急门机件齐全完好。(2) 应急门和安全顶窗机件齐全完好。(3) 应急窗易开启，封闭式客车的每个应急窗邻近处应有玻璃破碎装置，应在规定的位置放置	车门应急控制器机件齐全完好，应急控制器标志及操作说明无损数。采用安全手锤时，且状态完好。采用安全手锤时，易导致破碎的裂纹和穿孔，密封良好
			门、窗玻璃	●	玻璃齐全完好	所有门、窗的玻璃应齐全，不得有长度超过25mm 且易导致破碎的裂纹和穿孔，密封良好
			客车车厢灯和门灯	■	客车车厢灯和门灯工作正常	
		车身外观	车身与驾驶室	●	车身、驾驶室完好	车身与驾驶室基本完好。客车车身与货车驾驶室不得有超过3处的轻微开裂、锈蚀和明显变形，缺陷部位不影响安全性和密封性
			车身两侧对称部位的高度差	●	车身两侧对称部位的高度差不大于20mm	车身应周正，货车、客车及挂车车轴上方的车身两侧对称部位的高度差不大于40mm
			车身外部和内部的尖锐凸起物	★	车身外部和内部不应有任何可能使人致伤的尖锐凸起物	
			车身表面涂装	●	客车车身与货车驾驶室涂装无缺损，补漆颜色与原色基本一致	客车车身与货车驾驶室的表面涂装无明显的缺损（允许有轻微划伤），补漆颜色与原色基本一致
			货车货厢、车门、拦板、底板、拦板锁止机构	★	货车货厢、车门、拦板和底板应无变形和破损，拦板锁止机构作用可靠	
			驾驶室车窗玻璃附加物及镜面反光遮阳膜	★	驾驶室车窗玻璃不应张贴妨碍驾驶员视野的附加物及镜面反光遮阳膜	驾驶室车窗玻璃不应张贴的附加物及镜面反光遮阳膜

续表

序号	评定项目	评定内容	项目属性	评定要求 一级	评定要求 二级
11	附属设备	后视镜和下视镜、风窗刮水器	★	(1) 车辆的左后视镜、右后视镜、内后视镜、下视镜应能正常工作，前风窗刮水器应能正常工作，刮水器关闭时刮片应能返回初始位置 (2) 前风窗玻璃刮水器应能正常工作，刮水器关闭不做要求	下视镜应完好、无损毁，并能有效保持其位置。N_2、N_3类货车的内后视镜不做要求。
		风窗洗涤器	■	洗涤器应能正常工作	
		防炫目装置、除霜/除雾装置	★	(1) 驾驶室内的防止阳光直射而使驾驶员产生眩目的装置应完整有效。 (2) 前风窗玻璃的除霜、除雾装置工作正常	
		排气管和消声器	■	排气管、消声器应完好有效，稳固可靠。	
		安全带、侧面防护装置、后部防护装置	★	(1) 客车的所有座椅，货车驾驶员座椅和前排乘员座椅应配备安全带，且配件齐全有效，无破损。 (2) N_2与N_3类货车(半挂牵引车除外)，O_2与O_3类挂车两侧以及牵引车两侧之间两侧装备的侧面防护装置应完好、稳固。注：车辆自身结构已能防止人和骑车人等卷入的汽车和挂车除外。 (3) 除牵引车和长货车以外的N_2、N_3类货车和O_2、O_3类挂车下部的后部防护应完好、稳固，有效	
		保险杠	■	乘用车、车长小于6m的客车的前、后保险杠，货车的前保险杠应完好并稳固	
12	安全防护	牵引装置和安全锁止机构	★	汽车列车牵引装置的连接和安全锁止机构锁止可靠	
		全锁止机构、定集装箱运输车固定集装箱箱体的锁止机构	★	集装箱运输车固定集装箱箱体的锁止机构应工作可靠，无损坏	稳固
		安全架与隔离装置	★	货车车厢前部安装的安全架，驾驶员和货物同在车厢内的厢式车隔离装置应完好、稳固	稳固

续表

序号	评定项目	评定内容	项目属性	评定要求 一级	评定要求 二级
12	安全防护	灭火器材、警示牌和停车楔	★	(1) 随车配备与车辆类型相适应的灭火器，灭火器应在有效期内，并安装牢靠和便于取用。当有多个灭火器时，应设置在驾驶人座椅附近。 (2) 随车配备三角警告牌，并妥善放置。 (3) 随车配备停车楔，数量不少于两只，并妥善放置。	仅安装牢靠和便于取用。对于客车，仅有一个灭火器时，应在各厢内按前、中、后分布，其中一个应靠近驾驶人座椅。
		危险货物运输车辆安全装置与标识	★	(1) 运送易燃易爆货物的车辆应符合以下要求：应配备灭火器材，其数量、放置位置及固定应符合 GB 20300 的相关规定。排气管应装在罐体(箱体)的前端面之前，不高于车辆纵梁上平面的区域。电路系统应有切断总电源离电火花的装置，该装置应安装在驾驶室内；车辆尾部的导静电拖地带完整有效，无破损。 (2) 危险货物运输车辆的标志应符合 GB 13392 的要求，运输爆炸品和剧毒化学品车辆以及运输液体危险货物罐式车辆的标志和标识应符合 GB 20300、GB 18564.1 和 GB 18564.2 的相关要求，且应齐全、完整、清晰，无污损、无码损，安放位置应符合规定。 (3) 装运大型气瓶、可移动罐(槽)等的车辆，应设置有效的紧固装置，不得松动。	隔热和熄灭火的装置。
		装运危险货物的罐(槽)式车辆的检验合格证明或报告	★	装运危险货物的罐(槽)式车辆，其罐体应具备由符合资质的有关机构出具的有效检验合格证明或报告，并在有效期内	
13	动力性	驱动轮边定稳车速	●	$\eta=0.82$ 时，$v_w \geq v_e$ 或 $v_w \geq v_m$	$\eta=0.75$ 时，$v_w \geq v_e$ 或 $v_w \geq v_m$ 式中： v_w——驱动轮边稳定车速，km/h； v_e——额定功率车速，km/h； v_m——额定转矩车速，km/h

续表

序号	评定项目	评定内容	项目属性	评定要求	
				一级	二级
14	燃料经济性	燃料消耗量	★	燃用柴油或汽油、总质量大于3500kg的营运车辆，已列入交通运输主管部门公布的《道路运输车辆燃料消耗量达标车型表》的车辆，其燃料消耗量限值为车辆《燃料消耗量参数表》中 50km/h 或 60km/h 满载等速油耗的114%；未列入交通运输主管部门公布的《道路运输车辆燃料消耗量达标车型表》的车辆，其燃料消耗量限值的参比值见GB/T 18566—2011 附录C	
15	制动性	整车制动率、轴制动率	★	（见下表）	

车辆类型		整车制动率/%		轴制动率/%	
		空载	满载	前轴[a]	后轴[a]
M_1类乘用车		≥60	≥50	≥60[b]	≥20[b]
M_2、M_3类客车		≥60	≥50	≥60[b]	≥50[c]
N_1类货车		≥60	≥50	≥60[b]	≥20[b]
N_2、N_3类货车		≥60	≥50	≥60[b]	≥50[c]
牵引车		≥60	≥50	≥60	≥50
O_3、O_4挂车	全挂车			≥55[d]	≥55[d]
	半挂车			≥55[d]	≥55[d]

注：a 前轴是指位于机动车（单车）纵向中心线向中心位置以前的轴，除前轴之外的其他轴均为后轴；第二转向桥视为前轴；挂车的所有车轴均视为后轴。

b 空载和满载状态下测试均应满足此要求。

c 满载测试时不做要求，空载用平板制动检验台检验时应大于或等于35%；总质量大于3500kg的客车，空载用滚筒反力式制动检验台检验时应大于或等于40%，用平板制动检验台检验时应大于或等于30%。

d 满载状态下测试时应大于或等于45%

续表

序号	评定项目	评定内容	项目属性	评定要求	
				一级	二级
		制动不平衡率	●	前轴制动不平衡率≤20%，后轴制动不平衡率≤24%(当后轴制动力小于后轴轴荷 60%时，制动不平衡率≤后轴轴荷的8%)	前轴制动不平衡率≤24%，后轴制动不平衡率≤24%(当后轴制动力小于后轴轴荷 60%时，制动不平衡率≤后轴轴荷的1%)
		汽车列车制动时序，制动协调时间，牵引车与挂车制动力分配		(1) 汽车列车制动时的制动动作时序应满足：挂车各轴的制动动作应不滞后于牵引车各轴的制动动作，汽车列车的制动协调时间不大于 0.80s。 (2) 汽车列车制动力的分配应满足：牵引车(挂车)整车制动力与汽车列车整车制动力的比值不应小于汽车列车各轴的制动动作，也即牵引车(挂车)的整车制动率不应小于汽车列车整车制动率的 90%，车(挂车)质量与汽车列车质量比值的 90%	
15	制动性	驻车制动	★	(1) 驻车制动应能使车辆在任何装载条件和没有驾驶人的情况下保持原位。驾驶人应在座位上就可实现驻车制动。若挂车与牵引车脱离，350kg 以上的挂车应能产生驻车制动，挂车的驻车制动装置应能由站在地面上的人来操纵。 (2) 台架检验时，在空载状态下，乘坐一名驾驶人，驻车制动力的总和不应小于测取的汽车整车重量的 20%，总质量为整备质量 1.2 倍以下的车辆应不小于 15%。对于由牵引车和挂车组成的汽车列车也应符合此要求。 (3) 路试检验时，在空载状态下，驻车制动装置应能保证汽车在坡道上保持静止不动，对总质量为整备质量 20%(对总质量为整备质量的 1.2 倍以下的车辆为 15%)的坡道上行和下行两个方向保持静止不动，时间不应少于 5 min。 (4) 驻车制动性能，如能符合(2)或(3)的要求即为合格	

续表

序号	评定项目	评定内容	项目属性	评定要求
16	排放性	排气污染物	★	1. 点燃式发动机 《汽油车污染物排放限值及测量方法(双怠速法及简易工况法)》(GB18285—2018) （见下列各表）

双怠速法检验排气污染物排放限值

类别	一级				二级			
	怠速		高怠速		怠速		高怠速	
	CO/%	HC/10^{-6}	CO/%	HC/10^{-6}	CO/%	HC/10^{-6}	CO/%	HC/10^{-6}
限值 a	0.6	80	0.3	50				
限值 b	0.4	40	0.3	30				

注：对以天然气为燃料点燃式发动机汽车，HC 为推荐性要求。排放检验的同时，应进行过量空气系数的测量。发动机在高怠速转速工况时，过量空气系数应在 1.00 ± 0.05 之间，或者在制造厂规定的范围内。

稳态工况法排气污染物排放限值

类别	ASM5025			ASM2540		
	CO/%	HC/10^{-6}	NO/10^{-6}	CO/%	HC/10^{-6}	NO/10^{-6}
限值 a	0.50	90	700	0.40	80	650
限值 b	0.35	47	420	0.30	44	390

注：对以天然气为燃料点燃式发动机汽车，HC 为推荐性要求。排放检验的同时，应进行过量空气系数的测量。

瞬态工况法排气污染物排放限值

类别	CO/(g/km)	HC+NO$_x$/(g/km)
限值 a	3.5	1.5
限值 b	2.8	1.2

注：排放检验的同时，应进行过量空气系数的测定。

续表

序号	评定项目	评定内容	项目属性	评定要求	
				一级	二级
16	排放性	排气污染物	★	简易瞬态工况法排气污染物排放限值 表： 类别 / CO/(g/km) / HC/(g/km) / NOx/(g/km) 限值 a / 8.0 / 1.6 / 1.3 限值 b / 5.0 / 1.0 / 0.7 注：对以天然气为燃料点燃式发动机汽车，HC 为推荐性要求。排放检验的同时，应进行过量空气系数的测定。 2. 压燃式发动机 《柴油车污染物排放限值及测量方法(自由加速法及加载减速法)》(GB 3847—2018) 在用汽车和注册登记排放检验排放限值 表： 类别 / 自由加速法 光吸收系数(m⁻¹)或不透光度(%) / 加载减速法 光吸收系数(m⁻¹)或透光度(%) / 氮氧化物(10⁻⁶) / 林格曼黑度法 林格曼黑度(级) 限值 a / 1.2(40) / 1.2(40) / 1500 / 1 限值 b / 0.7(26) / 0.7(26) / 900 / 注：海拔高度高于 1500m 的地区加载减速法可以按照每增加 1000m 增加 0.5m⁻¹ 幅度调整，总调整不得超过 0.75m⁻¹；2020 年 7 月 1 日前限值 b 氮氧化物过渡值为 1200×10⁻⁶。	
17	转向操纵性	转向轮横向侧滑量	★	转向桥采用非独立悬架的车辆，其转向桥(含双转向桥)的转向轮的横向侧滑量应在±5m/km 范围内	
18	悬架特性	悬架吸收率	★	设计车速不小于 100km/h、轴质量不大于 1500kg 的客车，其轮胎在激励振动条件下测得的悬架吸收率应不小于 40%，同轴左、右轮悬架吸收率之差不得大于 15%	
19	前照灯	远光发光强度	★	道路运输车辆 最高设计车速≥70km/h 的车辆 表： 二灯制/cd / 四灯制/cd ≥15000 / ≥12000 注：四灯制是指前照灯具有四个远光单元的车辆，其中两只对称灯达到两灯制的要求时视为合格	

续表

序号	评定项目	评定内容	项目属性	评定要求	
				一级	二级
19	前照灯	光束垂直偏移	■	近光束 车辆类型 | 明暗截止线转角或中点高度 | 水平方向位置/mm M₁ 类乘用车 | 0.7H~0.9H | 左偏≤170；右偏≤350 其他车辆 | 0.6H~0.8H	近光束（光束中心离地高度）与远光束ª（水平方向位置/mm） M₁ 类乘用车：光束中心离地高度 0.85H~0.95Hᵇ；左灯左偏≤170；左灯右偏≤350 其他车辆：光束中心离地高度 0.8H~0.95H；右灯左偏≤350；右灯右偏≤350

注：表中 H 为前照灯基准中心高度，单位为 mm。

a 能单独调整远光束且不影响近光束照射角度的前照灯，不得低于近光束明暗截止线转角或中点的高度

b 不得低于前照灯近光束明暗截止线转角或中点的高度

序号	评定项目	评定内容	项目属性	评定要求
20	车速表	示值误差	■	车速表指示车速 v_1(km/h)与实际车速 v_2(km/h)之间应符合下列关系式：$0 \leq v_1 - v_2 \leq (v_2/10) + 4$
21	车轮阻滞率	各车轮的阻滞力	★	各车轮的阻滞力不大于静态轴荷的 3.5%
22	喇叭	喇叭声级	★	喇叭应能发出连续、均匀的声响，声压级应为 90~115dB(A)

注：1. 项目属性栏标记为"★"的为关键项，标记为"■"的为一般项，标记为"●"的为分级项，标记为"//"的为动力性视为一级；纯电动汽车不做评价。

2. 注册日期在三个月以内的车辆(按机动车行驶证的注册登记日期核定)，"的项目暂不做评价。

3. 注册日期在三个月以内的车辆，燃料经济性视为合格；以汽油或者柴油为单一燃料且最大设计总质量超过 3500kg 的在用道路运输车辆应进行燃料经济性评定，其他车辆不做评定。

4. 注册日期在三个月以内的车辆，排放性视为合格

6.3.2　道路运输车辆技术等级的划分和评定规则

1. 道路运输车辆技术等级划分

道路运输车辆技术等级是指依据道路运输车辆的技术性能划分的技术级别，道路运输车辆技术等级划分为一级和二级。

2. 道路运输车辆技术等级评定规则

道路运输车辆技术等级评定项目包括"核查评定项目"和"技术评定项目"。其中，"技术评定项目"分为"关键项""一般项"和"分级项"。关键项是评价车辆技术状况的重要指标，可能直接或间接影响道路交通安全或对环境有严重影响的评定项目。一般项是评价车辆技术状况的一般指标，对道路交通安全或对环境无严重影响的评定项目。

申请从事道路运输经营的车辆，按规定的"核查评定项目"和"技术评定项目"进行评定。在用道路运输车辆按规定的"技术评定项目"进行评定。

符合以下要求的车辆评为一级车。

(1) 表 6-2 中的"核查评定项目"达到一级；

(2) 表 6-3 中的"关键项"均为合格；

(3) 表 6-3 中的"一般项"的不合格项数不超过 3 项；

(4) 表 6-2 中的"分级项"达到一级。

符合以下要求的车辆评为二级车。

(1) 表 6-2 中的"核查评定项目"至少达到二级；

(2) 表 6-3 中的"关键项"均为合格；

(3) 表 6-3 中的"一般项"的不合格项数不超过 6 项；

(4) 表 6-3 中的"分级项"至少达到二级。

需要特别说明的是，不符合一级车和二级车要求的车辆评定为不合格车辆。

本 章 小 结

(1) 汽车技术状况是指定量测得的表征某一时刻汽车外观和性能的参数值的总和。良好的汽车技术状况是汽车性能发挥的保障。

(2) 汽车技术状况变化的根本原因是零件失效，汽车零件失效的主要形式可分为磨损、疲劳损坏、塑性变形与损坏、腐蚀和老化等。

(3) 汽车在使用过程中，其技术状况将发生变化。汽车技术状况的变化受到汽车结构工艺、环境条件、道路状况、交通状况、装载质量、汽车运行材料、汽车驾驶技术、汽车维修质量等诸多因素的影响。

(4) 汽车技术状况变化规律是指汽车技术状况与行驶里程或使用时间的关系，分为函数变化规律(第一种变化规律)和随机变化规律(第二种变化规律)两类。

(5) 汽车技术等级是指评定汽车技术状况的技术分级。汽车平均技术等级是指企业或单位汽车技术状况的平均技术等级。

(6) 《道路运输车辆技术等级划分和评定要求》(JT/T 198—2016)中将道路运输车辆技术等级划分为一级和二级。

1. 概念题

汽车技术状况、汽车技术等级

2. 选择题

(1) 下列属于汽车零件损坏原因的有_____。

    A. 磨损　　　　B. 腐蚀　　　　C. 老化

    D. 变形　　　　E. 疲劳

(2) 下列对汽车技术状况变化的描述，错误的是_____。

    A. 汽车技术状况的变化与汽车本身的结构无关，但与汽车使用环境有关

    B. 通过汽车的合理使用，能够延缓汽车技术状况的劣化，延长汽车的使用寿命

    C. 组成汽车的零部件老化不会导致汽车技术状况变化

    D. 汽车技术状况的变化与汽车工作时间或行驶里程无关

3. 简答题

(1) 简述汽车工作能力的含义。

(2) 分析汽车在某种特定条件下零件损坏的主要形式。

(3) 影响汽车技术状况变化的因素有哪些？

(4) 汽车技术状况变化规律分为几类？各有什么特点？

(5) 汽车技术等级是如何划分的？评定的依据是什么？

(6) 《道路运输车辆技术等级划分和评定要求》(JT/T 198—2016)中将道路运输车辆技术等级划分为一级和二级。凡是达不到一级车技术等级要求的汽车均为二级车。这种说法对吗？说明理由。

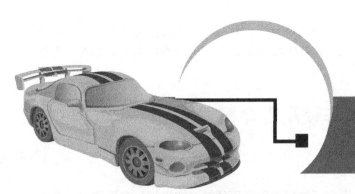

第7章

汽车使用寿命与二手车价值评估

【学习目标】

通过本章的学习，读者应熟练掌握汽车使用寿命的概念以及汽车使用寿命的分类，掌握汽车损耗的基本知识，会用低劣化系数法计算汽车的经济使用寿命，了解汽车经济使用寿命的其他计算方法，掌握二手车价值评估的现行市价法与重置成本法。

【关键词】

汽车使用寿命　汽车更新　汽车经济使用寿命　二手车鉴定评估　现行市价法　重置成本法

对于在用汽车，为了更好地发挥其经济效益与社会效益，必须适时更新与报废。本章主要介绍汽车的使用寿命及其分类、汽车损耗的相关知识、汽车经济使用寿命的确定方法以及二手车低值评估方法等。

7.1 汽车使用寿命概述

7.1.1 汽车使用寿命的含义

汽车使用寿命是指汽车从开始使用到不能使用所经历的时间或里程，常用使用年数或累计行驶里程数表示。

在正常使用过程中，汽车的使用性能随着使用时间或行驶里程的增加而逐渐下降，如果无限制地延长汽车的使用寿命，其动力性能、经济性能、环保性能及行驶安全性能会大幅度下降，维修频繁，维修费用剧增。相反，如果过早地报废汽车，会造成大量资源的浪费；同时报废汽车的再处理也会产生大量有害物质。因此，汽车使用寿命的实质是从技术和经济上分析汽车的使用极限，研究汽车的使用寿命对汽车的更新、报废具有重要意义。

7.1.2 汽车使用寿命的分类

按照汽车终止使用的原则不同，汽车使用寿命一般分为自然使用寿命、技术使用寿命、经济使用寿命和折旧使用寿命。

1. 汽车自然使用寿命

汽车自然使用寿命，又称为物理使用寿命，是指汽车从全新状态投入使用开始，直到不能用维修的方法恢复其主要使用性能为止所经历的时间或行驶里程。汽车自然使用寿命取决于汽车的设计水平、制造品质、使用技术与维修质量等。汽车维修工作做得越好，汽车自然使用寿命就越长。

2. 汽车技术使用寿命

汽车技术使用寿命是指汽车从全新状态投入使用开始，直到汽车生产成本的降低或汽车新技术的出现使在用汽车丧失其使用价值为止所经历的时间或行驶里程。汽车技术进步越快，汽车技术使用寿命就越短。

3. 汽车经济使用寿命

汽车经济使用寿命是指汽车从全新状态投入使用开始，直到单位费用(按单位使用时间或行驶里程计算)最低为止所经历的时间或行驶里程。汽车使用超过这个时间或里程，在技术上仍可继续使用，但单位费用上升，在经济上不宜继续使用。

单位费用是汽车单位使用时间或行驶里程内的折旧费与该汽车发生的经营费之和。汽车使用时间或行驶里程越长，分摊的折旧费越少；但汽车使用性能逐渐下降，使汽车的运行材料费(主要是燃料费和润滑剂费)、维修费增加。延长汽车使用时间所获得的折旧费的下降，有时会被经营费的增加逐渐抵消。汽车单位费用是随使用时间或行驶里程而变化的函数。汽车年均费用曲线如图 7-1 所示。从图 7-1 中不难看出，汽车使用至一定年限，出现年平均总费用最小值，此时的使用年数就是汽车的经济使用寿命。

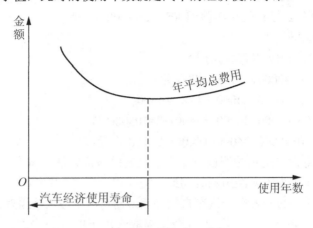

图 7-1　汽车年均费用曲线

4. 汽车折旧使用寿命

汽车随着时间的推移或在使用过程中，由于损耗而减少的那部分价值，称为汽车折旧。

汽车折旧费根据汽车的价值、使用年限、采用的折旧方法计算。常用的汽车折旧方法有等速折旧法和快速折旧法两种，其中应用较广的是等速折旧法。

(1) 等速折旧法。

等速折旧法，也称直线折旧法、平均折旧法，是指用汽车的折旧价值(即汽车原值-汽车残值)除以汽车规定的折旧年限计算汽车年折旧费的方法。

(2) 快速折旧法。

快速折旧法，又称加速折旧法，常分为年份总和折旧法和双倍余额递减折旧法两种。

① 年份总和折旧法。

年份总和折旧法的计算公式如下：

年折旧费=(汽车原值-汽车残值)×年折旧率

年折旧率用递减分数表示，将汽车规定的折旧年限逐期年数相加作为递减分数的分母，将逐期年数倒转顺序分别作为各年递减分数的分子。

例如：折旧年限为 5 年，那么年折旧率分别如下：

第一年：5÷(1+2+3+4+5)；

第二年：4÷(1+2+3+4+5)；

第三年：3÷(1+2+3+4+5)；

第四年：2÷(1+2+3+4+5)；

第五年：1÷(1+2+3+4+5)。

② 双倍余额递减折旧法。

双倍余额递减折旧法，是在不考虑汽车残值的情况下，将每年年初汽车现有价值(即汽车原值-前面所有年度的折旧费总和)乘以双倍的等速法折旧率(折旧年限的倒数)计算汽车年折旧费的一种方法。

应用双倍余额递减折旧法时，在折旧年限最后仍有余值。为了使汽车折旧费在折旧年限内分摊完毕，到一定年度后要改用等速折旧法。

例如：折旧年限为 5 年，汽车原值为 100000 元。

双倍直线折旧率=2-预计使用年限×100%=2/5×100%=40%。

汽车年折旧额如下。

第一年：100000×40%=40000(元)

第二年：(100000-40000)×40%=24000(元)

第三年：(100000-40000-24000)×40%=14400

第四年：(100000-40000-24000-14400)÷2=10800(元)

第五年：(100000-40000-24000-14400)÷2=10800(元)

汽车折旧使用寿命，是指按照国家或企业规定的折旧方法，将汽车的原值扣除残值后的余额折旧到接近于零为止所经历的时间或里程。

汽车的折旧使用寿命一般介于汽车自然使用寿命与汽车技术使用寿命之间。

值得注意的是，汽车的折旧使用寿命是提取汽车折旧费的依据，并不是汽车报废条件，二者不可混淆。

7.2　汽车的损耗与更新

汽车的损耗分为有形损耗和无形损耗两种。在汽车整个使用寿命期内，汽车的使用性能及经济指标会逐渐下降，下降的原因主要是受到汽车损耗的影响。汽车的损耗达到一定程度，就需要进行汽车更新。所谓汽车更新，是指以同类型新车或者高效率、低消耗、性能先进的汽车替换在用汽车。

7.2.1　汽车有形损耗

汽车有形损耗是指由于载荷和周围介质的作用，汽车在使用或闲置过程中发生的实体损耗(物质损耗)。汽车经过一段时间的使用，使用性能下降，如汽车动力性下降、油耗增加、振动加大等，都是汽车有形损耗的具体表现。汽车有形损耗可分为汽车第一种有形损耗(或汽车使用过程有形损耗)和汽车第二种有形损耗(或汽车闲置过程有形损耗)两种。

汽车第一种有形损耗是指汽车使用过程中，在载荷和周围介质的作用下，因零部件磨损、变形和疲劳等损伤使汽车性能下降而引起的损耗，如零件配合副的机械磨损、基础零件的变形、零件的疲劳破坏等。

汽车第二种有形损耗是指汽车闲置过程中，由于零部件与外部介质发生化学、电化学作用，使金属零部件腐蚀、非金属材料老化变质而引起的损耗，如生锈、车身漆面及轮胎等橡胶件老化。管理不善或缺乏必要的维护，会使汽车闲置过程有形损耗的速率加大。

汽车有形损耗发展到一定程度，就会呈现故障，使维修费、运行材料费增加，运输效率降低。汽车有形损耗反映了其使用价值降低，当采用维修方法消除这种损耗时，需要支出一定的费用。通常，维修费用不应超过一定限度，否则就需要更新汽车。

7.2.2　汽车无形损耗

汽车无形损耗是指由于汽车生产成本降低或者新型汽车的出现而引起在用汽车价值贬值，促使在用汽车提前更新而引起的损耗。

汽车无形损耗分为汽车第一种无形损耗(或同型汽车价值贬值)和汽车第二种无形损耗(旧型汽车相对于新型汽车价值贬值)两种。

汽车第一种无形损耗，是指由于科技进步，使生产同样结构、性能汽车(同型汽车)的再生产价值降低，导致在用汽车的价值贬值而引起的损耗。

汽车第二种无形损耗，是指由于科技进步，出现结构更完善、性能更先进的新型汽车，导致在用汽车的价值贬值而引起的损耗。

例如，某单位 5 年前购进一批轿车，由于生产厂家技术进步和生产规模扩大，使该型轿车再生产成本下降，价格下调，使在用轿车价值贬值，这属于汽车第一种无形损耗；由于新型轿车的问世，轿车性能发生了改善，使在用轿车价值严重贬值，这又属于汽车第二种无形损耗。

汽车第一种无形损耗反映了在用汽车的部分贬值，但是汽车本身的技术特性和运输效能并不受到影响。

汽车第二种无形损耗，使旧型在用汽车在有形损耗发展到完全损耗之前，就出现用新型汽车代替较陈旧的在用汽车的必要性，即产生汽车更新问题。

7.2.3　汽车综合损耗

汽车综合损耗，是指汽车使用寿命期内发生的汽车有形损耗和汽车无形损耗的综合。

汽车有形损耗和汽车无形损耗在经济后果上均会引起汽车原始价值的降低。汽车有形损耗严重时常会使汽车在修复之前不能正常运行而被迫停驶，而任何汽车无形损耗均不影响汽车的正常运行。

汽车综合损耗的补偿方式有局部补偿和全部补偿两种。汽车有形损耗的局部补偿方式是维修。汽车无形损耗的局部补偿方式是技术改造，但由于汽车技术的进步，这种补偿方式已经很少采用。汽车有形损耗和汽车无形损耗的完全补偿方式就是更换或更新汽车。

7.2.4　汽车更新

汽车更新是汽车有形损耗和汽车无形损耗共同作用的结果，取决于汽车有形损耗期和汽车无形损耗期的长短及其相互关系。通常，会出现以下三种情形。

(1) "无维修设计"方案，即通过汽车设计使汽车有形损耗期和汽车无形损耗期接近，当汽车达到应该大修的时刻，同时也就达到了应该更新的时刻。这种"无维修设计"的理想方案实际上很难做到。

(2) 汽车已达到完全有形损耗，而汽车无形损耗期尚未到来，这时应分析应该对该汽车进行大修还是更换同车型新车。

为确定汽车大修与更新方案，常采用的判定式为

$$(R_i + S_e) < (K_0 \alpha \beta + S_a - C_z) \tag{7-1}$$

式中：R_i——汽车第 i 次大修的费用，元；

S_e——使用成本的增加值，表示大修后汽车与新购汽车的运输成本差值乘以至下次大修期间的运输生产量，元；

K_0——新车原始价值，元；

α——大修过后汽车运输生产率(完好率)与新汽车至第一次大修之间运输生产率(完好率)的比值；

β——大修后汽车至下次大修前的行驶里程与新车第一次大修前行驶里程的比值；

S_a——因更新而引起旧车未折旧完的损失值(即折旧余值)，元；

C_z——汽车残值，元。

若满足式(7-1)的关系，则进行汽车大修是合理的；否则，若汽车大修费用与使用成本增加值之和超过新车的修正价值与旧车未折旧完的损失值之和，则进行汽车更新是合理的。

例：某运输公司汽车大修次数与费用、运行成本以及完好率的关系如表 7-1 所示。

表 7-1　某运输公司汽车大修次数与费用、运行成本以及完好率的关系

大修次数	大修间隔里程/1000km	大修费用/元	大修间隔里程内 平均成本/(元/1000t·km)	大修间隔里程内 平均完好率/%
0	180		159.5	89
1	100	25000	170.5	86
2	100	33000	180.6	82
3	80	39000	183.1	74

设：a. 新车价格为 80000 元。

b. 汽车残值为 8000 元。

c. 单车折算吨位为 3.33t(考虑到实载率、里程利用率、拖挂率等因素，由统计数据求出)。

d. 折旧里程为 500000km。

① 先判定是否需要进行第二次大修。

$R_i = R_2 = 33000$ 元

$S_e = (180.6 - 159.5) \times 3.33 \times 100 = 7026.3$(元)

$R_i + S_e = 33000 + 7026.3 = 40026.3$(元)

$K_0 \alpha \beta = 80000 \times \left(\dfrac{82}{89}\right) \times \left(\dfrac{100}{180}\right) = 40948.8$(元)

$S_a = (80000 - 8000) \times \left(1 - \dfrac{280000}{500000}\right) = 31680$(元)

$K_0 \alpha \beta + S_a - C_z = 40948.8 + 31680 - 8000 = 64628.8$(元)

可见，由于 $(R_i + S_e) < (K_0 \alpha \beta + S_a - C_z)$，因此进行第二次大修是合理的。

② 再判定是否需要进行第三次大修。

$R_i = R_3 = 39000$ 元

$S_e = (183.1 - 159.5) \times 3.33 \times 100 = 7858.8$(元)

$$R_i + S_e = 39000+7858.8=46858.8(元)$$

$$K_0 \alpha \beta = 80000 \times \left(\frac{74}{89} \right) \times \left(\frac{80}{180} \right) = 29563(元)$$

$$S_a = (80000-8000) \times \left(1 - \frac{360000}{500000} \right) = 20160(元)$$

$$K_0 \alpha \beta + S_a - C_z = 29\,563+20160-8000=41723(元)$$

可见，由于 $(R_i + S_e) > (K_0 \alpha \beta + S_a - C_z)$，因此进行汽车更新是合理的。

(3) 汽车无形损耗期早于汽车有形损耗期，这时应分析继续使用在用汽车还是提前更新在用汽车。

科技进步越快，汽车有形损耗期就越长，而汽车无形损耗期就越短。随着科技水平的不断进步，汽车无形损耗在汽车更新中所起的作用将更加突出。

7.3　汽车经济使用寿命的确定方法

汽车经济使用寿命是确定汽车是否更新的主要依据。达到汽车经济使用寿命时，及时更新汽车，可取得最佳经济效果；提前或者推迟更新，都会在一定程度上造成经济损失。本节主要介绍汽车经济使用寿命的确定方法。汽车经济使用寿命的确定方法主要有低劣化数值计算法、应用现值及投资回收系数计算法和面值计算法。

7.3.1　低劣化数值计算法

随着汽车行驶里程的增加，汽车有形损耗加剧，其主要性能下降，汽车维修费、燃料费增加，引起汽车经营费增加，这种现象称为汽车的低劣化。

低劣化费，是指因汽车使用性能下降而增加的费用，包括经营费的增加、停歇时间的增加和工作质量下降引起的损失。其中，燃料费和维修费的增加是最明显的。

设 b 为汽车低劣化的增加强度，单位为元/$(1000\mathrm{km})^2$，则单位里程平均低劣化费为

$$Y_1 = \frac{b}{2} L \tag{7-2}$$

汽车折旧，通常采用平均折旧法，单位里程汽车折旧费为

$$Y_2 = \frac{K_0 - C_z}{L} \tag{7-3}$$

式中：K_0——汽车的原值，是指汽车从购置到投入运行前所发生的全部费用，元；

C_z——汽车的残值，元；

L——汽车的行驶里程，1000km。

汽车单位里程的固定费用，是指汽车运输成本中与汽车行驶里程无关的费用。设 C_0 为汽车单位里程的固定费用，单位为元/1000km。

因此，汽车单位里程使用总费用可表示为

$$Y = \frac{K_0 - C_z}{L} + \frac{b}{2} L + C_0 \tag{7-4}$$

汽车单位里程使用费用与汽车行驶里程的关系如图 7-2 所示。

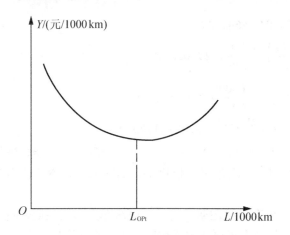

图 7-2 汽车单位里程使用费用与汽车行驶里程的关系

若使 Y 最小，只需令 $\dfrac{\mathrm{d}Y}{\mathrm{d}L}=0$，则求得汽车经济使用寿命为

$$L_{\mathrm{G}}=\sqrt{\dfrac{2(K_0-C_{\mathrm{Z}})}{b}} \tag{7-5}$$

L_{G} 的单位为 1000km。

由上述公式可见，只要知道汽车的原值、残值、低劣化的增加强度，即可求出汽车的经济使用寿命。

换算成按使用年限计算的汽车经济使用寿命为

$$T_{\mathrm{G}}=\dfrac{L_{\mathrm{G}}}{\overline{L}} \tag{7-6}$$

式中：$\overline{L}$——年平均行驶里程，1000km。

T_{G} 的单位为年。

例：某汽车原值为 80000 元，残值为 8000 元，低劣化的增加强度为 1.517 元/(1000km)^2，则汽车经济使用寿命为 $L_{\mathrm{G}}=\sqrt{\dfrac{2\times(80000-8000)}{1.517}}\approx 308000\,(\mathrm{km})$，约为 31 万千米。

当年平均行驶里程 $\overline{L}$ 为 3.4 万千米时，经济使用寿命年限 $L_{\mathrm{G}}=30.8\div 3.4\approx 9\,(年)$。

下面介绍低劣化增加强度 b 的计算方法。

表示低劣化程度的 b 值，可通过将营运费用(燃料费+维修费+大修均摊费)与行驶里程进行回归计算求得。

回归方程为

$$y=a+bx \tag{7-7}$$

式中：y——因变量，此问题中为汽车单位里程经营费用，元/1000km；

　　　x——自变量，此问题中为汽车行驶里程，1000km；

　　　a——待定系数；

　　　b——待定系数，此问题中为汽车低劣化增加强度，元/(1000km)^2。

待定系数 a、b 分别表示为

$$a = \frac{1}{n}\sum_{i=1}^{n} y_i - b \times \frac{1}{n}\sum_{i=1}^{n} x_i \tag{7-8}$$

$$b = \frac{\sum_{i=1}^{n} x_i y_i - \frac{1}{n}\sum_{i=1}^{n} x_i \sum_{i=1}^{n} y_i}{\sum_{i=1}^{n} x_i^2 - \frac{1}{n}\left(\sum_{i=1}^{n} x_i\right)^2} \tag{7-9}$$

式中：n——统计数据个数。

例：某运输公司对东风 EQ1091 型汽车的使用数据进行统计分析，统计结果如表 7-2 所示。

表 7-2　某运输公司东风 EQ1091 型汽车使用数据统计

里程段 D /10000km	平均累计里程 x_i/(1000km)	维修费 y_1/ (元/1000km)	大修费 y_0/ (元/1000km)	燃料费 y_2/ (元/1000t·km)	燃料费折算系数 C/t	总费用 $y_i=$ $y_1+y_0+y_2\times C$ /(元/1000km)
0～10	89	1236.41	0	158.43	3.33	1763.98
10～15	116.47	1232.42	0	156.10	3.33	1752.23
20～25	241.67	1288.65	324.01	166.03	3.33	2165.54
25～30	266.07	1311.50	338.02	170.27	3.33	2216.52
30～35	337.47	1416.38	358.44	175.78	3.33	2360.17
45～50	481.80	1436.26	395.47	167.36	3.33	2389.04
50～55	524.04	1554.77	415.48	176.99	3.33	2559.63
55～60	565.79	1584.04	434.20	187.23	3.33	2641.72

注：燃料费折算系数是把 1000 t·km 燃料费折算成千车公里燃料费，$C=$(主车标记吨位+挂车标记吨位×拖挂率)×实载率。

将表 7-2 中的数据 x_i、y_i 代入回归公式(7-9)，经计算，可得到低劣化增加强度 $b=1.756$ 元/$(1000{km})^2$。

7.3.2　应用现值及投资回收系数计算法

在计算汽车经济使用寿命时，若考虑利率对年使用费用的影响，就应把已发生的费用 (一次性投资)和预期将要发生的费用(经营费用)进行现值计算，使所涉及的各项费用换算在同一时间基点上。

其换算公式为

$$P = \frac{S}{(1+i)^T} \tag{7-10}$$

式中：P——现值；

　　　S——未来值，即第 T 年付出的费用；

　　　i——利率；

$$\frac{1}{(1+i)^T}$$——现值系数，为复利计息形式。

假定汽车在使用过程中，平均每年使用费用为 R(称为年当量使用费用)，每年使用费用现值的总和为 P。则 R 与 P 之间的关系为

$$P = \frac{R}{1+i} + \frac{R}{(1+i)^2} + \cdots + \frac{R}{(1+i)^{T-1}} + \frac{R}{(1+i)^T}$$

$$= \frac{R}{(1+i)^T}\left[(1+i)^{T-1} + (1+i)^{T-2} + \cdots + (1+i) + 1\right] \qquad (7\text{-}11)$$

$$= \frac{R}{(1+i)^T} \times \frac{(1+i)^T - 1}{i}$$

$$R = P\frac{i(1+i)^T}{(1+i)^T - 1} \qquad (7\text{-}12)$$

式中：$\dfrac{i(1+i)^T}{(1+i)^T - 1}$——投资回收系数。

当年当量总费用 R 最小时，对应的使用年限 T 即为汽车经济使用寿命年限。

例：假定利率 $i=10\%$，新车原值 $K_0=80000$ 元，年经营费用如表 7-3 所示。由表 7-3 的计算结果可得，汽车经济使用寿命为 7 年。

表 7-3　汽车经济使用寿命计算表　　　　　　　　　单位：元

年限 T ①	年经营费用 ②	现值系数 ③	年经营费用现值 P ④=②×③	年总费用现值合计 ⑤=K_0+$\sum$④	投资回收系数⑥	年当量总费用 R ⑦=⑤×⑥
1	6000	0.909	5454	85 454	1.100	93 999
2	6000	0.826	4956	90 410	0.576	52 076
3	7000	0.751	5257	95 667	0.402	38 458
4	8000	0.683	5464	101 131	0.316	31 957
5	9000	0.621	5589	106 720	0.264	28 174
6	11 000	0.565	6215	112 935	0.230	25 975
7	13 000	0.513	6669	119 604	0.205	24 519
8	16 000	0.467	7472	127 076	0.197	25 034

7.3.3　面值计算法

面值计算法是以汽车的账面数据作为分析的依据，以汽车的有形损耗理论为基础确定汽车经济使用寿命的方法。

例：某汽车运输公司购进一批新车，每辆新车原值为 $K_0=80000$ 元，预计可使用 7 年，其价值将随着使用年限的增加而降低，而运行成本则增加，有关数据如表 7-4 所示中的第 1 列、第 2 列、第 4 列。经列表计算，可以得到年均总费用最低的使用年限为第 5 年。因此，该车的经济使用寿命为 5 年。

表 7-4　汽车年均总费用计算表　　　　　　　　　　　　　　单位：元

使用年限 ①	汽车残值 ②	累计折旧费 ③=K_0-②	运行成本 ④	累计运行成本 ⑤=$\sum$④	总费用 ⑥=③+⑤	年均总费用 ⑦=⑥÷①
1	65000	15000	6000	6000	21000	21000
2	50000	30000	6000	12000	42000	21000
3	40000	40000	7000	19000	59000	19667
4	30000	50000	8000	27000	77000	19250
5	20000	60000	9000	36000	96000	19200
6	10000	70000	12000	48000	118000	19667
7	4000	76000	15000	63000	139000	19857

7.4　二手车价值评估

二手车是指从办理完注册登记手续到达到国家强制报废标准之前进行交易并转移所有权的汽车、挂车和摩托车。二手车价值评估是指根据二手车技术状况鉴定结果和鉴定评估目的，确定某一时点价值的过程。

二手车估值方法参照资产评估的方法，主要包括现行市价法、重置成本法、收益现值法、清算价格法、快速折旧法五种方法。《二手车鉴定评估技术规范》(GB/T 30323－2013)中指出：根据车辆有关情况确立估值方法，并对车辆价值进行估算。估值方法一般情况下，推荐选用现行市价法；在没有参照物、无法使用现行市价法的情况下，选用重置成本法。

7.4.1　现行市价法

现行市价法是指根据车辆技术状况，按照市场现行价格计算出被评估车辆价值的方法。运用现行市价法评估二手车的价值，通常有直接比较法和相似比较法。

1. 直接比较法

直接比较法是指在二手车市场上能找到与被评估对象完全相同的市场参照物，并依其出售的价格直接作为被评估车辆的评估价格的一种方法。直接比较法是现行市价法中最为简单、最为直接的一种评估方法，它对市场的反映最为客观，能最准确地反映二手车市场情况。

直接比较法评估的数学表达式为

$$P=P_0$$

式中：P——被评估车辆的评估值；

　　　P_0——参照物的市场交易价值。

例：一辆使用了 1 年 6 个月的 2016 款 1.4T 大众高尔夫需要评估，评估师从二手车市场上获得市场参照物的品牌型号，购置年、月，行驶里程，整车的技术状况基本相同。区别在于：被评估车辆左前门有一道伤及底漆的划痕需要修复，维修费用为 300 元。参照物的市场交易价为 11.25 万元，评估该车的价值。

比较被评估车辆与参照物车辆完全相同，因此可以用直接比较法评估该车，即适用于用公式 $P=P_0$ 计算评估车辆价值，由于被评估车辆左前门需要 300 元修复，因此被评估车辆需要在参照物车辆价格的基础上减去 300 元的修复费用，故被评估轿车的价值为 $P=P_0=11.25-0.03=11.22$(万元)。

2. 相似比较法

相似比较法也叫类比法。应用相似比较法评估二手车时，一般多为在公开的二手车市场上找不到与被评估车辆完全相同的车辆，但能找到与之相似的车辆，就以此参照物的市场交易价格为基础，通过比较被评估车辆与参照物之间的新旧程度、功能效用等比较因素方面的差异，按一定的比例做出价格调整，从而来确定被评估车辆的价值。

所选参照物与被评估对象的比较因素越接近越好，若比较因素相差较大，就应做出价格的修正。就时间而言，参照物的交易时间与被评估车辆的评估基准日越接近越好。但若无近期的参照物，也可选择远期的，再做时间上的价格调整。

这种方法与直接比较法相比，主观性更大些，在对前述比较因素进行分析的基础上，需要做出更多的调整，需要进行调整的因素越多，引起的评估误差也就越大。

相似比较法评估的数学表达式为

$$P=P_0\pm\sum P_0 K_i$$

式中：P——被评估车辆的评估值；

P_0——相似参照物的交易价格；

K_i——调整系数，K_i=(评估物参数-参照物参数)÷参照物参数。

例：一辆大众 2010 款 1.6L 捷达轿车需要评估，该车使用 5 年，其成新率为 48.89%，在二手车市场上找到的作为参照物的相类似车辆却已使用了 6 年，其成新率为 42.38%，参照物车辆交易价为 3.20 万。用相似比较法评估该车的价值。

$$K=(被评估物价值-参照物价值)÷参照物价值$$

这里评估物价值取成新率 48.89%，参照物价值取成新率 42.38%。

$K=(0.4889-0.4238)÷0.4238=0.1536$，即被评估车辆比参照物价格要高出 15.36%。

参照物的市场价为 3.20 万元，则被评估车辆在只考虑使用年限这个调整因素时，其评估值为：$P=P_0\pm P_0 K=3.20+(3.20×0.1536)=3.69$(万元)。

现行市价法的基本数据都来源于二手车市场，能较客观地反映二手车的价值，评估结果易于被各方理解和接受。但是，现行市价法需要公开及活跃的二手车市场作为基础，在我国很多地方二手车市场规模小，寻找参照车辆有一定的困难，当被评估车辆与参照物之间可比较因素较多时，比较起来也较复杂，难以准确掌握，影响评估的准确性。

7.4.2 重置成本法

1. 重置成本法概述

重置成本法是指按照相同车型市场现行价格重新购置一个全新状态的评估对象，用所需的全部成本(被评估二手车的现时重置成本)减去评估对象的实体性、功能性和经济性陈旧贬值后的差额，以其作为评估对象现时价值的方法。

由重置成本法定义可知，利用重置成本法评估二手车，被评估车辆的评估值应等于重置成本减去实体性贬值、功能性贬值、经济性贬值。其数学表达式如下：

$$P = R - D$$
$$= R - D_p - D_f - D_e \qquad (7\text{-}13)$$

式中：P——评估值；

   R——重置成本；

   D——各种陈旧性贬值；

   D_p——实体性贬值；

   D_f——功能性贬值；

   D_e——经济性贬值。

若把车辆的各种陈旧性贬值与重置成本之比，称为相应的贬值率(实体性贬值率 α_p、功能性贬值率 α_f、经济性贬值率 α_e)，则可写成：

$$P = R - \alpha_p R - \alpha_f R - \alpha_e R$$
$$= R\left[1 - \left(\alpha_p + \alpha_f + \alpha_e\right)\right] \qquad (7\text{-}14)$$
$$= R(1 - \alpha)$$

式中：α——车辆的陈旧性贬值率，$\alpha = \alpha_p + \alpha_f + \alpha_e$。

通常将式(7-14)中的 $(1 - \alpha)$ 称为成新率，用 γ 表示，即 $\gamma = 1 - \alpha$。所以式(7-13)就改写成：

$$P = R\gamma \qquad (7\text{-}15)$$

式(7-15)表明，被评估二手车的评估值等于重置成本乘以成新率。

从重置成本法的基本公式分析可知，应用重置成本法评估二手车价值应具备以下两个前提条件。

(1) 被评估二手车可重新建造或购置。在现时市场条件下，可以采用与被评估二手车相同材料、相同工艺或新材料、新工艺重新购建全新的二手车，即被评估的二手车必须能复制或更新。

(2) 被评估二手车因各种因素而产生的贬值可以量化。只要是二手车就存在贬值，即使是一辆刚刚注册登记的新车成为二手车就存在贬值，汽车的贬值可分为实体性贬值、功能性贬值和经济性贬值三类。如果贬值难以量化，评估结果往往缺乏准确性。

① 实体性贬值是指汽车在存放或使用过程中，由于自然力的作用，引起二手车在物理和化学方面的变化而导致二手车实体损耗(即有形损耗)，如汽缸磨损、车身生锈、汽车上的塑料件老化等，最终导致二手车价值贬值。一辆全新的汽车，其实体性贬值为 0；一辆报废的汽车，其实体性贬值就是 100%；处于其他状态下的汽车，其实体性贬值就介于这两者之间。

② 功能性贬值是由于科学技术的进步，造成二手车制造成本降低或功能和使用性能相对落后，从而引起二手车价值的下降(即无形损耗)。这类贬值又可细分为一次性功能性贬值和营运性功能性贬值。一次性功能性贬值是指由于技术进步、工艺先进等引起劳动生产率的提高，现在再生产制造同样功能的车辆，所需的社会劳动时间减少，成本降低，从而造成原有车辆价值贬值。一般来说，当新车降价时，二手车随之就降价。营运性功能性贬值是由于科学技术的进步，出现了新的性能更优的车辆，致使原有车辆的功能相对于新车型已经落后，而引起原有车辆的贬值。例如，电喷系统在汽车上应用使得原来装有化油器的汽车贬值落价，这种情况引起的贬值，就是典型的营运性功能性贬值。

③ 经济性贬值是由于外部经济环境发生变化，所造成的车辆贬值。所谓外部经济环

境，包括国家宏观经济政策、市场需求、通货膨胀、环境保护、心理因素、生活习惯等。这种贬值完全是由于外部环境而不是车辆本身内部因素所引起的。例如，许多省份禁止"黄标"车上路行驶，导致"黄标"车提前报废，使这一类的二手车价格急剧下降，这种贬值就是典型的由于国家宏观经济政策导致的贬值。

2. 重置成本的计算方法

重置成本是指在评估基准日，重新购置或购建与被评估二手车完全相同或相似的全新车辆所需的成本。根据被评估二手车重置方式的不同，重置成本可分为复原重置成本和更新重置成本。

复原重置成本是指以现时市场价格，采用原有的材料、工艺和技术，重新购建一辆与被评估二手车完全一样的新车所需的价值。更新重置成本是指以现时市场价格，采用新型的材料、工艺和技术，重新建造或购置与被评估二手车具有同等效用(功能相同或相似)的新车所需的价值。从理论上看，复原重置成本更合理，而实际工作中，由于技术进步的原因，往往采用更新重置成本作为二手车的重置成本。

重置成本的构成可分为直接成本和间接成本。直接成本为现行 4S 店的销售价格。汽车经销商在市场上销售的汽车的价格由两大部分组成：一部分为纯车价，也称为应税价格；另一部分为增值税，按照税法规定，增值税为 17%。即现行 4S 店的销售价格由纯车价和增值税两部分组成。而间接成本是指在购车时，所支付的购置附加税、牌照费、注册登记手续费、车船使用税、保险费等规费。牌照费、手续费等费用较低，在二手车评估中通常忽略不计，保险费用虽然较高，但无论是新车还是二手车，这部分费用几乎不变，因此在二手车评估中通常也忽略不计，在这些规费中以购置税数量为最大，其值为纯车价的10%，因此，在计算间接成本时一般只考虑购置税。

$$R = C_j + \frac{C_j}{1.17} \times 10\% \tag{7-16}$$
$$= C_j + 0.0855C_j$$

式中：R——重置成本；

C_j——新车价格。

例：一辆 2010 年生产的奥迪汽车，当时购车价为 30 万元，2015 年 1 月该车欲出售，2015 年该型号新车销售价为 25 万元，评估其重置成本。

根据式(7-16)有 $R = C_j + 0.0855C_j$ =25+(0.0855×25)=27.14(万元)

3. 成新率的计算方法

二手车成新率的计算方法，通常有使用年限法、综合分析法、观察法和部件鉴定法四种。

(1) 使用年限法。

采用使用年限法计算成新率有等速折旧和加速折旧两种方法。

① 等速折旧法。等速折旧法的计算公式为

$$\gamma_d = \left(1 - \frac{T_1}{T}\right) \times 100\% \tag{7-17}$$

式中：γ_d——等速折旧法成新率；

T_1——已使用年限；

T——规定使用年限。

或者
$$\gamma_{d} = \left(1 - \frac{Y_{1}}{Y_{G}}\right) \times 100\% \tag{7-18}$$

式中：γ_{d}——等速折旧法成新率；

Y_{1}——已行驶里程；

Y_{G}——规定行驶里程。

我国在 2013 年 5 月实施了《机动车强制报废标准规定》，在规定中以年限为参数确定其报废年限，如轻型载货汽车规定使用年限为 15 年，大型营运载客汽车规定使用年限为 15 年，小、微型客车、大型轿车没有规定使用年限。规定行驶里程仅是引导报废的参考。

使用年限为 15 年的汽车，等速折旧法成新率表见表 7-5；等速折旧法成新率曲线如图 7-3 所示。

表 7-5 等速折旧法成新率表

使用年限	1	2	3	4	5	6	7	8	9	10
成新率	93.3	86.7	80	73.3	66.7	60	53.3	46.7	40	33.3
使用年限	11	12	13	14	15					
成新率	26.7	20	13.3	6.7	0					

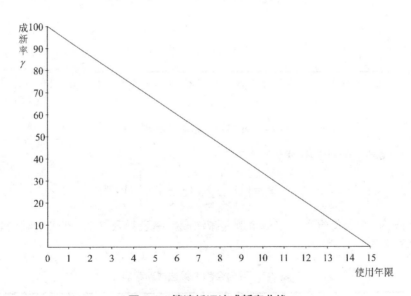

图 7-3 等速折旧法成新率曲线

② 加速折旧法。加速折旧法有两种计算方法：年份数求和法和双倍余额递减法。

年份数求和法的计算公式为

$$\gamma_{n} = \left[1 - \frac{2}{T(T+1)}\sum_{n=1}^{Y}(T+1-n)\right] \times 100\% \tag{7-19}$$

式中：n——已使用年限。

使用年限为 15 年的汽车，年份数求和法成新率表见表 7-6；年份数求和法成新率曲线如图 7-4 所示。

表 7-6   年份数求和法成新率表

年限	1	2	3	4	5	6	7	8	9	10
成新率	87.5	75.83	65	55	45.83	37.5	30	23.33	17.5	12.5
年限	11	12	13	14	15					
成新率	8.33	5	2.5	0.83	0					

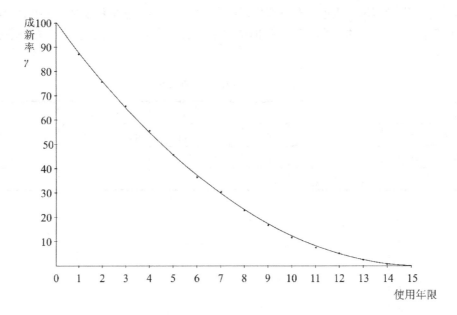

图 7-4   年份数求和法成新率曲线

双倍余额递减法的计算公式为

$$\gamma_{s} = \left[1 - \frac{2}{T} \sum_{n=1}^{Y} \left(1 - \frac{2}{T} \right)^{n-1} \right] \times 100\% \tag{7-20}$$

使用年限为 15 年的汽车，双倍余额递减法成新率表见表 7-7；双倍余额递减法成新率曲线如图 7-5 所示。

表 7-7   双倍余额递减法成新率表

年份	1	2	3	4	5	6	7	8	9	10
成新率	86.67	75.11	65.1	56.42	48.9	42.38	36.73	31.83	27.59	23.91
年份	11	12	13	14	15					
成新率	20.72	17.96	15.56	13.49	11.69					

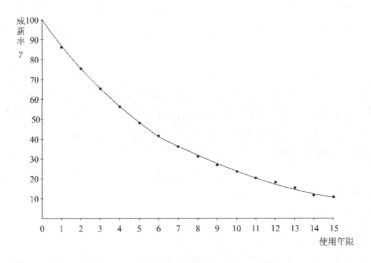

图 7-5　双倍余额递减法成新率曲线

依据二手车实际折旧规律，等速折旧法、年份数求和法和双倍余额递减法的成新率曲线比较，如图 7-6 所示。

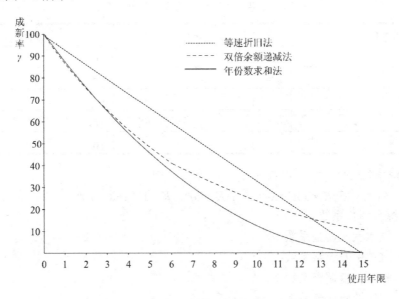

图 7-6　成新率曲线比较

等速折旧法比较粗糙，因为在二手车交易实践中，从车辆管理机关登记的第一天起折旧就开始了，而且第一年的折旧率远高于其他年份，在接近报废年限时，其折旧率也远高于其他年份，所以，只有粗略估算时才使用等速折旧法。比较加速折旧法中年份数求和法和双倍余额递减法，在使用前 4 年中，二手车的成新率基本相同。也就是说，无论是用年份数求和法还是双倍余额递减法计算成新率，其值基本一样。使用 4 年后，这两种计算方法出现了差异，特别是到规定使用年限 15 年时，用年份数求和法计算的成新率为 0，即到规定的使用年限，二手车就报废了；而用双倍余额递减法计算的成新率不为 0，即到规定的使用年限，二手车仍有一定的价值。通过上述的比较分析，在二手车实际评估中对有规定使用年限的二手车一般采用年份数求和法计算年限成新率，而没有规定使用年限的二手车(如私家车)，一般采用双倍余额递减法计算年限成新率，取其经济使用寿命为规定使用寿命。

(2) 综合分析法。

综合分析法是以使用年限法为基础，综合考虑二手车价值的影响因素，以系数的大小修正年限成新率，得到综合成新率。综合分析法由于考虑了影响二手车价值的各种因素，评估值准确度较高，因此在计算二手车的评估值时均采用综合成新率。

综合成新率的计算公式为

$$\gamma = \gamma_n \beta \tag{7-21}$$

式中：γ ——成新率；

γ_n ——使用年限成新率；

β ——综合调整系数。

综合调整系数要考虑的因素有二手车的技术状况、二手车的维护保养、二手车的制造质量、二手车的工作性质和二手车的工作条件等，各影响因素的调整系数与权重可根据表 7-8 取值。

表 7-8　二手车影响因素的调整系数与权重

影响因素	调整系数	权重(%)
技术状况 K_1	0.4～1	30
维护保养 K_2	0.7～1	25
制造质量 K_3	0.4～1	20
工作性质 K_4	0.3～1	15
工作条件 K_5	0.7～1	10

综合调整系数的计算公式可表示为

$$\beta = K_1 \times 30\% + K_2 \times 25\% + K_3 \times 20\% + K_4 \times 15\% + K_5 \times 10\% \tag{7-22}$$

式中：β ——综合调整系数

K_1 ——技术状况调整系数；

K_2 ——维护保养调整系数；

K_3 ——制造质量调整系数；

K_4 ——工作性质调整系数；

K_5 ——工作条件调整系数。

① 技术状况调整系数取值。当评估的二手车与使用年限相符时，取值主要用二手车的使用年限成新率作为二手车的技术状况值。在此基础上，结合二手车的静态检测、动态检测结果调整取值，如有机油变质、发动机冒黑烟、传动系有异响等现象，则取低值。

② 维护保养调整系数取值。在 4S 店进行保养的取高值，而不在 4S 店进行保养的一般取低值。在此基础上，结合发动机舱是否清洁和有无油污、驾驶舱内饰是否整洁和有无破损以及发动机机油是否变质等调整取值。

③ 制造质量调整系数取值。制造质量一般按照二手车在当地的保值率取值，进口车

或合资名牌车保值率高，而产量小的国产车保值率低，保值率高的二手车取高值，保值率低的二手车取低值。

④ 工作性质调整系数取值。车辆的工作性质不同，其繁忙程度也不一样，年行驶里程相差较大。私家车一般年行驶里程较小，而营运性车辆年行驶里程较长，两者差距很大。一般以年行驶里程 2 万 km 取高值，2 万～4 万 km 取中值、4 万 km 以上取低值。

⑤ 工作条件调整系数取值。一般行驶条件如市区取值 1，特殊情况如高温、严寒、腐蚀等行驶条件取低值。

(3) 观察法。

观察法就是评估人员通过现场观察二手车的宏观技术状况，并通过了解二手车的历史资料，了解二手车的使用情况、维修保养情况等，并向驾驶人员了解二手车的使用条件、使用性质、使用强度、故障率等，然后对所获得的有关信息进行分析，依据经验来判断二手车的成新率，参见表 7-9。这种确定成新率的方法以经验为主，因此不同的评估师得出的评估结果往往差距较大。

表 7-9　观察法成新率

等　　级	车辆状况	成新率(%)
全新	全新车，待出售，尚未使用	95～100
很好	车辆很新，只轻微使用过，无须任何修理或换件即可使用	85～95
良好	半新车辆，但经过维修或更换一些易损件，故障率很低，可随时出车	75～85
一般	车辆已陈旧，需要进行某些修理或更换一些零部件才能恢复原设计性能，外观中度受损，但恢复情况良好	60～75
尚可使用	处于可运行状态的旧车，需要大量修理或更换零部件方可使用。故障率上升，可靠性下降，外观油漆脱落，锈蚀程度明显，技术状况较差	20～60
技术状况不良	经过多次修理的老旧车辆，需要大修方可使用	10～20
报废	除了基本材料的废品回收价格外，已经达到规定的使用年限，车辆已丧失了使用功能	0～10

(4) 部件鉴定法。

部件鉴定法是针对组成二手车的各部件在整车中的重要性和所占整车的价值量大小来加权评分，然后计算出各部件的权分成新率，再把各部件的权分成新率相加，最终获得整车的成新率的一种方法。

部件鉴定法的基本步骤如下。

第 1 步：将整车分成若干部件，根据各部件在整车中的重要性及其占整车价值量的比重，按一定的百分比确定其权重(%)。二手车的类别不同，其部件的权重也不一样。表 7-10 中分别列出了轿车、客车和货车各部件的权重。

表 7-10　汽车部件权重表

汽车部件	汽车部件权重(%)		
	轿　车	客　车	货　车
发动机及离合器总成	25	28	25
变速器及传动轴总成	12	10	15
前桥及转向器前悬架总成	9	10	15
后桥及后悬架总成	9	10	15
制动系统	6	5	5
车架总成	0	5	6
车身总成	28	22	9
电气仪表系统	7	6	5
轮胎	4	4	5

第 2 步：根据各部件的技术状况，估算出各部件的成新率。建议在估算各部件成新率时，按使用年限法计算。

第 3 步：将估算出的各部件成新率与其相应的权重百分比相乘，得到各部件的权分成新率。

第 4 步：将各部件的权分成新率相加，即得到被评估二手车的成新率。

部件鉴定法理论上来说分析得较细，评估更贴合实际，但是对于汽车上有些零部件无法给出恰当的成新率，因此此种方法的应用受到一定的限制。

本 章 小 结

(1) 汽车使用寿命是指汽车从开始使用到不能使用所经历的时间或里程，常用使用年数或累计行驶里程数表示。汽车使用寿命的长短直接影响汽车的使用效益。工业发达国家汽车的平均使用寿命一般为 7～12 年。

按照汽车终止使用的原则不同，汽车使用寿命一般分为自然使用寿命、技术使用寿命、经济使用寿命和折旧使用寿命 4 种。

(2) 在汽车整个使用寿命期内，汽车的使用性能及经济指标会逐渐下降，下降的原因主要是受到汽车损耗的影响。汽车损耗分为汽车有形损耗和汽车无形损耗两种。

以新车或高效率、低消耗、性能先进的汽车替换在用汽车，称为汽车更新。

汽车更新是汽车有形损耗和汽车无形损耗共同作用的结果，取决于汽车有形损耗期和汽车无形损耗期的长短及其相互关系。

(3) 为确定汽车大修与更新方案，常采用的判定式为

$$(R_i + S_e) < (K_0\alpha\beta + S_a - C_z)$$

式中：R_i——汽车第 i 次大修的费用，元；

S_e——使用成本的增加值，表示大修后汽车与新购汽车的运输成本差值乘以至下次大修期间的运输生产量，元；

K_0——新车原始价值，元；

α——大修过后汽车运输生产率与新汽车至第一次大修之间运输生产率的比值；

β——大修后汽车至下次大修前的行驶里程与新车第一次大修前行驶里程的比值；

S_a——因更新而引起旧车未折旧完的损失值，元；

C_z——汽车残值，元。

若满足上式的关系，则进行汽车大修是合理的；否则，若汽车大修费用与使用成本增加值之和超过新车的修正价值与旧车未折旧完的损失值之和，则进行汽车更新是合理的。

(4) 汽车经济使用寿命是确定汽车是否更新的主要依据。达到汽车经济使用寿命时，及时更新汽车，可取得最佳经济效果；提前或者推迟更新，都会在一定程度上造成经济损失。汽车经济使用寿命的确定方法主要有低劣化数值计算法、应用现值及投资回收系数计算法和面值计算法。

(5) 二手车估价方法主要参照资产评估的方法，主要包括重置成本法、收益现值法、现行市价法、清算价格法、快速折旧法五种方法。重置成本法是指按被评估二手车的现时重置成本扣除各种因素引起的贬值来确定被评估二手车评估价值的一种评估方法。

重置成本的构成可分为直接成本和间接成本。直接成本为现行 4S 店的销售价格。在计算间接成本时一般只考虑购置税。

成新率的计算，通常有使用年限法、综合分析法、观察法和部件鉴定法四种方法。

习　　题

1. 概念题

汽车使用寿命、汽车物理使用寿命、汽车技术使用寿命、汽车经济使用寿命、汽车折旧使用寿命、汽车有形损耗、汽车无形损耗、汽车综合损耗、二手车、重置成本、成新率

2. 判断题

(1) 重置成本是指在评估基准日，重新购置或购建与被评估二手车完全相同或相似的全新车辆所需的成本。　　　　　　　　　　　　　　　　　　　　　　(　　)

(2) 二手车评估中，通常采用复原新重置成本作为二手车的重置成本。(　　)

(3) 环保政策引起的贬值是经济贬值。　　　　　　　　　　　(　　)

(4) 利用等速折旧计算的年限成新率不符合二手车的折旧规律，这种计算方法只适用于粗略估算。　　　　　　　　　　　　　　　　　　　　　　　　　　(　　)

(5) 非营运的小型客车允许使用 15 年。　　　　　　　　　　　(　　)

(6) 使用年份数求和法计算二手车年限成新率时，当达到规定使用年限时二手车仍有一定的成新率。　　　　　　　　　　　　　　　　　　　　　　　　　(　　)

(7) 使用观察法评估二手车的成新率取决于数学成绩的好坏。　　(　　)

(8) 在轿车中发动机的价格占整车价格的比重最大，在大货车中驾驶室的价格占整车价格的比重最大。　　　　　　　　　　　　　　　　　　　　　　　(　　)

(9) 二手车的已使用年限是指从汽车开始使用到报废期间所使用的年限。(　　)

(10) 贬值率越大，则成新率就越小。 ( )

3. 选择题

(1) 根据被评估二手车重置方式不同，重置成本可分为_____和更新重置成本。

    A. 复原重置成本   B. 原始成本

    C. 收益现值成本   D. 优惠成本

(2) 汽车的贬值可分为_____、功能性贬值和经济性贬值三类。

    A. 通货膨胀引起的贬值   B. 市场供需引起的贬值

    C. 国家宏观政策引起的贬值   D. 实体性贬值

(3) 在实际评估中，一般用_____作为更新重置成本。

    A. 新车的4S店价   B. 优惠价

    C. 拍卖价   D. 清算价

(4) 汽车销售价格由纯车价和_____组成。

    A. 购置税   B. 营业税   C. 增值税   D. 城建税

(5) 在二手车评估中，获取价格资料时应注意_____。

    A. 价格的时效性   B. 价格的地域性

    C. 价格的可靠性   D. 以上都对

(6) 对有规定使用年限的二手车，为了较准确地计算年限成新率，通常采用_____计算年限成新率。

    A. 等速折旧法   B. 年份数求和法

    C. 双倍余额递减法   D. 以上都对

(7) 综合分析法在计算车辆鉴定调整系数时，考虑了_____五个因素。

    A. 技术状况、维护保养、制造质量、工作性质、安全条件

    B. 技术状况、维护保养、制造质量、实体性贬值、工作条件

    C. 技术状况、维护保养、排放水平、工作性质、工作条件

    D. 技术状况、维护保养、制造质量、工作性质、工作条件

(8) 二手车市场上，车辆颜色不受欢迎使车辆的评估值降低，这种贬值是_____。

    A. 经济性贬值   B. 功能性贬值   C. 实体性贬值   D. 都不是

(9) 某一品牌车型，其复原重置成本是12.6万元，而更新重置成本为10.8万元，那么该车型的一次性功能性贬值为_____。

    A. 2.5万元   B. 1.8万元   C. 3万元   D. 2.0万元

(10) 一辆二手车_____部位发生事故修复过，则该车为事故车。

    A. 前纵梁   B. 后纵梁   C. 减震器塔座   D. 以上都是

4. 简答题

(1) 简述汽车有形损耗与汽车无形损耗的关系。

(2) 简述汽车经济使用寿命的确定方法有哪几种。

5. 计算题

(1) 某汽车原值为80000元，残值为8000元，使用前7年的汽车运行费用见表7-11。

表 7-11　汽车年运行费用

使用年限	1	2	3	4	5	6	7
运行费用/元	6000	6000	7000	8000	9000	12 000	15 000

应用低劣化数值法确定该车的最佳更新年限。

(2) 某运输公司汽车大修次数与大修费用、运行成本以及完好率的关系见表 7-12。

应用最低计算费用法确定该汽车是否需要进行第二次大修。

表 7-12　某运输公司汽车大修次数与大修费用、运行成本以及完好率的关系

大修次数	大修间隔里程 /1000km	大修费用/元	大修间隔里程内平均成本 /(元/1000t·km)	大修间隔里程内平均完好率 /%
0	180		159.49	89
1	100	30000	180.14	87
2	100	33000	200.61	81

注：①新车价格为 80000 元。

②汽车残值定为 8000 元。

③单车折算吨位为 3.33 t(考虑到实载率、里程利用率、拖挂率等因素，由统计数据求出)。

④折旧里程为 500000 km。

(3) 某汽车运输企业购买一批新车，单价是 60000 元，每辆汽车平均各年运行费用和年末估计净值见表 7-13。应用面值计算法确定该车的最佳更新年限。

表 7-13　汽车年运行费用和年末净值

使用年限	1	2	3	4	5	6	7
运行费用/元	10000	12000	14000	18000	23000	28000	34000
年末净值/元	30000	15000	7500	3750	2000	2000	2000

(4) 2016 年 9 月一辆五菱 LZW1010PLNE3Q 型货车行驶到二手车市场进行市场交易。该车外形尺寸为 3500×1395×1690(mm)，货厢尺寸 2170×1330×300(mm)，整备质量为 760kg，额定载质量为 560kg，总质量为 1450kg，该车为非营运货车，用于公司小件货物配送。该车车身颜色为银色，装备 5 挡手动变速器。该车有发票、车辆购置税、登记证、行驶证等证件，手续齐全有效，可以过户。该车初次登记日期为 2015 年 10 月，年审、交强险、商业险到期日期是 2016 年 10 月。该车累计行驶了 0.3 万 km，2016 年 9 月该车新车市场价为 2.8 万元。该车一直在 4S 店按说明书的规定保养，没有出现过重大事故，车身无锈蚀破损现象，仪表指示正常，电控系统良好，无故障报警，内饰良好，与行驶里程相符。该车发动机急速平稳，路试检查离合器分离彻底，传力不打滑，变速器换挡平顺，无异响，性能良好。该车加速迅速，传动系无异响，制动、转向性能良好。评估该车的价值。

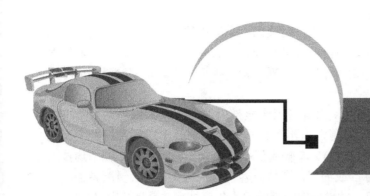

第 8 章

汽车技术管理

【学习目标】

通过本章的学习，掌握汽车技术档案管理的基本要求，熟悉汽车选购管理，掌握汽车使用管理，掌握汽车维护的分级、汽车修理的分类，了解汽车各级维护的项目及技术要求，了解汽车检测站的基本知识，熟悉汽车检测评定管理与汽车处置管理。

【关键词】

汽车技术档案　汽车技术管理

汽车是道路运输工具，加强汽车技术管理，对提高汽车运用的经济效益、社会效益和环境效益具有重要意义。汽车技术管理应坚持分类管理、预防为主、安全高效、节能环保的原则，对运输汽车实行择优选配、正确使用、周期维护、视情修理、定期检测和适时更新，保证汽车符合技术要求。

企业应建立车辆技术管理考核制度，内容包括考核部门及职责、考核周期、考核内容、考核方法和奖惩措施。应在每年初制定当年车辆技术管理的技术质量目标，主要包括：维护计划执行率(包括一级、二级维护)、车辆完好率、车辆小修频率、车辆平均技术等级。应制定车辆技术管理考核的标准或细则，考核内容包括机构设置及人员配备情况、人员培训情况、制度建设及执行情况、技术档案管理情况、年度技术质量目标完成情况。

企业应每年进行一次车辆技术管理考核，考核范围为本单位分公司、子公司及车辆技术管理相关部门。企业应根据考核结果实施奖惩，并对考核结果进行公示。企业对考核过程中发现的不合格项目应限期整改，并提出具体的纠正和预防措施。

本章内容包括汽车技术档案管理、汽车择优选配与使用管理、汽车维护与修理管理、汽车检测评定管理和汽车处置管理等。

8.1　汽车技术档案管理

汽车技术档案是对汽车从购置到报废全过程技术管理情况的系统记录，是汽车技术管理的一项重要工作。汽车技术档案，对于了解汽车技术状况、掌握汽车使用和维修规律、为汽车维修提供科学依据具有重要意义。因此，要认真做好汽车技术档案的建立和管理工作。

汽车技术档案一般由道路运输企业负责建立，由道路运输企业的汽车技术管理人员和维修单位的技术人员共同负责填写和管理。道路运输企业主管部门要督促、指导企业建立汽车技术档案，并应定期或不定期进行检查。汽车技术档案应作为发放、审核道路运输证的依据之一。

8.1.1　汽车技术档案的内容

1. 汽车技术档案的表格

汽车技术档案应包括以下表格。

1) 车辆基本信息

车辆基本信息表见表 8-1。

表 8-1　车辆基本信息表

基本情况	车辆号牌信息				粘贴初次办理或变更《道路运输证》时，车辆正面偏右侧 45°的 3 寸彩色照片
		车牌号码	颜色	注册(变更)日期	
	首次核发				
	牌号变更 1				
基本情况	牌号变更 2				
	道路运输证信息				
		业户名称	道路运输证号	经营范围	发证日期	
	初次登记				
	名称变更 1				
	名称变更 2				
车辆配置及主要技术参数	车辆类型		厂牌型号		制造厂名	
	出厂日期		国产/进口		VIN(或车架)号	
	底盘型号		车辆外廓尺寸	mm	货厢内尺寸或容积	
	总质量	kg	整备质量	kg	准牵引质量	kg
	核定载质量	kg	核定载客	人	发动机型号	
	发动机号码		发动机排量	L	发动机净功率	kW
	排放标准		电池类型		驱动电机型号	
	电机功率		动力类型		车轴数量	
	轴距	mm	轮胎数/规格		行车制动方式	气/液/气—液
	制动器形式	前轮：盘/鼓式 后轮：盘/鼓式	制动防抱死系统(ABS)	有/无	变速器形式	手动/自动/手自一体
	缓速器	有/无	空调系统	有/无	卫星定位装置	有/无
备注						

注：1. 货厢内尺寸或容积。普通拦板车、厢式车、仓栅车、自卸车等填写货厢内尺寸，罐式车填写容积。

2. 电池类型、驱动电机型号和电动功率。纯电动汽车填写，其他车辆不用填写。

3. 排放标准。指国Ⅲ、国Ⅳ、国Ⅴ或其他排放阶段，纯电动车不用填写。

4. 动力类型。指汽油、柴油、纯电动、液化天然气(LNG)、压缩天然气(CNG)、液化石油气(LPG)或其他。

5. 请填写或选择有关信息，符合的请在选择项上打"∨"表示。

2) 车辆技术等级评定、客车类型等级评定或年度类型等级评定复核

车辆检测和评定登记表见表 8-2。

表 8-2　车辆检测和评定登记表

序号	检测/评定类别	检测/评定单位	检测/评定日期	检测有效期	报告编号	备注	登记人员
1							
2							
3							
4							
…							

注：1. 检测/评定类别指车辆安全技术检验、环保检验和综合性能检验(含技术等级评定和客车类型等级评定)。

2. 车辆技术等级评定，客车类型等级评定(复核)应在备注栏中予以注明技术等级、类型等级。

3) 车辆维护和修理

车辆维护和修理登记表见表 8-3。

表 8-3　车辆维护和修理登记表

序号	维修日期	累计行驶里程/km	维修类别	修理内容	维修单位	合格证编号	登记人员
1							
2							
3							
4							
…							

4) 车辆主要零部件更换

车辆主要部件更换登记表见表 8-4。

表 8-4　车辆主要部件更换登记表

序号	更换日期	部件名称	型号规格	生产厂名称	部件编码	维修单位	登记人员
1							
2							
3							
4							
…							

注：主要登记发动机、离合器、车厢、驾驶室、转向器、变速器、前桥、后桥、车架及轮胎等部件的更换情况。

5) 车辆变更

车辆变更登记表见表 8-5。

表 8-5　车辆变更登记表

序号	变更日期	变更原因	变更事项	登记人员
1				
2				
3				
4				
…				

注：变更事项指车辆停驶、封存、启封使用、报废等变更情况，不包括车主名称、道路运输证号和车牌号的变更。

6) 车辆行驶里程

车辆行驶里程登记表见表 8-6。

表 8-6　车辆行驶里程登记表

序号	登记日期	当月行驶里程/km	累计行驶里程/km	登记人员
1				
2				
3				
4				
…				

注：行驶里程按月进行登记。

7) 对车辆造成损伤的交通事故

车辆机损事故登记表见表 8-7。

表 8-7　车辆机损事故登记表

序号	事故时间	事故地点	事故性质	事故责任	车辆损坏情况	登记人员
1						
2						
3						
4						
…						

注：1. 事故性质指《生产安全事故报告和调查处理条例》(国务院令第 493 号)规定的特别重大事故、重大事故、较大事故或一般事故。

2. 事故责任指全部责任、主要责任、同等责任、次要责任或无责任。

2. 汽车技术档案保存材料的原件或复印件

汽车技术档案应保存以下材料的原件或复印件。

(1) 机动车行驶证。

(2) 道路运输证。

(3) 机动车登记证书。

(4) 机动车整车出厂合格证(注册登记前复印 5、6 份备用)。

(5) 机动车维修竣工出厂合格证。

(6) 车辆燃料消耗量核查表或报告。

(7) 机动车安全技术检验、环保检验报告。

(8) 汽车综合性能检测报告(含车辆技术等级评定结论)。

(9) 客车类型等级评定(复核)报告。

(10) 压力容器和罐式专用车辆的罐体检测报告(危险货物道路运输罐式车辆的罐体，经质量技术监督部门检验合格的证明)。

注：车辆检测实行电子联网，且不提供纸质检验报告的地区，可不保存纸质材料。

8.1.2 汽车技术档案的管理要求

1. 记载及时、完整、准确

及时是指档案中规定的内容要按时记载，不得拖延。

完整是指凡是技术档案表中所列各栏均应完整填写。无该项内容的，应写明无或用"/"号表示，不得留空白。

准确就是真实可靠。填写技术档案的文字和数字必须准确，不允许将臆断、估计的数字列入；文字说明应简明扼要，能说明当时事件发生的真实情况。

2. 专人负责、妥善保存

汽车技术档案，实行一车一档，由专人负责，妥善保存，未经允许不得随意借出。

8.2 汽车择优选购与使用管理

8.2.1 汽车择优选购管理

汽车择优选购的原则是指根据汽车的用途、运量、运距和道路、气候及燃料供应等条件，结合汽车的容载量、动力性、安全性、环保性、经济性、通过性、可靠性及维修方便性等主要使用性能指标，综合平衡、按需选购、量力而行、讲究实用可靠以及尽可能达到少投入多产出、综合经济效益好的目的。

1. 汽车选购考虑的因素

汽车运输企业选购汽车，应考虑汽车所承担运输任务的性质、运量、运距、道路、气候以及油料供应情况等因素。

(1) 汽车运输任务的性质、运量、运距。根据汽车运输任务的性质、运量、运距，选购大、中、小型汽车比例，汽油车、柴油车比例，通用车、专用车比例等。

(2) 汽车经常行驶的道路条件。道路的通过能力、承载质量、坡度大小、路面质量和转弯半径等都会影响汽车的运行。注意所选购的汽车的技术参数是否适应所要行驶的道路条件，否则会影响运输效率。

(3) 气候、海拔条件。气候、海拔情况不同，对汽车的要求也不同。例如，寒冷地区就应考虑配置起动性能好的汽车；高原地区空气稀薄，应选购动力性能高的汽车。选购汽车时，应充分考虑本地区的气候和海拔条件。

(4) 油料供应情况。汽车在使用中要消耗多种油料，如果油料来源困难，就会影响生产。选用新车时，尤其是进口车(使用优质燃、润料)时，应注意这一问题。

(5) 汽车使用的经验。在性能先进的前提下，选择新车时应尽量选用本企业熟悉的车型，这样在管理、使用、维修上有较为完整且行之有效的规章制度、技术措施，从而可以避免重新组织技术培训和摸索管理方法。

(6) 本企业或当地汽车构成情况和维修能力。选购汽车时应考虑当地汽车构成情况，要避免一个地区或一个车队所拥有的汽车车型过于复杂，以免造成维修配件材料的供应储备及维修工作的困难。

(7) 优先选购燃气、纯电动、混合动力等清洁能源或新能源汽车，以及具有自适应巡航控制系统、防撞预警系统、车道偏离预警系统等安全技术的汽车。

2. 选购汽车的技术要求

选购汽车的技术要求，应符合国家车辆登记注册要求，并满足以下要求。

(1) 外廓尺寸、轴荷和最大允许总质量应符合《道路车辆外廓尺寸、轴荷和质量限值》(GB 1589)的要求。

(2) 技术性能应符合《道路运输车辆综合性能要求和检验方法》(GB 18565)的要求。

(3) 燃用柴油或汽油且最大总质量超过 3500kg 的客车和货车，燃料消耗量限值应分别符合《营运客车燃料消耗量限值及测量方法》(JT/T 711)、《营运货车燃料消耗量限值及测量方法》(JT/T 719)的要求。

(4) 危货运输车、国际道路运输车辆以及从事高速公路客运或营运线路长度在 800km 以上客车的技术等级应达到《道路运输车辆技术等级划分和评定要求》(JT/T 198)规定的一级，其他车辆技术等级应达到二级以上。

(5) 从事高速公路客运、包车客运、国际道路旅客运输以及营运线路长度在 800km 以上客车的类型等级应达到《营运客车类型划分及等级评定》(JT/T 325)规定的中级以上。

(6) 旅游包车、三类以上班线客车、危货运输车、重型载货汽车和半挂牵引车应安装符合《道路运输车辆卫星定位系统 车载终端技术要求》(JT/T 794)要求的卫星定位装置。

(7) 食品与生物制品冷藏车、危货运输车和甩挂运输车辆的技术条件除了满足上述相关要求外，还应分别符合《道路运输食品与生物制品冷藏车安全要求与试验方法》(GB 29753)、《汽车运输危险货物规则》(JT 617)、《道路甩挂运输车辆技术条件》(JT/T 789)的要求。

8.2.2 汽车使用管理

汽车使用管理包括投入使用前期管理、运行管理、能源管理、轮胎管理、卫星定位装置管理。

1. 投入使用前期管理

1) 新车接收

接收新车时应按照采购合同或协议，核对车辆及装备信息，清点随车工具及出厂合格证、发动机与车架拓印件、使用说明书和维修保养手册等有关资料。

2) 技术培训

企业应组织车辆技术管理人员和驾驶员对新购车型的技术性能、使用要求进行技术培训。设有机动车维修机构的运输企业，还应组织维修人员对新购车型的技术性能、修理方法进行技术培训。

3) 安全设备配备

按照相关要求配齐三角木、警示牌、消防器材、安全锤(客车)等必要的安全设备。

4) 技术档案建立

企业应在办理完营运手续后 5 个工作日内建立汽车技术档案。

5) 走合期与质保期

走合期内，驾驶员应严格按照整车制造厂的要求进行新车走合维护，减载限速，规范操作。

质保期内，企业应严格按照制造厂的技术要求进行车辆使用与维护。因车辆质量问题发生故障及损坏，应及时组织技术鉴定，并按照规定程序向整车制造厂或销售商索赔。

2. 运行管理

1) 汽车技术状况管理

车辆技术状况应符合《机动车运行安全技术条件》(GB 7258)、《道路运输车辆综合性能要求与检验方法》(GB 18565)的要求，并按计划进行正常维护。

车辆技术等级、客车类型等级应分别符合《道路运输车辆技术等级划分和评定要求》(JT/T 198)、《营运客车类型划分及等级评定》(JT/T 325)的要求，并满足运输任务、线路条件的要求。

2) 汽车驾驶管理

车辆装载质(客)量应符合核定装载要求，不得超员、超载和超限。

企业应根据车辆使用环境和道路条件，依据《汽车驾驶节能操作规范》(JT/T 807)、《机动车驾驶员安全驾驶技能培训要求》(JT/T 915)制定驾驶操作规程，内容应包括一般条件和高温、低温、高原、山区等特殊条件的驾驶操作要求及安全技术措施。

在特殊运行条件下使用时，车辆应根据需要配备保温、防滑、牵引等临时性装备。

驾驶员应严格按照操作规程要求，规范操作、安全行车，防止发生机械损伤和安全事故。应督促驾驶员在出车前、行车途中和收车后，做好车辆安全检查和日常维护，做好相关记录，发现故障或安全隐患应及时报修。

3. 能源管理

企业应建立车辆能源消耗管理制度，内容包括能源管理相关部门及其职责、能源类别、定额指标和统计考核。

企业应根据车辆类型、使用条件、载质(客)量和能源类别等，依据相关标准制定能源消耗定额指标；应建立车辆能源消耗管理台账，逐月记录车辆的行驶里程、能源消耗量和载客(货)量等基础数据，定期统计分析车辆能源消耗量盈亏情况，并根据考核结果实施奖惩。

4. 轮胎管理

企业应建立轮胎管理制度，内容包括轮胎管理相关部门及其职责、采购、仓储、领用、维修、报废、定额指标和统计考核。

企业应建立轮胎管理台账，准确记录轮胎的厂牌、规格、胎号、换装日期及维修、报废信息，定期登记实际行驶里程、累计行驶里程；应根据车辆类型、使用条件和轮胎性能等，制定轮胎行驶里程定额指标，定期统计考核。

载重汽车和轿车的轮胎规格、负荷和速度等级应分别符合《载重汽车轮胎规格、尺寸、气压与负荷》(GB/T 2977)、《轿车轮胎规格、尺寸、气压与负荷》(GB/T 2978)的规定。同一轴上的轮胎规格、花纹、厂牌及层级应相同，斜交胎与子午线胎、有内胎与无内胎的轮胎不得同轴混装。翻新轮胎的使用应符合《机动车运行安全技术条件》(GB 7258)的要求。

车辆技术管理人员应定期对轮胎进行检查、维护，轮胎外观、气压及花纹深度应符合有关标准和原厂技术要求。

5. 卫星定位装置管理

按照规定需要安装卫星定位装置的车辆，企业应建立卫星定位车载终端安装、使用及维护制度，并按规定进行安装与使用。

企业应督促驾驶员在出车前、行车中和收车后检查卫星定位装置的工作状态，发现故障应及时报修；应定期对卫星定位装置进行维护，确保装置完好和系统工作状态正常；车辆转出或报废时，应及时办理相关手续，对车载终端予以变更或拆除。

8.3 汽车维修管理

汽车在使用过程中，随着行驶里程的增加，各部零件将产生磨损、变形、腐蚀、疲劳、松动、老化和损伤，导致汽车技术状况变坏，使汽车的动力性下降、经济性变差、安全可靠性降低。汽车维修是指汽车在使用过程中，为维持和恢复汽车的技术状况、保持汽车的工作能力所采取的技术措施。汽车维修管理包括汽车维护管理和汽车修理管理。

8.3.1 汽车维护管理

企业应建立车辆维护管理制度，内容包括维护管理部门及职责、作业分类、质量管理、定额指标和统计考核要求；应依据《汽车维护、检测、诊断技术规范》(GB/T 18344)、《压缩天然气汽车维护技术规范》(GB/T 27876)、《液化石油气汽车维护技术规范》(GB/T 27877)、《液化天然气汽车维护技术规范》(JT/T 1009)等标准以及车辆维修手册、使用说明书等技术文件，结合车辆类别、运行状况、行驶里程、道路条件、使用年限等因素，确定车辆维护周期(用维护间隔时间或间隔里程表示)；应根据车辆维护周期的要求，制订车辆维护计划，并按期组织实施。

设有机动车维修机构并自行实施车辆维护的企业，应依据《汽车维护、检测、诊断技术规范》(GB/T 18344)、《压缩天然气汽车维护技术规范》(GB/T 27876)、《液化石油气汽车维护技术规范》(GB/T 27877)、《液化天然气汽车维护技术规范》(JT/T 1009)等标准制定车辆维护作业规范或细则，明确维护作业项目、内容及技术要求，维护过程中应做好维护记录。委托外单位机动车维修企业实施二级维护的车辆，作业项目、内容和技术要求应符合《汽车维护、检测、诊断技术规范》(GB/T 18344)、《压缩天然气汽车维护技术规范》(GB/T 27876)、《液化石油气汽车维护技术规范》(GB/T 27877)、《液化天然气汽车维护技术规范》(JT/T 1009)及相关标准的要求，维护完成后应妥善保存《竣工出厂合格证》及相关凭证。车辆技术管理人员应不定期开展车辆维护执行情况抽查并建立台账，对抽查中发现的问题应及时处理。

汽车维护按作业范围分为日常维护、一级维护和二级维护。汽车维护作业内容包括清洁、补给、紧固、润滑、检查和调整。

日常维护周期为出车前、行车中和收车后。汽车一级维护、二级维护周期的确定应以行驶里程间隔为基本依据，行驶里程间隔执行车辆维修资料等有关技术文件的规定。对于不便用行驶里程间隔统计、考核的汽车，可用行驶时间间隔确定一级维护、二级维护周期。

道路运输车辆一级维护、二级维护推荐周期见表 8-8。

表 8-8　道路运输车辆一级维护、二级维护推荐周期

适用车型		维护周期	
		一级维护行驶里程间隔上限值或行驶时间间隔上限值	二级维护行驶里程间隔上限值或行驶时间间隔上限值
客车	小型客车(含乘用车)(车长≤6m)	10000km 或 30 日	40000km 或 120 日
	中型及以上客车(车长>6m)	15000km 或 30 日	50000km 或 120 日
货车	轻型货车(最大设计总质量≤3500kg)	10000km 或 30 日	40000km 或 120 日
	轻型以上货车(最大设计总质量>3500kg)	15000km 或 30 日	50000km 或 120 日
挂车		15000km 或 30 日	50000km 或 120 日

注：对于山区、沙漠、炎热、寒冷等特殊运行环境为主的道路运输车辆，可适当缩短维护周期。

汽车维护企业对竣工检验合格的汽车签发《维护竣工出厂合格证》。汽车维护质量保证期，自维护竣工出厂之日起计算，一级维护质量保证期为车辆行驶不少于 2000km 或者 10 日，二级维护质量保证期为车辆行驶不少于 5000km 或者 30 日，以先达到者为准。

1. 日常维护

日常维护是以清洁、补给和安全性能检视为中心内容的维护作业。

在汽车使用过程中，为确保汽车正常行驶，必须对汽车进行日常维护。日常维护是发挥汽车效率、减少行车事故、节约维修费用、降低能耗和延长汽车使用寿命的重要环节。日常维护是由驾驶员负责执行的汽车维护作业，是日常性作业。

日常维护作业项目及技术要求见表 8-9。

表 8-9　日常维护作业项目及技术要求

序号	作业项目	作业内容	技术要求	维护周期
1	车辆外观及附属设施	检查、清洁车身	车身外观及客车车厢内部整洁，车窗玻璃齐全、完好	出车前或收车后
		检查后视镜、调整后视镜角度	后视镜完好、无损毁，视野良好	出车前
		检查灭火器、客车安全锤	灭火器配备数量及放置位置符合规定，且在有效期内。客车安全锤配备数量及放置位置符合规定	出车前或收车后
		检查安全带	安全带固定可靠、功能有效	出车前或收车后
		检查风窗玻璃刮水器	刮水器各挡位工作正常	出车前
2	发动机	检查发动机润滑油、冷却液液面高度，视情补给	油(液)面高度符合规定	出车前
3	制动	制动系统自检	自检正常，无制动报警灯闪亮	出车前
		检查制动液液面高度，视情补给	液面高度符合规定	出车前
		检查行车制动、驻车制动	行车制动、驻车制动功能正常	出车前
4	车轮及轮胎	检查轮胎外观、气压	轮胎表面无破裂、凸起、异物刺入及异常磨损，轮胎气压符合规定	出车前、行车中
		检查车轮螺栓、螺母	齐全完好，无松动	
5	照明、信号指示装置及仪表	检查前照灯	前照灯完好、有效，表面清洁，远近光变换正常	出车前
		检查信号指示装置	转向灯、制动灯、示廓灯、危险报警灯、雾灯、喇叭、标志灯及发射器等信号指示装置完好有效，表面清洁	
		检查仪表	工作正常	出车前、行车中

注："符合规定"指符合车辆维修资料等有关技术文件的规定，以下同。

2. 一级维护

一级维护是指除日常维护作业外，以润滑、紧固为作业中心内容，并检查有关制动、操纵等系统中的安全部件的维护作业。

一级维护是一项运行性维护作业，即在汽车日常使用过程中的一次以确保汽车正常运行状况为目的的作业，由符合《汽车维修业开业条件》(GB/T 16739.1)规定的汽车整车维修企业或具有资质的道路运输维修企业、维护站负责完成。随着现代汽车技术的发展，汽车免解体清洗技术及汽车检测诊断仪器的运用，使汽车维护作业的技术含量正在逐步提高。因此，一级维护必须由汽车维修企业的专业维护人员来完成，这对加强汽车维护工作的管理、确保汽车技术状况都具有一定的意义。

一级维护基本作业项目及技术要求见表 8-10。

表 8-10　一级维护基本作业项目及技术要求

序号	作业项目		作业内容	技术要求
1	发动机	空气滤清器、机油滤清器和燃油滤清器	清洁或更换	按规定的里程或时间清洁或更换滤清器。滤清器应清洁，衬垫无残缺，滤芯无破损。滤清器应安装牢固，密封良好
2		发动机润滑油及冷却液	检查油(液)面高度，视情更换	按规定的里程或时间更换润滑油、冷却液，油(液)面高度符合规定
3	转向系	部件连接	检查、校紧万向节、横直拉杆、球头销和转向节等部位的连接螺栓、螺母	各部件连接可靠
4		转向器润滑油及转向助力油	检查油面高度，视情更换	按规定的里程或时间更换转向器润滑油及转向助力油，油面高度符合规定
5	制动系	制动管路、制动阀及接头	检查制动管路、制动阀及接头，校紧接头	
6		缓速器	检查、校紧缓速器连接螺栓、螺母，检查定子与转子间隙，清洁缓速器	缓速器连接紧固，定子与转子间隙符合规定，缓速器外表、定子与转子间清洁，各插接件与接头连接可靠
7		储气筒	检查储气筒	无积水及油污
8		制动液	检查液面高度，视情更换	按规定的里程或时间更换制动液、液面高度符合规定
9	传动系	各连接部位	检查、校紧变速器、传动轴、驱动桥壳、传动轴支撑等部位的连接螺栓、螺母	各部位连接可靠，密封良好
10		变速器、主减速器和差速器	清洁通气孔	通气孔通畅
11	车轮	车轮及半轴的螺栓、螺母	校紧车轮及半轴的螺栓、螺母	扭紧力矩符合规定
12		轮辋及压条挡圈	检查轮辋及压条挡圈	轮辋及压条挡圈无裂损及变形
13	其他	蓄电池	检查蓄电池	液面高度符合规定，通气孔畅通，电桩、夹头清洁、牢固，免维护蓄电池电量状况指示正常
14		防护装置	检查侧防护装置及后防护装置，校紧螺栓、螺母	完好有效，安装牢固
15		全车润滑	检查、润滑各润滑点	润滑嘴齐全有效，润滑良好。各润滑点防尘罩齐全完好。集中润滑装置工作正常，密封良好
16		整车密封	检查泄漏情况	全车不漏油、不漏液、不漏气

3. 二级维护

二级维护是指除一级维护作业外，以检查、调整制动系、转向操纵系、悬架等安全部件，并拆检轮胎，进行轮胎换位，检查调整发动机工作状况和汽车排放相关系统为主的维护作业。

二级维护是一次以消除隐患为目的的性能恢复性作业，尤其是恢复排放性能、安全性能。因此，保证二级维护作业的全面性和彻底性很重要。

二级维护作业流程如图 8-1 所示。

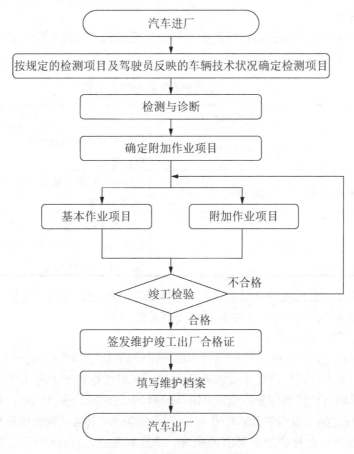

图 8-1　二级维护作业流程图

按照《汽车维护、检测、诊断技术规范》(GB/T 18344)提出的要求，要落实好状态检测下的汽车二级维护工作，应重点抓好以下几个环节。

二级维护前检测诊断(进厂检测)：二级维护前检测诊断的目的是掌握汽车技术状况，确定附加作业项目。所以维护前的检测是决定汽车维护质量的关键环节，它决定着二级维护的附加作业项目确定是否合理、作业是否到位，关系到汽车潜在的事故隐患能否通过这次维护得到有效排除。做好二级维护前检测诊断的关键是检测设备是否能满足检测的需要，检测工艺是否规范，检测维修人员根据检测结果分析诊断故障的水平。

二级维护作业过程检验：维护作业过程检验是控制维护作业质量的重要环节。汽车二级维护能否达到应有的目的，取决于二级维护的基本作业和附加作业项目是否到位，即是否严格按技术规范完成任务。长期的工作实践证明，只有加强对维护作业过程的检验，才能对汽车维护质量进行有效控制，以确保汽车二级维护达到应有的目的。

二级维护竣工检验：维护竣工检验是二级维护作业竣工后，为检验汽车二级维护作业质量，评定维护后的作业项目、参数是否符合相关标准、技术要求而进行的检验，是保证汽车维护质量的关键。因此，应有明确的、针对具体车型的汽车维护竣工检验技术标准，并根据此标准配备相应的检测设备以及具有高度责任心、掌握现代汽车检测诊断技术的质量检验员。

1) 二级维护进厂检测

进厂检测包括规定的检测项目以及根据驾驶员反映的车辆技术状况确定的检测项目，二级维护规定的进厂检测项目见表 8-11。

表 8-11　二级维护规定的进厂检测项目

序号	检测项目	检测内容	技术要求
1	故障诊断	车载诊断系统(OBD)的故障信息	装有车载诊断系统(OBD)的车辆，不应有故障信息
2	行车制动性能	检查行车制动性能	采用台架检验或路试检验，应符合 GB 7258 的相关规定
3	排放	排气污染物	汽油车采用双怠速法，应符合 GB 18285 的相关规定。柴油车采用自由加速法，应符合 GB 3847 的相关规定

检测项目的技术要求应符合国家有关的技术标准和车辆维修资料等的相关规定。进厂检测时应记录检测数据或结果，并据此进行车辆故障诊断。

2) 二级维护基本作业项目

二级维护作业项目包括基本作业项目和附加作业项目，二级维护时一并进行。

二级维护基本作业项目及技术要求见表 8-12。车辆维修资料中与 GB 18344 规定的二级维护基本作业项目相同的部分，依据 GB 18344 中相对应的条款执行；车辆维修资料中与 GB 18344 规定的二级维护基本作业项目不同的部分，依据车辆维修资料的有关条款执行。车辆维修资料中有特殊维护要求的系统、总成和装置(如免维护蓄电池、免维护轮毂等)，其维护作业项目执行车辆维修资料的规定。

二级维护附加作业项目，依据进厂检测结果进行故障诊断并确定附加作业项目。二级维护作业过程中发现的维修项目也应作为附加作业项目。

表 8-12　二级维护基本作业项目及技术要求

序号		作业项目	作业内容	技术要求
1	发动机	发动机工作状况	检查发动机起动性能和柴油机停机装置	起动性能良好，停机装置功能有效
			检查发动机运转情况	低、中、高速运转稳定，无异响

续表

序号	作业项目		作业内容	技术要求
2		发动机排放机外净化装置	检查发动机排放机外净化装置	外观无损坏、安装牢固
3		燃油蒸发控制装置	检查外观，检查装置是否畅通，视情更换	碳罐及管路外观无损坏、密封良好、连接可靠，装置畅通无堵塞
4		曲轴箱通风装置	检查外观，检查装置是否畅通，视情更换	管路及阀体外观无损坏、密封良好、连接可靠，装置畅通无堵塞
5		增压器、中冷器	检查、清洁中冷器和增压器	中冷器散热片清洁，管路无老化、连接可靠、密封良好。增压器运转正常，无异响、无渗漏
6		发电机、起动机	检查、清洁发电机和起动机	发电机和起动机外表清洁，导线接头无松动，运转无异响，工作正常
7	发动机	发动机传动带(链)	检查空压机、水泵、发电机、空调机组和正时传动带(链)磨损及老化程度，视情调整传动带(链)松紧度	按规定里程或时间更换传动带(链)。传动带(链)无裂痕和过量磨损，表面无油污，松紧度符合规定
8		冷却装置	检查散热器、水箱及管路密封	散热器、水箱及管路固定可靠，无变形、堵塞、破损及渗漏。箱盖接合表面良好，胶垫不老化
			检查水泵和节温器工作状况	水泵不漏水、无异响，节温器工作正常
9		火花塞、高压线	检查火花塞间隙、积炭和烧蚀情况，按规定里程或时间更换火花塞	无积炭、无严重烧蚀现象，电极间隙符合规定
			检查高压线外观及连接情况，按规定里程或时间更换高压线	高压线外观无破损、连接可靠
10		进排气歧管、消声器、排气管	检查进排气歧管、消声器、排气管	外观无破损、无裂痕，消声器功能良好
11		发动机总成	清洁发动机外部，检查隔热层	无油污、无灰尘，隔热层密封良好
			检查、校紧连接螺栓、螺母	油底壳、发动机支撑、水泵、空压机、涡轮增压器、进排气歧管、消声器、排气管、输油泵和喷油泵等部位连接可靠
12	制动系	储气筒、干燥器	检查、紧固储气筒，检查干燥器功能，按规定里程或时间更换干燥剂	储气筒安装牢固、密封良好。干燥器功能正常，排水阀通畅
13		制动踏板	检查、调整制动踏板自由行程	制动踏板自由行程符合规定
14		驻车制动	检查驻车制动性能，调整操纵机构	功能正常，操纵机构齐全完好、灵活有效

续表

序号	作业项目		作业内容	技术要求
15		防抱死制动装置	检查连接线路，清洁轮速传感器	各连接线及插接件无松动，轮速传感器清洁
16	制动系	鼓式制动器	检查制动间隙调整装置	功能正常
			拆卸制动鼓、轮毂、制动蹄，清洁轴承位、轴承、支承销和制动底板等	清洁、无油污，轮毂通气孔畅通
			检查制动底板、制动凸轮轴	制动底板安装牢固、无变形、无裂损。凸轮轴转动灵活，无卡滞和松旷现象
			检查轮毂内外轴承	滚柱保持架无断裂，滚柱无缺损、脱落，轴承内外圈无裂损和烧蚀
			检查制动摩擦片、制动蹄及支承销	摩擦片表面无油污、裂损，厚度符合规定。制动蹄无裂纹及明显变形，铆接可靠，铆钉沉入深度符合规定。支撑销无过量磨损，与制动蹄轴承孔衬套配合无明显松旷
			检查制动蹄复位弹簧	复位弹簧不得有扭曲、钩环损坏、弹性损失和自由长度改变等现象
			检查轮毂、制动鼓	轮毂无裂损，制动鼓无裂痕、沟槽、油污及明显变形
			装复制动鼓、轮毂、制动蹄，调整轴承松紧度、调整制动间隙	润滑轴承，轴承位涂抹润滑脂后再装轴承。装复制动蹄时，轴承孔均应涂抹润滑脂，开口销或卡簧固定可靠。制动摩擦片与制动鼓摩擦面应清洁、无油污。制动摩擦片与制动鼓配合间隙符合规定。轮毂转动灵活且无轴向间隙。锁紧螺母、半轴螺母及车轮螺母齐全，扭紧力矩符合规定
17		盘式制动器	检查制动摩擦片和制动盘磨损量	制动摩擦片和制动盘磨损量应在标记规定或制造商要求的范围内，其摩擦工作面不得有油污、裂纹、失圆和沟槽等损伤
			检查制动摩擦片和制动盘间的间隙	制动摩擦片和制动盘之间的转动间隙符合规定
			检查密封件	密封件无裂纹或损坏
			检查制动钳	制动钳安装牢固、无油液泄漏。制动钳导向销无裂纹或损坏

续表

序号	作业项目		作业内容	技术要求
18	转向系	转向器和转向传动机构	检查转向器和转向传动机构	转向轻便、灵活,转向无卡滞现象,锁止、限位功能正常
			检查部件技术状况	转向节臂、转向器摇臂及横直拉杆无变形、裂纹和拼焊现象,球销无裂纹、不松旷,转向器无裂损、无漏油现象
19		转向盘最大自由转动量	检查、调整转向盘最大自由转动量	最高设计车速不小于 100km/h 的车辆,其转向盘的最大自由转动量不大于 15°,其他道路运输车辆不大于 25°
20	行驶系	车轮及轮胎	检查轮胎规格型号	轮胎规格型号符合规定,同轴轮胎的规格和花纹应相同,公路客车(客运班车)、旅游客车、校车和危险货物运输车的所有车轮及其他车辆的转向轮不得装用翻新的轮胎
			检测轮胎外观	轮胎的胎冠、胎壁不得有长度超过 25mm 或深度足以暴露出帘布层的破裂和割伤以及凸起、异物刺入等影响使用的缺陷。具有磨损标志的轮胎,胎冠的磨损不得触及磨损标志;无磨损标志或标志不清的轮胎,乘用车和挂车的胎冠花纹深度应不小于 1.6mm;其他车型的转向轮的胎冠花纹深度应不小于 3.2mm,其余轮胎的胎冠花纹深度应不小于 1.6mm
			轮胎换位	根据轮胎磨损情况或相关规定,视情进行轮胎换位
			检查、调整车轮前束值	车轮前束值符合规定
21		悬架	检查悬架弹性元件,校紧连接螺栓、螺母	空气弹簧无泄漏、外观无损伤。钢板弹簧无断片、缺片、移位和变形,各部件连接可靠,U 形螺栓、螺母扭紧力矩符合规定
			减振器	减振器稳固有效,无漏油现象,橡胶垫无松动、变形及分层
22		车桥	检查车桥、车桥与悬架之间的拉杆和导杆	车桥无变形、表面无裂痕,油脂无泄漏,车桥与悬架之间的拉杆和导杆无松旷、移位和变形

续表

序号	作业项目		作业内容	技术要求
23	离合器		检查离合器工作情况	离合器接合平稳、分离彻底、操作轻便，无异响、打滑、抖动及沉重等现象
			检查、调整离合器踏板自由行程	离合器踏板自由行程符合规定
24	传动系	变速器、主减速器、差速器	检查、调整变速器、主减速器、差速器	变速器操纵轻便、挡位准确，无异响、打滑及乱挡等异常现象，主减速器、差速器工作无异响
			检查变速器、主减速器、差速器润滑油液面高度，视情更换	按规定的里程或时间更换润滑油，液面高度符合规定
25		传动轴	检查防尘罩	防尘罩无裂痕、损坏，卡箍连接可靠，支架无松动
			检查传动轴及万向节	传动轴无弯曲，运转无异响。传动轴及万向节无裂损、不松旷
			检查传动轴承及支架	轴承无松旷，支架无缺损和变形
26	灯光导线	前照灯	检查远光灯发光强度，检查、调整前照灯光束照射位置	符合 GB 7258 的规定
27		线束及导线	检查发动机舱及其他可视的线束及导线	插接件无松动、接触良好。导线布置整齐、固定牢靠，绝缘层无老化、破损，导线无外露。导线与蓄电池桩头连接牢固，并有绝缘套
28	车架车身	车架与车身	检查车架和车身	车架与车身无变形、断裂及开焊现象，连接可靠，车身周正。发动机罩锁扣锁紧有效。车厢铰链完好，锁扣锁紧可靠，固定集装箱箱体、货物的锁止机构正常
			检查车门、车窗启闭和锁止	车门和车窗应启闭正常，锁止可靠。客车动力启闭车门的车内应急开关及安全顶窗机件齐全、完好有效
29		支撑装置	检查、润滑支撑装置，校紧连接螺栓、螺母	完好有效，润滑良好，安装牢固
30		牵引车与挂车连接装置	检查牵引销及其连接装置	牵引销安装牢固，无损伤、裂纹等缺陷，牵引销颈部磨损量符合规定
			检查、润滑牵引座及牵引销锁止、释放机构，校紧连接螺栓、螺母	牵引座表面油脂均匀，安装牢固，牵引销锁止、释放机构工作可靠

序号	作业项目		作业内容	技术要求
30	车架车身	牵引车与挂车连接装置	检查转盘与转盘架	转盘与转盘架贴合面无松旷、偏歪。转盘与牵引连接部件连接牢靠，转盘连接螺栓应紧固，定位销无松旷、无磨损，转盘润滑可靠
			检查牵引钩	牵引钩无裂纹及损伤，锁止、释放机构工作可靠

3) 二级维护过程检验

二级维护过程中应始终贯穿过程检验，并记录二级维护作业过程或检验结果，维护项目的技术要求应符合技术标准和车辆维修资料等相关技术文件的规定。

4) 二级维护竣工检验

二级维护后应进行竣工检验，二级维护竣工检验项目及技术要求见表 8-13。

表 8-13　二级维护竣工检验项目及技术要求

序号	检验部位	检验项目	技术要求	检验方法
1	整车	清洁	全车外部、车厢内部及各总成外部清洁	检视
2		紧固	各总成外部螺栓、螺母紧固，锁销齐全有效	检视
3		润滑	全车各个润滑部位的润滑装置齐全、润滑良好	检视
4		密封	全车密封良好，无漏油、漏液和漏气现象	检视
5		故障诊断	装有车载诊断系统(OBD)的车辆，无故障信息	检测
6		附属设施	后视镜、灭火器、客车安全锤、安全带、刮水器等齐全完好、功能正常	检视
7	发动机及其附件	发动机工作状况	在正常工作温度状态下，发动机起动三次，成功起动次数不少于两次，柴油机三次停机均应有效，发动机低、中、高速运转稳定、无异响	路试或检视
8		发动机装备	齐全有效	检视
9	制动系	行车制动性能	符合 GB 7258 的规定，道路运输车辆符合 GB 18565 的要求	路试或检视
10		驻车制动性能	符合 GB 7258 的规定	路试或检视
11	转向系	转向机构	转向机构各部件连接可靠，锁止、限位功能正常，转向时无运动干涉，转向轻便、灵活，转向无卡滞现象	检测
			转向节臂、转向器摇臂及横直拉杆无变形、裂纹和拼焊现象，球销无裂纹、不松旷，转向器无裂损、无漏油现象	检视
12		转向盘最大自由转动量	最高设计车速不小于 100km/h 的车辆，其转向盘的最大自由转动量不大于 15°，其他道路运输车辆不大于 25°	检测

续表

序号	检验部位	检验项目	技术要求	检验方法
13	行驶系	轮胎	同轴轮胎应为相同的规格和花纹，公路客车(客运班车)、旅游客车、校车和危险货物运输车的所有车轮及其他车辆的转向轮不得装用翻新的轮胎，轮胎花纹深度及气压符合规定，轮胎的胎冠、胎壁不得有长度超过25mm 或深度足以暴露出帘布层的破裂和割伤以及凸起、异物刺入等影响使用的缺陷	检查、检测
14		转向轮横向侧滑量	符合 GB 7258 的规定，道路运输车辆符合 GB 18565 的规定	检测
15		悬架	空气弹簧无泄漏、外观无损伤。钢板弹簧无断片、缺片、移位和变形，各部件连接可靠，U 形螺栓、螺母扭紧力矩符合规定	检查
16		减振器	减振器稳固有效，无漏油现象，橡胶垫无松动、变形及分层	检查
17		车桥	车桥无变形、表面无裂痕、密封良好	检视
18	传动系	离合器	离合器接合平稳、分离彻底、操作轻便，无异响、打滑、抖动及沉重等现象	路试
19		变速器、传动轴、主减速器	变速器操纵轻便、挡位准确，无异响、打滑及乱挡等异常现象，主减速器、差速器工作无异响	路试
20	牵引连接装置	牵引连接装置和锁止机构	汽车与挂车牵引连接装置连接可靠，锁止、释放机构工作可靠	检查
21	照明、信号指示装置和仪表	前照灯	完好有效，工作正常，性能符合 GB 7258 的规定	检视、检测
22		信号指示装置	转向灯、制动灯、示廓灯、危险报警灯、雾灯、喇叭、标志灯及反射器等信号指示装置完好有效	检视
23		仪表	各类仪表工作正常	检视
24	排放	排气污染物	汽油车采用双怠速法，应符合 GB 18285 的相关规定。柴油车采用自由加速法，应符合 GB 3847 的相关规定。	检测

　　二级维护竣工检验，应填写二级维护竣工检验记录单。二级维护竣工检验记录单见表 8-14。

表 8-14　二级维护竣工检验记录单

合同编号

托修方			车牌号		车　型		
外观状况	项目	评价	项目	评价	项目		评价
	清洁		发动机装备		离合器		
	紧固		转向机构		变速器、传动轴、主减速器		
	润滑		轮胎		牵引连接装置和锁止机构		
	密封		悬架		前照灯		
	附属设施		减振器		信号指示装置		
	发动机工作状况		车桥		仪表		

故障诊断	车载诊断系统(OBD)故障信息	□无　　□有　　故障信息描述：_____					
性能检测	转向盘最大自由转动量/(°)		评价：		转向轮横向侧滑量/(m/km)	第一转向轴：	评价：
						第二转向轴：	评价：

		车轴		一轴	二轴	三轴	四轴	五轴	六轴
制动性能	台架	轴制动率/%	结果						
			评价						
		制动不平衡率/%	结果						
			评价						
		整车参数	项目	整车制动率/%			驻车制动率/%		
			结果						
			评价						
	路试	初速度/(km/h)	参数	制动距离/m		MFDD/(m/s^2)		制动稳定性	
			结果						
			评价						

		参数	灯高/mm	远光光强/cd		远光偏移/(mm/10m)			近光偏移/(mm/10m)			
前照灯性能				结果	评价	垂直	评价	水平	评价	垂直	评价	水平	评价
		左外											
		左内											
		右外											
		右内											

排气污染物	汽油车	怠速	CO/%：		HC/×10^{-6}：		评价：	
		高怠速	CO/%：		HC/×10^{-6}：		评价：	
	柴油车	自由加速	光吸收系数/m^{-1}： ①　②　③			平均/m^{-1}：	评价：	
			烟度值/BSU： ①　②　③			平均/BSU：	评价：	

检验结论：

检验员签字：　　　　　　年　　月　　日

注：1. 检验数据在"结果"栏填写。合格在"评价"栏划"○"，不合格在"评价"栏划"×"，无此项目填"—"。

2. 制动性能检验选择"台架"或"路试"。路试制动性能采用"制动距离"或"充分发出的平均减速度MFDD"来评价。

二级维护竣工检验合格后，要签发二级维护合格证。

8.3.2 汽车修理管理

汽车修理应贯彻视情修理的原则，即根据汽车检测诊断和技术鉴定的结果，视情按不同作业范围和深度进行，既要防止拖延修理造成车况恶化，又要防止提前修理造成浪费。

1. 汽车修理的分类

汽车修理按作业范围分为汽车大修、总成大修、汽车小修和零件修理四种。

1) 汽车大修

汽车大修是指新车或经过大修后的汽车，在行驶一定里程(或时间)后，经过检测诊断和技术鉴定，用修理或更换汽车任何零部件的方法，恢复汽车的完好技术状况，完全或接近完全恢复汽车寿命的恢复性修理。

汽车大修时，需对汽车全部总成解体，并对全部零件进行清洗和检验分类，更换不可修复零件，修复可修件，按大修技术标准进行装配和调试，以达到全面恢复汽车技术性能的目的。

2) 总成大修

总成大修是汽车的总成经过一定使用里程(或时间)后，用修理或更换总成任何零部件(包括基础件)的方法，恢复其完好技术状况和寿命的恢复性修理。

汽车经过一定行驶里程(或时间)后，其基础件或主要零件出现破裂、磨损和变形等，可在两次大修之间，安排一次用修理或更换总成任何零部件(包括基础件)的方法，恢复其完好技术状况和寿命的平衡性修理。通过总成大修，使汽车各总成的工作寿命趋于平衡，以延长汽车大修间隔里程。

3) 汽车小修

汽车小修是指用修理或更换个别零件的方法，保证或恢复汽车的工作能力的运行性修理。其主要目的是消除汽车在运行过程或维护作业过程中发生或发现的故障或隐患。

4) 零件修理

零件修理是对因磨损、变形、损伤等而不能继续使用的零件所进行的加工性修理。其目的是在符合经济性原则的前提下，利用矫正、喷涂、电镀、堆焊、机械加工等修复方法对零件进行修复，以恢复其使用性能。

2. 汽车和总成大修送修标志

要确定汽车和总成是否需要大修，必须掌握汽车和总成大修的送修标志。

(1) 汽车大修送修标志：客车以车厢为主，结合发动机总成；货车以发动机总成为主，结合车架总成或其他两个总成符合大修条件。

(2) 挂车大修送修标志：挂车车架(包括转盘)和货厢符合大修条件；定车牵引的半挂车和铰接式大客车，按照汽车大修的标志与牵引车同时进厂大修。

(3) 总成大修送修标志如下。

① 发动机总成：汽缸磨损，圆柱度达到 $0.175 \sim 0.250$mm 或圆度已达到 $0.050 \sim 0.063$mm(以其中磨损量最大的一个汽缸为准)；最大功率或汽缸压力较标准降低 25%以

上；燃料和润滑油消耗量显著增加。

② 车架总成：车架断裂、锈蚀、弯曲、扭曲变形逾限，大部分铆钉松动或铆钉孔磨损，必须拆卸其他总成后才能进行校正、修理或重铆，方能修复。

③ 变速器、分动器总成：壳体变形、破裂、轴承孔磨损逾限，变速齿轮及轴恶性磨损、损坏，需要彻底修复。

④ 后桥(驱动桥、中桥)总成：桥壳破裂、变形，半轴套管承孔磨损逾限，减速器齿轮恶性磨损，需要校正或彻底修复。

⑤ 前桥总成：前轴裂纹、变形，主销承孔磨损逾限，需要校正或修复。

⑥ 客车车身总成：车厢骨架断裂、锈蚀、变形严重，蒙皮破损面积较大，需要彻底修复。

⑦ 货车车身总成：驾驶室锈蚀、变形严重、破裂，或货厢纵、横梁腐朽，底板、拦板破损面积较大，需要彻底修复。

3. 汽车和总成的送修规定

(1) 汽车和总成送修时，承修单位应与送修单位签订合同，商定送修要求、修理车日和质量保证等。合同签订后必须严格执行。

(2) 车辆送修时，应具备行驶功能，装备齐全，不得拆换。

(3) 总成送修时，应在装合状态，附件、零件均不得拆换和短缺。

(4) 肇事汽车或因特殊原因不能行驶和短缺零部件的汽车，在签订合同时，应做出相应的规定和说明。

(5) 汽车和总成送修时，应将汽车和总成的有关技术档案一并送承修单位。

(6) 汽车和总成送修时，其修理作业范围和深度，根据汽车检测诊断和技术评定的结果确定。运输单位和个人的运营汽车，应严格按照规定，根据其修理作业范围送到交通运输管理部门认定的相应级别的修理厂进行修理。严禁送到无经营许可证的修理厂进行修理，确保车辆维修质量。

4. 修竣汽车和总成的出厂规定

(1) 送修汽车和总成修竣检验合格后，承修单位应签发出厂合格证，并将其同技术档案、修理技术资料和合格证移交送修单位。

(2) 汽车或总成修竣出厂时，不论送修时的装备(附件)状况如何，均应按照有关规定配备齐全。

(3) 接车人员应根据合同规定，就汽车或总成的技术状况和装备情况等进行验收。如发现确有不符合竣工要求的情况时，承修单位应立即查明，及时处理。

(4) 送修单位必须严格执行走合期的规定，在保证期内因修理质量发生故障或提前损坏时，承修单位应优先安排、及时排除、免费修理。如发生纠纷，由维修管理部门负责组织技术分析，进行仲裁。

8.3.3 汽车维修企业配备的仪器设备

《汽车维修业开业条件》(GB/T 16739.1～2－2004)中规定了一类汽车整车维修企业、

二类汽车整车维修企业和汽车专项维修业户的开业条件及经营范围。

1. 汽车整车维修企业配备的仪器设备

汽车整车维修企业是指有能力对所维修车型的整车、各个总成及主要零部件进行各级维护、修理及更换，使汽车的技术状况和运行性能完全(或接近完全)恢复到原车的技术要求，并符合相应国家标准和行业标准的规定的汽车维修企业。按规模大小，汽车整车维修企业可分为一类汽车整车维修企业和二类汽车整车维修企业。汽车整车维修企业应配备表 8-15～表 8-17 所列的通用设备、专用设备及检测设备，其规格和数量应与其生产纲领和生产工艺相适应。

表 8-15　通用设备

序　号	设备名称
1	钻床
2	电焊及气体保护焊设备
3	气焊设备
4	压力机
5	空气压缩机

表 8-16　专用设备

序号	设备名称	大中型客车	大型货车	小型车	其他要求
1	换油设备	√			
2	轮胎轮辋拆装设备	√			
3	轮胎螺母拆装机	√	√	—	
4	车轮动平衡机	√			
5	四轮定位仪	—	—	√	
6	转向轮定位仪	√	√		
7	制动鼓和制动盘维修设备	√	√		
8	汽车空调冷媒加注回收设备	√	—	√	
9	总成吊装设备	√			
10	汽车举升机	—	—	√	一类应不少于 5 台
11	地沟设施	√	√	—	一类应不少于两个
12	发动机检测诊断设备	√			应具备示波器、转速表、发动机检测专用真空表的功能
13	数字式万用电表	√			
14	故障诊断设备	—	—	√	
15	汽缸压力表	√			
16	汽油喷油器清洗及流量测量仪	—	—	√	

续表

序号	设备名称	大中型客车	大型货车	小型车	其他要求
17	正时仪	√			
18	燃油压力表	—	—	√	
19	液压油压力表	√			
20	连杆校正器	√			允许外协
21	无损探伤设备	√			修理大中型客车必备，其他允许外协
22	车身清洗设备	—	—	√	
23	打磨抛光设备	√	—	√	
24	除尘除垢设备	√	—	√	
25	型材切割机	√			
26	车身整形设备	√			
27	车身校正设备	—	—	√	
28	车架校正设备	√	√	—	二类允许外协
29	悬架试验台	—	—	√	二类允许外协
30	喷烤漆房及设备	√	—	√	
31	喷油泵试验设备	√			
32	喷油器试验设备	√			
33	调漆设备	√	—	√	允许外协
34	自动变速器维修设备	—	—	√	
35	立式精镗床	√			
36	立式珩磨机	√			
37	曲轴磨床	√			
38	曲轴校正设备	√			
39	凸轮轴磨床	√			
40	激光淬火设备	√			
41	曲轴、飞轮与离合器总成动平衡机	√			

注：√，要求具备；—，不要求具备。

表8-17　主要检测设备

序　号	设备名称	其他要求
1	声级计	
2	排气分析仪或烟度计	
3	汽车前照灯检测设备	二类允许外协
4	侧滑试验台	二类允许外协

序　号	设备名称	其他要求
5	制动检验台	修理大型货车及二类允许外协
6	车速表检验台	二类允许外协
7	底盘测功机	允许外协

2. 汽车专项维修业户配备的仪器设备

汽车专项维修业户是指从事汽车发动机、车身、电气系统、自动变速器、车身清洁维护、涂漆、轮胎动平衡及修补、四轮定位检测调整、供油系统维护及油品更换、喷油泵和喷油器维修、曲轴修磨、汽缸镗磨、散热器(水箱)、空调维修、汽车装潢(篷布、座垫及内装饰)、门窗玻璃安装等专项维修作业的业户(三类)。

1) 发动机修理配备的主要设备

发动机修理应配备的主要设备有：压力机；空气压缩机；发动机解体清洗设备；发动机等总成吊装设备；发动机试验设备；废油收集机；数字式万用电表；汽缸压力表；量缸表；正时仪；汽油喷油器清洗及流量测量仪；燃油压力表；喷油泵试验设备；喷油器试验设备；连杆校正器；排气分析仪；烟度计；无损探伤设备；立式精镗床；立式珩磨机；曲轴磨床；曲轴校正设备；凸轮轴磨床；激光淬火设备；曲轴、飞轮与离合器总成动平衡机。

2) 车身维修配备的主要设备

车身维修应配备的主要设备有：电焊及气体保护焊设备；气焊设备；压力机；空气压缩机；汽车外部清洗设备；打磨抛光设备；除尘除垢设备；型材切割机；车身整形设备；车身校正设备；车架校正设备；车身尺寸测量设备；喷烤漆房及设备；调漆设备(允许外协)。

3) 电气系统维修配备的仪器设备

电气系统维修应配备的仪器设备有：空气压缩机；故障诊断设备；数字式万用电表；充电机；电解液比重计；高频放电叉；汽车前照灯检测设备(允许外协)；电路检测设备。

4) 自动变速器修理配备的仪器设备

自动变速器修理应配备的仪器设备有：自动变速器翻转设备；自动变速器拆解设备；变扭器维修设备；变扭器切割设备；变扭器焊接设备；变扭器检测(漏)设备；零件高压清洗设备；电控变速器测试仪；油路总成测试机；液压油压力表；自动变速器总成测试机；自动变速器专用测量器具。

5) 车身清洁维护配备的仪器设备

车身清洁维护应配备的仪器设备有：举升设备或地沟；汽车外部清洗设备及污水处理设备；吸尘设备；除尘、除垢设备；打蜡设备；抛光设备。

6) 涂漆配备的仪器设备

涂漆应配备的仪器设备有：举升设备；除锈设备；砂轮机；空气压缩机；喷烤漆房(从事轿车喷漆必备)或喷漆设备；调漆设备(允许外协)；吸尘、通风设备。

7) 轮胎动平衡及修补配备的仪器设备

轮胎动平衡及修补应配备的仪器设备有：空气压缩机；漏气试验设备；轮胎气压表；千斤顶；轮胎螺母拆装机或专用拆装工具；轮胎轮辋拆装、除锈设备或专用工具；轮胎修补设备；车轮动平衡机。

8) 四轮定位检测调整配备的仪器设备

四轮定位检测调整应配备的仪器设备有：举升设备；四轮定位仪；空气压缩机；轮胎气压表。

9) 供油系统维护及油品更换配备的仪器设备

供油系统维护及油品更换应配备的仪器设备有：不解体油路清洗设备；换油设备；废油收集设备；举升设备或地沟；空气压缩机。

10) 喷油泵、喷油器维修配备的仪器设备

喷油泵、喷油器维修应配备的仪器设备有：喷油泵、喷油器清洗和试验设备；喷油泵—喷油器密封性试验设备(从事喷油泵、喷油器维修的业户)；弹簧试验仪；千分尺；厚薄规。

11) 曲轴修磨配备的仪器设备

曲轴修磨应配备的仪器设备有：曲轴磨床；曲轴校正设备；曲轴动平衡设备；平板；V 形块；百分表及磁力表座；外径千分尺；无损探伤设备；吊装设备。

12) 汽缸镗磨配备的仪器设备

汽缸镗磨应配备的仪器设备有：立式精镗床；立式珩磨机；压力机；吊装起重设备；汽缸体水压试验设备；量缸表；外径千分尺；厚薄规；激光淬火设备(从事激光淬火必备)；平板。

13) 散热器维修配备的仪器设备

散热器维修应配备的仪器设备有：清洗及管道疏通设备；气焊设备；钎焊设备；空气压缩机；喷漆设备；散热器密封试验设备。

14) 空调维修配备的仪器设备

空调维修应配备的仪器设备有：汽车空调冷媒加注回收设备；气焊设备；空调电器检测设备；空调专用检测设备；数字式万用电表。

15) 汽车装潢(篷布、座垫及内装饰)配备的仪器设备

汽车装潢(篷布、座垫及内装饰)应配备的仪器设备有：缝纫机；锁边机；工作台或工作案；台钻或手电钻；电熨斗；裁剪工具；烘干设备。

16) 汽车玻璃安装配备的仪器设备

汽车玻璃安装应配备的仪器设备有：工作台；玻璃切割工具；注胶工具；玻璃固定工具；直尺、弯尺；玻璃拆装工具；吸尘器。

8.4 汽车检测评定管理

随着汽车制造业和交通运输业的迅速发展，汽车已成为现今社会不可缺少的交通运输工具，其保有量越来越大。如何用现代、科学、快速、定量和准确的手段，检测并诊断汽车的技术状况，使汽车更好地发挥其动力性、经济性、排放净化性、安全性、可靠性和舒适性等使用性能，是人类一直追求的目标。汽车检测站在这种情况下应运而生，并逐渐发展、壮大、成熟。它不仅可代表政府车管机关或行业对汽车技术状况进行检测和监督，而且已成为汽车制造企业、汽车运输企业、汽车维修企业中不可缺少的重要组成部分。

8.4.1 汽车检测站的类型

汽车检测站是综合运用现代检测技术、电子技术、计算机应用技术,对汽车实施不解体检测、诊断的机构。它具有现代的检测设备和检测方法,能在室内检测出汽车的各种参数,并诊断出可能出现的故障,为全面、准确评价汽车的技术状况提供可靠的依据,是促进维修技术发展、实现周期维护、视情修理的重要保证。

汽车检测诊断的主要内容包括:汽车的安全性(如制动、侧滑、转向和前照灯等)、可靠性(如异响、磨损、变形、裂纹等)、动力性(如车速、加速性能、底盘输出功率、发动机功率、供给系统和点火系统状况等)、经济性(如燃油消耗)以及噪声和废气排放情况等。

根据检测站的服务对象和检测内容,汽车检测站可分为汽车安全检测站、汽车综合性能检测站和汽车维修检测站三类。

1. 汽车安全检测站

汽车安全检测站根据国家有关法规的规定,定期检测汽车与安全和环境保护有关的项目,一般对反映汽车行驶安全和对环境污染程度的规定项目进行总体检测,并把检测结果与国家有关标准比较,给出"合格"与"不合格"的检测结果,而不进行具体故障的诊断与分析。

汽车安全检测站主要承担下列检测任务:汽车申请注册登记时的初次检验;汽车定期检验;汽车临时检验;汽车特殊检验,包括事故汽车、外事汽车、改装和报废汽车等的技术检验。

2. 汽车综合性能检测站

根据《汽车综合性能检测站能力的通用要求》(GB/T 17993),汽车综合性能是指在用汽车动力性、安全性、燃料经济性、使用可靠性、排气污染物、噪声、整车装备完备性与状态、防雨密封性等多种技术性能的组合。汽车综合性能检测站是指按照规定的程序、方法,通过一系列技术操作行为,对在用汽车综合性能进行检测(验)评价工作并提供检测数据、报告的社会化服务机构。

汽车综合性能检测站的服务功能如下。

(1) 依法对营运车辆的技术状况进行检测。

(2) 依法对车辆维修质量进行检测。

(3) 接受委托,对车辆改装、改造、延长报废期及其相关新技术、科研鉴定等项目进行检测,提供检测结果。

(4) 接受交通、公安、环保、商检、计量、保险和司法机关等部门、机构的委托,为其进行规定项目的检测,提供检测结果。

3. 汽车维修检测站

汽车维修检测站是为汽车维修服务的检测站。其任务是:对二级维护前的汽车进行技术状况检测和故障诊断,以确定附加作业项目和小修项目;对大修前的汽车或总成进行技术状况检测,以确定其是否达到大修标志需要大修;对维修后的汽车进行技术检测,以监控汽车的维修质量。

8.4.2　汽车检测站的工艺路线

汽车检测站的工艺路线如图 8-2 所示。

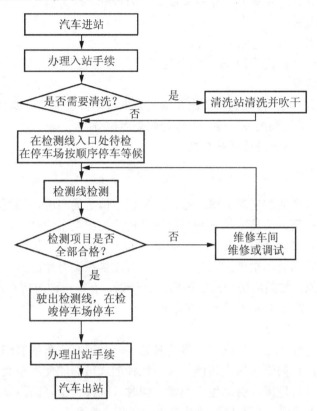

图 8-2　汽车检测站的工艺路线

8.4.3　汽车检测评定管理要求

　　企业应建立车辆检测评定管理制度，内容包括检测管理部门及职责、检测分类和检测组织；应按期组织车辆进行安全技术检验、环保检验和综合性能检测(含技术等级评定、客车类型等级评定或年度类型等级评定复核)，检测周期和频次应符合有关规定。

　　车辆检测后，应及时将检测报告或凭证归档，并在档案中记载有关信息。检测不合格的车辆，应及时维修、调整，经复检合格后方可安排运输任务。

8.5　汽车处置管理

　　汽车处置管理包括汽车更新、汽车报废与淘汰、停驶与封存、汽车转让等。

8.5.1　汽车更新管理

　　以新车或高效率、低消耗、性能先进的汽车更换在用汽车，称为汽车更新。汽车更新应以提高营运经济效益和社会效益为原则。

1. 汽车更新的内容

汽车的适时更新和适度更新是企业发展的有力杠杆。研究营运汽车的最佳使用年限，对企业具有重要的现实意义。

汽车更新包括以下四个方面的含义。

(1) 同类型新车替换在用汽车。由于汽车工业的迅猛发展，以及车型的不断更新换代，此种更新目前较少。

(2) 高效率、低消耗、性能先进的汽车或大容量汽车替换性能差或容量小的汽车。

(3) 在用汽车尚未达到报废条件，但性能较差而被替换。

(4) 在用汽车已达报废条件而被替换。

2. 汽车更新的形式

汽车更新是关系企业发展的大事，必须持积极、慎重的态度，遵循有关技术政策和技术发展的原则，进行充分的技术论证和可行性分析，提出汽车最佳合理使用年限，制订汽车更新计划。从企业实际情况出发，一方面努力创造条件，积极选购采用新技术、新材料的新型汽车；另一方面要尽量做到物尽其用，不宜过早报废有用的汽车。要从具体情况出发，根据需要和可能，按照经济合理的原则，有计划、有重点地对现有汽车进行更新。

目前，企业更新汽车主要有以下几种情形。

1) 以扩大汽车拥有量为主

这种更新形式是建立在增加汽车数量的基础上，对现有汽车依靠修理，特别是靠大修来延长使用年限，汽车的更新速度缓慢。采用此种形式虽然能使汽车数量增加，生产规模扩大，但汽车质量改进较慢，劳动生产率低。同时，维持大量陈旧汽车正常运转需要大量修理费。从经济上来看，企业投资效益较差，市场竞争力不强。

2) 以汽车更换为主

这种更新形式是用更先进的汽车技术取代现有的落后技术，提高劳动生产率，增加车型品种，提高汽车装备质量，节约原材料和能源，降低营运成本和提高投资效益。这种更新方式只有在汽车技术迅速发展的今天，才可能实行。

3) 汽车更换增加数量并举

这种更新形式会大大提高生产水平，但需要巨大的财力，增加大量投资才能实现。

8.5.2　汽车报废与淘汰管理

1. 汽车报废管理

汽车经过长期使用，车型老旧，性能低劣，燃、润料和材料超耗严重，维修费用过高，继续使用不经济、不安全的汽车应予以报废，具体按《机动车强制报废标准规定》的规定执行。

现行的《机动车强制报废标准规定》共 11 条，明确根据机动车使用和安全技术、排放检验状况，国家对达到报废标准的机动车实施强制报废。机动车使用年限及行驶里程参考值汇总表见表 8-18。

表8-18　机动车使用年限及行驶里程参考值汇总表

车辆类型与用途				使用年限/年	行驶里程参考值/(万 km)
汽车	载客	营运	出租客运　小、微型	8	60
			出租客运　中型	10	50
			出租客运　大型	12	60
			租赁	15	60
			教练　小、微型	10	50
			教练　中型	12	50
			教练　大型	15	60
			公共客运	13	40
			其他　小、微型	10	60
			其他　中型	15	50
			其他　大型	15	80
		非营运	专用校车	15	40
			小、微型客车、大型轿车※	无	60
			中型客车	20	50
			大型客车	20	60
	载货		微型	12	50
			中、轻型	15	60
			重型	15	70
			危险品运输	10	40
			三轮汽车、装用单缸发动机的低速货车	9	无
			装用多缸以上发动机的低速货车	12	30
	专项作业		有载货功能	15	50
			无载货功能	30	50
挂车	半挂车		集装箱	20	无
			危险品运输	10	无
			其他	15	无
	全挂车			10	无
摩托车	正三轮			12	10
	其他			13	12
轮式专业机械车				无	50

注：1. 表中机动车主要依据《机动车类型　术语和定义》(GA 802—2008)进行分类；标注"※"的车辆为乘用车。

2. 对小、微型出租客运汽车(纯电动汽车除外)和摩托车，省、自治区、直辖市人民政府有关部门可结合本地实际情况，制定严于表中使用年限的规定，但小、微型出租客运汽车不得低于 6 年，正三轮摩托车不得低于 10 年，其他摩托车不得低于 11 年。

3. 营运车辆(包括出租车)转为非营运车辆或非营运车辆转为营运车辆，均按营运车辆(包括出租车)的年限计算。

《机动车强制报废标准规定》中关于"非营运小微型载客汽车和大型轿车变更使用性质后累计使用年限计算公式"为

$$累计使用年限 = 原状态已使用年 + \left(1 - \frac{原状态已使用年}{原状态使用年限}\right) \times 状态改变后使用年限$$

备注：公式中原状态已使用年中不足一年的按一年计算，例如，已使用 2.5 年按照 3 年计算；对于小型、微型非营运载客汽车，原状态使用年限数值取定值为 17；累计使用年限计算结果向下圆整为整数，且不超过 15 年。

经批准报废的汽车，统一送交车管部门指定的汽车拆解公司报废，按规定办理汽车报废注销手续。报废汽车不得转让或挪作他用，严禁用报废汽车的总成和零部件拼装汽车。

汽车报废后，应将《道路运输证》及有关营运标志交回原证件配发机关，应妥善保存回收证明、注销证明等凭证。

2. 汽车淘汰管理

经过一段时间使用后，不再适宜本企业营运生产要求但又未达到报废条件的汽车可作价进行淘汰(外卖)处理。注意必须是符合办理转移过户手续的汽车，处理时必须一并办理汽车过户手续，无法办理过户手续的汽车，禁止外卖处理。

汽车淘汰所得资金收入应用于汽车更新或改造，不得挪作他用。

8.5.3　汽车停驶、封存与转让管理

1. 汽车停驶、封存管理

长期停驶或封存的车辆，应指定专人负责保管。

车辆停驶或封存期间，应根据整车制造厂的要求或当地实际情况，做好车辆技术防护。车辆停驶或封存 4 个月以上的，投入运输生产前应进行二级维护作业。

2. 汽车转让管理

汽车转让时，企业应办理车辆转让变更手续，完整移交车辆技术档案；应清除车辆上与企业有关的喷涂图案、字符和标识。

本 章 小 结

(1) 汽车技术档案是对汽车从购置到报废全过程技术管理情况的系统记录，是汽车技术管理的一项重要工作。

(2) 汽车择优选购的原则是指根据汽车的用途、运量、运距和道路、气候及燃料供应等条件，结合汽车的容载量、动力性、安全性、环保性、经济性、通过性、可靠性及维修方便性等主要使用性能指标，综合平衡、按需选购、量力而行、讲究实用可靠以及尽可能达到少投入多产出、综合经济效益好的目的。

(3) 汽车使用管理包括投入使用前期管理、运行管理、能源管理、轮胎管理、卫星定位装置管理。

(4) 汽车检测站是综合运用现代检测技术、电子技术、计算机应用技术，对汽车实施

不解体检测、诊断的机构。它具有现代的检测设备和检测方法，能在室内检测出汽车的各种参数，并诊断出可能出现的故障，为全面、准确评价汽车的技术状况提供可靠的依据，是促进维修技术发展、实现周期维护、视情修理的重要保证。

(5) 汽车维修是指汽车在使用过程中，为维持和恢复汽车的技术状况、保持汽车的工作能力所采取的技术措施。汽车维修思想和工艺组织是否科学、维修设备是否先进、维修技术和规范是否合理，都对汽车的维修质量有重大影响；而汽车维修质量的高低，对汽车技术状况和使用寿命具有决定性作用。

(6) 汽车维护作业的内容包括清洁、补给、紧固、润滑、检查和调整。汽车维护按作业范围分为日常维护、一级维护和二级维护三种。

(7) 汽车修理应贯彻视情修理的原则，即根据汽车检测诊断和技术鉴定的结果，视情按不同作业范围和深度进行，既要防止拖延修理造成车况恶化，又要防止提前修理造成浪费。

(8) 汽车修理按作业范围分为汽车大修、总成大修、汽车小修和零件修理四种。

(9) 要确定汽车和总成是否需要大修，必须掌握汽车和总成大修的送修标志。

(10) 《汽车维修业开业条件》(GB/T 16739.1~2－2004)中规定了一类汽车整车维修企业、二类汽车整车维修企业和汽车专项维修业户的开业条件及经营范围。

(11) 汽车在使用过程中，由于损耗而减少的那部分价值，称为汽车折旧。

(12) 以新车或高效率、低消耗、性能先进的汽车更换在用汽车，称为汽车更新。汽车更新应以提高营运经济效益和社会效益为原则。

(13) 汽车经过长期使用，车型老旧，性能低劣，燃、润料和材料超耗严重，维修费用过高，继续使用不经济、不安全的汽车应予以报废，具体按《机动车强制报废标准规定》的规定执行。

(14) 经过一段时间使用后，不再适宜本企业营运生产要求但又未达到报废条件的汽车可作价进行淘汰(外卖)处理。

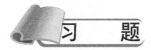

习　题

1. 概念题

汽车技术档案、汽车更新、汽车报废、汽车淘汰

2. 简答题

(1) 汽车技术档案包括哪些内容?

(2) 简述汽车择优选购的原则。

(3) 汽车使用管理主要包括哪些内容?

(4) 简述汽车检测诊断的工艺流程。

(5) 简述汽车维护的原则以及维护的分级。

(6) 简述汽车修理的原则以及修理的分级。

(7) 汽车更新的形式有哪些?

附　录

附录 1　《世界燃油规范》

1998 年 6 月在比利时举行的第 3 届世界燃料会议上，欧洲汽车制造商协会(ACEA)、汽车制造商联盟(Auto Alliance)、日本汽车制造商协会(JAMA)和美国发动机制造商协会(AEMA)代表全球汽车行业联合制定了《世界燃油规范》，第一次在世界范围内对车用燃油(包括车用汽油和车用柴油)提出了科学、明确、详细的指标要求。《世界燃油规范》制定的目的是在世界范围内协调车用燃油的质量要求和标准制定，规范燃油质量与汽车技术的发展，以应对日益严格的油耗法规和不断升级的排放标准要求。

世界燃油规范，英文为 World-Wide Fuel Charter，缩写为 WWFC。《世界燃油规范》第一版于 1998 年发布，第二版于 2000 年发布，第三版于 2002 年发布，第四版于 2006 年发布，最新的第 5 版已于 2013 年发布。

第 5 版《世界燃油规范》根据市场对汽车排放控制和燃油经济性要求的不同，将车用燃油(无铅汽油和柴油)分为 5 类。由于欧美日排放法规的变化，《世界燃油规范》对 5 类车用燃油对应的市场进行了重新说明。

第 1 类车用燃油：主要基于汽车/发动机基本性能和对汽车排放控制系统的保护，适用于对排放控制没有要求或极低要求(如美国 Tier 0、欧 1 或等同排放标准)的市场。

第 2 类车用燃油：适用于对排放控制或其他市场需求有要求的市场，如美国 Tier 1、欧 2/Ⅱ、欧 3/Ⅲ或等同排放标准的市场。

第 3 类车用燃油：适用于对汽车排放控制或其他市场需求有较严格要求的市场，如美国 LEV、加州 LEV 或 ULEV、欧 4/Ⅳ(稀薄燃烧汽油机除外)、日本 JP 2005 或等同排放标准的市场。

第 4 类车用燃油：适用于对排放控制有更高要求的市场，以保证复杂的 NO_x 和微粒后处理技术得到应用，如美国 Tier 2、Tier 3、美国重型道路车 US 2007/2010、美国非道路车 Tier 4、加州 LEVⅡ、欧 4/Ⅳ、欧 5/Ⅴ、欧 6/Ⅵ、日本 JP 2009 或者等同排放标准的市场。

第 5 类车用燃油：适用于对排放控制和燃料效率都有极高要求的市场，如那些要求满足美国 2017 轻型汽车燃料经济性、美国重型汽车燃料经济性、加州 LEV Ⅲ或者等同排放控制标准以及除了第 4 类车用燃油要求的排放控制标准以外还有燃料效率标准要求的市场。

无铅汽油规范见附表 1-1~附表 1-5。

汽油试验方法见附表 1-6。

柴油规范见附表 1-7~附表 1-12。

柴油试验方法见附表 1-13。

附表 1-1　第 1 类无铅汽油规范

指　标	单　位	限　值	
		最 小 值	最 大 值
"91RON"[1]	RON	91.0	
	MON	82.0	
"95RON"[1]	RON	95.0	
	MON	85.0	
"98RON"[1]	RON	98.0	
	MON	88.0	
氧化安定性	min	360	
硫含量	mg/kg[2]		1000
金属元素含量[3]	mg/kg		1 或者未检出，取两者中较低者
氧含量[4]	%(m/m)		2.7[5]
芳烃含量	%(v/)v		50.0
苯含量	%(v/v)		5.0
蒸发性		见附表 1-6	
未洗胶质含量	Mg/100mL		70
实际胶质含量	Mg/100mL		5
密度	Kg/m³	715	780
铜片腐蚀	级		1 级
外观		清澈透明，无游离态水或颗粒物	
化油器清洁度	评分	8.0[6]	
燃油喷油器清洁度，方法 1 或者方法 2	%(流量损失)		10.0[6]
进气门清洁度	评分	9.0[6]	

注：

(1) 这三种辛烷值牌号应具有最大的市场适应性，并非所有这三种牌号都需要。

(2) 单位 mg/kg 通常表示为 ppm。装有催化净化装置的汽车最好采用较低的硫含量。

(3) 金属元素包括但不局限于铜、铁、锰、钠、磷、铅、硅和锌，另一有害元素是氯。含金属的燃油添加剂只允许在无催化净化装置的汽车上使用来保护气门座，推荐使用含钾的燃油添加剂。无人为添加含有金属的燃油添加剂。

(4) 使用含氧化合物时，首选是醚类。不允许使用甲醇。

(5) 在现有规则许可的情况下允许乙醇含量最大体积比是 10%这种情况除外。乙醇掺和应满足《世界燃油规范》委员会公布的 E100 指南。对乙醇汽油推荐燃油泵贴标签，让可以使用该燃料车辆的用户决定。

(6) 在同类可比的汽油中添加适当的清净分散剂可以证明符合这一要求。

附表 1-2　第 2 类无铅汽油规范

指　标	单　位	限　值	
		最 小 值	最 大 值
"91RON" [1]	RON	91.0	
	MON	82.5	
"95RON" [1]	RON	95.0	
	MON	85.0	
"98RON" [1]	RON	98.0	
	MON	88.0	
氧化安定性	min	480	
硫含量	mg/kg [2]		150
金属元素含量 [3]	mg/kg		1 或者未检出，取两者中较低者
氧含量 [4]	%(m/m)		2.7 [5]
烯烃含量	%(v/)v		18.0
芳烃含量	%(v/)v		40.0
苯含量	%(v/v)		2.5
蒸发性		见附表 1-6	
沉淀物(总微粒物)	mg/L		1
未洗胶质含量 [6]	Mg/100mL		70
实际胶质含量	Mg/100mL		5
密度	Kg/m^3	715	770
铜片腐蚀	级		1 级
外观		清澈透明，无游离态水或颗粒物	
燃油喷油器清洁度 方法 1 方法 2	%(流量损失)	5 10	
进气门黏滞	通过/失败	通过	
进气门清洁度 II 方法 1(CEC F-05-A-93) 方法 2(ASTM D5500) 方法 3(ASTM D6210)	平均 mg/气门	50 100 90	

续表

指　标	单　位	限　值	
		最 小 值	最 大 值
燃烧室沉积物[6]			
方法 1(ASTM D6201)	%(基燃料)		140
方法 2(CEC F-20-A-98)	mg/发动机		3500
方法 3(TGA FLTM BZ154-01)	%m/m(450℃)		20

注:

(1) 这三种辛烷值牌号应具有最大的市场适应性,并非所有这三种牌号都需要。

(2) 单位 mg/kg 通常表示为 ppm。

(3) 金属元素包括但不局限于铜、铁、锰、钠、磷、铅、硅和锌,另一有害元素是氯。金属元素含量不得超过 1mg/kg。无人为添加含有金属的燃油添加剂。

(4) 使用含氧化合物时,首选是醚类。不允许使用甲醇。

(5) 在现有规则许可的情况下允许乙醇含量最大体积比是 10%这种情况除外。乙醇掺和应满足《世界燃油规范》委员会公布的 E100 指南。对乙醇汽油推荐燃油泵贴标签,让可以使用该燃料车辆的用户决定。

(6) 为了提供灵活性(例如,汽油清净剂的使用会增加未洗胶质含量),燃油依据未清洗胶质限值或燃烧室沉积物限值两者之一均可。

附表 1-3　第 3 类无铅汽油规范

指　标	单　位	限　值	
		最 小 值	最 大 值
"91RON" [1]	RON	91.0	
	MON	82.5	
"95RON" [1]	RON	95.0	
	MON	85.0	
"98RON" [1]	RON	98.0	
	MON	88.0	
氧化安定性	min	480	
硫含量	mg/kg[2]		30
金属元素含量[3]	mg/kg		1 或者未检出,取两者中较低者
氧含量[4]	%(m/m)		2.7[5]
烯烃含量	%(v/)v		10.0
芳烃含量	%(v/)v		35.0
苯含量	%(v/v)		1.0
蒸发性			见附表 1-6
沉淀物(总微粒物)	mg/L		1
未洗胶质含量[6]	Mg/100mL		30

续表

指　标	单　位	限　值	
		最　小　值	最　大　值
实际胶质含量	Mg/100mL		5
密度	Kg/m³	715	770
铜片腐蚀	级		1级
外观		清澈透明，无游离态水或颗粒物	
燃油喷油器清洁度	%(流量损失)		
方法1			5
方法2			10
颗粒物，粒径分布	代码评级	18/16/13 (ISO 4406)	
进气门黏滞	通过/失败	通过	
进气门清洁度Ⅱ	平均 mg/气门		
方法1(CEC F-05-A-93)			30
方法2(ASTM D5500)			50
方法3(ASTM D6210)			50
燃烧室沉积物(6)			
方法1(ASTM D6201)	%(基燃料)		140
方法2(CEC F-20-A-98)	mg/发动机		2500
方法3(TGA FLTM BZ154-01)	%m/m(450℃)		20

注:

(1) 这三种辛烷值牌号应具有最大的市场适应性，并非所有这三种牌号都需要。

(2) 单位 mg/kg 通常表示为 ppm。

(3) 金属元素包括但不局限于铜、铁、锰、钠、磷、铅、硅和锌，另一有害元素是氯。金属元素含量不得超过 1mg/kg。无人为添加含有金属的燃油添加剂。

(4) 使用含氧化合物时，首选是醚类。不允许使用甲醇。

(5) 在现有规则许可的情况下允许乙醇含量最大体积比是 10%这种情况除外。乙醇掺和应满足《世界燃油规范》委员会公布的 E100 指南。对乙醇汽油推荐燃油泵贴标签，让可以使用该燃料车辆的用户决定。

(6) 为了提供灵活性(例如，汽油清净剂的使用会增加未洗胶质含量)，燃油依据未清洗胶质限值或燃烧室沉积物限值两者之一均可。

附表1-4　第4类无铅汽油规范

指　标	单　位	限　值	
		最　小　值	最　大　值
"91RON" [1]	RON	91.0	
	MON	82.5	
"95RON" [1]	RON	95.0	
	MON	85.0	

续表

指 标	单 位	限 值	
		最 小 值	最 大 值
"98RON"[1]	RON	98.0	
	MON	88.0	
氧化安定性	min	480	
硫含量	mg/kg[2]		10
金属元素含量[3]	mg/kg		1 或者未检出，取两者中较低者
氧含量[4]	%(m/m)		2.7[5]
烯烃含量	%(v/)v		10.0
芳烃含量	%(v/)v		35.0
苯含量	%(v/v)		1.0
蒸发性		见附表1-6	
沉淀物(总微粒物)	mg/L		1
未洗胶质含量[6]	Mg/100mL		30
实际胶质含量	Mg/100mL		5
密度	Kg/m^3	715	770
铜片腐蚀	级		1 级
银片腐蚀	级		1 级
外观		清澈透明，无游离态水或颗粒物	
燃油喷油器清洁度 方法1 方法2	%(流量损失)		5 10
颗粒物，粒径分布	代码评级	18/16/13 (ISO 4406)	
进气门黏滞	通过/失败	通过	
进气门清洁度Ⅱ 方法1(CEC F-05-A-93) 方法2(ASTM D5500) 方法3(ASTM D6210)	平均 mg/气门		30 50 50

续表

指 标	单 位	限 值	
		最小值	最 大 值
燃烧室沉积物[6]			
方法 1(ASTM D6201)	%(基燃料)		140
方法 2(CEC F-20-A-98)	mg/发动机		2500
方法 3(TGA FLTM BZ154-01)	%m/m(450℃)		20

注:

(1) 这三种辛烷值牌号应具有最大的市场适应性,并非所有这三种牌号都需要。

(2) 单位 mg/kg 通常表示为 ppm。

(3) 金属元素包括但不局限于铜、铁、锰、钠、磷、铅、硅和锌,另一有害元素是氯。金属元素含量不得超过 1mg/kg。无人为添加含有金属的燃油添加剂。

(4) 使用含氧化合物时,首选是醚类。不允许使用甲醇。

(5) 在现有规则许可的情况下允许乙醇含量最大体积比是 10%这种情况除外。乙醇掺和应满足《世界燃油规范》委员会公布的 E100 指南。对乙醇汽油推荐燃油泵贴标签,让可以使用该燃料车辆的用户决定。

(6) 为了提供灵活性(例如,汽油清净剂的使用会增加未洗胶质含量),燃油依据未清洗胶质限值或燃烧室沉积物限值两者之一均可。

附表 1-5 第 5 类无铅汽油规范

指 标	单 位	限 值	
		最小值	最 大 值
"95RON"	RON	95.0	
	MON	85.0	
"98RON"	RON	98.0	
	MON	88.0	
氧化安定性	min	480	
硫含量	mg/kg[1]		10
金属元素含量[2]	mg/kg		1 或者未检出,取两者中较低者
氧含量[3]	%(m/m)		2.7[4]
烯烃含量	%(v/v)		10.0
芳烃含量	%(v/v)		35.0
苯含量	%(v/v)		1.0
蒸发性		见附表 1-6	
沉淀物(总微粒物)	mg/L		1
未洗胶质含量[5]	mg/100mL		30
实际胶质含量	mg/100mL		5
密度	kg/m³	720	775

续表

指　标	单　位	限　值	
		最小值	最大值
铜片腐蚀	级		1级
银片腐蚀	级		1级
外观		清澈透明，无游离态水或颗粒物	
燃油喷油器清洁度 方法1 方法2	%(流量损失)		5 10
颗粒物，粒径分布	代码评级	18/16/13 (ISO 4406)	
进气门黏滞	通过/失败	通过	
进气门清洁度Ⅱ 方法1(CEC F-05-A-93) 方法2(ASTM D5500) 方法3(ASTM D6210)	平均 mg/气门		30 50 50
燃烧室沉积物[5] 方法1(ASTM D6201) 方法2(CEC F-20-A-98) 方法3(TGA FLTM BZ154-01)	%(基燃料) mg/发动机 %m/m(450℃)		140 2500 20

注:

(1) 单位 mg/kg 通常表示为 ppm。

(2) 金属元素包括但不局限于铜、铁、锰、钠、磷、铅、硅和锌，另一有害元素是氯。金属元素含量不得超过 1mg/kg。无人为添加含有金属的燃油添加剂。

(3) 使用含氧化合物时，首选是醚类。不允许使用甲醇。

(4) 在现有规则许可的情况下允许乙醇含量最大体积比是 10%这种情况除外。乙醇掺和应满足《世界燃油规范》委员会公布的 E100 指南。对乙醇汽油推荐燃油泵贴标签，让可以使用该燃料车辆的用户决定。

(5) 为了提供灵活性(例如，汽油清净剂的使用会增加未洗胶质含量)，燃油依据未清洗胶质限值或燃烧室沉积物限值两者之一均可。

附表1-6　无铅汽油蒸发性分级

蒸发性分级	A	B	C	D	E
环境温度范围(℃)	>15	5～15	-5～5	-5～-15	<-15
蒸气压(kPa)	45～60	55～70	65～80	75～90	85～105
10%蒸发温度(℃)，≤	65	60	55	50	45
50%蒸发温度(℃)	77～100	77～100	75～100	70～100	65～100
90%蒸发温度(℃)	130～175	130～175	130～175	130～175	130～175
终馏点(℃)，　≤	205	205	205	205	205

70℃馏出量(%)		20～45	20～45	25～47	25～50	25～50
100℃馏出量(%)		50～65	50～65	50～65	55～70	55～70
180℃馏出量(%)，	≥	90	90	90	90	90
蒸馏指数，	≤	570	565	560	555	550

说明：

(1) 蒸发性分级的级别根据使用地区的最低环境温度来划分，并随季节而变化。

(2) 蒸馏指数=(1.5×T10)+(3×T50)+T90+(11×氧质量百分含量)。

附表 1-7　汽油试验方法

项　目	单　位	ISO	ASTM	JIS	其　他
研究法辛烷值		EN5164	D2699	K2280	
马达法辛烷值		EN5163	D2700-86	K2280-96	
氧化安定性[1]	min	7536	D525	K2287	
硫含量	mg/kg	20846 20884	D2622 D5453	K2541	
铅含量	mg/L		D3237	K2255	EN237
钾含量	mg/L				NF M07065 EN14538
金属含量	mg/kg				ICP；ASTMD7111
磷含量	mg/L		D3231		
硅含量	mg/kg				ICP-AES(参考室内方法，其检测限值为 1mg/kg)
氯含量	mg/kg		D7359/D7536		
氧含量	%m/m		D4815	K2536	EN13132
烯烃含量[2]	%v/v	3837	D1319	K2536	
芳烃含量[2]	%v/v	3837	D1319	K2536	EN14157
苯含量	%v/v		D5580 D3606	K2536	EN238 EN14157
蒸气压	kPa		D5191	K2258	EN13016/1 DVPE
蒸发性：T10、T50、T90、E70、E100、E180、终馏点、残留物		3405	D86	K2254	
气/液比	℃		D5188		
沉淀物(总微粒物)	mg/L		D5452		

续表

项　目	单　位	ISO	ASTM	JIS	其　他
未洗胶质	mg/100mL	6246	D381	K2261	可用燃烧室沉积物试验代替
实际胶质	mg/100mL	6246	D381	K2261	
密度	kg/m³	3675 12185	D4052	K2249	
铜片腐蚀	级	2160	D130	K2513	
银片腐蚀	级		D7671		
外观			D4167		目测
化油器清洁度	评级				CEC F-03-T
燃油喷油器清洁度 方法1	% 流量损失		D5598		
燃油喷油器清洁度 方法2	% 流量损失		D6421		
颗粒物，粒径分布	代码评级 颗粒数/mL	4406 4407&11500			
进气门黏滞	通过/失效				CEC F-16-T
进气门清洁度Ⅰ	评级				CEC F-04-A
进气门清洁度Ⅱ 方法1 4气门平均 方法2 BMW 试验 方法3 Ford 2.3L	平均 mg/气门 平均 mg/气门 平均 mg/气门		D5500 D6201		CEC F-05-A
燃烧室沉积物 方法1 方法2 方法3	%(基燃料) mg/发动机 %m/m(450℃)		D6201		CEC F-20-A FLTM-BZ154[3]

注:

(1) 需要校正的试验程序以更好地测量含氧混合物。

(2) 烯烃和芳烃含量的一些试验方法是根据有关法律文件采用的。更精确的试验方法是可以获得的，也可采用。

(3)试验方法可通过网站 http://global.ihs.com 获得。

附表 1-8　第 1 类柴油规范

指　标	单　位	限　值	
		最　小　值	最　大　值
十六烷值		48.0	
十六烷指数[1]		48.0(45.0)[1]	

续表

指　标	单　位	限　值	
		最　小　值	最　大　值
密度(15℃)	kg/m³	820[2]	860
黏度(40℃)	mm²/s	2.0[3]	4.5
硫含量	mg/kg[4]		2000
95%蒸发温度	℃		370
闪点	℃	55[5]	
残炭	%m/m		0.30
冷滤点或低温流动试验或浊点	℃		最大值应≤最低环境温度预期值[6]
水分	mg/kg		500
氧化安定性			
方法1	g/m³		25
方法2a(改进的Rancimat法)	h	30	
方法2b(Delta法，总酸值)[7]	mg KOH/g		0.12
方法2c(PetroOxy法)[7]	min	60	
脂肪酸甲基酯类油含量[8]	%v/v		5
其他生物柴油含量[9]	%v/v		[9]
铜片腐蚀	级		1级
乙醇/甲醇含量	%v/v	未检出[10]	
灰分	%m/m		0.01
总颗粒物	见试验方法		10
外观		清澈透明，无游离态水或颗粒物	
润滑性：60℃HFRR磨痕直径	μm		460

注:

(1) 如果测定十六烷值的标准发动机不能获得和柴油中没有添加十六烷值改进剂，用十六烷值指数代替十六烷值是可以接受的。柴油中添加十六烷值改进剂时，十六烷值估计值一定不小于规定值，插一句十六烷值指数也一定不小于这个数。

(2) 当环境温度低于-30℃时，最小限值可放宽到800km/m³。

(3) 当环境温度低于-30℃时，最小限值可放宽到1.5mm²/s；当环境温度低于-40℃时，最小限值可放宽到1.3mm²/s。

(4) 单位mg/kg通常表示为ppm。

(5) 当环境温度低于-30℃时，最小限值可放宽到38℃。

(6) 如证明冷滤点和浊点有一致性，那么冷滤点最大一定也不能低于浊点超过10℃。

(7) 含有脂肪酸甲基酯类油的柴油必须采用试验方法2a和2b。试验方法2c的相关数据基于含有脂肪酸甲基酯类油的柴油。

(8) 对于脂肪酸甲基酯类油，可以考虑采用EN14214和ASTM D6751或等同的标准。在使用时，混合物应满足《世界燃油规范》委员会公布的B100指南，燃油泵应相应地贴上标签。

(9) 含有HVO和BTL的其他生物柴油必须保证成品柴油满足所有的规格要求。

(10) 达到或低于所采用试验方法的检测限值。

附表 1-9　第 2 类柴油规范

项　目	单　位	限　值	
		最　小　值	最　大　值
十六烷值		51.0	
十六烷指数[1]		51.0(48.0)[1]	
密度(15℃)	kg/m³	820[2]	850
黏度(40℃)	mm²/s	2.0[3]	4.0
硫含量	mg/kg[4]		300
金属元素含量[5]	mg/kg		1 或者未检出，取两者中较低者
总芳烃含量	%m/m		25
多环芳烃含量(两环、三环)	%m/m		5
90%蒸发温度[6]	℃		340
95%蒸发温度[6]	℃		355
终馏点	℃		365
闪点	℃	55	
残炭	%m/m		0.30
冷滤点或低温流动试验或浊点	℃		最大值应≤最低环境温度预期值[7]
水分	mg/kg		200
氧化安定性			
方法 1	g/m³		25
方法 2a(改进的 Rancimat 法)[8]	h	35	
方法 2b(Delta 法，总酸值)[8]	mg KOH/g		0.12
方法 2c(PetroOxy 法)[8]	min	65	
生物增长量[9]		没有生物增长量	
脂肪酸甲基酯类油含量[10]	%v/v		5
其他生物柴油含量[11]	%v/v		[11]
乙醇/甲醇含量	%v/v	未检出[12]	
总酸值	mg KOH/g		0.08
铁片腐蚀			轻锈
铜片腐蚀	级		1 级
灰分	%m/m		0.01
颗粒物			
总和	见试验方法		10
粒径分布	代码评级		18/16/13 (ISO 4406)
外观		清澈透明，无游离态水或颗粒物	

续表

项 目	单 位	限 值	
		最 小 值	最 大 值
喷油器清洁度(方法 1)	%空气流量损失		85
润滑性：60℃HFRR 磨痕直径	μm		460

注：

(1) 如果测定十六烷值的标准发动机不能获得和柴油中没有添加十六烷值改进剂，用十六烷值指数代替十六烷值是可以接受的。柴油中添加十六烷值改进剂时，十六烷值估计值一定不小于规定值，插一句十六烷值指数也一定不小于这个数。

(2) 当环境温度低于-30℃时，最小限值可降低到 800km/m^3。为了环境保护的目的要求，可采用最小密度 815km/m^3。

(3) 当环境温度低于-30℃时，最小限值可放宽到 1.5mm^2/s；当环境温度低于-40℃时，最小限值可放宽到 1.3mm^2/s。

(4) 单位 mg/kg 通常表示为 ppm。

(5) 金属元素包括但不局限于铜、铁、锰、钠、磷、铅、硅和锌，另一有害元素是氯。金属元素含量不得超过 1mg/kg。无人为添加含有金属的燃油添加剂。

(6) 90%蒸发温度或者 95%蒸发温度之一符合要求即可。

(7) 如证明冷滤点和浊点有一致性，那么冷滤点最大一定也不能低于浊点超过 10℃。

(8) 含有脂肪酸甲基酯类油的柴油必须采用试验方法 2a 和 2b。试验方法 2c 的相关数据基于含有脂肪酸甲基酯类油的柴油。

(9) 对没有生物增长量的适当限制的测量可以采用替代试验方法。

(10) 对于脂肪酸甲基酯类油，可以考虑采用 EN14214 和 ASTM D6751 或等同的标准。在使用时，混合物应满足《世界燃油规范》委员会公布的 B100 指南，燃油泵相应地贴上标签。

(11) 含有 HVO 和 BTL 的其他生物柴油必须保证成品柴油满足所有的规格要求。

(12) 达到或低于所采用试验方法的检测限值。

附表 1-10　第 3 类柴油规范

项 目	单 位	限 值	
		最 小 值	最 大 值
十六烷值		53.0	
十六烷指数[1]		53.0(50.0)[1]	
密度(15℃)	kg/m^3	820[2]	840
黏度(40℃)	mm^2/s	2.0[3]	4.0
硫含量	mg/kg[4]		50
金属元素含量[5]	mg/kg		1 或者未检出，取两者中较低者
总芳烃含量	%m/m		20
多环芳烃含量(两环、三环)	%m/m		3.0

续表

项　目	单　位	限　值	
		最　小　值	最　大　值
90%蒸发温度[6]	℃		320
95%蒸发温度[6]	℃		340
终馏点	℃		350
闪点	℃	55	
残炭	%m/m		0.20
冷滤点或低温流动试验或浊点[7]	℃		最大值应≤最低环境温度预期值
水分	mg/kg		200
氧化安定性			
方法1	g/m^3		25
方法2a(改进的 Rancimat 法)[8]	h	35	
方法2b(Delta 法，总酸值)[8]	mg KOH/g		0.12
方法2c(PetroOxy 法)[8]	min	65	
泡沫生成体积	mL		100
泡沫消失时间	s		15
生物增长量[9]		没有生物增长量	
脂肪酸甲基酯类油含量[10]	%v/v		5
其他生物柴油含量[11]	%v/v		[11]
乙醇/甲醇含量	%v/v	未检出[12]	
总酸值	mg KOH/g		0.08
铁片腐蚀			轻锈
铜片腐蚀	级		1 级
灰分	%m/m		0.01
颗粒物			
总和	见试验方法		10
粒径分布	代码评级		18/16/13 (ISO 4406)
外观		清澈透明，无游离态水或颗粒物	
喷油器清洁度(方法1)	%空气流量损失		85

续表

项 目	单 位	限 值	
		最 小 值	最 大 值
润滑性：60℃HFRR 磨痕直径	μm		460

注：

(1) 如果测定十六烷值的标准发动机不能获得和柴油中没有添加十六烷值改进剂，用十六烷值指数代替十六烷值是可以接受的。柴油中添加十六烷值改进剂时，十六烷值估计值一定不小于规定值，插一句十六烷值指数也一定不小于这个数。

(2) 当环境温度低于-30℃时，最小限值可降低到 $800km/m^3$。为了环境保护的目的要求，可采用最小密度 $815km/m^3$。

(3) 当环境温度低于-30℃时，最小限值可放宽到 $1.5mm^2/s$；当环境温度低于-40℃时，最小限值可放宽到 $1.3mm^2/s$。

(4) 单位 mg/kg 通常表示为 ppm。

(5) 金属元素包括但不局限于铜、铁、锰、钠、磷、铅、硅和锌，另一有害元素是氯。金属元素含量不得超过 1mg/kg。无人为添加含有金属的燃油添加剂。

(6) 90%蒸发温度或者 95%蒸发温度之一符合要求即可。

(7) 如证明冷滤点和浊点有一致性，那么冷滤点最大一定也不能低于浊点超过 10℃。

(8) 含有脂肪酸甲基酯类油的柴油必须采用试验方法 2a 和 2b。试验方法 2c 的相关数据基于含有脂肪酸甲基酯类油的柴油。

(9) 对没有生物增长量的适当限制的测量可以采用替代试验方法。

(10) 对于脂肪酸甲基酯类油，可以考虑采用 EN14214 和 ASTM D6751 或等同的标准。在使用时，混合物应满足《世界燃油规范》委员会公布的 B100 指南，燃油泵相应地贴上标签。

(11) 含有 HVO 和 BTL 的其他生物柴油必须保证成品柴油满足所有的规格要求。

(12) 达到或低于所采用试验方法的检测限值。

附表 1-11　第 4 类柴油规范

项 目	单 位	限 值	
		最 小 值	最 大 值
十六烷值		55.0	
十六烷指数[1]		55.0(52.0)[1]	
密度(15℃)	kg/m³	820[2]	840
黏度(40℃)	mm²/s	2.0[3]	4.0
硫含量	mg/kg[4]		10
金属元素含量[5]	mg/kg		1 或者未检出，取两者中较低者
总芳烃含量	%m/m		15
多环芳烃含量(两环、三环)	%m/m		2.0
90%蒸发温度[6]	℃		320

续表

项　目	单　位	限　值	
		最　小　值	最　大　值
95%蒸发温度[6]	℃		340
终馏点	℃		350
闪点	℃	55	
残炭	%m/m		0.20
冷滤点或低温流动试验或浊点[7]	℃		最大值应≤最低环境温度预期值
水分	mg/kg		200
氧化安定性			
方法1	g/m³		25
方法2a(改进的 Rancimat 法)[8]	h	35	
方法2b(Delta 法，总酸值)[8]	mg KOH/g		0.12
方法2c(PetroOxy 法)[8]	min	65	
泡沫生成体积	mL		100
泡沫消失时间	s		15
生物增长量[9]		没有生物增长量	
脂肪酸甲基酯类油含量[10]	%v/v		5[10]
其他生物柴油含量[11]	%v/v		[11]
乙醇/甲醇含量	%v/v	未检出[12]	
总酸值	mg KOH/g		0.08
铁片腐蚀			轻锈
铜片腐蚀	级		1 级
灰分	%m/m		0.001[13]
颗粒物			
总和	见试验方法		10
粒径分布	代码评级		18/16/13 (ISO 4406)
外观		清澈透明，无游离态水或颗粒物	
喷油器清洁度			
方法1	%空气流量损失		85
方法2	%能量损失		2

续表

项 目	单 位	限 值	
		最 小 值	最 大 值
润滑性：60℃HFRR 磨痕直径	μm		400

注：

(1) 如果测定十六烷值的标准发动机不能获得和柴油中没有添加十六烷值改进剂，用十六烷值指数代替十六烷值是可以接受的。柴油中添加十六烷值改进剂时，十六烷值估计值一定不小于规定值，插一句十六烷值指数也一定不小于这个数。

(2) 当环境温度低于-30℃时，最小限值可降低到 800km/m^3。为了环境保护的目的要求，可采用最小密度 815km/m^3。

(3) 当环境温度低于-30℃时，最小限值可放宽到 1.5mm^2/s；当环境温度低于-40℃时，最小限值可放宽到 1.3mm^2/s。

(4) 单位 mg/kg 通常表示为 ppm。

(5) 金属元素包括但不局限于铜、铁、锰、钠、磷、铅、硅和锌，另一有害元素是氯。金属元素含量不得超过 1mg/kg。无人为添加含有金属的燃油添加剂。

(6) 90%蒸发温度或者95%蒸发温度之一符合要求即可。

(7) 如证明冷滤点和浊点有一致性，那么冷滤点最大一定也不能低于浊点超过10℃。

(8) 含有脂肪酸甲基酯类油的柴油必须采用试验方法 2a 和 2b。试验方法 2c 的相关数据基于含有脂肪酸甲基酯类油的柴油。

(9) 对没有生物增长量的适当限制的测量可以采用替代试验方法。

(10) 对于脂肪酸甲基酯类油，可以考虑采用 EN14214 和 ASTM D6751 或等同的标准。在使用时，混合物应满足《世界燃油规范》委员会公布的 B100 指南，燃油泵相应地贴上标签。

(11) 含有 HVO 和 BTL 的其他生物柴油必须保证成品柴油满足所有的规格要求。

(12) 达到或低于所采用试验方法的检测限值。

(13) 对于确保柴油微粒捕集器耐久性的限值和试验方法正在审查中。

附表 1-12　第 5 类柴油规范

项 目	单 位	限 值	
		最 小 值	最 大 值
十六烷值		55.0	
十六烷指数[1]		55.0(52.0)[1]	
密度(15℃)	kg/m^3	820[2]	840
黏度(40℃)	mm^2/s	2.0[3]	4.0
硫含量	mg/kg[4]		10
金属元素含量[5]	mg/kg		1 或者未检出，取两者中较低者

续表

项　目	单　位	限　值	
		最　小　值	最　大　值
总芳烃含量	%m/m		15
多环芳烃含量(两环、三环)	%m/m		2.0
90%蒸发温度[6]	℃		320
95%蒸发温度[6]	℃		340
终馏点	℃		350
闪点	℃	55	
残炭	%m/m		0.20
冷滤点或低温流动试验或浊点[7]	℃		最大值应≤最低环境温度预期值[7]
水分	mg/kg		200
氧化安定性　方法1	g/m³		25
泡沫生成体积	mL		100
泡沫消失时间	s		15
生物增长量[8]		没有生物增长量	
脂肪酸甲基酯类油含量	%v/v	未检出	
其他生物柴油含量[9]	%v/v		[9]
乙醇/甲醇含量	%v/v	未检出[10]	
总酸值	mg KOH/g		0.08
铁片腐蚀			轻锈
铜片腐蚀	级		1 级
灰分	%m/m		0.001[11]
颗粒物 总和 粒径分布	 见试验方法 代码评级		 10 18/16/13 (ISO 4406)
外观		清澈透明，无游离态水或颗粒物	
喷油器清洁度 方法1 方法2	 %空气流量损失 %能量损失		 85 2

续表

项 目	单 位	限 值	
		最 小 值	最 大 值
润滑性：60℃HFRR 磨痕直径	μm		400

注：

(1) 如果测定十六烷值的标准发动机不能获得和柴油中没有添加十六烷值改进剂，用十六烷值指数代替十六烷值是可以接受的。柴油中添加十六烷值改进剂时，十六烷值估计值一定不小于规定值，插一句十六烷值指数也一定不小于这个数。

(2) 当环境温度低于−30℃时，最小限值可降低到 $800km/m^3$。为了环境保护的目的要求，可采用最小密度 $815km/m^3$。

(3) 当环境温度低于−30℃时，最小限值可放宽到 $1.5mm^2/s$；当环境温度低于−40℃时，最小限值可放宽到 $1.3mm^2/s$。

(4) 单位 mg/kg 通常表示为 ppm。

(5) 金属元素包括但不局限于铜、铁、锰、钠、磷、铅、硅和锌，另一有害元素是氯。金属元素含量不得超过 1mg/kg。无人为添加含有金属的燃油添加剂。

(6) 90%蒸发温度或者 95%蒸发温度之一符合要求即可。

(7) 如证明冷滤点和浊点有一致性，那么冷滤点最大一定也不能低于浊点超过 10℃。

(8) 对没有生物增长量的适当限制的测量可以采用替代试验方法。

(9) 含有 HVO 和 BTL 的其他生物柴油必须保证成品柴油满足所有的规格要求。

(10) 达到或低于所采用试验方法的检测限值。

(11) 对于确保柴油微粒捕集器耐久性的限值和试验方法正在审查中。

附表 1-13　柴油试验方法

项 目	单 位	ISO	ASTM	JIS	其 他
十六烷值		5165	D613	K2280	D6890，D7170[1]
十六烷指数		4264	D4737	K2280	
密度(15℃)	kg/m³	3675	D4052	K2249	
黏度(40℃)	mm²/s	3104	D445	K2283	
硫含量	mg/kg	20846	D5453	K2541	
		20884	D2622		
总芳烃含量	%m/m		D5186		EN12916
多环芳烃含量(两环、三环)	%m/m		D5186		EN12916，D2425
90%蒸发温度	℃	3405,3924	D86	K2254	D2887
95%蒸发温度					
终馏点					
闪点	℃	2719	D93	K2265	D56
残炭	%m/m	10370	D4530	K2270	

续表

项　目	单　位	ISO	ASTM	JIS	其　他
冷滤点	℃		D6371	K2288	EN116，IP309
低温流动试验	℃		D4539		
浊点	℃	3015	D2500	K2269	D5771，D5772，D5773
水分	mg/kg	12937	D6304	K2275	
氧化安定性					
方法1	g/m³	12205	D2274		
方法2a(Rancimat 法)	h				EN15751
方法2b(Delta 法，总酸值)[2]	mg KOH/g		D664&D2274		
方法2c(PetroOxy 法)	min				EN16091
泡沫体积	mL				NF M07-075
泡沫消失时间	s				NF M07-075
生物增长量					NF M07-070，IP385
脂肪酸甲基酯类油含量	%m/m		D7371		EN14078
乙醇/甲醇含量			D4815		
总酸值	mgKOH/g	6618	D664		
铁片腐蚀			D665[3]		
铜片腐蚀	级	2160	D130	K2513	
外观			D4176		目测
灰分含量	%m/m	6245	D482[4]	K2272	
颗粒物 总和	见试验方法		D6217　不含 FAME(mg/L)		EN12662(mg/kg)
粒径分布	代码评级 颗粒数/mL	4406 4407&11500	D7321　含 FAME (mg/L) D7619		
喷油器清洁度					
方法1	%流量损失				CEC(PF-023)TBA
方法2	%能量损失				CEC F-098[5]
润滑性：60℃HFRR 磨痕直径	μm	12156-1.3	D6079		CEC F-06-A，D7688
金属元素含量	mg/kg				ICP，D7111

注：(1) 测量衍生十六烷值的标准 ASTM D6890 和 D7170 作为 D613 的替代标准得到广泛采用。

(2) 测量酸值，燃料老化前采用 D664 标准、老化后采用 D2274 标准(修改为 115℃)。

(3) 程序 A。

(4) 最小 100g 样品。

(5) 对于柴油机喷油器沉积物，欧洲经济委员会已经了开始试验开发。

附录2 《轻负荷发动机/汽车冷却系统用二元醇型冷却液》标准

　　《轻负荷发动机/汽车冷却系统用二元醇型冷却液》(ASTM D3306-2014),该标准将冷却液分为Ⅰ、Ⅱ、Ⅲ、Ⅳ、Ⅴ、Ⅵ六种类型。Ⅰ类是乙二醇型浓缩液,Ⅱ类是丙二醇型浓缩液,Ⅲ类是乙二醇型稀释液(体积分数为 50%或更高浓度),Ⅳ类是丙二醇型稀释液(体积分数为 50%或更高浓度),Ⅴ类是含有甘油的乙二醇型浓缩液,Ⅵ类是含有甘油的乙二醇型稀释液(体积分数为 50%或更高浓度),见附表 2-1、附表 2-2、附表 2-3。

附表 2-1　发动机冷却液(浓缩液)理化指标要求

理化指标	指标要求			ATSM 试验方法
	Ⅰ类	Ⅱ类	Ⅴ类	
颜色	醒目			
对非金属材料的影响	无害			
相对密度(15.5℃5/15.℃)/(g/mL)	1.110～1.145	1.030～1.065	1.110～1.160	D1122、D5931
冰点[50%(体积分数)水溶液]/℃	≤-36.4	≤-31.0	≤-36.4	D1177、D6660
沸点/℃ 50%(体积分数)蒸馏水	≥108	≥104	≥108	D1120
灰分(质量分数)/%	≤5	≤5	≤5	D1119
pH 值[50%(体积分数)水溶液]	7.5～11.0	7.5～11.0	7.5～11.0	D1287
氯含量/(μg/g)	≤25	≤25	≤25	D3634、D5827
水分(质量分数)/%	≤5	≤5	≤5	D1123
储备碱度	报告	报告	报告	D1121
对汽车上有机涂料影响	无影响	无影响	无影响	D1882

附表 2-2　发动机冷却液(稀释液)理化指标要求

理化指标	指标要求			试验方法
	III 类	IV 类	VI 类	(ATSM)
颜色	醒目			
对非金属材料的影响	无害			
相对密度(15.5℃5/15.℃)/(g/mL)	≥1.065	≥1.025	≥1.065	D1122、D5931
冰点/℃　未稀释	≤−36.4	≤−31.0	≤−36.4	D1177、D6660
沸点/℃　未稀释	≥108	≥104	≥108	D1120
灰分(质量分数)/%	≤2.5	≤2.5	≤2.5	D1119
pH 值　未稀释	7.5～11.0	7.5～11.0	7.5～11.0	D1287
氯含量/(μg/g)	≤25	≤25	≤25	D3634、D5827
水分(质量分数)/%	不适用	不适用	不适用	D1123
储备碱度	报告	报告	报告	D1121
对汽车上有机涂料影响	无影响	无影响	无影响	D1882

附表 2-3　发动机冷却液的使用性能试验要求

试验项目	指标值	ATSM 试验方法	试验溶液[a] 浓缩液(体积分数)/%
玻璃器皿腐蚀 试片失重/(mg/片)			
紫铜	≤10		
焊锡	≤30		
黄铜	≤10	D1384[b]	33
钢	≤10		
铸铁	≤10		
铝	≤30		
模拟使用试验 试片失重/(mg/片)			
紫铜	≤20		
焊锡	≤60		
黄铜	≤20	D2570[c]	44
钢	≤20		
铸铁	≤20		
铝	≤60		
铸铝合金传热腐蚀/[(mg/cm^2)/周)]	≤10	D4340[d]	25

续表

试验项目	指 标 值	ATSM 试验方法	试验溶液[a] 浓缩液(体积分数)/%
泡沫倾向 泡沫体积/mL 泡沫消泡时间/s	≤150 ≤5	D1881[e]	33
气穴蚀-腐蚀 水泵点蚀、气穴蚀和腐蚀等级	≥8 级	D2809[f]	17

a 试验溶液浓度仅适用于发动机浓缩液试验用。

b 发动机稀释液试验溶液配制：67%(体积分数)调整后的稀释液(III类与VI类冰点为-36.4℃，IV类冰点为-31℃)与33%(体积分数)ASTM IV类试剂水混合，1L 试验溶液加入 99mg Na_2SO_4、110mg NaCl、92mg $NaHCO_3$。

c 发动机稀释液试验溶液配制：88%(体积分数)调整后的稀释液(III类与VI类冰点为-36.4℃，IV类冰点为-31℃)与12%(体积分数)ASTM IV类试剂水混合，1L 试验溶液加入 83mg Na_2SO_4、92mg NaCl、77mg $NaHCO_3$。

d 发动机稀释液试验溶液配制：50%(体积分数)调整后的稀释液(III类与VI类冰点为-36.4℃，IV类冰点为-31℃)50%(体积分数)ASTM IV类试剂水混合，1L 试验溶液加入 165mg NaCl。

e 发动机稀释液试验溶液配制：67%(体积分数)调整后的稀释液(III类与VI类冰点为 36.4℃，IV类冰点为-31℃)与33%(体积分数)ASTM II类试剂水混合。

f 发动机稀释液试验溶液配制：33%(体积分数)调整后的稀释液(III类与VI类冰点为-36.4℃，IV类冰点为-31℃)与67%(体积分数)ASTM IV类试剂水混合，1L 试验溶液加入 123mg Na_2SO_4、137mg NaCl、115mg $NaHCO_3$。

附录3　《乙二醇型和丙二醇型发动机冷却液》标准

《乙二醇型和丙二醇型发动机冷却液》(NB/SH/T0521-2010)将产品分为乙二醇型、丙二醇型发动机冷却液。每种类型又分为浓缩液和-25 号、-30 号、-35 号、-40 号、-45 号和-50 号六个不同牌号的冷却液。浓缩液是全配方液体产品，不能单独作为工作冷却液使用，用符合要求的水稀释成不同牌号的发动机冷却液后才能加入发动机冷却系统中。在对浓缩液进行稀释时，应使用去离子水或蒸馏水。其具体的技术要求见附表 3-1、附表 3-2。

附表 3-1　乙二醇型冷却液技术要求

项　目	质量指标								试验方法
	浓缩液	冷　却　液							
		−25 号	−30 号	−35 号	−40 号	−45 号	−50 号		
颜色	有醒目颜色								目测
气味	无异味								嗅觉
密度(20 ℃) / (kg·m⁻³)									SH/T 0068
浓缩液	1107～1142	-	-	-	-	-	-		
冷却液　　　不小于	-	1053	1059	1064	1.068	1073	1075		
冰点 / ℃　　　不高于	-	−25.0	−30.0	−35.0	−40.0	−45.0	−50.0		SH/T 0090
50%(体积分数)水溶液　不高于	−36.4	-							
沸点 / ℃　　　不低于	163.0	106.0	106.5	107.0	107.5	108.0	108.5		SH/T 0089
50%(体积分数)水溶液　不低于	107.8	-							
对汽车有机涂料的影响	无影响								SH/T 0084
灰分(质量分数)/ %　不大于	5.0	2.0	2.3	2.5	2.8	3.0	3.3		SH/T 0067
pH 值	-	7.5～11.0							SH/T 0069
50%(体积分数)水溶液	7.5～11.0	-							
水分(质量分数)/ %不大于	5.0	-							SH/T 0086
储备碱度 / mL	报告								SH/T 0091
氯含量 /(mg/kg)　　不大于	25								SH/T 0621
玻璃器皿腐蚀									SH/T 0085
试片变化值(/mg/片)									
紫铜	−5～+5								
黄铜	−5～+5								
钢	−10～+10								
铸铁	−10～+10								
焊锡	−30～+30								
铸铝	−30～+30								
模拟使用腐蚀									
试片变化值(/mg/片)									
紫铜	−10～+10								SH/T 0088
黄铜	−10～+10								
钢	−20～+20								
铸铁	−20～+20								
焊锡	−60～+60								
铝	−60～+60								

项　目	质量指标							试验方法
	浓缩液	冷　却　液						
		-25 号	-30 号	-35 号	-40 号	-45 号	-50 号	
铝泵气穴腐蚀/级　不小于	8 级							SH/T 0087
铸铝合金传热腐蚀/(mg/cm^2)　不大于	1.0							SH/T 0620
泡沫倾向 泡沫体积 / mL　不大于 泡沫消失时间/ s　不大于	150 5.0							SH/T0066

附表 3-2　丙二醇型冷却液技术要求

项　目	质量指标							试验方法
	浓缩液	冷　却　液						
		-25 号	-30 号	-35 号	-40 号	-45 号	-50 号	
颜色	有醒目颜色							目测
气味	无异味							嗅觉
密度(20 ℃)/(kg·m^{-3}) 浓缩液 冷却液　　　　不小于	1027～1062 -	- 1018	- 1020	- 1022	- 1.024	- 1026	- 1027	SH/T 0068
冰点 / ℃　　　　不高于 50%(体积分数)水溶液　不高于	- -31.0	-25.0 -	-30.0	-35.0	-40.0	-45.0	-50.0	SH/T 0090
沸点 / ℃　　　　不低于 50%(体积分数)水溶液　不低于	152.0 104.0	103.5 -	104.0	104.5	105.5	106.0	106.5	SH/T 0089
对汽车有机涂料的影响	无影响							SH/T 0084
灰分(质量分数)/ %　不大于	5.0	2.2	2.4	2.6	2.8	3.0	3.3	SH/T 0067
pH 值 50%(体积分数)水溶液	- 7.5～11.0	7.5～11.0						SH/T 0069
水分(质量分数)/ %不大于	5.0	-						SH/T 0086
储备碱度 / mL	报告							SH/T 0091
氯含量 /(mg/kg)　　不大于	25							SH/T 0621
玻璃器皿腐蚀 试片变化值(/mg/片) 紫铜 黄铜 钢 铸铁 焊锡 铸铝	-5～+5 -5～+5 -10～+10 -10～+10 -30～+30 -30～+30							SH/T 0085

续表

项　目	质量指标							试验方法
	浓缩液	冷　却　液						
		−25 号	−30 号	−35 号	−40 号	−45 号	−50 号	
模拟使用腐蚀 试片变化值(/mg/片) 紫铜 黄铜 钢 铸铁 焊锡 铝	−10～+10 −10～+10 −20～+20 −20～+20 −60～+60 −60～+60							SH/T 0088
铝泵气穴腐蚀/级　不小于	8 级							SH/T 0087
铸铝合金传热腐蚀/(mg/cm^2)　不大于	1.0							SH/T 0620
泡沫倾向 泡沫体积 / mL　不大于 泡沫消失时间/ s　　不大于	150 5.0							SH/T0066

附录 4　轮胎负荷指数与负荷能力的对应表

轮胎负荷指数与负荷能力的对应表，见附表 4-1。

附表 4-1 轮胎负荷指数与负荷能力的对应表

负荷指数	负荷能力/kg	负荷指数	负荷能力/kg	负荷指数	负荷能力/kg	负荷指数	负荷能力/kg	负荷指数	负荷能力/kg	负荷指数	负荷能力/kg	负荷指数	负荷能力/kg
0	45	40	140	80	450	120	1400	160	4500	200	14000	240	45000
1	46.2	41	145	81	462	121	1450	161	4625	201	14500	241	46250
2	47.5	42	150	82	475	122	1500	162	4750	202	15000	242	47500
3	48.7	43	155	83	487	123	1550	163	4875	203	15500	243	48750
4	50	44	160	84	500	124	1600	164	5000	204	16000	244	50000
5	51.5	45	165	85	515	125	1650	165	5150	205	16500	245	51500
6	53	46	170	86	530	126	1700	166	5300	206	17000	246	53000
7	54.5	47	175	87	545	127	1750	167	5450	207	17500	247	54500
8	56	48	180	88	560	128	1800	168	5600	208	18000	248	56000
9	58	49	185	89	580	129	1850	169	5800	209	18500	249	58000
10	60	50	190	90	600	130	1900	170	6000	210	19000	250	60000
11	61.5	51	195	91	615	131	1950	171	6150	211	19500	251	61500
12	63	52	200	92	630	132	2000	172	6300	212	20000	252	63000
13	65	53	206	93	650	133	2060	173	6500	213	20600	253	65000
14	67	54	212	94	670	134	2120	174	6700	214	21200	254	67000
15	69	55	218	95	690	135	2180	175	6900	215	21800	255	69000
16	71	56	224	96	710	136	2240	176	7100	216	22400	256	71000
17	73	57	230	97	730	137	2300	177	7300	217	23000	257	73000
18	75	58	236	98	750	138	2360	178	7500	218	23600	258	75000
19	77.5	59	243	99	775	139	2430	179	7750	219	24300	259	77500
20	80	60	250	100	800	140	2500	180	8000	220	25000	260	80000

续表

负荷指数	负荷能力/kg	负荷指数	负荷能力/kg	负荷指数	负荷能力/kg	负荷指数	负荷能力/kg	负荷指数	负荷能力/kg	负荷指数	负荷能力/kg	负荷指数	负荷能力/kg
21	82.5	61	257	101	825	141	2575	181	8250	221	25750	261	82500
22	85	62	265	102	850	142	2650	182	8500	222	26500	262	85000
23	87.5	63	272	103	875	143	2725	183	8750	223	27250	263	87500
24	90	64	280	104	900	144	2800	184	9000	224	28000	264	90000
25	92.5	65	290	105	925	145	2900	185	9250	225	29000	265	92500
26	95	66	300	106	950	146	3000	186	9500	226	30000	266	95000
27	97.5	67	307	107	975	147	3075	187	9750	227	30750	267	97500
28	100	68	315	108	1000	148	3150	188	10000	228	31500	268	100000
29	103	69	325	109	1030	149	3250	189	10300	229	32500	269	103000
30	106	70	335	110	1060	150	3350	190	10600	230	33500	270	106000
31	109	71	345	111	1090	151	3450	191	10900	231	34500	271	109000
32	112	72	355	112	1120	152	3550	192	11200	232	35500	272	112000
33	115	73	365	113	1150	153	3650	193	11500	233	36500	273	115000
34	118	74	375	114	1180	154	3750	194	11800	234	37500	274	118000
35	121	75	387	115	1215	155	3875	195	12150	235	38750	275	121500
36	125	76	400	116	1250	156	4000	196	12500	236	40000	276	125000
37	128	77	412	117	1285	157	4125	197	12850	237	41250	277	128500
38	132	78	425	118	1320	158	4250	198	13200	238	42500	278	132000
39	136	79	437	119	1360	159	4375	199	13600	239	43750	279	136000

参 考 文 献

[1]刁立福. 汽车运用技术[M]. 北京：清华大学出版社，2013.

[2]刁立福. 汽车运用工程[M]. 北京：中国水利水电出版社，2015.

[3]许洪国. 汽车运用工程[M]. 北京：人民交通出版社，2014.

[4]鲁植雄. 汽车运用工程[M]. 北京：机械工业出版社，2015.

[5]孟祥茹. 运输组织学[M]. 北京：北京大学出版社，2014.

[6]戴汝泉. 汽车运行材料[M]. 北京：机械工业出版社，2018.

[7]李岳林. 汽车排放与噪声控制[M]. 北京：人民交通出版社，2007.

[8]GB 18565—2016 道路运输车辆综合性能要求和检验方法[S]. 北京：中国标准出版社，2016.

[9]JT/T 198—2016 道路运输车辆技术等级划分和评定要求[S]. 北京：中国标准出版社，2016.

[10]GB/T 18344—2016 汽车维护、检测、诊断技术规范[S]. 北京：中国标准出版社，2016.

[11]www.acea.be/uploads/publications/Worldwide_Fuel_Charter_5ed_2013.pdf.

[12]姜正根. 二手车鉴定评估实用技术[M]. 北京：中国劳动社会保障出版社，2007.

[13]庞昌乐. 二手车评估与交易实务[M]. 3 版. 北京：北京理工大学出版社，2017.